中国记忆丛书

冯仲云年谱长编

国家图书馆中国记忆项目中心　组织编撰　　史义军　编写

国家图书馆出版社

图书在版编目（CIP）数据

冯仲云年谱长编/国家图书馆中国记忆项目中心组织编撰；
史义军编写 .--北京：国家图书馆出版社，2019.5
　　（中国记忆丛书）
　　ISBN 978－7－5013－6731－3

　　Ⅰ.冯…　Ⅱ.①国…　②史…　Ⅲ.①冯仲云（1908－1968）—年谱
Ⅳ.①K825.2

中国版本图书馆 CIP 数据核字（2019）第 061994 号

书　　名	冯仲云年谱长编	
著　　者	国家图书馆中国记忆项目中心　组织编撰	
	史义军　编写	
责任编辑	景　晶	
封面设计	爱图工作室	

出　　版	国家图书馆出版社（100034　北京市西城区文津街 7 号）	
	（原书目文献出版社　北京图书馆出版社）	
发　　行	010－66114536　66126153　66151313　66175620	
	66121706（传真）　66126156（门市部）	
E-mail	nlcpress@nlc.cn（邮购）	
Website	www.nlcpress.com→投稿中心	
经　　销	新华书店	
印　　装	河北三河弘翰印务有限公司	
版　　次	2019 年 5 月第 1 版　2019 年 5 月第 1 次印刷	
开　　本	710×1000（毫米）　1/16	
印　　张	29.75	
字　　数	500 千字	
书　　号	ISBN 978－7－5013－6731－3	
定　　价	78.00 元	

冯仲云

编写体例和说明

《冯仲云年谱长编》的编撰方针是：注重资料性、学术性、思想性、传记性相统一；以详实可靠的历史文献为依据，大量使用已经发表过的文献资料；注意汲取近年来的东北抗联史研究的最新研究成果；写作上采用客观陈述的方法，一般不作评论；把握主线，突出重点，尽可能为读者和研究者提供有用的资料。

本书的最大特点是：大量引用了相关原始文献、东北抗联老战士的回忆和学者的论述，更加完整、丰富地记叙和反映冯仲云的生平和思想，这也是本书命名为《冯仲云年谱长编》的理由。

《冯仲云年谱长编》的编撰体例如下：

一、冯仲云是本年谱谱主，记谱主活动，一般省略主语。如叙事中出现谱主，则写出名字。

二、按年月日时顺序纪事，少数条目由于叙事需要采用纪事本末写法。日考不清的写旬，旬考不清的写月，月考不清的写季，季考不清的写年，一般纪于该旬、月、季、年的末尾。同一时间有多条内容的，在第一条开头写明时间，其他用"同"或"本"字表示。

三、谱主与他人联名发出的函电、签署的文件、参与的某些重大政治活动，有些为保持历史原貌，则以当时的人名排列顺序记述。

四、对谱主的文电、信函、文章、讲话、发言等，一般采用原文照录；原文过长者，加以简要概括或作为附录呈现。

五、编入本书中的档案资料，均保持其历史原貌，编者仅对明显的别字、重字、漏字、颠倒字作了若干订正。对别字、漏字，将其正字改于后，并加〔 〕以示区别；对字迹模糊、无法辨认的字，以 X 代替；对原件上的缺损字以□代替；个别需要说明的，另加注释。

六、对谱文中涉及的人物、地名和事件等，有选择地作必要和简略的注释。特别著名的人物或正文中多次出现并交代过职务的人物不作注。

七、某些重大历史事件，或与谱主活动有关的要事，列专条按时间顺序写入谱内，作为背景资料。

八、年谱后附记了谱主逝世后对其纪念的活动与相关内容。

九、关于谱主的有关回忆、记载、论述等材料（包括他本人的回忆），为阅读方便，大多数不按发表时间写入，而分别集中写在谱主有关的活动之下。

十、本书的编写参考了冯仲云著《东北抗日联军十四年苦斗简史》所附《冯仲云年表》（中央文献出版社 2008 年 3 月版），赵亮、纪松著《冯仲云传》所附《冯仲云年表》（中央文献出版社 2008 年 4 月版），薛雯著《白发回首》所附《薛雯生平》（中信出版社 2013 年 12 月版），《东北抗日联军史》所附《大事记》（中共党史出版社 2015 年 9 月版），《中共黑龙江党史大事记（新民主主义革命时期）》（黑龙江人民出版社 1988 年版）等。

十一、对于冯仲云有关生平的不同说法，本书经过考证采取比较可信的一种，对于其他说法，则在正文或注释中加以说明，以供研究者参考。

国家图书馆中国记忆项目中心

二〇一八年十二月

目　录

1908 **年**　诞生

3 月 23 日　生于江苏省武进县横林镇余巷村的一个小职员家庭。

横林，今属常州。横林又称东横林（因县内有西横林，现称西林乡）。横林镇分上塘、下塘，运河以南为下横林，原名槐滩，相传元朝前曾用此名。传说在大运河未开凿之前，本地水道只有黄桥港出南向北，把东北两地隔开。为了交流物资，方便交通，曾在黄桥港设渡。渡口有一株古槐树，干粗叶茂，枝干延伸到河中，树叶成荫，炎夏盛暑之时，人们在此等渡歇凉，后来设起了茶座酒铺，慢慢逐渐成市，素称槐滩。原处至今尚有遗址可寻。

隋炀帝开凿运河之后，街镇迁到运河两岸，形成了南北直街，并在运河上架设桥梁，当时取名中吴桥（相传当时丹阳、常州、苏州称三吴，常州为中吴，此桥因在常州东郊而得名）。

据赵家塘村"赵氏宗谱"记载："元顺帝至正八年，工部尚书贾鲁，巡视江南水利。授教鲁公之门人也，谒公于西盖（即现名赵家塘村）因嘱修是桥。鲁以赵氏出自宋天潢之派，子孙如林，故名横林桥。"

又说："秦皇山脉西端有芳茂山（即横山）。东南约十里许有一片茂密的森林，东西狭长，南北较短，清帝乾隆下江南经此，见树木遍布，葱郁旺盛，赐名'旺林'。"

又据宋《［咸淳］毗陵志》卷十五《山水》曰："有大横岘以承众流，今运河北也，东南有芙蓉一湖，山横其间，故曰大横，今运河北岸有横林，去县二十七里，与山遥望，昔有林木，故亦以名。"可见横林地名，在宋咸淳年间就已载入典籍。

祖父是清朝秀才，以教学和行医为业。膝下有六男二女。长子早年死去；二子冯亮臣也考中秀才，一生教书；其余四个儿子都是自小出外当学徒，学生意。

父亲冯德选[①]，是第六个儿子，生于 1882 年，年轻时在上海一家钱庄当学徒，满师后当了一名店员。后来远离家乡到湘西洪江镇（现为湖南省洪江市）官钱局当职员，薪水微薄。母亲薛氏，是一位勤劳、俭朴、心灵手巧、精明强干的家庭主妇，对子女要求严格。丈夫长年在外谋生，她就

---

①　参加过辛亥革命，20 世纪 50 年代当选武进县人大代表，热心家乡公益事业，为家乡办水电，建造五牧火车站，办余巷民办初级中学，任校董。因排行第六，家乡人称六公公。1962 年在家乡病逝。

在家带着孩子织布度日。她没能读书，全靠刻苦用功，能背诵百首古诗和生动地讲述民间流传的故事。她还善于数字运算，经常帮助本村妇女解决集市贸易中遇到的一些难题。冯仲云在数学上的天赋可能就是从母亲那里继承的。

冯仲云兄妹四人，他排行第二，上有哥哥冯勤功，下有自幼残疾的弟弟冯以衡和妹妹冯咏莹。

1909 年 一岁

闰二月 江苏咨议局成立。武进、阳湖两县朱稚竹、孟昭常、孟森、钱以振（琳叔）、于定一、庄殿华等六人被选为省议员。

11 月 27 日 由江苏省咨议局议长张謇发起的十六省咨议局代表大会在上海举行，成立国会请愿同志会，并决定发动全国首次请愿活动。

本年 随母亲在家乡居住。

1910 年　二岁

2 月 12 日　广州新军起义，旋失败。

本年　随母亲在家乡居住。

本年　武进、阳湖两县为划分市乡建制，实行自治，组织人口调查，乡民疑征兵增税而反对。

本年　农村灾歉，由盛宣怀等出面截留漕粮，并由旅外及在乡各绅捐输，开办平粜。

本年　江苏省咨议局常驻议员朱稚竹，发起组织武阳县农会（系各地乡绅组织），会长屠寄。

1911 年　三岁

5 月 12 日　武进城内玉带桥幻仙影戏社，首映黑白无声电影。

10 月 10 日　辛亥革命爆发。

11 月 6 日　武进县城遍挂白旗，响应武昌起义。

11 月 9 日　常军政分府成立，何健任司令。武进、阳湖两县合并为武进县，成立县民政署，屠寄为民政长。

11 月 12 日　军政分府机关报《新民日报》创刊。

12 月 20 日　孙中山从上海乘火车赴南京就任临时大总统，途经常州，下车向欢迎群众招手致意。

本年　母亲开始教冯仲云和哥哥读书识字，给他讲历史故事和民间传说。母亲讲述的《薛仁贵征东》《薛丁山征西》《梁山伯与祝英台》《白蛇传》等民间流传的故事，引起了冯仲云对各种旧小说的酷爱。

1912 年　四岁

　　1 月 1 日　孙中山在南京宣誓就任中华民国临时大总统，宣告中华民国成立。

1913 年　五岁

6 月　妹妹冯咏莹出生。

1914 年　六岁

本年　全家随父亲迁居湖南洪江镇。到洪江镇以后，父亲专为冯仲云和哥哥请了一位私塾先生。这位塾师矮胖，爱打手板。跟着这位塾师，兄弟俩从《百家姓》读到"四书"。

1915 年　七岁

9 月　陈独秀创办的《青年杂志》（后称《新青年》）在上海出版。

12 月　袁世凯在北京宣布接受帝制，南方将领唐继尧、蔡锷、李烈钧等宣布独立，并且出兵讨袁。冯仲云全家逃难到汉口。

1915 年至 1916 年　父亲冯德选在湖南洪江开钱庄，钱庄号德裕祥。同时兼做木排生意。

1916 年　八岁

2 月 3 日　护国军右翼东路总司令王文华率黔军一、二、三团进攻湘西，攻克晃县，四日占领黔阳，五日克洪江，七日克芷江，十六日克麻阳，十九日克会同、靖县等地。

5 月　由汉口回到洪江在私塾读书。

10 月　湘西镇守副使兼湖南省第五守备区司令周则范部驻会同、洪江，与土匪勾结，肆意骚扰，一千二百人被杀，受害者达万余户。

1917 年　九岁

8 月 3 日　经湖南省长谭延闿批准，对芷江、洪江、会同、黔阳等地的持枪土匪，一律予以招抚，以靖地方。

本年　随父母在湖南洪江。

本年　中国银行在辰州、洪江设支行。

1918 年　十岁

6 月 1 日　湘西镇守使田应诏、副镇守使周则范致电北洋政府大总统冯国璋及各省督军，要求停战议和。

6 月 18 日　北京政府任命的湖南省督军兼省长张敬尧部张继中（张敬尧之子）率军攻占洪江。

7 月 1 日　武进医院开幕应诊。首任院长为美国医学博士芮真儒。

11 月 30 日上午　武进各界人士在公共体育场举行协约国战胜庆祝大会。

本年　随父母在湖南洪江，后回武进。冯仲云《我的自传》①："到了虚岁十二岁那年，我舅父薛雅三（后来也是我的岳父）到洪江来看我父母，他主张我入新学，这样，我就离开我的父母兄妹，独自东归故乡武进，那时我多少有些文化了，尤其是沿沅江东下，山水雄秀，滩流湍急，使我在脑中留下永不磨灭的印象。回到故乡，由于舅父薛雅三匆匆出去了，我还是没有上新学，还是就读于二伯父冯亮臣家，他是设馆于崔桥镇，离家乡仅七里之遥，我在那儿读了一年，重新读了'四书'和《诗经》。"

本年　武进横林育蚕强种场开办，为县内最早的中外合资企业。

---

① 冯仲云自传，未刊。

1919 年　十一岁

5 月 4 日　"五四"运动爆发。

5 月 6 日　江苏省立第五中学（今省立常州中学），武进县立女师和（男）师范三校学生集会游行，声援五月四日北京学生爱国斗争。成立三校学生联合会，蒋瑞麟、史良为正副会长。八日，《晨钟报》《新报》《兰言报》联合致电总统，声援北京学生。

5 月 9 日　为袁世凯承认"二十一条"国耻纪念日。武进县城各商店罢市，要求北京政府惩办曹（汝霖）、章（宗祥）、陆（宗舆），释放被捕学生。悬挂白旗，上写"抵制日货""还我青岛"。学生上街清除日货广告，宣传抵制日货。

本月　常州各界（学界、商界等）联合会成立，加强对爱国救亡运动的领导。漕桥、雪堰等镇也先后成立救国团。

6 月 4 日　省立第五中学罢课，通电北京政府声援"五四"反帝爱国运动。武进县立男、女师范学校，城区各中小学相继罢课，学生上街演讲，发传单、贴标语。八日，人力车工人罢工。十一日下午将查没日货装车游行，至公共体育场焚毁，万人围观称快。

6 月 10 日　北洋政府被迫将曹、章、陆罢免。十二日，武进县各界举行"欢庆民意胜利游行会"。

夏　戈莲生等于东门外创建广新纱厂。

10 月 12 日　武进城区木工同盟罢工，要求增加工资。方头作匠、锯匠、泥水匠等亦随之罢工。

11 月 24 日　武进各团体集会明伦堂，抗议日本人无辜杀死福州学生，致电国民政府和各界联合会，力争国权。

本年　继续就读于二伯父家。

本年　长江发大水，将父亲经营的木排冲走，钱庄因此而倒闭。

1920 年　十二岁

　　秋　回到余巷镇，入余巷小学。《我的自传》："我的二伯父转到余巷小学教语文，这样我又随我二伯父回到余巷，依倚我二伯父，我也上了余巷小学校，当时除语文外，就接触到了算术，功课一直跟不上，后来不但跟上了，而且名列优秀。"

　　12 月　武进北塘河疏浚工程开工，翌年四月竣工。

1921 年　十三岁

2 月　史良率武进县女师学生大闹县署公堂，知事姚浚被迫撤销女师停办令。

3 月　中华民国红十字会常州分会成立，会址设武进福音医院，首任会长屠寄。

7 月 19 日上午　武进定西乡（今蒋湾一带）乡民百数十人，为撤换乡董，手执纸旗、香支，拥入县署，捣毁大堂公案。

7 月 23 日至 31 日　在上海召开了中国共产党的第一次全国代表大会。七月二十三日，中共一大在上海秘密召开。因突遭法国巡捕搜查，会议被迫休会。七月底，中共一大代表毛泽东、董必武、陈潭秋、王尽美、邓恩铭、李达等，由李达夫人王会悟做向导，从上海乘火车转移到嘉兴，再从狮子汇渡口登上渡船到湖心岛，最后转登王会悟预订的游船，并在游船中庄严宣告中国共产党的诞生。在船上，中共一大通过了党的第一个纲领和决议，正式宣告中国共产党庄严诞生。

夏　随二伯父就读于余巷小学的高小班。

10 月　江潮泛滥，武进沿江沙洲及通江、依东、依西、孝东等乡，圩岸决口，淹没田庐。

1922 年　十四岁

3 月　武进澡港河开工兴修，至民国十四年六月告竣。

6 月 17 日　武进县学生联合会在劝学所举行大会，成立"武进赎路（即赎回胶济铁路）储金委员会"，公推鲍宗霖为委员长。

10 月 5 日晚　武进黄包车工人数十人，反对快利黄包车赁贷所增加车租，砸毁该所黄包车四十余辆。六日罢工，十日取得胜利。

本年　转学到条件较好的常州冠英小学（现名觅渡桥小学）。

《我的自传》："一九二二年春，即我十五岁那年。我转学武进县城的冠英小学，在那儿又读了一年半，我在那儿语文、算术是甲班，而英文是乙班，甲乙班是按程度分的。"

1923 年　十五岁

夏　考入杭州蕙兰中学。

这所学校是美国教会办的。在教会学校读书的学生，通常是要入教的，冯仲云也接受了洗礼。《我的自传》："因为我的同乡同学，有几个利用关系进入杭州蕙兰中学，触动了我，虽然小学还没有毕业，也打算进这个中学，我到了杭州。本来也打算利用关系进入这个中学，但是我在未利用关系前，先考试了一下，这样一考就考进了杭州蕙兰中学，我没有利用关系。"

10 月　直系军阀曹锟通过贿选，当上了大总统。曹锟的行为激起了人民的愤慨，杭州爆发了反对曹锟和"猪仔"① 议员的斗争。激于义愤，冯仲云不顾学校禁令，参加了在西湖举行的声讨"猪仔"议员大会，并和群众一起冲进当地一个"猪仔"议员的家中。当面痛斥他的无耻行径。

---

①　"猪仔"议员，即贿选曹锟为总统时，接受贿赂的国会议员。

1924 年　十六岁

1 月　中国国民党第一次全国代表大会由孙中山主持在广州举行。大会通过了有中国共产党人参加起草的、以反帝反封建为主要内容的宣言，确立了联俄、联共、扶助农工的三大政策，把旧三民主义发展为新三民主义。大会否决了国民党右派分子关于共产党员不得同时加入国民党的提案。共产党员李大钊、谭平山、毛泽东、林祖涵、瞿秋白等当选为国民党中央执行委员会委员或候补委员。这次大会的召开标志第一次国共合作正式形成。

本年　在杭州蕙兰中学读书。

1925 年　十七岁

5 月 30 日　上海工人和学生为声讨上海纱厂日本工头无理开除工人，并开枪杀害该厂工人顾正红的罪恶行径，举行了大规模的反帝游行示威。当游行队伍到达公共租界地时，突遭英国巡捕开枪镇压，造成震惊中外的"五卅"惨案。杭州的工人、学生相继罢工、罢课，声援上海人民的反帝斗争。冯仲云和一些进步学生，冲破了学校当局的阻挠，走上街头，参加示威游行。

后来，冯仲云在自己的自传中说：

"最使我提高民族主义爱国主义觉醒的是一九二五年的五卅惨案。蕙兰中学本是政治上落后的教会中学。杭州各校的学生都已经罢课响应，而我们学校由于洋人的压制，某些基督教奴才们阿谀洋人，课还没有罢下来。别的学校学生就向我们学校进攻，到我校门口来喊口号。由于同学，其中也有我的参加和努力，蕙校终于罢下课来。我校的同学也参加全市的游行示威。我记得我们曾经游行到断桥附近的日本领事馆去喊口号，喊得喉咙都嘶哑了。我们成夜不睡去写标语传单，到街头去募捐，下乡去宣传。"

对蕙兰中学以前的思想状况，冯仲云自己作过这样的评述：

"我基本上是出身贫苦的家庭，虽曾由我父亲的暴发而享受了几天小老板的生活，但这个对我的影响是不深的……自幼年即与家庭分开，孤苦飘零，受到社会的白眼，产生了反抗现实的思想。在旧社会的复杂思想中，自己追求光明，也走过错误的道路，受过各种反动思想的影响……作过基督教徒，但毕竟由于'五卅'惨案，中国大革命的激荡，启发自己的民族主义的觉醒、爱国主义的热情，而走向光明路途。"[1]

本年　在杭州蕙兰中学读书。薛雯回忆：

一九二五年，云在杭州蕙兰中学读书。当时他父亲在湖南经济情况已不好，他想早一年考大学，结果没有考取，他哥哥为这件事发火了，骂他不要脸，云回了一句嘴，哥哥非要打死他不可，大家拉开了，把云藏在舅妈家后面的一个破屋里。我给他送饭的时候，见他手臂上破了一个大口子，还在出血，不由地掉下眼泪，他反而安慰我说："别难过，我不怕疼！"当时我虽然年

---

① 冯仲云自传，未刊。

幼，但总觉得他好，他能关心人，母亲和大姊薛静也都喜欢他。

本年 曾考东南大学（现南京大学）、南开大学、厦门大学三个学校的预科，都没有考取。

1926 年　十八岁

夏　在上海考学。

《我的自传》："由于第一年考了三个大学都没考取，所以我在这年考大学就偷偷地只考了一个清华大学。考完后谁也没有告诉，打算要是考不上的话，那就到武汉的汉阳兵工厂当技工。那时那儿召技工。在上海考完学我就回到故乡等候着，暑假过去了，学生们一个一个地都去开学了。清华的招生发榜较晚，我的二伯父他也不知道我考了清华，他也为我的出路犯愁。他为我找到了一个位置去当小学教员，二元钱一个月薪，我拒绝了。到最后清华发榜了，榜上有名，考得不坏，于是他们都非常高兴，为我筹得款项，北去清华。"

8 月 16 日至 19 日　《申报》（上海版）连续四天刊登《北京清华学校录取新生揭晓》，内有冯仲云的名字。

9 月　进入清华学校大学部数学系。薛雯回忆：

> 第二年夏天，他以全校第三名，数理上第一名的成绩毕业于蕙兰中学。不久就到上海去了。在那里他躲在小舅妈开设的小煤炭店闷热的阁楼上复习功课，并报考了清华大学。后来清华在报纸上发榜，他名列第四。他考取了数学系（当时称算学系），那一年录取的只有他一个人。
>
> 学校通知书来了，"清华"是当时国内最有名，也是最难考的学校之一。在家乡人心目中，进入"清华"注定要留洋的，大家都非常为他高兴。他二伯父为他准备行装，去清华要从横林乘夜车到常州，然后转车到南京，渡长江再北上，要走三天三夜，当时大家觉得这是遥远的旅程。仲云起程是在一个暮色苍茫的夜晚，在门前的小溪边的码头上送他的有他的二伯父、我的母亲、大姊还有我，老人们千叮万嘱一路小心，到清华后来信。当一叶小舟慢慢地从似有似无到完全消失时，我也觉得丢了什么似的非常难过。同学存在嫉妒之心，没有来送他。

《我的自传》："我进了清华，当时是第二班。那一年不分系，我打算入数学系，但是数学人少开不成班，所以没有数学系，我是以数学系学生学物理的课，所以物理课程学的特多，到了四年级可多开了一些数学系的课，那时算是把数学系成立了。我这年级就我一个人，全校一共六个学生有七个教师，我是穷学生，除刚考入清华，带了一些钱外，后来家庭的供给就很少了，大部分费用来自学校所给的借款，所以一共在清华念了四年书，欠了有四百多元钱。"

本年 大哥冯勤功结婚。

1927 年　十九岁

5 月　参加共产党。并在中共清华支部职工运动委员会工作。冯仲云在一九四一年一月十一日写的《冯仲云履历书》中说："一九二七年五月，我参加了中国共产党，是蔡××同志介绍（忘其名）加入的。并在中共清华支部职工运动委员会工作。当时一起在委员会工作的有朱理治、魏明华。"

《我的自传》："一到清华后，南方的大革命号角就吹的直响，对于北方青年，对我清华的同学，都受到了很大的影响，其中也有我。那时我天天读报，我的心受革命的激烈的震荡，我读了《共产党宣言》《共产主义 ABC》。自己决心成为一个反封建反帝国主义的革命的斗士，成为一个共产党员。

"有一次，清华同学中有一个叫张达昌的（可能是一九二七年二至三月份）问我对当前形势的看法，我当时正读过郭沫若的《请看今日之蒋介石》[①]，我的回答是大骂蒋介石，说他要反革命。那时清华还是国共合作的，张达昌他是国民党员，是趋向于右派，本来打算把我介绍入国民党的，一听我骂蒋介石后就没有介绍我。这样一搁搁了好几个月，到四、五月份朱理治（那时叫朱明勋）和崔宗培把我介绍入党。我记得是崔宗培在古月堂旁先和我谈的话，后来朱理治也是在那附近找我谈的话。我算'五一'入党。我记得我是进了共产党后一次会议上决定我去出席一次国民党清华区分部的常务委员会，这我就算是国民党了，那时虽在'四·一二'国共分家之后，但是北方国共两党尚未分家，我党还在国民党内部争论着，哪些人出席了这次会议，现在记不得了。记得是在清华大礼堂前面的科学馆二层楼上的教室里，一共五六个人参加，我在会上作了激烈的争论。就开了这次会，以后再也没开第二次会议，我记得以后再没有和国民党发生关系，那时正是暑假来临，学生都走了，国民党的会议也是开不成了。等到下半年开学，那就是国民党右派自己开会了，那就不是国共合作的会议。但是在我的记忆中，还不能排除有很少的可能我是先入了国民党，后入共产党的。这个问题和朱理治、崔宗培，还有当时的党员余冠英谈一下就可以端详出来。

---

① 《请看今日之蒋介石》，是郭沫若于 1927 年 3 月底在南昌朱德寓所写就的，声讨蒋介石反动政治的一篇散文。1927 年 4 月 9 日发表于武汉《中央日报》。1927 年 5 月武汉《中央日报》副刊作为 16 开单行本出版。

"我入党以后，我记得当时没有候补期之说，入了党就是正式党员了。"

关于冯仲云入党问题二十世纪八十年代朱理治在回忆文章中说："经过'四·一二'大屠杀和李大钊等十几个同志的牺牲，接着发生了马日事变和武汉政府的叛变，大革命走向失败，北方的白色恐怖也日逐加深……八月份，支部书记的职务落在我的身上。当时，支部中除了消极退党的、回家的，还剩下八九个党员，其中有崔宗培、冯仲云（冯是我发展入党的）、邢必信（邢是冯发展入党的）、魏明华、李乐光和图书馆的两位工友。"①

6月　在中共北平市党部西郊区委担任干事。当时区委有吴登鹤、徐培经。

8月　做农民工作。

《我的自传》："我入党以后，正是学校放暑假，我愿做工农工作，不愿做学生工作，因此我和当时愿做农民工作的魏明华（党员），一起在乡村中跑，在洋车夫中做工作，有时也到燕京大学（即现在的北京大学）去开会（那儿当时是中共西郊区党委所在地）。这样过去了一个暑假。在八月份那时，中央八七会议以后，清华党当时犯了左倾错误，稍稍有点动摇的党员就立即开除出去，到九月开学就剩几个党员了，魏明华要留洋去，宁肯开除党籍也要留洋，这样他就走了。"

9月　担任中共北平西郊区委常委宣传部长。

12月　西郊区委遭到破坏。一时失去组织关系，隐匿清华大学，担任清华大学党支部书记，并联系西郊区党的工作。

本年　母亲在洪江收养一个流浪的女孩做丫头，取名莲发。

---

① 朱理治：《清华园入党和北京地下工作——朱理治回忆录（节选）》，见薛雯《白发回首》北京图书馆出版社 2000 年 1 月版，第 238 页。

1928 年　二十岁

年初　北平市委遭到破坏。

《我的自传》："朱理治原在区委工作，在敌追捕中回校，一九二八年初，我们把他们送走后，当时北平市委是遭破坏了。

我们清华的党支部是潜藏得更深了。那时清华支部的同志我还想得起来的就是余冠英、郭宣霖、于成（已死）、刘炜俊（不知在何处）、我，可能还有徐子培，大概还有几个，我现在想不起来了。余冠英是一九二八年春脱党的，郭宣霖脱党还要晚一些，我担任支部书记，大概是在他们之后。那时北平党市委大概没有恢复过来，我们的党支部那时没有上级党的关系。但是我们的支部是存在的，经常开会的。有些左倾群众如赵夒、邢系华、余冠英、郭宣霖都还知道我们的活动存在的。

到一九二八年秋，北平共青团市委的李续刚来接关系，我们和市共青团委发生关系，但我们还是党的支部，我又和北平团市委娄海山（娄凝先）发生关系，并组织了文艺团体，我参加了该文艺团体，但我自己没写过文章。后来娄海山调走太原，我就同他们没关系了，现在想不起来我是先见到娄海山，还是先见到李续刚，反正有那么回事。"

3 月　由于叛徒出卖，党支部书记朱理治身份暴露，在冯仲云掩护下，朱理治离开北平。冯仲云被选为党支部书记。

9 月　与北平共产主义青年团市委发生关系（当时党的市委未恢复）。在团市委领导下，参加清华青年团和西郊青年团的工作。

1929 年　二十一岁

6 月　中共北平市委代表肖执中来到清华大学，和冯仲云等接上了组织关系。《我的自传》："肖执中来接关系，当时他叫老肖，他是代表北平市委来接关系，那时北平市委大概恢复起来了。老肖来接关系后，不久我就不担任支书了，那时清华的党员就多起来了，已经增加到十多个人了。"

夏　父母全家离开洪江镇回到故乡。《我的自传》："一九二九年夏，我在清华时曾回到南方故乡，当时非常穷酸，被乡人藐视奚落（那次，我还到苏州监狱去看了被囚的朱理治）。"

冬　与北平党市委发生关系，继续担任清华支部书记及西郊区部分工作。《我的自传》："到一九二九年冬至一九三○年春，那时老肖就换了小曹（已死狱中）来接关系了。党支部就到了二三十人了。在此以前（一九二九年）由于我们的工作，在清华前面有个农业学校内，党的支部就建立起来了，我记得在这个学校中有个姓杨的（大名府）人还有姓白的。名字都忘记了。以下的党同志可能是一九二九年以前清华的，徐子培，于成（死），刘炜俊（不知何处），而一九二九年以后可能还有于九公（于天放），陈志安，葛春霖（后在农校），张钦益，白坚，张××（可能是张清丽），李乐先（一九三○年），胡乔木，可能还有别人。"

1930 年　二十二岁

2 月　担任北平市委干事，仍在西郊进行工作。同时也未脱离清华支部。

3 月　与北平文化界的娄凝先（即娄海山）、谢冰莹、刘尊棋、王冶秋等人组织了文学团体"展望社"。在此期间化名冯启农主办文艺刊物《展望》。

4 月 20 日　在北平示威游行中被国民党军阀阎锡山部逮捕进公安局拘留所，数日后被送进军事监狱。此次共被捕三十余人。北平学界为了营救罢课一天，并广泛进行募捐活动[①]。

9 月 24 日　乘张学良军攻入北平，阎军退出北平，在监外党组织的配合下，砸开镣铐，逃出监狱。薛雯回忆：

> 四月，北京市委决定动员学生党员和群众在东城基督教青年会教堂，利用教徒们做礼拜时夺取会场，举行五一节飞行集会。清华党支部指定仲云去参加这次活动。在会上大家通过了《反对军阀混战》《打倒国民党反动派》的决议。然后喊着口号冲击大门，就在他们冲击大门的一眨眼间就被警察局侦察队的人绑住了。当时被绑的有一百多人。云哥被关进了军阀阎锡山的北平警备司令部监狱，过了半年的囚徒生活。在狱中，他和刘澜波（曾任电力工业部部长）、郑眠石（长期从事侨务工作）、张静之（原松江省副主席）等人团结互助。仲云与郑眠石长期被一副手铐铐在一起。仲云是初次上阵，开始有些胆怯，但很快冷静下来，坚持斗争，经受了考验。九月军阀混战，阎锡山军队退走，张学良还没进来，所以监狱没人看管，难友门互相帮助砸开镣铐，冲出

---

① 据北京出版社 2001 年 6 月出版的《中国共产党北京历史大事记（1919—1949）》第 127 页记载："五一"运动筹备委员会代表大会会址临时改在米市大街中华基督教会大礼堂举行。到会者除各革命团体代表外，还有各厂矿的工人代表、各大学的学生代表及士兵代表，共计 370 人。大会通过了罢工、罢课、罢操、罢岗、举行"五一"大示威，争取 8 小时工作制，反对军阀混战，打倒国民党，打倒帝国主义的新工具改组派和取消派，打倒一切改良欺骗主义，拥护苏联，拥护全国苏维埃区域代表大会，拥护红军等 10 余条提案。最后通过选举，正式成立"五一"运动筹备委员会。会后上街游行并散发传单，高呼"反对军阀混战""打倒国民党""拥护共产党"等口号。队伍行至基督教青年会门口时，突然遭到事先埋伏的 300 余名便衣侦探的袭击。代表们用预先准备好的辣椒面、石灰、铜子袋与敌人搏斗，因寡不敌众，当场 58 人被捕，10 余人受伤。事件发生后，当日北平行委决定以北京大学为中心发动北平学生总罢课，反对国民党捕人，反对白色恐怖，争取自由。

了监狱。

《我的自传》："我因为快要毕业考试了，所以不担任支部工作了，那时正是'立三路线'开始时朗，北平市委在青年会组织召开五一劳动节的筹备会议，我被党组织决定去出席大会，大会是在青年会礼堂，星期日。当牧师和基督教徒们做完了礼拜就举行，不到几分钟就散发传单，呼口号，冲出大门。我在冲出大门不远就被捕了，送到北京市公安局拘留所。我和郑眠石关一个牢笼中，由于我们的坚强反抗，看守把我们两个钉在一副镣上。过了两天就审我，我的回答是：我是清华大学数学系的学生，四年级，这次进城来有事，看到清华园内有布告，说这儿开会，所以回清华时路过，在这儿看看，因此被捕，问其他的我就不答复了。后来就把我们送到养蜂夹道附近的警备司令部的看守所。从此后我一个也没被审问过。这样在狱中过了五个多月。可能是九月底一个晚上，楚溪春警备司令把我们找去谈话，我站在大家的中间，黑暗的灯光下，他说他们的阎大帅是怎样的好，爱护学生等。大家一声不响，后来就回监。第二天我们起来一看，看守我们的排长和士兵没有了。我们走出我们的小院子，大院里也没有看守了。我们当即回狱帮助同志脱镣，这时，曾经外出的人也来了。通知说：奉阎战争，阎军已退走，奉军未进城。看守都是军人，都跑了。大家快跑吧！大家都冲出了小院子，到别的号子门口，大叫快跑，这样我们就跑出了牢狱。"

10月　在北平出狱后，身份已经公开，经老师郑之蕃介绍，得到党组织同意，到哈尔滨东北商船学校当教员。

《我的自传》："我出狱后，就跑回清华，找党，党正在闹'立三路线'，按'立三路线'把党团工会的组织都取消，组织成行动委员会，清华也成立了行动委员会。可能是李乐光或者是张××（可能是张清丽）或者张钦益和我谈：说要北京总暴动，全国总暴动，我说：全国总暴动，我坐了半年监，我不知道形势，我不说，但北京总暴动我看不行，我进去时才百多党员，半年就发展那么快。

"后来我又请求支部能为我设法到唐山去做煤矿工人工作，但支部迟迟未答，后来适东北商船学校哈尔滨来电请人去教数学，东北商船学校系海军军官学校，我请示了党同志，可能是李乐光、张××或张钦益同意并以后将党组织关系转去，这样经我师郑之蕃的介绍赴哈尔滨教书。"

后来，冯仲云回忆在去往哈尔滨的路上的所见："出了山海关，过了沈阳就使我深深地感慨起来！东北是祖国富饶的土地，经济的发展是迅速的，但是在地方军阀统治下，尤其是帝国主义压榨下，老百姓过得很苦。日本帝国主义及其走狗'黑帽子'① 气焰逼人，任意打人骂人，凌辱老百姓。自己感到非常气愤，这样就加强了我成为职业革命家的决心。"

商船学校是东北军海军司令沈鸿烈在一九二七年为培养训练自己的实力而创办的。

《我的自传》："一九三〇年十月，我到了哈尔滨东北商船学校当数学教授，这个学校表面上是东北商船学校。毕业的学生都用于松花江航运局的船上当大副和轮机长，但实质上是为北洋海军沈鸿烈系统培养人材。松江航运局长王某虽是兼校长，他本人也是海军系统的。我们学校的教务长、教师成员都是海军官，穿海军制服。学校一切制度、生活、学习、教练完全是海军的军官学校的一套。我有个师兄在那儿当数学教授，他是综合几何较好，但是被学生的三个难题难倒了，后来他就走了。学校再没有教授，东北又没这样的人材，因此打电报给他们过去在福建马尾海军军官学校的教学老师郑之蕃，这就把我介绍去了。我去之后也遇到了这样的难题，学生来考老师，我是分析方面较好，三个题都是解析几何上的问题，很快就解决了，这就在学生中建立了威信，因此我的名誉也传到了校外，到一九三一年我还在哈尔滨第一中学兼课，教一些高级数学，一直到哈尔滨沦陷。"

薛雯回忆：

> 云从监狱出来，当时手无分文，衣服也是同学凑的，长袍、黄咔叽布的西装裤，身上还套上一个马褂，当时他只有二十三岁。这样子走上讲台，同学们大失所望，以为介绍来的不过是思想守旧的老学究。学生们不知道仲云是清华大学的高材生，故意出难题，想哄走他。他和学生相约，互出三道题，在解题中学生发现老师真有水平，这样，他的威信很快就建立起来了。

《我的自传》："我到东北商船学校以后，我以爱好文艺姿态出现，团结了一些人，于是开始组织读书会，那时我组织关系还没转到，我发现校内有反帝会。反帝会当然是党的外围组织，我就加入了反帝会，为了开反帝会，我曾经到哈尔滨江南（商船学校在江北）某地开过一次会，在那儿

---

① 指为日本服务的警察。

见到唐宏经（这人是东北的老工人党员，后来为东北罗章龙右派的头，我见后不久被捕，当了叛徒），但没说几句话。"

本年底　由哈尔滨回家探亲。

《我的自传》："到十二月底，学校放寒假，正有免票，我于是向反帝会哈尔滨负责人黄某（此人为朝鲜族，后当叛徒，传说已逮捕）请了假，回到南方故乡。"

1931 年 二十三岁

1 月 中共中央派罗登贤到东北任中央驻满洲省委代表。

本月 到上海转党的组织关系。

《我的自传》："我到了上海，见到我同狱，出狱后被调上海工作的严志坚同志（此人后来就不知道了）。我在上海南京路的一个胡同的旅馆的楼上住。那里我记得还有一个跑中央苏区的交通员老潘，他天天到估衣铺去看旧衣服，以便化装出走。我从他们那里知道中央开六届四中全会——即确立王明第三次左倾路线的会议和罗章龙右派反党另立中央，知道了何孟雄等二十个党的领导干部被捕和英勇牺牲，也知道了中央苏区的情况和毛主席。我托他们告诉中央无论如何要从北京把党组织关系转到哈尔滨去。"

本月 回家乡与薛雯订婚。

据薛雯回忆：

> 教授工资是每月一百八十元"哈大洋"。第一个月云就换上了新装，买了西装和带貂皮领的大衣。在商校执教两个月，放寒假时他就衣锦还乡了。他要去上海转党的关系，到苏州去看望狱中的同志朱理治（朱治理同志已出狱，未能见到），同时也要和我举行订婚礼。

> 当他回到家乡时，乡里一些老人的眼光又变了，说大学生还是值钱的，早就看出这孩子有出息，甚至有的老人提着茶壶到他家门口，邀他去茶馆喝茶。

> 这时我见母亲和姑母——云的母亲，姑嫂俩喊喊喳喳商量为我们举办订婚礼。初六，姑母办了五桌酒席，两种意义：一是为云平安出狱冲喜；二是为我们订婚。男家送给女家的是一担花生，女家装上两盘红鸡蛋、三对绣花荷包及一个大红帖。帖里装着我的生庚八字送往男家。初七，女家回请。我同云就这样正式订了婚。

本月 带薛雯、冯咏莹、冯企伦、冯铉到北平。薛雯、冯咏莹、冯企伦上中国大学附中。

5 月 经中共中央介绍关系，参加了北满特委领导下的党的工作，担任哈尔滨江北区委宣传部长。

《我的自传》："回哈尔滨后我对于许多问题都知道了。我仍做我的读书会工作和校内反帝会工作。校内有罗章龙右派的支部，我坚决拒绝加入，并和他们斗争。后来校内该派头子傅天飞担任了罗派的北满特委书记，但他是已毕业在船上实习，所以他的工作由罗派的另一个头子王文龙担任，也是青年学生（非我校的），也来找我，纠缠我，坚决被我顶住。后来在五月间①，我住在松花江北一个沙滩上（那时我的未婚妻薛雯已由北京来找我，我们住在一起这就算结婚了）。来了一个人就是党的北满特委宣传部长老何，戴着一副眼镜来打听我们，当时我和我妻、冯铉都盘问着他，最后才把问题弄清，是组织关系由上海转来了，我们非常高兴（组织关系的转到，可问侯志同志，她是当时北满特委，可能是秘书长，我妻和冯铉虽然那时他们还不是党员，但是他们是知道的。至于老何——解放后才知道他叫贺昌之②，在苏联没回来，可能是没有了）。接上关系后我立即就把罗章龙右派情况告诉了他们，那时北满特委书记山东李（又名吴胡景——侯志爱人，在苏联为王明所害）到我那儿，我约定了王文龙、山东李在我那儿对王文龙谈。王文龙就宣布投降交出罗章龙右派北满特委所有关系和线索。这样，他们就宣告了破产。在这方面北满特委可能是满洲省委有个决议，解放后我还读到过。这样，我就和党接上关系了，党当时分配我做江北区委宣传部长，于诚文（现在哈尔滨香坊三辅街七十五号）一个泥水匠工人，他任区委书记，他管江北马船口一带的工作，而我还是管商船学校和小船夫，这是由我开辟的一些工人同志，有个支部，那时中共中央政治局委员、中共中央驻东北代表罗登贤同志住在我家里，后来我的妻和冯铉侄也由侯志同志分别介绍入党入团。"

本月 在哈尔滨与薛雯结婚。薛雯回忆：

> 暑假将到时，云给我来信："雯妹！你来哈尔滨，能比你在学校学得多。我希望你能立刻来此。"
>
> 仲云写这封信，有两个原因：一是学校的学生中有不少人思想比较进步，云住在学校对他开展地下工作不便，因为军官式的学校等级界限分明，课余几乎互不往来，如在校外有个家庭，作为朋友"串串门"进行工作要方便得多；二是校长聘他当儿子的家庭教师，而校长有个女儿正在物色佳婿，我去可以避免这方面

---

① 冯仲云和薛雯回忆接转组织关系的时间可能记忆有误，冯说是 5 月间，薛说是 7 月，因无法考证，故均记在这里，供研究者参考。

② 贺昌之，也叫贺昌炽，时任中共北满特委组织部长。

的麻烦。

在我去以前，仲云要学校帮助他在离学校隔一河套的牛甸子沙滩找一处房子。牛甸子是从江北到江南道外区的必经之地，航务局的大巴拉斯（拖船）就停在靠近沙滩的松花江里。有些同学的家也在江南道外住，这里是必经之地。

收到云的信后，我参加完学校考试后就独自去了哈尔滨。路途遥远，我一个十八岁的姑娘，坐了三天火车，通过三条铁路。北平直至沈阳段叫北宁路，中国经营；沈阳至长春段叫南满路，日本经营；长春到哈尔滨属中苏合办。这三条铁路其实是一条线。好在我在北平住了一年经历了不少锻炼，又因我阅读过不少古今小说，所以在火车上我能与一帮子东北子弟高谈阔论。他们坐的是包厢。那时的包厢，是在车厢一角有个小房间，里面可以坐十人左右。比较舒适，还设有睡铺。他们请我坐在里面交谈，也请我吃饭。我看书一般是先看序，后看结论，再读中间内容。他们以为我是读文科的大学生，我说我是去哈尔滨找我哥哥的，他们给我在香片上留下地址，要我与他们通信。他们是沈阳到长春的人，我知道他们不能去哈尔滨找我。

到了哈尔滨，按约定住进悦来客栈。客房里是一个土坑，我刚歇下，茶房来叫，说经理有请。一进经理室，只见沙发、纱窗帘全是俄罗斯的装饰。留着八字胡的经理请我在沙发上坐下，问小姐远道而来有些累了吧？我莫名其妙，应酬了几句。这时茶房来叫了："小姐有请，有人来找你了。"我就跟茶房上楼。云和铉侹来接我，正站在楼梯上。见到他们，我心里也踏实了。

铉侹去车站取行李，云轻轻地对我说："回家吧！"一阵幸福的感觉穿透我全身。云伴着我走向江边的码头，在我依着云等待渡江的时候，像是迎接我们，突然下了一阵暴雨洗净了大地上的尘埃。不多时雨过天晴，松花江上风平浪静，碧空中出现了一道彩虹。我俩相依坐在渡江的小筏子上，松花江北岸金色的沙滩、葱绿的小榆树、红红绿绿房顶的小木屋、黄色的小教堂的尖顶闪着金光的十字架，像童话世界一般映入眼前。云遥指一个木栅栏围着的黄墙红顶的小屋说："那就是我们的家！"家，多亲切啊！我和云把这看成是我们彩虹下的婚礼。从此，在哈尔滨江北牛甸子沙滩上，开始了我们共同的新生活。

7月①　中央把冯仲云的组织关系转到东北。薛雯回忆：

> 一九三一年七月，沙滩上来了个陌生人，身穿浅灰色的绸子大褂，戴着金丝眼镜，头顶上是一顶细致的草帽，徘徊着往里探望，这在沙滩上是少见的。冯铉盘问他，他说找个姓冯的，原来中央已经把仲云的组织关系转到东北，这个陌生人专为找仲云而来，他就是中共北满特委组织部长贺昌炽。从此仲云与组织接上了关系②。

9月18日　当夜，日军开始向沈阳东北军北大营和沈阳城内发起进攻。"九·一八"事变爆发。《我的自传》："'九·一八'后，那时哈尔滨的党组织是在王明第三次左倾路线影响之下，只是举行飞行集会，而这些飞行集会的主力都是商船学校的学生和江北小船夫，都是从我那方面得来。后来党组织就分配我担任全满反帝总会党团书记（即党组书记），后来就改为反日会党组书记，那时的路线错误到了极端点，省委里的同志喊出了在敌人未来，旧统治未垮的夹空中，可以建立工农兵苏维埃会议，我是反日会工作者，当仁不让，所以我负责召开了七次工农兵代表会议，都是在小屋子里六七个人开的。在那个时候，我也兼任过少数民族委员会委员之一，专门接送'九·一八'后由沈阳监狱出来的朝鲜同志回到外县的组织。"

9月20日　中共中央发表《中国共产党为日本帝国主义强暴占领东三省事件宣言》。

9月21日　中共满洲省委做出《关于日本帝国主义武力占据满洲与目前党的紧急任务的决议案》。

9月23日　中共满洲省委做出《对士兵工作的紧急决议》，发出党要组织领导东北人民进行游击战争的号召。

本月　被北满特委委派担任北满反日总会党团书记。

本月　薛雯入党。

10月中旬　和陶永久等组织哈尔滨市第一中学二十多名学生以旅游的名义乘客轮从哈尔滨到木兰、通河、依兰、佳木斯、富锦进行反日宣传工作。

10月13日　和陶永久等在通河下船，组织学生到中央大街等地进行

---

① 此时间与冯仲云在《我的自传》中回忆的时间有出入。
② 薛雯：《白发回首》，中信出版社，2013年，第41页。

反日讲演，在和发谦（现邮政北营业厅）中药铺、致美居（现工商银行家属楼）饭店、宝兴源（现生资商业楼）商店等地都有穿着黑色学生服、戴黑色学生帽的男学生和女学生在讲演，在揭露日军侵略的罪行和国民党蒋介石丢掉东北大好河山的不抵抗主义的可耻行径；宣传中国共产党的抗日主张和组织领导东北民众、军人抵抗日寇侵略的英勇战绩。在中央大街，通河城的各界人士静听穿着灰长衫、戴眼镜的二十多岁的年轻人在讲演："通河的父老乡亲们！东北军根据蒋介石的命令，放弃了沈阳。日军大举进攻辽宁、吉林、黑龙江，我们每位中国人誓死也不当亡国奴，都要响应中国共产党的号召，拿起武器，抗击日军的侵略！"冯仲云用他那江苏口音在激动地讲着。冯仲云、陶永久和学生们边讲演边喊着口号"打倒日本帝国主义！""反对蒋介石不抵抗！""拥护中国共产党的抗日主张！""誓死不当亡国奴！""拿起武器保卫家乡、保卫通河"……此时通河城是一片欢呼的抗日声。冯仲云等组织哈一中学生的反日讲演在通河民众中留下深刻的记忆[①]。

11 月　马占山[②]领导驻军展开嫩江桥抗战。

本月　因叛徒告密，满洲省委遭到破坏。中央巡视员罗登贤重新组建满洲省委并代理书记。

《我的自传》："到了十一月里，大概是沈阳党组织遭破坏（我当时不知道），省委命我们匆忙搬家，我后来就搬到马家沟协和街某号，仍是做着反日会工作（这时现哈尔滨市人大常委会委员杨佐青，他在我那儿住过，他叫黑杨。当时满洲省委就已由沈阳搬哈尔滨了）。后来我又搬家到吉林街，在这儿冯铉决定考哈尔滨电业局当电车工人。我还是做着反日会工作，在反日会工作中，曾经杨靖宇来担任过一个时期，后来他担任哈尔滨市委书记，又来了赵尚志任了一个时期的反日会党团书记，他又调省军委。"

12 月 3 日　《中共满洲省委为筹备党的经费致各级党部并全体同志书》中，一开始就指出"党的经费问题是异常严重地摆在全党的面前"。"满洲党在过去数月的经验中，有不少因经济困难而影响工作，束缚和妨碍各种工作计划的顺利进行，和不能应付紧急事变的事实，特别在工作异常紧张的目前，这一问题是非常严重。积极努力来解决这一问题，是每个

---

① 王志民：《冯仲云与通河的抗日民众》，《世纪桥》2009 年第 2 期。

② 曾任东北军旅长、黑龙江省代理主席、军事总指挥。

同志的本身政治任务之一。"①

12 月末至下年初② 中共满洲省委机关由沈阳迁至哈尔滨。冯仲云以他的家作为联络点，并拿出工资的大部分做党的活动经费。据薛雯回忆：

> 云每个月有二百六十银元的收入，我们每月留出一百八十元作为党的活动经费，余下的八十元也绝大部分用来安排同志们的食宿。后来商船学校的工资没了，仲云在一中还有工资，能交给党的活动经费就大大减少了。

《我的自传》："因为我当时是教授，月薪是优厚的，教授每月一百八十元银大洋，后来在第一中学兼课，又得薪水一百多银大洋，当时一开始生活当然很好，但是后来和党组织接上关系后，党组织的决定一百哈大洋合八十元银大洋以上全交党，另交百分之二十的党费，这样，我只能每月得八十元哈大洋。同志们见我，都以为我是阔教授，都要揩些油，这样，当时我的生活清苦得很，'九·一八'以后，商船学校搬青岛，日本人占领哈尔滨后，第一中学关门，我和老婆靠折半发的欠薪过日子，用完后就靠党内供给。"

《冯仲云同志回忆录》："罗登贤到哈尔滨来一趟，回沈阳后大概在一九三二年一月，把省委搬到哈尔滨来了。当时与上海的交通曾有一度隔绝，汇款没办法。党的经费主要是我和另外一个同志出，我在两个学校教书，月挣二百六十元钱，要拿一百八十元作党的活动经费用。"③

本年 以商船学校为基础，发展了二十多名党员。冯仲云回忆：

> 一九三一年以后，我以商船学校为基础，发展了二十多名党员，建立一个江北区委，书记是于三哥（瓦匠），我任宣传部长。当时的哈尔滨市委（也就是北满特委）领导虎林、饶河、宁安、珠河、汤原五个中心县委和安达、宾县两个特支。在哈尔滨市内同记工厂有工人组织；老巴夺烟草公司有反日会、反帝会组织、工会等群众组织；三十六棚大厂子工人子弟中有点组织；学校方面，二中、三中、工大、法专、医专有组织；一中我在那里兼数学教员发展几个反日会员，以后都交出去了。铁路职员中有个别

---

① 中央档案馆等编：《东北地区革命历史文件汇集》甲9，第119页。

② 根据吉林省公安厅公安史研究室、东北沦陷十四年史吉林编写组编译的《满洲国警察史》第338页记载："民国21年（昭和7年）1月，满洲省委迁往哈尔滨。"

③ 未刊稿。

关系，不一定是党员，他们工资较高，通过个别关系在那里弄点钱。

江北区委主要是做商船学校工作，在划船工人中发展组织，成立一个支部，郭知深任支部书记，另外有几个反日会员。马家船口有个别关系。当时哈尔滨市内党员总共不过六、七十名。[①]

樊继才在《忆东北商船学校》中说：一九三〇年十二月间学校放寒假时，冯仲云同志以接家眷为名去南方办党的关系。一九三一年春回到学校。不久，他的爱人薛雯同志也来到哈尔滨。他们在江北叫牛甸子的地方找到房子。这是一个沙滩，离学校隔一个江套子，是一个孤岛，上面住了十几户人家，多数是俄国人，只有几家中国人，都是贫苦渔民和船夫。十月革命后，这里住的俄国人都拥护苏俄政权，曾有"红毛子村"之称。冯仲云同志与地方党组织接上关系后发现，商船学校已有党的组织，是唐宏经发展的，党员有傅天飞、王文龙和戴海洲。不久，党中央又派武胡景、侯志等同志来到哈尔滨重新整顿了中共北满特委，并与冯仲云同志联系上。此后，冯仲云同志以商船学校为基础发展了一批党员，建立了中共江北区委。书记为于成文（又称于三哥，铁路工人，后被派去绥芬河担任交通站长），冯仲云同志担任宣传委员。

一九三〇年寒假时我从轮机班毕业，一九三一年便到"南翔"号货船上实习。"九·一八"事变后，哈尔滨的工人、学生以及其他爱国青年，纷纷起来参加抗日义勇军和投入反对日本帝国主义的斗争。东北商船学校此时也不平静，显示了冯仲云同志在学校所发挥的作用，学生中的党员及反帝会员都积极行动起来了，有很多人直接奔赴抗日斗争的前线，记得于文志兄弟俩被派到瑷珲县他们的家乡工作去了；刘震被派到松花江下游的抗日游击队；王洪文、邹瑞强被派往马占山、苏炳文[②]部队，听说他们都在战斗中牺牲。还有的被派到我党创建的抗日联军中工作，后来，以身殉国。留在哈尔滨的有：范廷桂同志，他被党分配做反日会的工作，他曾和赵尚志一起到市郊成高子炸过日本侵略者多

---

① 黑龙江省社会科学院地方党史研究所：《中共东北地方党史资料访问录选编（冯仲云同志专辑）》，1979年，第55页。

② 东北抗日义勇军将领。曾任东北军旅长、师长，1932年任"东北民众救国军总司令"。

门师团的军用火车，使敌人损失惨重①。范廷桂后被捕死于狱中。

一九三二年哈尔滨沦陷后，东北商船学校搬迁到青岛，只有十八名同学没有去，仍留在哈尔滨。去青岛的学生大部分参加了海军，"七·七"抗日战争爆发后，一马当先，他们当中有许多人阵亡，活着的人有的继续在国民党中做官。前些日子我在《参考消息》上看到，当年东北商船学校的学生马季壮、刘广凯等人现在台湾，有的担任总统府秘书长，有的担任海军司令等职务。

……

一九三一年"九·一八"事变后，我参加了共青团组织，并与冯仲云同志取得了联系，后来冯仲云同志担任中共满洲省委秘书长时，他在我家设立了党的秘密通讯处，收发各地往来文件，取送都由冯仲云同志亲自着手。由于这段的接触，使我了解了冯仲云同志在商船学校期间的革命活动。②

本年　在哈尔滨一中兼职。

本年　在哈尔滨给张甲洲安排工作。冯仲云回忆："（张甲洲）跑到哈尔滨找到我。我做教授，我认识王一飞，派他（张甲洲）做国际侦察工作。以后又找我，他说做不了侦察工作，我介绍他到党组织工作。他召集了一帮大学生，其中有于天放（又名于九公，是我的同学）、林枫。一九三二年省委把他（张甲洲）开除党籍，他跑到汤原做教育局长，后又调到富锦做学校校长。"③

---

① 据《哈尔滨文史资料》第七辑刘桂清的文章《哈尔滨各界群众反日大示威》记载，1932年刘桂清与赵尚志一起做反帝大同盟工作期间，她和贺昌炽根据情报也曾到成高子实施过炸日军军列的行动，但因雷管失效，那次行动没有成功。据黑龙江人民出版社2015年8月版，赵俊清著《赵尚志传》第55页记载：赵尚志、范廷桂根据地下党的情报，4月12日夜将有一列客货混编的日军军车通过哈尔滨市郊成高子车站。为确保完成任务，赵尚志和范廷桂提前到成高子附近进行侦察，选择距车站五百米外的一个涵洞为破坏地点。当晚，他们在铁路工人帮助下把路枕木上的道钉起下，拆掉路轨接头螺栓。之后，跑到距铁道很远的树林里，观察动静。夜10时50分，日军军车开来，只听突然一声巨响，列车脱轨颠覆，从四五米高的路基翻下。12节货车里装载的军火汽油在碰撞中发生爆炸，火光冲天，5节客车内日军官兵死伤严重。据中信出版社2016年9月版，史义军著《最危险的时刻》第77页记载：根据日方1932年出版的《满洲事件写真集》记载，此次颠覆日军列车的战果为日军毙命54人，伤93人。

② 《哈尔滨文史资料》第五辑，1984年11月，第82—84页。

③ 《中共东北地方党史资料访问录选编（冯仲云同志专辑）》，第84页。

1932 年　二十四岁

本年初　在哈尔滨接待从沈阳监狱出来的朝鲜同志。其中有金策、许亨植等。

本年初　与赵尚志、杨一辰、赵尚朴等经常在哈工大党员王雨山家开会。

1 月初　罗登贤、武胡景、赵尚志、杨佐青等先后在南岗河沟街冯仲云家研究发动东省特区警备大队起义工作方案。罗登贤等经常在南岗河沟街冯仲云家起草和印刷文件。

1 月 31 日　义勇军领袖李杜[①]等组织哈尔滨保卫战。

2 月 5 日　日本关东军第二师团长多门二郎率所部侵占哈尔滨。

《我的自传》:"日本军队是旧历过年的时候进的哈尔滨,在日本军队进到哈尔滨后,我还和赵尚志一起到江北呼海铁路修理大厂门口,正当工人散工时,撒过一次传单[②],反而因此而找到了遗失的工人中的党组织关系,后来这关系交到哈尔滨市委杨靖宇处,籍此而发展了呼海铁路沿线的党的工作。"

2 月 18 日　日本关东军主持召集所谓"建国"会议,以建立"满洲新国家""独立政府""满洲民族独立"名义,拼凑傀偏政权伪满洲国。

3 月 1 日　在日本侵略者的精心策划下,以伪满洲国政府名义发表宣言,宣布所谓"满洲国"正式成立。三月九日,清废帝溥仪出任"执政"。

本月　出席中共满洲省委书记罗登贤召集的省委主要领导参加的会议,参加人有赵毅敏、周保中、杨林[③]。会议根据周恩来在《红旗周报》上发表的文件精神,起草了《抗日救国武装人民群众进行游击战争》的文件。

4 月 10 日　中共满洲省委发出紧急通知,指出:"党应以布尔什维克的坚决性与敏捷性,来动员无产阶级与一切劳动群众的斗争,介入与扩大反日战争,给敌人的进攻以致命的打击。民众自动武装起来,扩大反日战争,驱逐日本帝国主义,打到'独立政府'。"并要求"在工厂门口,在失

---

①　曾任东北军旅长,1932 年任吉林自卫军总司令。

②　关于撒传单的时间,据赵俊清著《赵尚志年谱》,黑龙江人民出版社 2008 年版第 56 页记载是 1932 年 4 月份。故 4 月也记了一条。

③　杨林(1901—1936),原名金勋,曾用名杨宁、毕士第。朝鲜平安北道人,1919 年"三·一"运动后迁到中国东北通化居住。1930 年春任东满特委军委书记。1931 年冬任满洲省委军委书记。1932 年秋调江西中央苏区工作,曾任红军十五军团第七十五师参谋长。1936 年 2 月,在红军东渡黄河战斗中战死。

业工人比较集中的地方，立刻有计划组织各种群众集会，向工人群众讲义勇军的胜利等目前紧急情况，号召工人群众罢工，给敌人以无产阶级的回答，以扩大反日战争"。

4月26日　薛雯生冯忆罗。

《我的自传》："三、四月里我又搬家到马家沟某处，那时薛雯刚生了我的大女儿。罗登贤在我家中住着，那时正要布置哈尔滨香坊一营兵的哗变，原来打算这营兵哗变出来后，我去当政委，但是这营兵没有哗变成，此事就作罢了。

"后来我又搬家到马家沟芦家街，和老聂（尚钺）在一起，老聂任省委秘书长。"

本月　与赵尚志到哈尔滨松埔呼海铁路工厂向工人作抗日宣传。他们在工人下班刚涌出工厂大门时召集工人集会，进行讲演，号召工人罢工、怠工，支持义勇军的抗日斗争，打倒日本帝国主义，并散发大量抗日传单。

5月　中央巡视员姚仲云到哈尔滨，调整加强满洲省委领导力量。满洲省委增补聂树先（尚钺）、赵尚志二人为省委常委，孙广英为省委委员。

本月　被省委委派担任省委秘书处交通部领导工作。负责宣传品、文件的印刷、传递和交通工作。接替他做反日会工作的就是从沈阳监狱中出来不久的杨靖宇。短暂的接触，冯仲云留下了难忘的印象："两道浓浓的眉毛下的大眼发出炯炯的光彩。从目光中间可以看出他的坚定、有毅力和久经考验的性格。"[1]

6月　中共临时中央在上海召开北方各省代表联席会议，会议的目的是反右倾，推行六届四中全会的"左"倾路线。会议通过了《革命危机的增长与北方党的任务》《开展游击运动与创造北方苏区的决议》和《关于北方各省职工运动中几个主要任务的决议》。在这些文件中，中共临时中央不顾日本侵略东北，民族矛盾上升为主要矛盾这一事实，仍一味要求北方各省，特别是东北仍然要进行土地革命、建立红军和苏维埃政权。满洲省委代表何成湘在会上陈述的正确意见被斥责为"满洲特殊论""满洲落后论"。临时中央决定撤销罗登贤满洲省委书记的职务，调回中央。同时决定派华岗任满洲省委书记。由于华岗在青岛被捕，中共中央又决定派中央组织局李实（李抱一、魏抱一、魏维凡）任中共满洲省委代理书记兼组

---

[1]　冯仲云：《气吞山河，壮志烛天》，见《松柏长青》，吉林人民出版社，1960年，第20页。

织部长①。

7 月 10 日至 12 日　参加中共满洲省委在哈尔滨南岗召开的扩大会议。这次会议主要是贯彻"北方会议"精神。做出《关于接受中央北方会议的决议》，提出"武装保卫苏联，拥护苏联是目前第一等的任务"，要"执行土地革命的任务"，"开辟满洲新苏区"，"创造红军"等过"左"口号。出席会议的还有李实、罗登贤、何成湘、詹大权、金伯阳、李泽民、杨靖宇、杨德如等，共十四人。

本月　分别与夏尚志、张甲洲、丁兆阳、王守贤等来自北平的青年学生接头、谈话、分配工作。

被省委委派担任省委巡视员，巡视长春特支工作。

8 月　重新担任满洲反日总会党团书记。

本月　因为反对满洲省委"八·一"决议中之一部分（这一决议是在北方会议左倾精神之下的决议）受到警告处分。

《我的自传》："那时北方省会议已经开过，提出了要在北方建立苏维埃红军，就是在东北要搞武装斗争了，但是满洲省委的'八·一'决议还是喊着游行示威，我和尚钺为此反对了省委'八·一'决议，这就是说反对了满洲省委的执行王明第三次左倾路线。同时尚钺对何成湘的生活上的浪费也有意见。那时魏抱一来代替罗登贤的满洲省委书记，他们就对我们展开了批评，要尚钺自己找工作，即今后党不再供给他了。这样使尚钺就很为困难。

"正是八月光景，王一飞从依兰来，要我夫妻两人去做他的工作，我不愿去做他们的工作②，尚钺正无出路，我就介绍了他去，他这一去从此

---

①　据《哈尔滨文史资料》第七辑李实的文章《我在满洲省委工作一年零四个月》记载：一九三二年七月至一九三三年九月满洲党、团组织是：

省委代理书记：李抱一（李实）。

组织部长：李抱一。

宣传部长：何成湘。

秘书长：老罗、詹大叔、冯仲云。

军委书记：季密（胡士杰）、唐景阳（军委干事）。

职运部长：老曹，委员：小金（金永绪）、王亚堂。

少数民族委员会书记：李泽民。

省委委员：杨靖宇、孙广英、金永绪。

团省委书记：先是徐宝锋，徐调上海后，中央派刘明夫担任。

组织部长：刘明夫。

宣传部长：杨波。

青年部长：何成德。

②　"他们的工作"，指给共产国际作情报工作。

后我们在一九四九年，即解放后才见到他。省委得知此事，给我严重警告的处分，而尚钺则开除党籍，这是我第一次受处分。"

10月　在哈尔滨的满洲省委印刷厂被敌人破坏[①]。

本月　到松花江下游汤原县任省代表工作。领导汤原党及汤原游击队。薛雯在《我任中共满洲省委交通员期间的战斗生活》一文中写到了冯仲云出发的情景：

> 在十月上旬的一天黎明，敌人的警备车奔驰雷鸣，霍霍的刺耳声使人有些胆裂。当时我住在马家沟国课街（今果戈里大街）一个园林附近的俄式小屋里。我和老冯被惊醒。老冯急忙下床靠近窗户侧耳辨别着警备车的去向。他用低低的声音说："又要出事了！"我也坐起来，给孩子喂着奶两眼望着老冯，我们都沉默在这紧张的空气里。一直到阳光透过玻璃才感到一点轻松。老冯摸出怀表看一眼，快九点钟了，十点钟约印刷处老吴在教堂街小公园接头，而今早发生的情况就在印刷处。怎么办？他默默地抽着纸烟，在屋里踱来踱去。突然传来"咯，咯，咯，咯"的敲门声。听到这有节拍的敲门声，知道这是小李（何成湘）[②] 来了，我急忙开门把他让进来。老冯急切地问："发生了什么事？"小李严肃地告诉我们，印刷机关被敌人破坏了，组织决定我们在午前十一点以前一定要离开这里，不要带什么东西，让我去组织部，老冯去老王家暂时隐蔽。
>
> 小李走后，我赶忙把窗子上挂着的一个当警号用的小洋娃娃拉下来，……老冯忙着收拾文件及账目关系等，把必须保存的文件包了一包，其余的焚烧了。他告诉我，把整理好的那包文件送到组织部保存。
>
> 我把孩子的东西放进我常用的皮包里，把一包文件藏在孩子身上，抱起孩子向屋里最后看了一眼，我俩出了屋锁了门。这时房东'妈达姆'（俄语太太，女士）在院里压着井水，我赶忙给她打了一个招呼，说我俩上街溜达去。通过两边植着小榆树的通道，在将到院子木栅门口时，老冯站住在点烟，我机警地先上街看了一下，随后我们俩带着孩子走到国课街分手，各自东西，找

---

① 《满洲国警察史》第338页记载："10月，在哈尔滨的满洲省委印刷厂被检举。"

② 小李（何成湘），当时任中共满洲省委临时常委。见《中国共产党黑龙江省组织史资料》，黑龙江人民出版社，1992年，第39页。

自己指定的地方去了……

　　过了几天，小李对我说："雯呀，组织决定，老冯暂时派出外县巡视工作，今天下午你去老王家看他一下，我写个介绍信给你带去，今晚他就要动身。"小李写好介绍信给我，并说："下午三点钟去吧，去时我再告诉你住址。"

　　我的小女孩已六个月了，穿了一件绿色的绒布棉衣，显得更加可爱。我用小洋布被裹了她，介绍信放进她的棉袄上襟的一个夹层里。下午三点钟，我抱着她去与老冯告别。通过通道街的桥，那里有几个日本宪兵在拦路搜查行人。我也照例地给检查了一下。他们没有检查到孩子身上藏文件的地方，平平安安过去了。过桥到第三条街口往北走不远就是×号。

　　我按照规定的暗号敲了门，立刻有一个穿哈尔滨工业大学制服的大学生开了门，他带着我进了二层门，把门帘子一掀叫我进屋。老冯知道是我，忙走到屋门口。他笑着伸出双手来接孩子，我看到他已穿上了一件黑布棉袍，剃了一个平头，脚上穿了一双黑胶鞋，看来他已化好装。老冯见我瞅他，把身子摇摆一下说："你看我这样子怎样？"我笑了一下没答话。老王对我亲切地说："今天包的饺子为老冯送行，你也坐下来一块吃吧。"我当时确实吃不下去，把老冯手里的孩子接过来说："你吃吧，吃饱了还要赶路，我一点也不饿。"吃过饭老王说："我得赶快出去一趟，你们好好谈谈吧！"说完他披上外套出去了。他老婆很机警，在外屋一边洗锅碗，一边注意外边的情况。老冯走到我身边很严肃地说："我接受了省委的新任务，要到外县巡视工作，时间要三四个月的样子，暂时要离开你们一段时间，你在这里要依靠组织，好好工作……"他说到这里，看见我的眼睛已经湿润起来，伏下身子靠拢了我，一手抚着正在吃奶的孩子的小头，温和而坚毅地说："我们都是共产党员，要坚强起来，要很好地完成组织交给的任务，你不要担心，完成任务后就会回来的。"他的话使我感到安慰和鼓舞，我们互相又叮嘱了如何注意工作安全。老王回来了。他说："都准备好了吗？我已经找来一辆斗子车，去下江的交通员他在老站等你，五点半在票房的右面，现在该动身了。"老冯站起来重新把他的小包紧一下说："雯，我们再会吧。"他用力地握了一下我的手，这是鼓舞和力量，也是深情的爱。在十月这个时候，已经感到很寒冷，又是暮色苍茫，他上了斗子车，直奔教堂街而去，越走越远。

《我的自传》："到了十月，由于省委宣传部及省委印刷处有些破坏，有朝鲜同志被捕，他们与我住的地方有关系，而这印刷处被捕的同志知道我的底细，因此满洲省委立即要我搬家，并把我派离哈尔滨到汤原中心县委去做省委代表，去发动游击战争。

"我在十月份随着汤原派来的交通坐船到松花江下游汤原县，那时松花江北汤原县各地日军还没有进驻，当时小县城中还是红枪会①之类武装占领着。我到了县委所在地鹤凌河②上的七号村子③，那是在鹤立岗④以北，到鹤岗的铁道沿线，那时铁路是不通的。

"到了汤原，我最感困难的是党内同志差不多都是朝鲜同志，中国同志不多，而汤原及松花江下游广大的群众主要是中国群众，为了使党在中国群众中能扎根，以开展广大群众起来反日，我决定所有的朝鲜同志必须到中国群众中去做工作，这对于今后的汤原工作起了决定性的作用。一时中国党员和反日会员，数量上得到巨大的发展。其次是我以全力组织汤原的反日游击队，后来组织了汤原最初的游击队三十多人，二三十支枪，应该说是不错的了。但是汤原游击队的发展是几经周折的，因为这些都是我离开汤原以后的事，此处不赘。"

本月 在汤原县委交通员戴长青（戴鸿宾之父）的带领下，辗转来到鹤立北七号新屯，组织上安排住在金成刚家。

金成刚的女儿、东北抗日联军第六军女战士李在德回忆：

> 第一次见到冯仲云是在一个深夜。我在微弱的油灯下好奇地看着这个戴眼镜的客人。他穿着一件棉袍，普通商人打扮，脸上透着城里人的洁净，看上去有三十来岁。奶奶让我叫他冯叔叔，然后就和妈妈下厨房给他做饭去了。
>
> 冯叔叔盘腿坐在炕上，透过厚厚的眼镜打量着屋子。他看到

---

① 红枪会，又称红学会，是民国时期各种教门武装的统称或代称，其他名称的教门武装，尚有几十种，它们或沿用义和拳教的原名；或按其法术、战术特点为名，如毛篮会、哼哈会等；或以武器服饰特点命名，如红枪会、黄枪会等。此外，还有大刀会、真武会、无极会、忠孝团、六离会等。

② 鹤立河。

③ 今黑龙江省鹤岗市新华火车站北。

④ 鹤立岗，现汤原县鹤立镇。《汤原县志》，黑龙江人民出版社1992年版第105页记载："民国五年（1916年）鹤立岗为汤原县第五区，辖63保。日本帝国主义入侵之后，伪满康德6年（1939年）设鹤立县。东北光复后，1945年12月，建鹤立县人民政府，1948年10月，又并入汤原县。"

我已经坐了起来，就问我："你叫什么名字？"他亲切的声音，使我心里的拘谨顿时消除了，但那时我有许多汉语听不懂，特别是他的南方话。我说不好汉语，就一边比划一边说："我叫李在德。"他又问我："多大了？"我比划着告诉他："十四了。"他听说我是团员，就笑着说："好啊，我又见到了一个革命的家庭。妈妈做革命工作，女儿也是，朝鲜同志真是了不起！"这时，奶奶和妈妈端来热气腾腾的米饭和咸菜请他吃。谁知他一见饭菜就责怪我们家拿他当外人。他说："现在地主没打倒，又来了日本鬼子，你们的生活很困难，为什么给我做这么好的大米饭？"经我奶奶和妈妈再三劝说，他才勉强吃了这顿饭。他还对妈妈说，以后再不准做这样的饭，我们吃什么，他也吃什么，如果再做这样的饭，他就宁肯饿着肚皮不吃饭。说得奶奶和妈妈都不好意思地笑了。

当时我家只有一个屋子可以住，屋外是厨灶和堆柴草的地方。起初，妈妈坚持请冯叔叔同奶奶和我睡在里屋，自己住在外屋，冯叔叔执意不肯。妈妈说这全是出于安全考虑，他却风趣地说："就是你睡到屋门口，小鬼子来了，照样能把咱们堵在屋里。我要睡在外屋，身强力壮，还能和他们捂扎一阵，你们还可以趁机跳窗户跑。"奶奶劝他说："城里人睡不惯要闹病的，你来俺这里还指望你操办大事呢，病坏了身子骨让我们一家人怎么交代？"冯叔叔乐呵呵地拍着胸脯说："我年轻力壮，身子骨可结实呢！"就这样，在我家住的日子里，他都坚持睡在外屋的草堆上。

冯仲云叔叔到汤原的首要任务是发展、扩大党组织。他发现，汤原的党组织由于最初是朝鲜同志在朝鲜人中开展的工作，党员绝大部分是朝鲜人，把哈尔滨派去的也算上，汉人只有五个，而广大群众主要是汉族。这使发动群众武装抗日的工作遇到了极大的困难。在这种情况下，他以省委代表的身份决定让所有的朝鲜同志到汉族群众中去做工作，在汉族群众中发展共产党员和共青团员。妈妈当时是汤原县委妇女委员，为了完成省委布置的任务，到汉族群众中去发展党团员、扩大党组织，她和裴大姐（裴成春）等朝鲜妇女党团员骨干经常深入附近的汉族村庄宣传民族团结、共同抗日的革命道理，一些不知情的汉族村民说了些"朝鲜老娘儿们怎么天天往中国屯子跑"的风言风语。为了便于开展工作，冯叔叔把妈妈的名字金顺喜改为了金成刚，意为做一名刚强的革命者。

他还亲自深入到黑金河矿区开办青年积极分子学习班，并介绍了夏云杰（又名夏云阶）、李升等人入党。汤原的党组织有了更广大的群众基础，在下江地区得到了快速发展。"半年以后，当冯仲云离开汤原的时候，汉族党团员已有近六十人，朝鲜族党团员约一百三十人，党团员的民族分布上的不合理现象有很大改变。"

他每天忙于同县委的同志外出调研，经常早出晚归。有时，他们白天在家里开会，奶奶守在门外，我们组织小伙伴们到村边的大路口站岗放哨。有一次深夜醒来，听到屋外的草垛上传出窸窣的声音，我从门缝看见他还在小油灯下专心看书写东西。慢慢地，我和他熟些了，有时也想和这位有大学问的叔叔聊聊，可看他那么忙，又不敢去打扰他。但他一有空就主动和我聊天。后来，在他的询问下，我把从奶奶和妈妈那里知道的关于爷爷和爸爸的遭遇告诉了他。他听后心情沉重，要我好好记住这些阶级仇、民族恨，还说在共产党的领导下，迟早有一天会把小鬼子赶出中国和朝鲜。他还勉励我好好学文化，以懂得更多的革命道理。我告诉他，我在崔石泉创办的梧桐河模范学校①念过书，那时我们学习的是朝文，还没有学过中文，也不认几个汉字。他听后，称赞学校办得好，还说就是应该让这些农民的孩子懂得文化，不然就永远受地主的压迫。

他和蔼可亲、平易近人，有时还给我和小伙伴们讲中央苏区的儿童团勇敢斗敌的故事。尽管语言不太通，也还能听懂故事的大意，我希望自己能和他们一样，跟冯仲云这样的共产党人投身到火热的革命斗争中去。

我们七号新屯及鹤立附近的大片土地基本都归一家姓夏的大地主所有，人称"东夏"。他和汤原县人称"西夏"的大地主是哥俩。在日寇侵略、兵荒马乱的年月里，大地主变本加厉地剥削压迫农民。因此，地方党组织在提高民众抗日意识的基础上，组织了抗租斗争。

一九三二年秋，在冯仲云叔叔和汤原县委的领导下，开展了

---

① 今黑龙江省梧桐河农场。

一场秋收抗租斗争，提出了"抗捐抗租不还债，分粮抢粮吃大户"的口号。村民们多次将地主派来收租的狗腿子轰出了屯子。地主派自卫团镇压群众，但组织起来的群众和自卫团针锋相对，把他们吓跑了。后来鹤立岗的警察署抓了两个朝鲜人，农会和妇女会组织我们屯和周边的乡亲们，到城里示威游行。组织者有农会干部赵××、朴××，还有妈妈和妇女会的干部们。我也跟着参加了游行示威。愤怒的群众集聚起来，包围了警察署，在警察署前示威、静坐，逼得他们不得不将人释放。

广大群众本着抗日的原则进行交涉和斗争，地主慑于群众运动的强大威力，不得不同意减租减息，抗租斗争取得了胜利。地主不敢来收租子，群众在斗争中也经受了锻炼，看到了自己的力量。当时，儿童团、共青团等都加入了斗争的行列。我通过参加这次斗争，接受了共青团组织的考验。

据冯叔叔回忆，抗联老英雄李升也是这次朝汉民族团结一心共同斗争的组织者之一：

记得一九三二年秋，他（李升）在鹤立岗附近七号地方，一个韩国屯子里割水稻，我那时正潜伏在这个屯子里，企图组织汤原反日游击队。因为当时，汉奸地主们都是威风凛凛地带着武装下乡收租，并且对于交不上租的人加以毒打。于是我便趁着这个机会，发动了当地的韩国农民，起来抗租。提出了"不向汉奸交一粒租！要组织反日游击队！开展反日游击战争！"的口号。

结果，韩国的农民农妇们都起来了，而老李头（李升）就组织了该村全部的中国雇农（割水稻的雇农）和附近的中国农民，起来同情这个抗租运动。因此，形成了当地中韩农民拒绝向汉奸纳租的统一战线。

中韩两民族的农民，于是集合起来，到了鹤立岗镇，举行了一次大的示威运动，把汉奸地主们都吓跑了。后来，我们就建立了徒手的汤原反日游击队，共同计划着去缴收敌伪的武装来武装自己[①]。

一次，冯叔叔在我家里和共青团的几位干部开会，问我们过去都开展了哪些工作。我们依次向他汇报，如通信联络、撒传单、贴标语，去汉族村子向青年宣传抗日和革命道理等，他边听

---

① 冯仲云：《东北抗日联军十四年苦斗简史》，中央文献出版社，2008 年，第 89 页。

边点头。我们都汇报完了，就等着他对以后的工作做指示。没料到他反过来问我们："你们觉得当前抗日运动应当采取什么样的形式最好？"这下子把我们全都问住了。过去，我们只注重组织纪律性，只要领导安排任务，我们就会全力以赴，而从没考虑过这样的斗争大事。他见我们不吭气儿，笑着说："你们不要怕说错了，怎么想的就怎么说。"我想不出怎样回答，急得脸直发烧，第一次意识到革命工作不单是服从上级、执行任务，还要主动去思考。冯叔叔见我们窘迫的样子，耐心地启发我们，说做革命工作不光要宣传，更主要的是要拉队伍，建立自己的武装。

当时他在汤原县的重要工作之一，就是组织创建由中国共产党领导的抗日游击队。

就在冯叔叔作为下江地区巡视员到我们七号新屯之前，汤原县委于一九三二年十月在汤原成立了中国工农红军第三十三军汤原反日游击中队。但由于缺少经验而失败。冯仲云叔叔到汤原后，领导大家重新组建了以王永江（外号"士兵王"）为党代表、"老杨"为队长的抗日游击队。

不久，被县委派到伪满军队策反的救国会会员杨班长在准备起义的时候，因工作不周，计划泄露，被敌人杀害，前去接应的部队也遭到敌人袭击。创建抗日游击队的工作再度受挫，但共产党人前仆后继，不屈不挠，始终没有放弃努力。

关于汤原党的工作和游击队创建，冯仲云回忆：

一九三二年我去汤原，青年团县委书记是中国人小贾（省派去的）、老宋，队伍有二十几个人。李英根叔叔×××，队长王永江也是很好的同志。

我去以后，正是党中央开会，反对北方落后论，批判北方不能组织苏维埃政府。我去担任省委驻下江代表，组织苏维埃政府和红军。这样做事很不现实的。那时汤原是独立状态，没有完全被敌人占领，乡下有大排队，有儿童团、少先队。县委在七号屯[①]。初建苏维埃政府和红军时，一看没有汉族同志，都是朝鲜族，我首先抓住做汉族群众工作。裴大姐（朝鲜族）整天往中国村里去做工作。这个工作，无论在通河、黑金河等，都有发展。

---

① 七号屯位置在黑龙江省鹤岗市新华农场北桥北村。

我到黑金河，组织反帝国主义，把夏云阶等三人找来开训练班。夏云阶最好，在金沟做过买卖，把夏介绍入党。在太平川，党和群众组织发展起来了，抓了帮助朝鲜群众割稻子这项工作，表现最好的是李升。李升思想很进步，我把他介绍入党了。第二个比较成功的，是组织了三十多人的游击队。组织游击队很必要，主要是抗日，组织苏维埃不大成功。当时张旋风和王永江合起来打安达山，把部队往汤原拉，碰到申应宇的部队，申应宇打社会主义军旗号，我们有些同志认识不清楚。申应宇很坏，部队二千多人，叫老杨做支书。部队往依兰开时，申应宇叛变了，三十几个党员跑了，苏维埃红军没建成。王永江肺病很重，让别人领部队到古城岗，公司（福丰稻田公司）有警察，我们就上山，把枪埋到水缸旁边的土里，露着枪头，被喝水的土匪吉星看见了，把枪都起走了，部队变成了拍巴掌队。又听说鸭蛋河①有大排，王永江把部队带到鸭蛋河去，缴了几十支枪。往回走，走到半道，碰上了敌人，把敌人打败了。后来有个"老来红"（土匪），大家要吃掉他，就把"老来红"收编参加了游击队。有一天晚上，"老来红"为首的土匪，把王永江毙了，老杨身中七枪未死。队上二十几个骨干，也被"老来红"给毙了几个。以后老杨把伤养好了。这样在工作上的一左一右，想在鸭蛋河建立苏维埃是失败了。一九三三年，"一·二六"指示信未来之前，是没有统一战线思想的。老五团②是马占山部队。老五团要我接见，要唱国际歌，我们拒绝了。如果好好抓统一战线工作，队伍也能很快发展起来。又如：我们队伍往鹤岗走，遇见红枪会，红枪会同情我们，但那时我脑内只是想组织游行示威，组织群众反对收租。这是王明"左"的思想。虽然有些作用，七号屯夏家地主不敢出来收租了，但主要作用不大。如果搞统一战线，宋县长和红枪会，能归我们，结果宋县长投降日本了。我在七号屯待了一个月，这时五团已撤走，日本进攻鹤岗。我在校屯时，七号屯被敌人包围。七号屯老太太派小孩给我送信，我和老李头往汤原来了。我

---

① 鸭蛋河即今萝北县凤翔镇。

② 马占山部下黑龙江陆军第三旅第五团的简称。五团在"九·一八"事变前驻鹤立多年。1931 年 11 月调赴齐齐哈尔作战，1932 年回防鹤立，鹤立人民在日军大举入侵之际见到驻此多年的五团，称之为"老五团"。

回到省委，一讨论，省委很重视汤原，认为汤原形势很好。这时"一·二六"中央指示信来了，叫我上南满，把军委书记老纪派到汤原。这时改名下江特委、书记王亚堂。以后省委派相当多的人到汤原。我四月回到哈尔滨，这时汤原县委不在七号，主要在汤原。汤原县委的丁成平、蔡平，我把他们调走了。蔡平到西安煤矿当书记，发动工人运动。丁成平在汤原有些派争活动很不好，他住在黑金河西北沟。省委书记林电岩外号老马，有点主观，叫王亚堂（山东人）、老纪回去。老纪跑上海去了，没上汤原。现在十四本文件中还有开除他党籍文件。王亚堂，这个人后来没信了。有人说路过通河被敌人扔到江里了。老裴头、崔贵福都被埋掉了。王亚堂走了，县委只剩夏云阶，夏云阶还比较好，主要由他组织党的工作。这时他们创建部队，鲜族同志没办法，都住在地窖内。夏云阶弄了一个破撸子没撞针，在一九三三年冬（过了年）把王化屯大排缴了。有了武装，发展起来了。部队闹极端民主，打仗时还开会。耿老疙瘩（耿子修）有一百多支枪，他坏透了，把耿老疙瘩缴了。那时中国同志和鲜族同志闹矛盾，夏云阶同志知道了，把大烟戒了。夏云阶在一九三四年到哈尔滨，省委正式决定他担任县委书记。发现朝鲜内有民生团奸细，枪毙了几个人，队伍巩固了。一九三四年李维民去了，他跑到哈尔滨向省委告状，没正式关系，省委没和他接头，李维民跑到关内去了。冯志刚[①]是汤原姬县长（这个县长较好）的女婿。冯志刚带一伙人出来，报字"文武"，一开始是义勇军。还有一个张传福（地方自卫团）带队出来。后来讲统一战线，把队伍合在六军队上，这时有四、五百人。一九三五年白江绪被派到汤原。王亚堂做过一段下江特委书记，下江特委实际没建立起来。这时，所有汤原都是我们的地方（根据地）[②]。

12月　来到萝北鸭蛋河区与区委书记周云峰等筹建苏维埃，未搞成暴露了身份，和周云峰转移到汤原县。据冯仲云后来回忆：

> 一九三二年到鸭蛋河建立苏维埃，周云峰那时在那当小学教员，部队去缴了械，后搬到汤原。

---

① 冯志刚，也有写作冯治刚或冯治纲的。但其家谱是写作冯志刚。
② 《中共东北地方党史资料访问录选编（冯仲云同志专辑）》，第90—93页。

汤原县委在七号。一九三二年七号有党的组织，和莲江口有联系。那时从古城岗到七号屯没有多少人家。我到七号一看，没有中国人，佳木斯也待不下去，这时动员党员做中国人工作。有人说："朝鲜老娘们怎么天天往中国屯子跑。"汤原那时差不多家家有抗联人员，汤原是老根据地。王永江创建游击队就在七号屯，开大会，工人把斧子献给队上，我也把衬衣献出来了[①]。

冬　患病。

《我的自传》："我在汤原害了严重的克山病，就是说心脏腐烂症，这个病本来死亡率是百分之八十。但是我幸遇良医，得以起死回生。可后来是有些后遗症的。"

本年　到鸭蛋河开展工作[②]。

本年　父亲冯德选自武汉回到横林镇。

1932 至 1934 年　在哈尔滨工作期间经常和从事反日工作的文艺人士接触[③]。

---

① 《中共东北地方党史资料访问录选编（冯仲云同志专辑）》，第82页。

② 萝北县地方志编纂委员会编：《萝北县志》，中国人事出版社，1992年，第22页。

③ 《哈尔滨文史资料》第七辑罗烽的文章《忆在哈尔滨从事反日斗争》中记载："我与冯仲云、金剑啸、舒群、肖军、肖红、白朗、唐景阳、刘昨非、周玉兰姊妹及画家吴寄萍、白涛等同志常到'牵牛房'去。"牵牛房在哈尔滨市道里区的新城大街（今尚志大街）与市场东南角处，有一个独门独院，院子里是一栋俄式木制平房。房主人冯咏秋夫妇素爱牵牛花，每逢春季都要在房前种植一排牵牛花。夏天一到，盛开的牵牛花宛若一面织锦屏障爬满房屋。于是，常来这里的人们为它起了一个十分温馨浪漫的名字——"牵牛坊"（也称"牵牛房"）。

1933 年　二十五岁

1 月 26 日　中共中央发出《给满洲各级党部及全体党员的信——论满洲的状况和我们党的任务》，即《一·二六指示信》。这封信共分四部分："日本占据满洲后一般的状况"，"满洲目前反日游击运动的性质和前途"，"我们党在满洲的战斗任务"，"我们党政治上和组织上的巩固和发展是满洲群众斗争胜利的保障"，信的主要内容如下：

第一，分析了日本占据满洲后的政治、经济形势，提出联合一切可能的力量，建立全民族的反帝统一战线的策略方针。

第二，分析了东北抗日武装的不同情况，提出了对他们应分别采取的不同态度。信中指出："在实际执行统一战线的策略时，必须具体的注意的计算到客观的环境和主观的因素，须分别的对付各种不同的对象。如对上述的第一种游击队（朱霁青本人的队伍，这里不包括群众的反日义勇军，这些义勇军是暂时的和形式上的服从他的指挥）主要是从下面和兵士组织统一战线。并且在有共同作反日斗争必要时，订立具体的作战行动的协约。对第二种游击队，除下层统一战线外，在某种程度和范围内，或能实行上层的统一战线。对第三种游击队，根据其反对反动领袖的斗争，以及我们在他们中间的革命政治影响的程度而决定具体的实行统一战线的程度和范围，甚至可与他们订立某种反帝联盟的形式。"

第三，强调要夺取统一战线的领导权，保持党的独立性。改变了过去"北方会议"提出的要普遍地组织工人罢工、农民没收地主土地、军队实行兵变组织红军、建立苏维埃政权等"左"的做法，根据东北的特殊情况，指出党在目前的中心工作是没收日本帝国主义及一切民族叛徒的财产；保障工人、农民、小资产阶级和朝鲜、蒙古等少数民族的基本权益，改善群众生活；在伪军中组织兵变，在反日武装斗争中由最好的游击队编成人民革命军；建立选举的民众政权和反日会等，强调了斗争策略的灵活性。

总之，这封指示信第一次提出在东北建立全民族的反帝统一战线的策略方针，提出针对不同的抗日武装采取不同的态度，在群众斗争中注意斗争的灵活性，并提出在统一战线中要保持中国共产党在政治上和组织上的独立性，夺取无产阶级领导权，是有重要意义的。比过去中央推行的"左"倾政策是一个很大的进步，推动了抗日游击战争的开展和反日民族统一战线的形成。但是，这封指示信的内容也有很多错误，仍保留了许多

"左"的思想。

本月　派王永江任汤原反日游击中队党代表[①]。

本月　在七号屯遇险。据李在德回忆：

一天上午，冯叔叔与妈妈和村里的几名党员干部正在我家开会。我和另外几个伙伴在外面放哨，突然看见一伙土匪从村西闯了进来。以往的经验告诉我们，这些土匪虽然不同于日寇和伪警察，但也是无恶不作。我急忙跑回家报信。当我跑进家门时，土匪已经进屯，开始挨门挨户地搜抢了。情况十分紧急。冯叔叔立即命令同志们疏散，自己则迅速整理文件。转眼间，屯子被这群土匪搅得鸡犬不宁，邻居家断断续续地传来喊叫声。妈妈见冯叔叔已经不能从家中脱身了，急忙替他收藏好文件，又把他的眼镜摘下来，掖进自己怀里。奶奶叮嘱他，当着外人千万不要开口，装哑巴，其他事情由我们来对付。奶奶正说着，就看见院里已闯进四五个端枪的土匪，四下搜寻着。妈妈冲我低声说："孩子，别怕。看他们能怎么着。"说着向门外走去。土匪冲我妈妈嚷："给我把钱和粮食交出来！大爷我抗日没钱花啦！"妈妈镇静地说："钱和粮食早叫日本宪兵队抢光了。有本事你们朝他们要去。"土匪恼怒地骂道："他妈个巴子，你敢跟老子嘴硬？弟兄们进屋给我搜，没有吃的，就给我把锅砸了。"妈妈上前想阻止他们，被土匪踹倒了。

土匪进屋后，把破破烂烂的家胡乱翻了一气，看见奶奶身后的冯叔叔，心中起疑，便把我们赶出屋子。这时，妈妈从地上爬起来冲着土匪大喊："你们拿枪不打日本鬼子，欺负我们老百姓干什么？"一个土匪小头头没理睬妈妈，走到冯叔叔跟前上下打量了一番，恶狠狠地说："谁说不打日本人？我看他倒像个日本特务。拉出去毙了！"土匪们应声扑上来，围着冯叔叔就是一顿拳打脚踢。奶奶不顾一切地冲上前，一边用瘦弱的身体护着冯叔叔，一边大声哭喊："饶了他吧，他是我的哑巴儿子，从朝鲜来看我的，他是个哑巴呀！"土匪不理会奶奶的哭诉，硬把冯叔叔向院外拖，奶奶死死拉住冯叔叔的胳膊不放，哭喊着不让土匪把他带走。我和妈妈也扑到冯叔叔的身边拽住他。妈妈扯着嗓子

---

① 王明贵：《忠骨——抗联名将王明贵将军回忆录》，白山出版社，2012 年，第 11 页。

喊："他是我的哑巴弟弟，你们为什么不讲理?! 你们欺负一个不会说话的人算什么能耐!"众匪见拖人拖不走，对妈妈的质问又无话可答，恼羞成怒，就想向我们下毒手。危急时刻，村里的地下党员和许多乡亲都跑到我家院子里，纷纷劝阻这帮匪徒。四处的匪徒也应声聚拢过来，有二十多人，而乡亲们有四十来人。这时，土匪头子走了过来，他盯着冯叔叔看了一会儿，又向四周望了望，问周围的乡亲们："这个哑巴真是她的儿子吗？如果撒谎，通通枪毙!"乡亲们众口一词，说他就是奶奶的哑巴儿子。那土匪头儿可能觉得众怒难犯，又拿不出什么凭据，就顺势答应放了冯叔叔。几个小土匪只得悻悻地走了。

土匪走后，冯叔叔看着奶奶身上被撕破的衣裙和打伤的脸，流下了热泪。在乡亲们的齐心掩护下，冯叔叔终于躲过了这场劫难。

冯叔叔安全离开后不久，奶奶病了。由于缺医少药，五十多岁的老人一病不起。三月的一天，她老人家离开了我们。遵照奶奶的临终遗嘱，我们把她埋在了进山的路旁。她说这样可以经常听到我们从这里走过的脚步声。

不久，冯仲云叔叔又来到我们村子。得知奶奶病故了，他非常难过，来到奶奶坟前，放上一把野花，默立了很久很久。

二十多年后，冯叔叔调到北京工作，见到我时，还怀念起奶奶，他说："若不是她老人家，我恐怕早见马克思了。多好的老妈妈呀!"①

4月上旬　李耀奎抵达哈尔滨，向省委口头传达了《一·二六指示信》。

4月16日　孙广英将由海参崴带来的《一·二六指示信》交给满洲省委。

本月②　从汤原返回，棉袍破烂不堪，为避开敌特，只好先去"牵牛坊"换装。

《我的自传》："四月回到了哈尔滨，正是中央《一·二六指示信》来了，指示信中指出了要执行武装民族抗日统一战线，'抗日统一战线'这

---

①　李在德回忆录未刊稿。

②　此时间冯仲云可能记忆有误。

确实是解决了我在汤原所要解决的问题，我急着要回汤原去，但是省委不让我回汤原去了，要我到磐石中心县委和海龙中心县委南满红军游击队杨靖宇处去传达《一·二六指示信》，我去到吉林市、三源浦，后来回到磐石中心县委，又回到哈尔滨，详细的经过在我写的革命回忆录《艰险的途程》上都有。"

5 月 3 日　中共满洲省委在《为在民族统一战线中取得领导建立民众政府给汤原中心县委的指示信》中对冯仲云在汤原重点开展的工作做出评价：

> 半年来汤原的党在省委代表直接领导之下，显然的有许多不可抹杀的好成绩……经过半年来的努力与党内外的斗争，使党能够发展一倍以上的同志，党内民族与阶级的成分得着相当的改善，建立了煤矿与金沟的产业支部，建立了一些反日军的工作，恢复了已经解体的游击队，领导了韩国农民胜利的秋收斗争……在这些成绩方面，扩大了共产党在群众中的政治影响[①]。

5 月初　经吉林市去海龙、磐石巡视工作，传达贯彻中央《一·二六指示信》精神。途经吉林市时，停留几天[②]，由秘密联络站负责人邓晓村（周建华）接待，住在在河南街富裕胡同七号邓的家中。向吉林特支传达《一·二六指示信》精神。

5 月 7 日　从黑牛圈（北山）车站去磐石。同行的有团省委巡视员傅天飞（傅世昌）。

5 月 9 日　在三源浦的邹家街传达中共中央《一·二六指示信》并视察海龙游击队。

5 月 30 日　在玻璃河套出席共产党员曹国安、宋铁岩等人五月二十八日（端午节）组织的伪军第十四团迫击炮连在磐石县烟筒山镇起义加入南满游击队欢迎大会并讲话。他说："河流千里归大海，中国人总是中国人，中国人民绝大多数是爱国的，是愿意抗日的。只有少数汉奸走狗才甘心当亡国奴，给敌人效劳，我们憎恨这些背叛炎黄子孙、没有良心的中国人。今天我们欢迎迫击炮连的兄弟们起义胜利，回到人民一边，走共同抗日救

---

① 《东北地区革命历史文件汇集》甲 13，第 81—82 页。

② 《东北地区革命历史文件汇集》甲 13，第 383 页《中共满洲省委巡视员×××关于吉长二特支组织工作等情况的报告（1933 年 5 月 31 日）》记载："1、吉林与磐石关系并没弄好，老冯到磐石，省委不事前通知磐石，由吉林通知，我在冯未到吉时，即致信磐石，一直七天那边也没来人，老冯在吉住了五六天，直至吉林遭破坏，他始至海龙去了。"

国的道路，他们是中华民族的好儿女！我们要团结起来，为祖国独立而战！为全国人民的解放而战！"

本月 省委在哈尔滨道里召开了由十二人参加的省委扩大会议。会议讨论中共驻共产国际代表团①以中共中央名义给满洲各级党组织与全体党员的信（即《一·二六指示信》），指示信虽未完全摆脱"左"倾错误的影响，但对日本侵略东北后社会矛盾和阶级关系变化的分析及所提出的建立反日统一战线的方针是符合当时东北形势的，是正确的。各级党组织由于传达贯彻了指示信，实现了路线的转变，有力地促进了抗日斗争的发展，使党领导的游击队和许多抗日武装能协同作战共同对敌。省委接受贯彻中央《一·二六指示信》以后，省委领导成员又有调整。

《一·二六指示信》在满洲省委传达贯彻以后，基本上纠正了"北方会议"提出的错误路线在东北的影响，克服了关门主义，改善了游击队和其他反日队伍的关系，加强了政治工作，加强了党的建设。

本月 以"风"的笔名写了关于中共汤原中心县委半年来工作的报告。报告详细介绍了汤原一带地理、经济、政治、党的工作及游击队、工农运动等问题。这是一篇很重要的历史文献，全文详见书后附录。

6月底 由南满回到哈尔滨②。

7月 和于保合在哈尔滨见面。于保合回忆：

> 李世超把我介绍给冯仲云同志，他问了我在吉林的情况，我又说了一遍。等我讲完金景叛变事情之后，李世超同志对冯仲云说："他要入党，你看行不行？"冯仲云问了我的年龄，我说虚岁二十，是一九一四年生人。冯仲云想了想，用眼睛盯着我说："你还年轻，入共青团吧！团的工作正需要人，我来介绍你。"他见我同意，又看看李世超和李维民同志，他们也表示同意地点点头，冯仲云同志接着对我说："你应当先上团课，以后派你回吉林去做团的工作，现在吉林团的工作遭到敌人的破坏，你要回去开辟这项工作。明天来人给你上团课。"③

---

① 1928年7月19日，中共六届一中全会决定瞿秋白、张国焘留在莫斯科与其他人一起组成中共驻共产国际代表团，作为中国共产党的派出机构。中国共产党驻共产国际代表团存在了12年。瞿秋白是中共驻共产国际代表团的第一任团长。副团长张国焘。1931年11月10日，王明任中共驻共产国际代表团团长。1933年，康生任副团长。1938年2月，任弼时任中共驻共产国际代表团团长。

② 关于这次传达《一·二六指示信》的情况，《东北抗日联军十四年苦斗简史》第147—216页有详细介绍。但因为是冯仲云20世纪60年代的回忆，巡视各地具体的时间可能记忆有误。

③ 李龙：《风雪松山客——于保合回忆录》，1982年油印本，第17页。

…………

　　另一天晚上，冯仲云来了，拿了两盒藕粉交给我，他对我说："第一件事是你把这些文件带回吉林……"他见我惊奇的样子，忙解释说："这上半截是藕粉，文件放在下面，敌人要检查，一混就过去了。你把文件交给吉林铁路局的卢铁川同志，你找不到他就把文件烧毁。第二件事儿是明天晚上七点钟，在工业大学宿舍门口，有一个带华北中学校徽的人跟你谈话，他要派你到吉林开辟共青团工作。"他又重复了一遍接头的时间和地点，然后嘱咐我："你就穿这身衣服，不要换。"[①]

8 月中旬　在道外同泰客栈与刚来哈尔滨的张玉华（李兆麟，又名张寿篯）接头。

8 月 29 日　罗登贤在南京雨花台就义。冯仲云一九四六年曾撰文回忆，节录如下：

　　我记得一九三一年秋，"九一八"事变后不几天，在哈尔滨道外头关街的宏江七个小沙岛上我的家里，罗登贤同志召集了北满中国共产党高级干部会议。在这次会议上，登贤同志说："蒋介石国民党以不抵抗政策出卖东北同胞，我们中国共产党人一定与东北人民同患难共生死，争取东北人民的解放。""敌人在那儿蹂躏我们同胞，我们共产党人就在那儿和人民一起抗争。""党内不许任何人提出离开东北的要求，谁如果要提出这样的要求，那就是恐惧动摇分子，谁就不是中国共产党员。"

　　登贤同志这个指示，坚定了东北共产党人为自己，为祖国，为东北解放的决心。在这个决心下，才建立起了东北抗联十四年孤军苦战的光荣业绩。

　　登贤同志，是在中国大革命时期香港大罢工的工人领袖，他是中国共产党第六次代表大会选出的中共中央政治局委员。"九一八"前后，他在东北是中共中央驻东北的代表，并兼任中共满洲省委书记，是当时中共满洲支部主要负责人。东北的共产党员没有不知"达平"的，而"达平"就是他的化名。他以领导香港罢工的伟大精神，来领导东北抗日斗争，而这个抗日斗争终于在他领导之下燃烧了十四年之久。

[①]　《风雪松山客——于保合回忆录》，第 19 页。

"九一八"事变的次年春，我记得他从沈阳又回到哈尔滨，带回了中共中央出版的《红旗报》，在这份报上，载着"伍豪"（周恩来）同志的论文，指出在东北必须发动民族革命战争来反对日寇，驱逐日寇出东北。登贤同志就根据中共中央这一指示，在东北党内提出了共产党员要下乡发动抗日游击战争的口号。而东北的共产党员基本上是执行了这个指示的。

登贤同志在东北期间，曾领导人民创造起吉辽反日游击队、海伦反日游击队、磐石及海龙反日游击队、东满反日游击队、汤原反日游击队等。这些游击队后来就构成抗日联军的各军。在罗登贤同志领导之下，曾派大批的先进工人和爱国的知识分子及共产党员参加当时的李杜、马占山、王德林等抗日部队，号召反日统一战线。在他领导之下，曾发动了哈尔滨、沈阳、大连以及各地的抗日运动，从消极抵抗罢工提高到武装斗争。

一九三二年秋，我被登贤同志派赴汤原创造游击队，他在哈市南岗吉林街某号小房内，指示我去下江后的工作任务和方法，直到现在我还深印在脑海中。一九三三年，我从汤原组织了反日游击队归来，未曾见到登贤同志，那时他已去沈阳指导工作。

登贤同志到沈阳几次遭到敌人的追捕，幸而脱险。后来因为敌人在东北对他追捕过急，于是他在中共中央决定之下回到上海进行工作。

他到上海即参加了全国总工会的领导工作，数月间他就组织起上海日本纱厂的反日罢工。但是由于叛徒的告密，他终于被帝国主义分子所逮捕。

我记得宋庆龄先生曾经为了营救罗登贤同志发表宣言。在宣言中曾经描写过登贤同志在上海会审，公堂受审判时的情形，罗登贤同志倔强的声明："你们认为是我反动吗？让我来告诉你们我的历史吧！我曾经在一九二五年至一九二七年中国大革命中间领导过反帝大罢工，我曾经在东北发动过抗日救国的游击运动；最近才从东北回来不久，又领导了上海日本纱厂的反日大罢工，我这一切行动都是反帝爱国的，谁敢说是反动！"但登贤同志并未因孙夫人之营救和他的事业的伟大正义性而得到释放，终于由帝国主义的血手送交卖国贼蒋介石的血腥的魔手中，他被蒋介石囚于南京监狱中。经过一个长时期朋友们去探他，他带着满身血迹鞭痕，本来是瘦弱的他，更加骨瘦如柴。然而他眼睛依然炯炯有光，表现着他的不屈不挠的精神。他告诉探视他的朋友说："他们打我，然而不能屈服我始终忠实于人民和祖国的意志。"他并不曾表示丝毫沮丧，并没有落过一滴眼泪，当他离开他的朋友时，留下一个倔强的背影①。

9 月　省委代理书记李实奉调回中央，中共中央任命原省委宣传部长李耀奎为代理满洲省委书记，重新组建了满洲省委。

9 月至 1934 年 9 月　任满洲省委委员，省委秘书长②。

《我的自传》："我回到哈尔滨后，省委要我留哈尔滨任省委秘书长。从一九三三年七月至一九三四年四月这个较长期间我在哈尔滨极隐蔽，极潜伏，较平稳做着地下的工作。当时省委李实已走，后来何成湘又到瑞金去开第二次全国苏维埃代表会议，当时李耀奎是省委书记，但由于他由苏联刚到国内工作不熟悉，他的隐蔽性比较强，所以接触不是太多而是少。后来不久，他就被捕。在一个时期工作关系最多的是老马（原名林电岩，又叫阿木林、老林，一九三四年过苏联后，为王明所害）他管哈尔滨市内工作，我管外县工作。后来又来了唐国夫任省委组织部长，马唐两人同居成为夫妇（唐后去苏，亦为王明所害）。另有总工会组织。当时我的关系较不秘密，总工会党组书记为老曹③，赵一曼为秘书，另有青年团组织系统，它也是全满性质的，团省委书记刘明佛，宣传部长杨波，团省委组织部长王文德。一九三四年破坏，刘、杨都叛变。王文德一九三五年调上海后被捕叛变。

"当省委秘书长所管的机关除省委自己开会看文书的机关外，那就是我住的机关，我妻是管文书内交，其次有印刷机关，是小庄（已牺牲），毛诚（现吉林省委党校党委书记）和发行和交通机关（李维民）。我们平稳工作着，一直到一九三四年四月。"

已故的中国社会科学院苏联东欧研究所顾问赵洵，在回忆文章中也写到了冯仲云。一九三三年到一九三四年间，她是哈尔滨工业大学的学生。她写道：

① 根据 1946 年 9 月 27 日《人民日报》（吉林版）发表的冯仲云的《永恒的光辉——不要忘记东北创始者罗登贤同志》。

② 《黑龙江省志大事记》第 547 页记载冯仲云任职时间是 9 月。

③ 老曹，即黄维新。

　　一九三四年我参加了共青团……入团后，我担任省委的内部交通，跑三四个点。我经常去的地方是马家沟联部街十号，即冯仲云同志那里。他是省委秘书长，公开职业是中学教员，我们都叫他冯老师。任震英同志要我常送取文件的交通站，还有道里十二道街的女子商店、道外做绢花的花店、马家沟国课街二号、马家沟教堂等地方。还有一个接头地点，就是道里卫斯理教堂。我们当时都以教徒的身份作掩护，大家在做礼拜时接头。任震英同志常常在唱完圣诗之后，拿着一个布袋向教徒募捐，我们交通员就把文件放在里面，然后由任震英同志处理，募捐的钱交给教堂的牧师。

　　抗联（当时称人民革命军和游击队——作者）工作开展后，地下党的工作重心转为支援前方部队，要给部队送些最需要的物资，如牙刷、碘酒、毛巾等等。买这些东西就需要钱，我就把我的生活水平压到最低程度，不买什么衣服，也不吃零食了。可是宿膳费是无法节省的。因为父亲把五十元钱直接寄给我的房东。我每年帮助党的钱就是我自己省出来的公费中的四百元，还有每年过旧历年时家里给我近一百元的压岁钱。做这些平平常常的工作，困难确是很多的。首先需要时间，要买一千把牙刷、一百大瓶碘酒，就不知要跑多少趟。因为买多了会引起敌人的怀疑。于是我每天放学、上学都要买些放着，有时还求我的同学王士琴帮我去买。积累一批就送一批。这些工作常常都是夜里去做。我每天课外作业很多，功课很紧，我是公费生，学习成绩必须保住前三名。所以白天我是没有更多的时间去进行活动，只有在夜里。我住的房子面临着小花园，打开窗子就可以跳到院子里。

　　夜深人静，有时月色满墙，有时白雪皑皑，无论是送文件，还是送物资，我都能准时地完成后回来睡觉不被房东发现。我每次完成这些平凡的工作时，作为一个中国少年为抗日做了应当做的事情，而感到欣慰[①]。

　　后来担任中共黑龙江省统战部长的张瑞麟，回忆一九三三年十一月他从磐石来哈尔滨接受满洲省委训练时，接触较多的也是冯仲云。他的书

---

　　①　未刊油印本。

《在漫漫长夜中——张瑞麟回忆录》写道：

>　　到哈尔滨后，我按县委指定的住址，住在道外南和街永和客栈。

>　　第二天上午，按照事先的约定和规定的暗号，我把和省委接关系的信送到永和客栈西隔壁印刷厂的一个人手里。两天后的一个晚上，有一个人到客栈找我。一见面，我就认出他是冯仲云同志。他问我："你是从南满来的吗？"我回答："是。"他又问："带来县委给省委的信了吗？"我说："带来了，缝在棉裤里，现在不好往外拿，下次见面再给你吧。"他没说什么，表示同意。我们约定了下次见面的时间就赶紧分手了。

>　　又过了三四天的一个晚上，冯仲云同志又来找我。我把县委给省委的报告信交给他，他小心揣好，然后小声告诉我说，他五天后再来见我。说完便匆匆离去。

>　　……冯仲云同志第二次来后，天天盼他来，终于盼到了第五天，却很令人失望，他没有来……我怀着极度焦急和不安的心情等待着……真有些度日如年的感觉。又过了三四天，冯仲云同志终于来了。他一见我，马上解释说："你带来的信是用朝鲜文写的。省委这里没有朝鲜族同志，现派人送到珠河县找人翻译，才拿回来。"

>　　这次见面，冯仲云同志正式通知我："先留在省委接受短期训练，然后再根据情况分配具体工作。"以后冯仲云同志将我介绍给一位在哈尔滨作地下工作的姓徐的同志，随即我便离开永和客栈，搬到在道外太古十道街路北大庙附近租赁的一间小房子里，同徐同志住在一起。

>　　一个星期以后，徐同志又领我和冯仲云同志见面。冯仲云同志把我带到马家沟铁路公园（现在的儿童公园）正门北侧的一个大院内，来到一座红楼的地下室的一家。这家有两间小屋都不大，里屋是卧室，外屋算是客厅，屋子收拾得非常洁净，地板擦的很亮，屋地中间放一张长方木桌，桌上铺着绣花台布，有两把木椅。这家的女主人是一位苏联侨民，夫妇俩带着几个孩子……解放以后才知道，这是张宗伟同志的家。张宗伟同志原侨居苏联，在十月革命中参加了苏联赤卫队，并加入了苏联共产党。十月革命后共产国际把他的组织关系转回了中国党组织，回国后留

在满洲省委担任交通员。

在张宗伟同志家里，经冯仲云同志介绍，我第一次见到了张寿篯同志……冯仲云同志告诉我，以后就到这里学习，接受训练。

我在张寿篯同志那里一共接受十几次训练。从他的讲课中，我听到了苏联十月革命胜利、社会主义建设成就、苏联人民生活的情况，了解了中国革命的历史情况以及我党领导的工农红军在江西的斗争情况。他还给我讲解中国共产党党章、地下斗争的工作方法等等……一天，张寿篯同志对我说："秉文同志，你现在可以毕业了……"

两天后，冯仲云同志约我专门谈了我的工作问题。他对我说："省委原计划对你进行短期训练后，派到赵尚志同志部队做军事工作。考虑到你的伤口化脓，需要休养治疗，现在如到部队去，伤处会给工作和生活带来很大困难。所以你就先不要到部队去了，根据工作需要，决定你先回家乡三岔河，一边养伤，一边做地下党的工作……三岔河地区党的地下工作很重要。在三岔河南边，陶赖昭特别区伪警察分驻所，有党的秘密支部；三岔河北边的双城堡，伪军中也有党的秘密支部。你回三岔河后，任务就是将党的地下组织发展起来，逐渐扩大，建立地下党的特支。省委计划把陶赖昭、双城堡两处党的支部交给你领导，由省委和你建立直接领导关系。"我表示坚决服从组织决定。冯仲云同志又把陶赖昭伪警察分驻所地下党支部书记张竞生和双城县城内伪军中地下党支部的情况向我作了介绍。规定我和省委秘密联络的通信地址和联系人为道里中央大街公证所的一个人①。

10月30日　李耀奎去哈尔滨道里"绣湘书店"与中央交通员接头时被捕。李耀奎被捕后，省委领导班子又进行了调整，由原省委宣传部长马良（王德、林电岩）任代理省委书记②。

冬　受到警告处分。冯仲云在一九四一年一月十一日《冯仲云履历

---

① 张瑞麟：《在漫漫长夜中——张瑞麟回忆录》，黑龙江人民出版社，1985年，第27—32页。

② 《中共满洲省委关于目前东北抗日形势致中央的报告》（1934年1月27日）中说："老马（马良）是一样以全副精力负担工作，至于书记，无论如何，请中央派一人来，老李（李耀奎）因口供一再改变，出来要一些日子，大问题是没有的。进行营救的两个同志太幼稚了，给原则去进行，简直不能进行，告一句就只说一句，现在着手进行买卖。"见《东北地区革命历史文件汇集》甲17，第62—63页。

书》中说："我担任省委秘书长时，因某种技术工作上之错误，而造成工作上之损失，因而受到省委对我工作无政府状态之指斥，并给我警告之处分，我诚意接受了。"

1934 年　二十六岁

1 月　哈尔滨皮鞋工会遭破坏，捕去十多人，满洲总工会巡视员王守贤在其中。

2 月　哈尔滨电业工会遭破坏，党团员、工会会员三十多人被捕，内有满洲总工会党团书记老曹①。

本月　妹妹冯咏莹来到哈尔滨。

3 月 9 日　依兰县土龙山农民举行大暴动。十日，暴动农民在白家沟阻击日伪军，击毙日军第十师团第六十三联队联队长、大佐饭冢朝吉等多人。十二日，暴动农民编成东北民众救国军，谢文东为司令、景振卿为前敌总指挥。

3 月 14 日　《中共满洲省委关于工会皮鞋分会及电业工会被破坏后削弱了党团力量情况给中央的信》中写道："电业破坏后，工会下层完全没有了，党团削弱了，由于干部的困难，现已决定区委大大调动，惟秘书长及其女同志活动更十分困难，虽下最大决心，仍找不到替人，日夜担忧无法解决，现决定减少他的工作，分部分工作由另一人来做，作为过渡办法。"②

4 月下旬　共青团满洲省委宣传部长杨波、书记刘明佛（胡彬）被捕叛变，引起中共哈尔滨区委、中共吉东局、双城、吉林、珠河等地以及呼海路党团组织的大破坏，省、市、县级党、团、工会主要领导三十余人被捕③。

本月　任省委巡视员。

5 月④　由于叛徒的出卖，东北地下党组织受到严重破坏，冯仲云夫妇成了敌人重赏通缉的"要犯"。中共满洲省委决定冯仲云离开哈尔滨，

---

① 这个工会被破坏的原因是：工会要在元旦募捐，开会地点设在一个居民住宅里，因不注意保密，房东知道了他们的意图。开会前，每天有十几个工人进进出出，在房子里打牌打架，房东太太来劝解，他们打了她，她生气告了密。此后，因此前被捕人员叛变，2 月 27 日、3 月 8 日两次大搜捕，被捕二十多人。见《东北地区革命历史文件汇集》甲 18，第 55—57 页。

② 《东北地区革命历史文件汇集》甲 18，第 57 页。

③ 根据《满洲国警察史》第 338 页记载："康德元年 4 月，满洲省委以下组织吉东局 200 余人一起被捕，共产国际取消吉东局的交通任务，设哈尔滨国际交通局。"

④ 冯仲云 6 月份似乎还在哈尔滨。据《哈尔滨文史资料》第七辑中赵洵的回忆文章《我在哈尔滨参加抗日斗争的情况》记载，1934 年 6 月初的一天由于敌人抓人，是她"一口气跑了我所联系的各个点，通知了冯仲云和其他一些同志。第二天又奉命护送孟兆恒同学（现名黄铁成，在西安工作）去珠河抗联根据地。这期间其他支部有人被捕"。赵洵当时是工大学生，满洲省委交通员。

到绥芬河安排布置国际交通站，到牡丹江、安达、珠河等地巡视，以满洲省委代表的身份，加强对哈尔滨以东地区抗日武装的领导。关于安达地下党的组织情况，冯仲云回忆说：

> 我仅知道安达在一九三一年——一九三四年这一段的情况。这段情况，我只知道安达当时有几名共产党员——黄吟秋、丁秀忱、刘乃风、鞠哲祥几名同志在安达做过党的工作，第一任支部书记黄吟秋，但安达党的活动情况，我还不了解，只知道有这几个人，要想了解当时的情况，只好找黄吟秋和丁秀忱同志，我只是在一九三四年春季到安达巡视一次工作，只待了一天，在丁秀忱家里住了一宿，我就回到了哈尔滨，以后组织上是否再往安达派过人，那我就不知道了[①]。

《我的自传》："从四月开始我先以省委巡视员名义到了安达，在安达特支开会，在安达回来后我又到长春去了二、三天，长春有五六个工人，后又到绥芬河去布置一下国际交通站，见到了于诚，回来时到牡丹江找了一下魏明胜[②]，然后到了珠河县根据地，我到了哈东反日游击总队一次，又回到哈尔滨，十月里，我妹妹冯咏莹已到哈尔滨，和我们住在一起，薛由于认识人太多，她是闭门不出，外跑的就是我妹妹。"

本月　满洲省委派冯仲云承担由各地党及游击队中选派的学生送莫斯科学习的任务[③]。

本月　据《尚志人民抗日斗争史调查资料汇编（初稿二）》记载：蓝志渊回忆："我去珠河时（三四年二月），当地即有县委组织，县委书记是关化新（三八年春在江北作战中牺牲），县委委员有朱新阳、小黄等。李启东、马宏利和小金也可能是县委委员。至于县委何时成立，我就不清楚了。一九三四年冯仲云来珠河后，即以省委代表身份（冯是省委秘书长）负责指导县委全盘工作（不担任书记职位）。三四年秋后，关被调到军队上去，改由鲍巨魁做县委书记，我被调回县委委员。"[④] 据《尚志人民抗日斗争史调查资料汇编（初稿三）》记载："一九三四年五月，省委派冯仲云、李兆麟、蔡近葵、包巨魁、侯启刚、关化新、王大棉袍、韩光等人到

---

① 《中共东北地方党史资料访问录选编（冯仲云同志专辑）》，第 75 页。
② 即魏拯民。
③ 《东北地区革命历史文件汇集》甲 60，第 184 页。
④ 吉林大学尚志实习队：《尚志人民抗日斗争史调查资料汇编（初稿二）》，1958 年，第 230 页，未刊稿。

珠河工作，他们大部分做领导和政治工作。冯仲云做地方工作，常跟队走；一九三四年冯仲云来珠河后，即以省代表（冯为省委秘书长）的身份负责领导县委全盘工作（不担任书记职务）。"①

8月26日　写出中共珠河县委报告关于游击队活动、统一战线、群众等问题的长篇报告②。

9月16日　王明、康生致信中共中央政治局，认为中央不必再向满洲发出指示。中共驻共产国际代表团开始对东北工作进行指导。

9月下旬　五常背荫河日军细菌实验工厂内逃出十二名被用作"实验材料"的中国人，后部分人员参加了赵尚志领导的抗日游击队。后来冯仲云撰文《背荫河车站的杀人工厂》③，记录了这一事件。全文如下：

背荫河车站的杀人工厂

日寇侵占了北满以后，就赶着修筑拉滨铁路线。背荫河车站在拉滨线上离哈尔滨不远，东南方的一个小火车站。

这是在一九三三年，日寇在背荫河车站附近，修筑了一座建筑物，周围阴森森的矗立着围墙，围墙头上外侧遍架电网。两扇黑色的大门，白天经常是紧紧闭着。围墙四角是石砌的垒堡。日本岗兵立在门旁，枪上的刺刀闪灿着冷光，围墙内高耸着烟囱，成日成夜冒出黑烟，烟里带来了使人恐怖、害怕的死人气息。

每到夜间，背荫河车站上，火车汽笛呜咽叫喊之后，接着便可以隐约地听到人们的喧吵，喊叫，哀号哭声。

有时也来往汽车队，汽车都用棚掩盖着，人们谁也不知道汽车上装的是什么？但是一到白天，两扇黑色的大门永远是紧紧关闭着。

远处的村落中的人们，对这个神秘的建筑物，散布着各种可怕的传说，有的说是监狱，有的说是工厂。好奇的王老二曾经下了决心，晚间偷看一下，但是去了就再没有回来。第二天人们在背荫河车站附近，发现了王老二的被子弹穿透胸膛的尸体，从此以后，谁也不敢再去冒险。

黑夜里飘来人们的哀号声，扰乱了人们睡觉，老年人叹息起

---

① 吉林大学尚志实习队：《尚志人民抗日斗争史调查资料汇编（初稿三）》，1958年，第430页，未刊稿。

② 《东北地区革命历史文件汇集》甲38，第67—127页。

③ 冯仲云：《东北抗日联军十四年苦斗简史》，青年出版社，1946年，第82—87页。

来，老太太也起来烧香求佛，女人们呜咽地泪泣，小孩们作着恶梦。

这是在一九三四年秋，正是雨季，赵尚志率领着抗日联军第三军的一部分部队，计划突破五常，榆树一带的平原，开展平原游击战争，队伍营宿在牤牛河彼岸二道河子宋二先生家一带。

阴霾的天气，不时下着倾盆的大雨，道路非常泥泞。牤牛河水位一天比一天增高，接着泛滥起来，南沿河水出了漕，汪洋一片。

牤牛河南宋五阎王和吴保董的大排的枪声时常响着，牤牛河一半天是渡不过去的，队伍不得不停驻在原处。背荫河围墙的消息，传遍了民间，传到了部队。赵尚志一再派人去侦察，侦察员的汇报，终是得不到围墙内的情况，所知道的只是敌人戒备很严，附近敌人不少。

这是在八月中秋后的第三天，老年的农民送来十二个人，他们走不远就歇一歇，陆陆续续走来。他们共同的特征是头发很长蓬乱，面色发青和惨白，没有一点血色，骨瘦如柴，衣服已经破烂得一丝一丝的，并且浑身是泥，说是背荫河监狱里逃跑出来的犯人。赵尚志和我们立即就接见了他们，他们一见到我们就悲惨地哭，失声地哭！在他们惨白的面上，落满了泪珠！

"现在我们看见了我们中国人的队伍，我们活命了"，说得我也洒了几点同情的眼泪。接着往下就是他们述说的经过。

"我们都是老百姓，有的是被日寇当罪犯逮捕来的，有的是被日寇'圈街'圈来的，九一八事变后日寇经常在各处城镇街道，把人们赶到一个院子内检查，稍有不满的人，即被逮捕监禁，我们都是无辜的良民，日寇逮捕了我们后，就不分青红皂白的把我们毒打，我们都曾经受过各种各样毒辣的刑罚，如皮鞭、辣椒水、过电、杠子、大挂……我们都曾受过，要屈打成招，当然有的是挺刑不过招了的，有的根本就没有招供的，都把我们押在哈尔滨监狱里。

大约在半月以前，有一天晚间，日本人，只有日本人，一个走狗也没有，把我们一百多人从监狱中提了出来，送到香坊的火车站上，装在瓦罐里送到了背荫河，从此我们就进了这个杀人的工厂，成了这工厂要吞噬的原料。

在这个工厂里，那时有五六百人，在半个月内从各地陆续送来'原料'增多到一千多人。在这个工厂中生活到不坏，比起哈尔滨监狱里每天吃拳头大的高粱米饭坨要好些，日本人每天给我们吃大米，白面，还有肉，甚至有时还有酒喝。只是每天要从我们身上抽一管血。"

"每天穿着白色衣裳的日本医生，来时就是来抽血"，另一个人抢着说了一句。

旁边听着的战士都瞪起眼睛听着，血，东北人民所流洒的血是染红了塞外原野的芳草，松花江中的流水，白山黑水已经变成了血山血水。对于日寇法西斯军阀，是只有血债用血来还！

"谁能够吃得下去大米白面？谁能够吃得下去肉喝得下去酒？工厂中是充满着悲惨，暗淡，凄切，和绝望。"

"血是每天都得抽，有时人们实在受不了，也停止几天，接着再抽。抽到实在支持不下去时，就把他从监房中拖到院子里，然后在凄惨的叫声中，用斧子把他头壳打破。作工厂中的'原料'谁也脱不过这一斧子。以后经过了医生的解剖制炼，把残余的骨肉送到炉里炼了，那高耸的烟囱中就是冒着死人的气息！"

"我们是怎样逃出来的呢？"继续说着：

"我们一共四十多个人，住在一个狭长形的监房中，中间有铁栅。日本人常来在铁栅外送饭，我们眼看着自己悲惨之前途，我们觉得不能就这样死了。人生终是一个死，我们无论怎样也得挣扎。我们在李××王子阳领导之下，决意要反抗，决意要逃。不逃也是死，逃不出去也是死，都是一样的死，但是逃终是有一些光明的生活。

这是八月中秋节，晚上送饭的日本人，给我们送来了些吃物和酒。我们大家都吃了些东西又少少喝了些酒，李和王把手伸出铁栅外，用酒瓶当头把送饭的日本人打死了，从他的身上拿出了钥匙，打开了铁栅门，我们一共逃出来二十多个人，另外还有十来个人，因为他们比我们早来些日子，抽血抽得时间多些，已经躺在炕上不能起来，没有能逃出来。我们落泪，我们安慰他们，我们和他接了最后的吻，终于和他们死别了。当我们逃出监房到院子里，微雨濛濛，寂然无声，日本人大概都在过他们的团圆的中秋节吧！

当我们到达围墙时，围墙是那样高，爬不上去，于是我们不得不一个架着一个上去，我们真运气，那夜电网没有电，李是最后一个，最后一个没有人架。我们在围墙上想尽各种办法，竭尽各种力量也是枉然。我们在围墙上听到了院内人声吵杂，李最后说道：'你们逃吧！你们逃吧！如果你们活命，如果有一天光复了，不要忘记了我就行！'

院内的人更吵杂，沸腾起来，我们哭了，我们哭着逃了，李终究没有出来！

当我们钻出围墙外的铁丝网，逃出不到一百米，院内凄惨的枪声就响了一下，不久就如鞭炮一样响起来。

我们二十多人逃出来了，可是逃散了。雨是不住的下着，我们是十六个人逃在一起，我们往前逃着，往前逃着，往何方去？我们不知道要逃往何方？我们只是往前逃着，逃着逃着！我们不敢进屯子，见到人就避到苞米地高粱地去，其中四个人，本来身体已经虚弱到极点，逃出来后，大雨淋漓不绝，都冻死在途中，只有我们十二个人，遇到这位慈心的老爷子，他告诉我们，赵司令的抗日军在牡牛河北，你只有逃到赵司令那儿去，你们就可以活命。同时这位老爷子还告诉说：我们其余的十多个人被宋五阎王、吴保董抓住了，又送给背荫河的日本子了。"

他们说完了后，都哭了，旁边听着的老头子在歇息着，老太太在祈谢苍天，小孩子们提瞪着大眼睛。战士们都流着眼泪，切着牙齿！

大雨还是滂沱，没有停止，牡牛河水仍是不断的增长，队伍终于没有能渡过牡牛河。

从出了这次越狱事件后，背荫河的杀人工厂就搬家了，不知道哪儿去了。

我们把他们十二个人送到反日根据地，养了两个多月，才恢复了他们的健康，后来他们加入了队伍，他们在队内作战都是不要命的勇敢，经过二年光景，他们都光荣的战死了。其中王子阳同志曾经担任过抗联三军的一个师长，是一九三七年，在木兰光荣战死了的。

本月　省委书记马良调到海参崴太平洋工会秘书处工作。

　　本月　中共满洲省委委派冯仲云为省委代表赴珠河指导哈东地区工作①。

　　抗联交通员杨青山的孙子杨长林在二〇〇九年九月十五日撰写的《我的祖父杨青山与冯将军的往事——怀念抗联将领冯仲云》一文中记述：

> 　　一九三四年十月爷爷接到通知，到乌吉密火车站，接从哈尔滨省委派来的，原省委秘书长冯仲云到抗日游击区工作。爷爷不止一次接过他。爷爷按时到了乌吉密火车站，他刚下火车就被日伪特务盯上了。爷爷一看情况紧急，把冯伯伯拉进一个胡同，把自己的大袍和帽子给冯伯伯穿上，告诉他从这个胡同往南街走，沿着从八里盘（现名红安村）下来的小河往西走，到屯南的老爷岭下会齐。爷爷出胡同大摇大摆往东走，那两个特务撵上问爷爷："看到一个高个子穿制服戴眼镜的人往哪去了？"爷爷往前指说："前面胡同往北走了。"他们往前追去，爷爷返身拐进西北的小树林，在老爷岭下和冯伯伯会齐了。见面时冯伯伯拉着爷爷的手激动的说："你救了我一条命啊！"爷爷却简单地说："这是我的责任和任务，你的命比我的命重要，我要被他们抓去只是我一家人的事，你确关系到东北三千万同胞不当亡国奴的大事。"冯伯伯被爷爷的话感动了，打心里敬重爷爷，正是他们都怀有这样博大的民族精神感动上苍，顺利地将冯伯伯接回了抗日根据地。

　　10 月　中央派杨光华（杨左才）任满洲省委代理书记。新组成的省委委员七人，省委常委四人。省委初建时受上海局和中共驻共产国际代表团领导。后因与上海局失掉联系，归中共代表团领导。

　　本月　薛雯带女儿冯忆罗和儿子坚人离开哈尔滨。

　　《我的自传》："冬天来临，已是十月份了，这样我不可能到根据地去乱跑，这样非出问题，我于是请求能派我到抗联三军（即赵尚志部队），省委何成湘决定派我去三军工作，但我请求要另派人去作政委，我只能做政治部主任，因我能力薄弱，后来省委决定刘昆（赵毅敏）去任政委，我任政治部主任。我走的时候，我和我妻约定：可能有三种情况（1）永不

---

　　①　根据冯仲云一九三四年九月二十八日以霞的笔名上报给中共满洲省委的报告来看，冯仲云巡视时间应为九月份（《东北地区革命历史文件汇集》甲 20，第 199—254 页）。因该报告较长，未收录在本谱中。关于"霞"是否是冯仲云的笔名，2016 年 12 月 1 日上午 11 时 30 分，笔者给中共黑龙江省委党史研究室原副主任赵俊清去电话咨询，他明确说"霞"就是冯仲云的笔名。

相见；（2）十一—十五年后再相见；（3）很快可见——我妻送走了孩子后，就回来到游击队或去苏联找，十月去游击队后，我妻携两儿南归，经过十二年我们又重相见。"

据张甲洲的爱人刘向书后来回忆：

> 一九三四年秋，张进思接到一封来信，说是老冯来的。信中说：生了个小女孩（应为小男孩，笔者注），他妈妈住院了，要托我给代养。我同意了，买好了奶瓶。可是小孩一直没送来。信里又说：要买"无线电零件"和"康熙字典"，原来冯就是冯仲云，那都是暗号，要求代养小孩是假借通信的理由防备敌人检查。据说"无线电零件"就是通讯器材，"康熙字典"是武器，以后才知道[①]。

本月　薛雯带着子女途经北平，住在冯仲云清华大学的同学代世光家。在代世光老母亲的鼓励下，薛雯带着一双子女，拍了孩子们出生以来的第一张照片。

秋　到宾县乔家崴子。冯仲云回忆：一九三四年秋在那里给老百姓分过粮，分了几百石小米，这件事给群众的印象很深。有一个老头，一九五一年我去时他还认识我[②]。

11 月 22 日至 12 月 2 日　和赵尚志率哈东支队部分队伍由方正县向西进入宾县，准备从宾县东部返回珠河道北地区活动。《尚志人民抗日斗争纪实》记载：

> 据敌伪《泰东日报》报道，在十一月二十二日至十二月二日的十天内，哈东支队就与敌"讨伐"队激战六次，其中最激烈的是学田地战斗（学田地，在现有的关于这次战斗的记述中，均将其地名写作"肖田地"。经考证，此系"学田地"之讹。学田，中国旧时属于学校的田地。以其地租作为祭祀、教师薪俸和补助学生及贫寒人士的费用。一九一三年，北洋政府内务部通令以学田收入充小学经费。"学"，东北人常读作 xiáo，故而才有"肖"之讹。在珠河县委的文件中，还曾用"校田地"）。
>
> 学田地位于宾县与方正毗连地区腰岭子附近，当赵尚志率队

---

① 张正隆、姜宝才等编：《最后的抗联》，人民日报出版社，2016 年，第 385 页。关于冯仲云请张甲洲夫妇收养小孩事，据冯忆罗听母亲薛雯说确有其事。

② 《中共东北地方党史资料访问录选编（冯仲云同志专辑）》，第 71 页。

到达这里后，第一、第九大队和第三大队一部及司令部、少年连步骑兵二百余人准备在山沟里分散宿营，其中司令部住在一户人家，步兵队在沟里，骑兵队在沟南，少年连在东南，其他几个大队也分头在附近找好地方。下午，对我军实施"讨伐"的日军横山部队属下望月部队三百人和伪军邓云章团五百人发现我军后，即将我军宿营地团团包围。当哨兵发现敌人向司令部报告后，赵尚志、冯仲云迅速带领保安队和政治部的几个人到山上去指挥战斗。敌人正向司令部所住大院冲击，赵尚志面对强敌沉着指挥部队，集中猛烈火力将敌军击退。敌人再攻，我军再还击，如此数次激战，终于摆脱敌人的攻击。天黑后，赵尚志指挥部队撤至岭东太平沟、大猪圈一带。不多时，尾追之敌又从沟底兜了上来，再将我军包围。我军打退敌人多次进攻。激战中，敌人炮火将我军马群炸惊，使很多马匹跑失，其中包括赵尚志的坐骑。在指挥战斗中，赵尚志左肘部被流弹击中，流血不止，他忍着伤痛，与冯仲云、刘海涛商议冲破敌围之法。随后，他们命令几名骑术好的战士，趁黑夜，带着剩下的几十匹战马，突然从日军和伪军的结合部强行突破，主力仍在原地隐蔽不动。当勇士们带着战马群闯过敌阵后，敌人误以为我军全部突出重围，便集中大批兵力追击突围马群。赵尚志立刻指挥战士们跟进，猛攻敌后，追击之敌顿时大乱，死伤多人。我军乘机突出包围，秩序井然地转移，向珠河根据地进发。

学田地战斗，哈东支队打死打伤日伪军一百二十多人，白俄警察二十多人。支队司令部青年科长宋阶平、陈秘书及两名游击队员英勇牺牲。我军战马被敌人打死三十多匹。对于这次战斗，敌人也认为十分激烈，哈东支队十分顽强。敌人称："赵匪以顽强抵抗之故，臂部受伤。"望月对游击队作战之英勇，退却时纪律之严整，行动之敏捷，且能巧妙穿越过他们的堵击更是惊奇，称这是"德国式联军的退却"，进而感叹，"此战必有名将指挥"①。

《我的自传》："我从一九三四年十月到珠河县根据地铁路南区珠河中心县委，就在这个区内，因为这儿群众觉悟最高，最有组织性，珠河的反

① 佟常存编著：《尚志人民抗日斗争纪实》，香港科学文化出版社，2008 年，第 209—210 页。

日游击队最早是从这儿发展起来的。所以中心县委才在这儿，哈东反日游击总队即赵尚志部队也常在这区内。我就立即到队任职，部队在根据地内移动着，原来就过了铁路到路北区（也是较巩固的根据地），接着就深入到宾县的山边一带，我们在队内一方面做着政治工作，一方面在农民中做着群众工作，我记得在宾县分了一些大地主的粮，那时虽然秋收不久，但是贫苦的农民交出租子后，是过了十年了，老人们还记得我在那儿分过粮，见我去都吵吵说'那年不是他分的粮吗'。

"队伍在那一带游动了几天，我们感到有敌人尾追，我们急速往根据地以便到根据地后在有利地形和群众关系下，给予回击。但是我们刚绕到肖田地，就被伪军邓旅尾追上了。打了一仗，部队略有牺牲，最主要的是赵尚志腕部负伤，在暮色苍茫中撤下来，夜行军中摆脱了敌人，又回到了铁道南根据地。"

冬　受到严重警告处分。冯仲云在一九四一年一月十一日《冯仲云履历书》中说："珠河县委和赵尚志等三军同志联席会议中，说我恐怖动摇要逃跑，给我严重警告之处分。当时我坚持不承认，不接受这一处罚，直至后来满省指示，我站在领导地位上可以接受这一处分，我才接受了。"

冬　在五常小石龙、棒槌沟一带患伤寒。冯仲云回忆："那年冬天闹斑疹伤寒，闹得很厉害，部队百分之八十都害了伤寒病。我躺了三天，走也走不得，动也动不得，后来张兰生、朱新阳弄个爬犁把我和小马拉走了，到了一个种大烟的地点——大烟场子。之后觉得不把握，又搬了出去。我们刚走，敌人就扑到我们住过的那个房子里去了。敌人也在那里扎营住下，离我们只有几百米远，他们劈柴干啥的我们都能听见。我们整个县委也都在那里。后来我们走了，到我们自己的一个医院里，三十多里路，我们连走带爬，走了十五六个小时。过了三天，县委被敌人给剿了，剩几个人跑到林子里，也都病了。我和小马好了，把他们二十多个人一个一个都背进去了。小石龙、棒槌沟子这个地方我们呆的时间较长，加上闹伤寒，所以我印象很深，我很想再去看看。"[1]

12 月 28 日　在中共珠河县委关于现在的政治形势及党团工作的情形致省委的报告中说："老冯同志从到珠河巡视几次，并没很好把地方党团与地方群众组织严重性反映到省委，省代表必能详细报告。自老冯此次到之后，对队内的党团工作，大部分是放弃的领导，同志对他的信仰，完全

---

[1]　《中共东北地方党史资料访问录选编（冯仲云同志专辑）》，第 72—73 页。

失掉（特别是老张对他的轻视①），从司令部在消闲地（指学田地，笔者注）被敌袭击后，老冯同志表示极端恐怖动摇（在私人谈话时，回省讨论问题），目前对队员的政治工作完全放弃，队员有时对他讥笑。我们的意见，对老冯的工作，希望省委要讨论。"②

本年　派李飞（哈尔滨第二中学学生）到汤原做团的工作。

本年　先后四次到珠河。一九六二年一月在同隋祯谈话时说："一九三四年，我去珠河四回，最后一次才落了脚。一九三四年我在满洲省委作秘书长工作，主要作外县工作。满洲省委连遭破坏，在哈尔滨待不下去了，省委派我第一次到珠河。头一次到六道河子、二道河子、四道河子找到了部队，回去向省委做了报告。第二次省委又派我到珠河，那时张寿篯、韩光同志也去了，正赶上赵尚志和于九江发生冲突，几乎打起来，后来我们主动撤退了，我回去向省委做了报告。第三次到珠河时，赵一曼已经去了，周伯学也去了。第四次去珠河的原因是我在省委待不下去了，省委让我下去巡视，我说别让我老跑了，上珠河四方顶子又坐火车，又走旱路，上上下下很危险，不如派我到部队上去得了。这样，省委要我担任三军政委，我说干不了。后来省委派赵毅敏同志去三军担任政委，我担任政治部主任。"③

---

① 老张，张寿篯。
② 《东北地区革命历史文件汇集》甲38，第138页。
③ 《中共东北地方党史资料访问录选编（冯仲云同志专辑）》，第110—111页。

1935 年　二十七岁

1 月至 4 月　任东北人民革命军第三军政治部主任。

1 月 2 日　将中共珠河中心县委关于研究成立东北人民革命军第三军第一师的问题写成报告上报中共满洲省委。

1 月 15 日　中共满洲省委在给珠河县委的指示信中谈到冯仲云的问题，摘录如下：

> 我们认为老冯应当站在自我批评的立场，用布尔什维克的精神来认识和改正自己的错误。第一，应当认识自己的责任的重要。应当了解自己的一举一动对一般同志和队员都有很大的影响。因此对于自己的恐怖的表现，要更深刻去认识。不能借口一般同志都有些恐怖而抹杀或减轻自己的错误，相反的应当特别严重的克服自己的弱点和错误，才有信仰和威信的领导其他同志，才能真正有效的去进行政治工作。第二，应当拿自己的工作成绩来回答这一任务。如果认为自己的任务仅是"克服老赵"是不对的。当老赵正在正确的执行中央的路线时，你们最主要的形成集体的领导，而不是处处以克服某人为出发点，每一个问题非要提出不同的意见不可。第三，应当认识到在特别紧急的环境中，要有特别紧张的工作，积极的精神来战胜一切困难，来消灭一切坏的现象。应当认识到自己在这时候不管用什么方法提出来要到省委报告，都是不对的。因为这不仅是不必要的（省代表已经把当地的重要问题报告了），而且是不应该的。因为这在客观上是逃避困难，放弃当前的紧急任务。第四，自己不要躲开同志们所提出的困难问题，复杂问题，而以抽象原则去解决。应当深刻的实际地去了解一切问题。应当直爽的明白的提出一切困难问题，复杂问题。具体的分析这些问题。用集体的力量去求得解决，来把中央的指示灵活的切实的运用到实际工作中去，应当在这种精神中去作，去求得进步，去建立自己的信仰。不要在口头上争执自己是否动摇，应当〔用〕布尔什维克的精神和工作来证明自己不是动摇。
>
> 省委完全批准司令部会议上给予老冯同志的处分，并要求老冯同志即刻改正对一切工作没有信心的危险倾向，以积极的虚心的学习的精神，来争取工作胜利的前途。

省委严重指出，你们在战争的环境中，一切精神应用来布置工作，绝对防止再争论个人"是否错误"的问题，因为这种作用实际上是妨碍工作，客观上是帮助了敌人。

同时司令部今后应当认识到，为要纠正一个同志的错误，应当不断地在两条战线的争斗中，在教育的意义上，用最大限度的说服精神来克服和改正同志的错误。真正的教育工作，不是一纸硬性的责备式的决议所能胜任的。今后你们要特别防止和纠正一切足以形成私人派别的倾向。应当认识到在讨论一切问题的时候，一切参与会议的人，都可以自由发表意见，一旦讨论结束之后，大家所同意的意见，大家都应对这种意见负责。如果事后发现这种意见是错误的，一切参与会议的人都不能站在绝对不负责任的立场去攻击任何一个人。在目前，你们要特别注意形成集体的领导①。

1月28日　东北人民革命军第三军成立。赵尚志任军长，冯仲云任政治部主任。届时赵尚志、冯仲云发布了关于哈东支队改编为东北人民革命军第三军的通告，宣布东北人民革命军第三军第一师正式成立。通告全文如下：

东北人民革命军通告第一号
关于改称为东北人民革命军的通告

鉴于日本占领东北，国民党卖国贼归顺日本以来，我哈东一带同胞陷入苦难的境遇，我们为了挽救人民，首先组织了彻底抗日的东北反日游击队哈东支队。此支队在过去一年间的英雄战斗中，与反日的各军取得联系，破坏了哈东七县的日满统治，并在冲击了拥有超越我们百倍以上的武器的日满贼军的冬季"大讨伐"之后，按照东北人民革命军军事委员会的指示，在"一二八"纪念日正式成立了东北人民革命军第三军第一师，以继续进行反日事业，领导一般反日人士及反日战斗。特此通告。

东北人民革命军第三军司令　赵尚志
东北人民革命军政治部负责人　冯群②
一九三五年一月二十八日

---

① 《东北地区革命历史文件汇集》甲21，第11—14页。
② 冯群，即冯仲云。

3 月初　和赵尚志在方正县大罗勒密与祁宝堂、谢文东、李华堂所率部队会合。经赵尚志、谢文东、李华堂共同讨论，决定在三个条件下，以三个队伍为骨干和支柱，建立东北反日联合军总指挥部，选赵尚志为总指挥、李华堂为副总指挥、谢文东为军事委员长。

　　一九三五年刚交三月，赵尚志率三军司令部及其直属部队如约进入方正，并与一团会师。赵尚志和军政治部主任冯群首先见到的是"明山"队队头祁宝堂。在方正山边子富里屯，赵、冯二人同对我党的政策还了解不多的祁宝堂进行了谈话。冯群给他讲党的历史、抗日统一战线的政策和策略，还讲了抗战胜利后需要建设社会主义。矿工出身的祁宝堂完全被迷住了。考虑到公开收编"明山"队对建立统一战线不利，冯群勉励他："你和你的部队就要到党领导的武装行列里来了，今后，山林队绰号可以不必叫了，你有志抗日，致力中华民族解放事业，我奉劝你把名字改作'致中'吧！"祁宝堂听了十分高兴，表示一定坚决抗日，并立即当众宣布，他以后不叫"明山"了，改为"祁致中"。他还表示要按三军的样子改造自己的队伍，他要求和三军一起活动一段时间，暂时不回桦川。赵尚志和冯群欣然同意。

　　三月初的一天，赵尚志、谢文东、李华堂、祁致中在方正大罗勒密附近三军司令部驻地举行会见。由于李华堂、张寿篯事先为会见做了铺垫，这几位名满北满和下江的抗日领袖的会面和会谈进行得很顺利。赵尚志在会见中宣传了我党反日统一战线的主张和各项政策，主要是不分信仰，不分政治派别，自己保持自己的政治主张，谁也不干涉别人的内部任何政治行动，互相援助，以期队伍的扩大发展，争取民族革命战争的彻底胜利。经过协商，决定仍以过去联合各反日部队时提出的三个条件为基础，以第三军为核心，联合谢文东、李华堂、祁致中等较大的反日义勇军队伍，成立军事委员会及指挥部，任何一部加入联合军，都有选举权和被选举权。在此基础上，成立东北反日联合军总指挥部，赵尚志被公推为总指挥，李华堂为副总指挥，谢文东为军事委员会委员长，张寿篯任总政治部主任，冯群任总秘书长。会上，四方决定以三军司令部、东北反日联合军总指挥部的名义发表布告，正式宣告反日联合军总指挥部的成立，号召一切反日队伍在不投降、不卖国、不扰民、不妨碍民众反日等条件下，"民众与武装队伍结成共同战线，分头一致迫及日'满'统治区域及中小城镇、兵站，加紧扩大完成反日事业"。为庆祝联合军总指挥部的成立，四支队伍共同决定一起攻打方正县城①。

3月9日　凌晨四点，赵尚志、李华堂、谢文东、祁明山等率领四百五十名联合军攻打了方正县城，打死伪警察小队长一名、警察一名，重伤四名，俘虏了伪警察股长，缴获十五支枪，烧毁日参事官的住宅和敌人开办的商店，占领县城十二小时后，安全撤离。攻打方正县城，冯仲云并未参加，冯仲云回忆说：

> 三五年春天，赵尚志有我参加同李华堂结成了统一战线，决定联合作战，队伍到下江方正一带去了。特别是谢文东的问题，他主要是从土龙山事变起来的。在土龙山事变之后谢文东剩四五十人，祁致中剩下二百多人，他们在方正同我们见了面，结成了统一战线。当时准备打方正县。后来由于我和赵尚志实在搞不到一起去。我从哈尔滨又回到珠河去了。②

《我的自传》："成立第三军后，赵尚志和我就率队向哈东挺进，进攻了方正城，打了一仗，没有缴获什么，接着进攻二道河子，清晨大雾中进入四道河子。由于赵尚志的勇敢善战，把四道河地方部队一枪不发地缴了，缴得一百多条枪和大批弹药。尤其是正当除夕，我们缴得了大批的猪肉、粉条、白面、大米，这确实使战士们高兴，我们率队进入宾县八道河子，秋皮囤，再进入二荒顶子，渡蚂蚁河，到延寿亮珠河一带后到方正，在这儿在好多地点都打了一些仗。那时谢文东（后来当叛徒）他带了四十多人以及祁明山（祁致中）带了二百多人要结成联军，于是就结成统一战线，后队伍驻军方正东大小罗勒密一带，这时已到了三月份，快将化冻，队伍中决定我坐运灵柩的汽车回哈尔滨，后回路南根据地做夏季队伍供给准备工作，我正住在方正城西头，第二天一早，我们部队率了一些义勇军（联军）从东头进攻，我当时打算他们攻到西头我就不走了，但他没到西头就退走了，于是我又坐着汽车到哈尔滨，第二天，我又回路南区了。"

3月23日　在党团珠河县委关于赵尚志同志问题给省委的报告中，详细介绍了冯仲云、赵尚志的工作矛盾③。

---

① 《尚志人民抗日斗争纪实》，第228—229页。
② 《中共东北地方党史资料访问录选编（冯仲云同志专辑）》，第35页。
③ 《东北地区革命历史文件汇集》甲38，第159—166页。

3月25日　由赵尚志、冯仲云、李华堂、谢文东领衔发布《东北人民革命军第三军司令部，东北反日联合军总指挥部布告》。

本月　《中共北满临时省委关于组织问题中各种事件给中央的报告》记载："老冯于一九三五年三月左右由方正赴珠河，取道哈尔滨，路过上号、东铁花园老刘处，听老刘说湘已去上海，常有信寄老刘处转满省郭夫，还有哈尔滨常去刘处。"[1]

本月　中共珠河中心县委书记蓝志渊调出，鲍巨魁接任书记，中心县委设十人组成的常务委员会，冯群、鲍巨魁、韩光、赵一曼、朱新阳、王兆吉、白江绪、周一夫等为常委。据蓝志渊回忆："三五年上半年，珠河县委改为珠河中心县委。包又任中心县委书记。中心县委负责者有鲍巨魁[2]、冯仲云、赵一曼和我（蓝志渊）。有些事都是我们四个人开会决定，很少开县委会。另外，王大眼、吴景才、小孟（负责领导青年团）也都是县委委员。我只知道苇河县委归中心县委领导。我记得几个邻县县委都未成立，方正是三七年下半年由范景海（改姓郑）、刘兴亚（改姓张）和老全（朝鲜族）三个人建立的。老全作书记，延寿、宾县始终未有党的组织。当时，党的组织还不是很严密的，有多少党的支部和党员，只有冯仲云知道。县委委员虽有分工，但工作起来，几个人乱抓，全都管。县委委员按地区分工负责，赵一曼负责铁北，鲍巨魁和我（蓝志渊）负责铁南，冯仲云全面负责。县委委员常常参加支部会，回来向县委汇报，当时就是向冯汇报。"[3]

4月11日　与赵尚志共同签署通缉令。通缉自哈东支队成立以来至东北人民革命军成后，在队内屡次叛变者、混入队内的奸细：吕虎章、刘××、朱克雅（按，即朱光亚）、马万春、邓云山、张文、王学文、李贤亭、黄青山等九人，缉拿正法。并通知各反日友军不得容留，以执行革命纪律。

本月　哈东人民代表大会筹备会办公处成立。

珠河中心县委根据省委建立东满、南满、哈东、吉东等四个特区政府与汤原县政府的要求，积极进行了珠河、双东、延寿三县政府的筹建工作，召集了有三十余代表参加的关于成立人民革命政府的筹备会，选举产生了筹备总会，成立了哈东人民代表大

---

① 《东北地区革命历史文件汇集》甲23，第226页。

② 又名张兰生、老包。

③ 《尚志人民抗日斗争史调查资料汇编（初稿二）》，第231页，未刊稿。

会筹备会办公处，各地已选出参加筹备会的代表，仅路南即选出代表八九十名。五月，首先成立了珠河地区第一个抗日民主政府——珠河县人民革命政府。时任珠河中心县委秘书的于保合（万内）曾回忆道："我们刚来游击区不久，在三股流召开了珠河县人民革命政府成立的盛会。这一天春光明媚，贫雇农代表、妇女代表、游击队（三军）负责人、青年义勇军和儿童团都来参加大会。会场设在山坡空地上，游击队的钢枪，青年义勇军的土枪抬炮，儿童团的红樱枪和招展的红旗，构成一幅壮美的画卷。首先由冯仲云代表党团县委讲了话，并主持了大会。被大家推举的吴景才县长也给大家讲了话。大家鼓掌、唱歌、呼口号，庆祝人民有了自己的政权，有了人民的县长。"其实，"政府主席选的是反日总会老陶同志，因敌人'讨伐'，政权机构尚未完备，许多政权工作仍在农委总会，老陶仍重点抓反日总会工作，于是农总负责人吴景才就自然而然地被人们公认为县长了。"在成立大会上，还宣读了由冯仲云起草，于保合刻印的关于成立珠河县人民革命政府的布告，号召群众在人民革命政府领导下，积极参加抗日活动。会后，把这个布告分别张贴于根据地和游击区的各村屯，产生了很大影响①。

本月　任珠河中心县委宣传部部长。

《我的自传》："回到路南根据地，整理一下遗留在根据地的部队，准备队伍的供给，不久省委派张如恒（张瞎子）② 同志来管替我的工作，他姓杨，都叫他杨主任，在秋季芦家窝堡（娄家窝堡）遭敌袭击中牺牲。我任珠河中心县委宣传部长，那时工人同志张兰生任中心县委书记，王大眼珠（农民）任组织部长，青年团是王大棉袍（周毅夫）任团书记，后来小孟（韩光）任书记，朱新阳任团组织部长。"

《中共北满临时省委关于组织问题中各种事件给中央的报告》记载："一九三五年四月底由省委派珠河县委张瞎子代替老冯工作，任三军政治部主任，冯任县委宣传部。"③

---

① 《尚志人民抗日斗争纪实》，第 261 页。
② 张玉衡，河南人，1925 年加入中国共产党，曾任中共汝南县委书记，1929 年调辽宁省工作改名张汝恒（又写作张如恒），1930 年任吉林县委书记改名张玉珩，1932 年 2 月任磐石县委组织部长改名张振国，同年 6 月任磐石游击队总队长，1933 年任哈尔滨道外区委书记改名张敬山（又写作张进山）。1935 年任东北人民革命军第三军政治部主任改名杨振江。
③ 《东北地区革命历史文件汇集》甲 23，第 226 页。

初夏　同韩光、朱新阳一起与汪雅臣会谈。冯仲云回忆：

> 五常南边有个宋德林义勇军，后来失败了。下边有个汪雅臣部队。汪雅臣是个伐木工人出身。当土匪时报字"双龙"。在他的部队中有一批从关里来的知识分子做工作（和关里党组织多多少少有点关系）。后来"双龙"到牤牛河沿找我，也就是找党。我亲自接见的，见面时还有韩光、朱新阳[①]。

6 月 3 日　中共驻共产国际代表王明、康生给吉东特委发来秘密指示信，即所谓"王康指示信"。其主要内容如下：

一、游击运动的新特点与我们的策略。认为"目前的状况，不是最后决定胜负的时期，而是准备群众的时期，准备争取最后胜利条件的时期"。因此，我们的策略现时不是将所有的反日力量，孤注一掷，而是要更大的准备群众，蓄积力量，保存和发展游击队的主力，培养大批军事干部，以作为准备将来的更大的战争和更大事变的基础。

二、关于游击队的问题。首先是扩大游击运动与联合一切反日力量共同抗日。因此，第一，要打破各地的关门主义，吸收一切愿意参加武装抗日的分子来扩大游击队的组织；第二，要实行全民的统一战线，现在东北各种反日队伍一般的都有建立反日统一战线的必要与可能，我们不应机械地背诵过去四种游击队的方式，而现在是要普遍的与各种反日武装队伍建立下层与上层统一战线，共同抗日。统一战线的纲领不要太高，与各种反日武装的临时的作战协定条件不要太严格，要从实际环境和具体条件出发；各地军队的名称，不要加以"赤色"或"工农"字样，而应称作"抗日救国军"或"人民革命军"等；除了现在各地的游击队，还要创造不脱离生产的、只是一定条件下行动的游击队；政治部的工作，不要机械地运用红军的政治工作条件，要适合当地的情形与民众的觉悟程度；在军事上，要用灵活的战术反对敌人的"讨伐"。

三、政权与根据地的问题。为要广大的组织反日游击战争与群众的反日运动，党应在各地进行广泛的群众运动，准备召集反日代表大会，成立或改造地方的反日政权机关，名称或叫"抗日救国政府"，或最初仍用"反日会""农民委员会"的名称，要看各地的具体情形而定，政纲要适合广大人民抗日救国的需要。

---

① 《中共东北地方党史资料访问录选编（冯仲云同志专辑）》，第 73 页。

四、群众工作与士兵工作。对于反日会的工作，要打破一切关门主义，取消种种的限制（如一家只准一人等），吸收一切愿意反日的民众到反日会里来。

五、党的工作。首先要在党内进行广大的教育解释工作，并加强组织建设，改善干部政策。为了要使党的组织强有力的领导游击运动，必须将党的机关一部设在游击区里，改造党组织庞大的机构（尤其是上层领导机关），缩小管理区域，使之灵活的巧便的独立工作，适合于战争环境。

此信在一九三五年秋经中共吉东特委传达到东北各地的党组织和抗日部队，并由他们分别加以贯彻。这封秘密信由于对东北抗日游击运动的实际情况缺乏全面、具体的分析，信中也提出一些片面的、不切实际的主张，从而使东北党组织和抗联部队的思想上产生了一些分歧，造成了一些混乱。

夏　薛雯到上海接组织关系时被捕，关押三个月后被保释出狱。

8 月 1 日　中共中央草拟《为抗日救国告全体同胞书》①，号召全国人民团结起来，停止内战，一致抗日，组织国防政府和抗日联军。后于十月一日在巴黎《救国报》② 上全文刊载。

8 月 29 日③　同第三军政委张敬山在珠河娄家窝棚④与前来"讨伐"的敌人遭遇战斗并负伤，张敬山牺牲⑤。冯仲云曾撰《卢家窝棚遇敌记》一文⑥。

关于这次遇袭，尚志市史志办原主任佟常存在其书中说：

> 为躲避敌人的"讨伐"，珠河党团县委机关和从苇河来的参加青年训练班的学员共二十多人，其中包括冯群、韩光、张敬山、朱新阳、周一夫、金凤生、赫生臣等人，从十三保沿大青山转移时，于娄家窝棚遇敌袭击。由于日军来得太突然，使党、团

---

① 《为抗日救国告全体同胞书》（即《八一宣言》），中共驻共产国际代表团以中华苏维埃中央政府、中国共产党中央委员会的名义发表，巴黎《救国报》第 10 期，《共产国际》中文版第 11—12 期合刊。

② 《救国报》是 1935 年 5 月 15 日由中共驻共产国际代表团在巴黎创刊，编辑部设在莫斯科，编好后在巴黎出版。

③ 此次遇袭事件的时间笔者系根据 1936 年 4 月 20 日《寒光给国际济难会斯达扫娃的信——关于请求给抗日战斗牺牲者家属物质救济问题》信中牺牲者的日期"张瞎子（杨主任）三军司令部政治部主任，做革命运动七、八年，三五年八月二十九日"。见《东北地区革命历史文件汇集》甲 46，第 67 页。

④ 娄家窝棚、卢家窝棚实为一地，叫法不同。此地在黑龙江省尚志市乌吉密乡朝阳村向阳屯。

⑤ 《赵尚志年谱》，第 161 页。

⑥ 最先发表在《红旗飘飘》（八），中国青年出版社，1957 年；中央文献出版社 2008 年出版的《东北抗日联军十四年苦斗简史》也收录了此文。

县委遭到巨大损失，省委派来的三军政治部主任张敬山、团县委书记周一夫，团县委秘书金凤生牺牲，冯群负伤，韩光、朱新阳等躲过一劫[1]。

本月　受到严重警告处分。冯仲云在一九四一年一月十一日《冯仲云履历书》中说："珠河县执行委员会会议中曾因我和赵尚志同志之关系不好而受到严重警告，我接受了。"

9 月 10 日　主持珠河中心县委成员在柳树河子召开县委执委会，分析了当前形势和对策。通过了由冯仲云起草的《目前哈东政治形势与我们的任务的决议》。执委会决议指出，敌人烧毁根据地各村屯的房屋，强迫群众离开辛勤开垦的土地，将群众强行驱赶到街市站头，或归入大屯，组织"铁路爱护村"，进而清查户口、设立保甲，实行保甲连坐、增加警力、实行经济封锁等等。这不仅激起了我军有力的反抗和斗争，同时也使被烧掉房屋、失掉土地和财产、被迫强迁到大屯的广大群众（包括一部分地主、富农）更加憎恨日伪的残酷统治；使反日义勇军失掉了"粮窝子"，因而更加向我军靠拢；使城镇街市拥挤，秩序混乱，群众生活水平更趋下降，因而加重日伪政权的负担和困难。

针对敌人破坏珠河根据地后出现的新情况，执委会决议要求根据地的党团组织，立即动员，组织群众，反对敌人"归屯并户"，反对敌人建立"集团部落"[2]，进而破坏大屯和"铁路爱护村"，破坏铁路和通讯设施，尽快恢复反日会和农民自卫队，派人建立新区等。决议指出："巩固和扩大游击区及人民革命军，建立民众政府，巩固游击区，扩大游击区范围，开辟新的游击区，是冲破敌人的'讨伐'，扩大和深入民族革命战争的主要策略，是迫不容缓的任务。"

秋　率珠河中心县委部分人员由第三团护送撤离珠河。

10 月 1 日　《八一宣言》即中国共产党《为抗日救国告全体同胞书》在巴黎《救国报》第十期全文刊载，同时发表于《共产国际》中文版第十一至十二期合刊。

本月　和孟克曼[3]送侯启刚去哈尔滨治病。侯启刚一九三九年五月九

---

①　《尚志人民抗日斗争纪实》，第 355 页。

②　日本侵略者为隔离抗联部队与民众的联系而采取的一种措施，即强行"归屯并户"，把农民驱赶集中到一个建有围墙、壕沟和炮楼的部落中居住，并派兵把守，外出时每人发"出入牌"，每天定时出入。"归屯并户"和制造"集团部落"的过程，既是日伪采取的法西斯殖民统治的野蛮措施，也是制造骇人听闻的法西斯惨案的过程。

③　即韩光。

日在《侯启刚呈中共北满临时省委的申诉书》中说："冯群说：'我知道你是不能回来了。'我接着说：'我不愿意听你那拆几八旦的话，那时再看。'孟克曼同志觉得过意不去，说了两句：'老冯你尽瞎说，老侯那能不［回］来。'……首先是冯群同志认为我曾经动摇过，就是当我向冯群同志等说我读《资本论》，并《资本论》对我有怎样的帮助的时候，冯群同志说：'马克思在天之灵把我们老侯给送回来了！'"①

本月 珠河县人民革命政府正式成立。

11 月 15 日 东北人民革命军第三军第二团政治部主任赵一曼在战斗中负伤。后在养伤时被捕。

11 月 26 日 《吉东特委给珠河中心县委及三军负责同志信》（简称《吉特补充信》）发出。中共珠河中心县委在一九三六年三月收到。

同日 中共代表团通知海参崴联络站撤销中共满洲省委、另设四个省委及办法。

同日 《共产国际负责人给春山的信》中说"珠河老冯调来学习"，"老冯之妹妹调来此地学习"，"调学生来，除原来已决定名单外，在珠河调小孟、老冯来"②。

本月 满洲省委被撤销，建立南满、东满、哈东、吉东四个省委和两个特委。满洲省委的撤销经历了一个较长的复杂过程。中共代表团对上海局派到东北工作的杨光华一直怀疑，上海局被破坏后怀疑尤甚。

12 月 9 日 "一二·九"抗日救亡运动在北平爆发。

本月 给满洲省委的报告，谈到军事活动及不同意省委给自己的处分。全文如下：

省委：

自三股流战争以后，九大队即过路北，三大队即与司令部分开活动，当时的策略是避免与敌人正面冲突。敌人在三股流战争中，死伤计十九名，有一连长阵亡。他继续在路南游击区，扰乱七八日，活动的地点是杨家街、土山头、鸡爪顶子、三股流、二排、四方顶子等处。特别是二排一带，邓团等士兵行动尚不太坏，惟黄炮、山四海等则更穷凶极恶，吃小鸡打骂群众，将申明反日会家属下底③。尤其是大批强奸妇女，他们的勤务，有时并

① 《东北地区革命历史文件汇集》甲 25，第 228、231 页。
② 《东北地区革命历史文件汇集》甲 21，第 413—415 页。
③ 原文如此。

不谨慎，大脱大睡，要农民站岗，惜地方党部与队的关系不好，不然真可以解决他们一部分。他们欺骗群众和士兵的口号，是反日军杀人放火（指路北毁灭黑龙宫等各市镇而言）等，他们的队内要吸收了我们的叛徒，开除出队的分子，不满意我们的分子。由于叛徒告密，特别搜索四方顶子一带，因为疑心老×在那面养病。地方党部自经敌军扰乱以后，同志四处逃散，所以在这一时期没有什么工作。更有许多同志，表现出十分动摇。直到如今还有许多找不着。老中医院负责者及县委长［常］委王大眼，因为手中有钱，借口找省委报告逃到哈埠（可速令他回来）。医生老张更窃取所有药品（约值五六百元）潜逃（省委要特别警戒老×，此地一部分同志都和他有关系，故来哈常可找到他）。曾被捕数个同志和群众，其中很多叛变，更执行其叛变工作，如拉道捕人多找秘密女（×妻），×妻皆被捕，但他们尚未叛变，不过态度并不很好，现已保出（女×在此以后不能工作和活动，望省委讨论，是否仍留此地），所捕之人均未处死刑。我们除被捕人外，复在三股流战争，复割去少年队传命脑袋一个（战死）及牵去一些寄存的马并预备修理的枪三四支。敌人在此次进攻中一方面在罗圈场子、九站等堵击，以防备我们到路北去外，更有龙王庙一带堵击，以止我们东去。游击区西南部分并未到，因为他们不知道，路南进攻以后又去路北，计和我军接触两次。第一次在大姑娘道叉，我们将绺子立三救出，仅鸣数枪，敌军退去。又一次在侯林乡，仅我留守队一部分，我军受伤二名，被捕一名（受伤），现已枪毙，损失四支枪，敌军亦略有损失，后敌军即赴方正，大约进攻我们中和镇之队或系疑心司令部去中和镇。敌军内部亦不一致，有褚营者态度较好，士兵及长官情绪亦高，山四海队有说已哗变出来。最主要进攻的系邓团，据说系邓团长自己请求日人，四个月内包打反日军。路南一带以三排等处群众逃跳一空。其他以及路北等处则尚没有什么，但因路北敌人以一百余的兵力设着五区，黄炮在黄岗一带约五十人兵力，成立壮丁团等。领导干部有些恐怖，五区支部为了同样原因，携款潜逃与一般绺子关系则较好。老黑顶子、周家店一带支部现已恢复。路南则小顶之扰乱甚利害。创江南已经投降，在游击区附近保护地盘，并号召各绺子去投降。方正情形见方正报告。地方工作此次队内同志已与党团县书记详细讨论，讨论内容可见县委报告，此处再不赘述。但党团县委自己本身确成问题：县委特别是县团委中，有个别同志观念的确成问题。省代表当可详细报告。我们虽和他们讨论了许多，但他们执行能力比较薄弱，是否在工作中能有转变，现在还不敢预料，望省委能有完善办法解决之。宾县特支，至今尚无关系，望省委加强宾支领导。司令部自三股流战以后，这半个月中间，一方面由于老×①的伤，一方面由于敌人扰乱，天天躲在小沟里，没有进行很多工作。最近经过各种的努力，才把地方的关系弄好了，并在最近召集了一个会议，参加会议的人有司令、我、××、党团书记，旁听的有××、××、×××，讨论的决议另见，当然其中大部分的意见是老×的意见，我同意的。望省委详细的检查这一报告，并迅速给我们一个指正。我们对敌人"讨伐"的估计，除决议上所写的外，我们认为在第三期"讨伐"第一步计划，敌人是大包围的计划，当我们在大青川敌人以一千余日军及"满"军大包围路北后又路南，我队离大青川后，敌人又大包围威虎岭一带，我们自宾县回后，敌人大包围宾县和路北，但扑了一个空。他们在打击义勇军以及收降政策上，得到了相当的功绩。我们东北第八区，解散孤扎子，兀拉草沟解散二排。大〔排〕未敢打。缴准备投降东山好，过孙菜营缴延寿四区七保大排。打路八保大排。孤军深入过去地理不熟，群众关系不好以及敌人交通便利，势力比较浓厚之高丽帽子附近之童子沟。的确认为敌人第一步终了，敌军大部回哈，第二步计划尚须时日的右倾估计。没有注意到敌人第二步计划立即实现，更利用山四海、黄炮这许多降队。并以一部分比较有决心之满军长官，长期进攻我们。同时又于勤务的不注意，结果在方正县兰田地②与日军一战。敌军虽然受些打击，而我方亦颇受相当打击。迫旋师太平沟时，同样不注意敌军的尾跟，而又受到袭击。我们了解敌军在第一步计划时是对义勇军，当然中心是我们一般的大包围。第二步计划，则以一部分兵力，长期专门进攻我们。我们没有实际材料，以便决定敌人以后进攻的情形。大约的估计是，敌人可能更增加其长期进攻的部队，更多利用降队，更猛烈进攻我

---

① 指赵尚志。
② 兰田地，应为学田地。

们。同时四面布置大排二排，降队的武装警察，所谓步步为营的包围，限止和缩小游击区，来限［制］我们的活动。过去省代表在此曾经决定之二根据区，我们再三考虑，结果认为敌人交通的便利，很容易大举包围我们。如果大部队在此，则敌人采取上述的办法，我队有可能很困难活动。所以我们决定路北留一大队（五大队），以××同志（政治部宣传干事）做领导。路南以三大队之一部及少年队配合模范队青义军，以××及××为领导，坚决采取游击战术，进攻袭击敌人。则如是游击队，在各游击区内，有可能活动得开，而敌人大举进攻，真不易找到我们。这三游击区非常重［要］，在政治、军事以及进攻苏联的意义上都严重，我们必须巩固它们。老×由于实际干部缺乏，不得已仍派方正帮助工作，担任领导。大队则由司令率一、九、三大队之一部。××等则为了创造根据地，建立人民革命政府，南下赴冲河南、向阳山一带。该处地势险要，人口相当稠密，后为大林，离拉滨路虽不太远，但离铁路百余里以上，敌人交通不便，且南可以接吉林而联络东南沟，东可以接宁安，此［北］可以与原有之游击区相接，当然该地我们不熟，群众关系不好，且有德林、创江南等比较复杂难办，但主要看我们工作决定，在未去之前，拟有一进攻以振威名。我们决定于"一·二八"成立人民革命军，现在已开始进行准备工作，望省委能帮助我们。决定成立三团人，方正成立一团，团长或以老×（×××）担任，×××担任政治主任，团政委候政委来后或省委派来干部后再决定。路南北成一团，团长×××，政［治］部主任××，一团随司令部，省委认为恰当否？全队总的领导的确成问题，望省委务必抓得力的同志来担任政委或派代表，老×的确有许多实际工作的经验，政治上相当强，枪过人，省委是知道，以政治上软弱不坚实没有主见的我，的确无法克服他，结果他发表［意］见很多，而我大部分意见跟他跑，不能对他的意见有更进一步的研究。当然他还有许多不正确的倾向，特别是在战争危急时常动摇，如兰田地之战后，因他受伤，未下固定命令而带十余人先走，三股流战争时不敢决定问题，省代表是知道的。队内军事干部的确也是成问题。至于政治部的工作的确严重，队内政治部工作，党工作严重。政治部干部主任，特别是，我，在我政治上软弱，犹疑不决，生理上的缺陷①等等，在群众没有威信，我的确担任不了这一工作。我坚要［决］要撤销我的工作。此次会议上认为我恐怖动摇等而给我警告，我坚决不接受这一警告。我在会议上申明，如果在我已承认错误条件之下，而给我的警告，我可以接受，但超过这些多不合事实的，我不能接受，我把自己的问题，详细写在下面，以便省委研究。

我到队两个多月了，工作是很少有成绩，队内政治部工作，政治教育，党的工作是依然没有很大的转变，以及我个人由于口音的关系，没有很多召集队员讲话及没有很多的参加支部会议等是事实和我的错误，工作得不够，但如果说一些工作也没有以及我消极怠工是不对的。当第二次政治部会议时，由于许多许多同志的积极努力，不得不承认政治部工作相当有些起色，和相当建立了威信，在队往童子沟一带召集了较多群众会议，在我当然没有实际工作经验和具体工作的办法，但这不能说一些工作也不能做啊！当然现队的分开秘密活动，在政治部的工作，要有不同的方［法］，但一时在工作上是表现着沉寂。

我到珠河来巡视多次，每次回省委都有详细的报告，当然这许多报告是非常不够。这次斗争对于我的巡视工作有相当的检查，我自己来研究我自己的错误，以求得进步，我也相信我自己是进步的。讨论以后我拿着省委的指示信和决议来当作式益（武器），来珠河地方和队内作了相当残酷的斗争。在这中间我一方面没有根据省委的指示信，更圆满的解决许多具体问题，同时还犯着或"左"或右以及调和的错误。当然相当有些工作，但是整个的工作是没有彻底的转变，以至有现在严重的现象，我当然是负政治上的责任，这与我个人自己的能力以及地方党部执行工作的能力都有关系。如果说我的报告不是事实，向省报告我掩盖我的错误，甚至欺骗省委，在珠河犯了极严重的错误这是不对的，我坚决的反对。省代表在此，关于我报告，认为不是，不反映此地具体实际情形给省而不够。同志在会议上承认了这一点，但是在观念上是没有纠正，所以队内以及地方同志，此次来后滋长着对我不满的情绪。

××同志来时，省委没有和他详细的讨论问题，站自我批评

---

① 指眼睛不好，冯仲云高度近视。

的立场不得不认为这是省委的错误，以到××同志来时所决定的意见与我所传达的省委意见都不一致。例如关于他们往大青川去，省委的会议上，认为恐怖逃跑，应巩固游击区而战，非要不得已始可离开游击区（当时会议上曾有争执）。但省代表则认为不留队是右倾的表现。譬如关于改编黄炮以及破坏统一战线，省代表认为省指示信辞句有改造的必要。关于老×的错误，由于去大青川的，问题决定不同，当然也有不同。同时老×对于自己的错误，不过以没有意见来答复，没有深刻的承认自己的错误，所以在这种情形之我，感到非常困难。

省代表和队内讨论最主要的是义勇军的问题和根据地的问题我一般的同意。关于义勇军的问题省代〔表〕六个条件的确相当具体的解决了实际问题。当讨论六个问题之时，我曾提出在现在不应轻视义勇军，认为义勇军过少是有害的，省代表立即解释丝毫未有轻视意义，而目的却也是如此。但这六个条件正确，则不得不认为过去省委指示之不具体，而老×之意见相当正确。故老×当时即呼"老×你的意见胜利了"！而我不得不承认我过去对于省委指示信具体了解和运用的不够，所以我希望省代表回省讨论，这关系全满工作，省代表也认为有回省讨论的必要，一切的意见变动了，我感到没有把握来解决许多问题，我自己感觉到我自己政治的软弱。

当我在省委时，我曾希望作一长时工作，但省委分配我来担任政治部工作后，我立时感到我担负不了这一工作，我的政治上的软弱，没有主见，犹疑不决，群众没有威信，生理缺陷，当然必须执行省委的决定，所以我坚决提出，我一个人来没有作用，解决不了问题。省代表来后，我重新提出，当时老×老×等意见，认为我是担负不了这一工作，没有实际工作的办法，所以坚决要求撤销我的政治部主任工作。最好是回到省委讨论问题充实我政治的内容。省委所以分配我任何工作，省委是知道我的，当能了解我，我决不能害怕任何艰苦的工作。

是否是恐怖动摇，我坚决的反对，当然在兰田地司令部遭受袭时，谁不恐怖？然而恐怖动摇，我坚决反对。当然我曾经和私人讨论研究，是否要回省讨论，以便省委可以更实际决定解决问题。私人谈话问没有同意也就取消了这一意见（在会议上都没有提出），俟省回信后再说。现在我当然要仍旧负起我的责任，这些是恐怖动摇吗？

所有这些我反对他们给我的严重警告，希望省委审查。

老×报告

省委派我来队之任务，为了纠正老×的错误意见，现在这一决定失去意义了！①

---

① 《东北地区革命历史文件汇集》甲21，第417—427页。

1936 年 二十八岁

1 月 9 日 中共满洲省委被撤销①。

1 月 26 日 东北人民革命军第三军、东北抗日同盟军第四军和民众救国军、吉林自卫军支队在汤原县吉兴沟召开东北民众反日联军军政联席扩大会议，成立东北民众反日联军总司令部和东北民众反日联军临时政府，赵尚志任联军总司令、张寿篯任联军总政治部主任。

本月 主持中共珠河中心县委党团小组联席会议，参加这次会议的有张兰生、于保合等。

2 月 20 日 中共驻共产国际代表团以杨靖宇、王德泰、赵尚志、李延禄、周保中、谢文东和汤原游击队、海伦游击队的名义，发表《东北抗日联军统一建制宣言》。自此以后，东北各地的抗日武装先后改编为东北抗日联军。

3 月 12 日 《中共驻东北代表致珠河党团县委及三军司令部的信》（简称《中代信》）发出。六月，东北人民革命军第三军司令部收到这份指示信。

春 交给侯启刚七十元看病钱。

4 月 东北抗日联军政治军事学校在伊春河谷建成②。该校由赵尚志任校长，张寿篯、冯仲云、侯启刚先后任教育长。这所政军学校共办三期，培养近三百名学员，北满抗联部队中大多数政治军事干部是出自这所学校③。

本月 日本关东军镇压东北抗日军民的"三年治安肃正计划"（一九三六年四月至一九三九年三月）出笼。

夏 在敌人到处烧杀，强迫群众"归屯并户"，实行"匪民分离"的

---

① 根据《满洲国警察史》第 338 页记载："康德年月，'共产国际'派党员韩守魁进入满洲；根据'共产国际'的方针，撤销党、团满洲省委，成立哈尔滨特委。"另据该书 324 页记载："康德 3 年 1 月 1 日，潜入哈尔滨的韩守魁，于 7 日正午在哈尔滨道外平安电影院门前，同中共满洲省委代表骆某，进行街头联系之后，便到同志杨某的地下活动住所，二人经过三天的时间，对党务连续进行了讨论和交接，于 9 月解散了中共满洲省委，同时成立了中共哈尔滨特别委员会。"

② 关于抗联军校校名问题，据王晓兵考证：1936 年 2 月，该校校名的提法为"东北民众反日联合军政治军官学校"。后来正式办学的校名为"东北抗日联军政治军事学校"。

③ 关于教育长的问题和学员构成问题，据王晓兵考证，军校一共有过三任教育长。第一任为张寿篯；第二任为冯仲云；第三任为侯启刚。学员构成，主要来自北满抗联的第三、六、九、十一军部队，同时还有吉东抗联部队的第四、五、八军的少量学员。因此，这所学校的学员不限于北满抗联部队。此外，学员中有许多连级干部、个别军级干部以及部分地方干部。

政策下，珠河中心县委根据上级指示，为了保存力量，分批将一部分干部转移到苇河、延寿、方正一带开辟新区。然后，县委机关开始分两批转移。第一批是县委书记张兰生、秘书于保合等，经乌吉密乘火车到哈尔滨，然后在哈尔滨乘船去汤原根据地。第二批是冯仲云、朱新阳等，带领县委机关留守人员和第三团一部分战士，由宾县过江，越过敌人封锁线，进入木兰，最后到达汤原，同汤原县委和第三、第六军司令部汇合。

冯仲云回忆："一九三五年赵尚志部队路过木兰，在那里留下一部分人。当时宾县敌人进攻很厉害，我们部队和许多土匪都跑到木兰。木兰接着青山①，有许多大山接着兴安岭。前边是蒙古山②，山北是大贵。有些土匪也都属于我们的编制内。有个于海云（报字九江），三军把他编为第七师。还有一个旅，后来改为师，是我们自己的部队，夏天在蒙古山活动，冬天进入大山边活动。一九三五年底至一九三六年春这个期间，旅长是韩玉书（后来在肇源敖木台牺牲），政委祁大虎③（以后开小差跑掉了）。以后改为三军六师，师长是王德富。打过一次石头河子、大贵。最有名的一次是对日本海军陆战队的战斗，是一九三五的夏天④，在广利东打的。敌海军陆战队带二门舰队上用的大炮，很大，叫祁大虎给卸了下来，后来就给他起了个外号叫祁大炮，在广利东城墙砬子⑤一带。一九三六年我从那里路过一趟，进到蒙古山和敌人打了一仗，经过广利东到木兰。我去下江前李兆麟（张寿篯）已到富锦去了。我们在蒙古山把李化民、于九江等土匪收编了（一九三七年李化民对敌投降）。珠汤中心县委联席会议以后，又转到木兰，回到通河，于九江（于海云）被我们带到通河，最后赵尚志把他枪毙了，他的部队下面也没有几个人了。赵尚志以后转到铁力，进山了。一九三七年至一九三八年敌人搞一次大讨伐，土匪都投降了。我们部队也离开木兰去巴彦北部榆青一带。一九三七年以后部队主要是在巴、木、通、庆一带活动。当时木兰有地下党的工作，建立一点党的组织，以

---

① 青山，在木兰，分大青山和小青山。大青山位于东兴镇境内东北处，距木兰县城70公里，主峰海拔640米。小青山位于新民乡与东兴镇交界处，主峰海拔354米。

② 蒙古山位于木兰县柳河、石河、龙江三个乡镇交界处，主峰海拔668米。

③ 祁占海，俗称祁大虎、祁大炮。1936年牺牲，并非开小差。

④ 冯仲云记忆有误，此次战斗据日伪《大同报》记载，应为1936年7月3日。《大同报》7月8日报道：哈尔滨电，倾据某军事机关情报，山田本部队下枝部队属中田队部、江防舰队陆战队协力，三日于木兰南广利屯附近与赵尚志系"化民"及"一抹脸"合流有力匪五百名激战，由午后四时战斗十小时之久，匪贼死力抵抗，友军以猛烈之攻击，始将匪团击散。

⑤ 城墙砬子在黑龙江省兴隆林业局四屯林场北部。

后由于不坚强，都垮了。我们也没有那么多的力量去组织了。"①

6 月　第三军司令部接到"中代信"。信中提出在松花江下游设置新的松江省委组织、在哈东老游击区建立哈东特委的建议。赵尚志、冯仲云等人认为，这个建议不符合北满成立抗联总司令部之后形成的抗日游击战争发展的新格局；信中将新建的松江省委管辖的游击区域范围仅限于松花江下游两岸地区，而未包括第三、第六军正在开辟的小兴安岭和黑嫩平原是不妥当；并对"中央驻东北代表"的合法性表示怀疑和不信任。因此决定不成立松江省委，而成立北满临时省委，然后自己去找上级关系，向中共代表团报告。

8 月 1 日　东北人民革命军第三军改编为东北抗日联军第三军，赵尚志任军长。

8 月 2 日　赵一曼在珠河县就义。

9 月 18 日　中共珠河、汤原中心县委和第三、第六军党委联席会议（简称珠汤联席会议）在汤原帽儿山第三军被服厂召开。在中共珠河、汤原中心县委及东北抗日联军第三、六军常委联席会议上，被选为中共北满临时省委书记。

11 月 15 日　以中共北满临时省委的名义致信周保中谈北满临时省委的成立及东北抗日联军总司令部的领导与改组等问题②。

12 月 28 日　周保中致信第三军第一师政治部主任李福林，希望北满同志南来，信中说："赵军长同志若不能来，张寿篯或冯同志务必南来先和我会见。"但此时，赵尚志已率队向黑嫩地区远征，冯仲云因公去联军政军学校，周保中欲与赵尚志、冯仲云会见已无可能。

12 月底　赴第三军军部路过政治军事学校时与侯启刚谈话。

本年　以东北抗日联军政治军事学校教育长冯群的名字同校长赵尚志、副校长李华堂合署颁布《东北抗日联军政治军事学校各种纪律详则草案》③。

本年　《中共满洲省委关于珠河工作问题给中央的报告》中提出："以后把老冯调到第七军（汤原队），担任第七军政治部主任。因为老冯过去巡视过汤原，在三军做过政治部主任的工作（虽然他在三军时恐怖，可是这一年多中间的确克服了很多），同时他是近视眼，南方人，做地方工

① 《中共东北地方党史资料访问录选编（冯仲云同志专辑）》，第 67—68 页。
② 《东北地区革命历史文件汇集》甲 23，第 5 页。
③ 《东北地区革命历史文件汇集》甲 47，第 84 页。

作是环境上要比较困难些。"①

　　本年　有三份文件是研究冯仲云工作及对《王明、康生指示信》看法的重要资料：《关于珠、汤中心县委及三、六军联席会议决议草案之说明》《珠、汤中心县委及三、六军联席会会议经过》《中共北满临时省委的目前组织及其工作》②。

---

　　①　《东北地区革命历史文件汇集》甲21，第132页。
　　②　《东北地区革命历史文件汇集》甲23，第52—69页。

1937 年　二十九岁

1 月 24 日　周保中致信冯仲云并转赵尚志谈关于解决北满党和三军存在的问题。信中提到"接到老冯同志的信（旧历十一、二十发自学校方面来的），知道冯同志和赵同志活动方面，有定期要到这方面来和我们接头"。信中说"亲爱的冯同志、赵同志，为了解决目前横亘着重大问题，盼望你们快来"①。

1 月 25 日　第五军军长周保中致信冯仲云、赵尚志、鲍巨魁（张兰生）、李福林，提出"北满、三军问题若继续延缓解决，实为全东北整个运动发展与严重时期支持斗争症结之一斑"。周保中希望北满"诸同志迅速召开北满党会"，并表示"我无论如何必照与福林和包同志预定联络关系赶来参加会议"。

同日　化名"诵"②的于化南给冯仲云、赵尚志写信谈解决北满党和三军存在的问题③。

2 月 2 日　出席中共下江特委和东北抗日联军第六军在汤原县格节河召开的军政联席扩大会议。会议决定戴鸿宾任第六军军长。会议期间为夏云杰烈士召开了追悼会。据黄吟秋后来回忆说："省委冯仲云同志来了。他鼓励战士们要化悲痛为力量，狠狠打击日本帝国主义，为夏军长和其他死难的烈士报仇。"④

2 月 9 日　周保中致信冯仲云、赵尚志谈抗联内部关系及部队活动情形⑤。

2 月 15 日　东北抗日联军第三军司令部给李福林的信中谈到同吉东党、五军的内部关系等问题。信中说"周保中及'诵'同志什么时候发表是我们的上级呢？尤其周同志更不应该以东满、南满、吉东党和军也不甘于落后或使北满自成一局的话（写给老冯、老赵的信）来表现"⑥。

2 月 19 日　以中共北满临时省委的名义致信周保中谈工作情况及路线问题⑦。

---

① 《东北地区革命历史文件汇集》甲 47，第 264—265 页。
② "诵"为于化南的化名。时为中共代表团海参崴联络站吉东联络员。
③ 《东北地区革命历史文件汇集》甲 47，第 267 页。
④ 张正隆、姜宝才等编：《最后的抗联》，人民日报出版社，2016 年，第 243 页。
⑤ 《东北地区革命历史文件汇集》甲 47，第 331 页。
⑥ 同上，第 384 页。
⑦ 《东北地区革命历史文件汇集》甲 23，第 71 页。

2月21日　周保中给北满临时省委写信希望及早召开北满常委会。信中说"冯、赵两同志近日是否到着，请速回信"①。

3月6日　致信周保中、张寿篯、李熙山通知召开北满党执行委员会，全文如下：

保中、寿篯、熙山同志：

1、数日前曾派交通员刘海赴你处，送去信件及文件，未知收到否，为慎重起见，又特派崔交前去。

2、尚志同志已由西北远征归来，不日当能抵此间，我们根据了目前政治形势之必要，政治路线彻底之解决，组织问题之确定党内一致等，决定召集北满党执行委员会。这一会议用扩大形式来召集，期间决定端午节左右，因此，熙山、寿篯同志必须迅速回来参加会议，同时邀保中同志及吉东党派代表出席，八、九军党委均须派代表参加会议。所论问题：a、目前政治形势。b、政治路线问题。c、北满抗联总司令部之建全及各军如何向统一方向迈进。d、各军党的工作。g、今年秋季各军军事计划。h、地方工作问题及农民斗争。i、青年工作问题。望同志事先搜集材料并准备提出意见。

诵去已三四月，为何至今尚未有音信，如果该会议能有中央来人岂不更好。

三军四师交通员去了没有，请你们转达他们要他们派交通员并来报告，最好是郝、金二同志都来，或者来一个参加会议才好！

见信以后望立即迅速前来为要，千万千万切莫迟误为要！交通立即打发回来。此致
布礼

北满省委书记　老冯
一九三七年三月六日②

3月7日　周保中致信冯仲云转赵尚志谈进攻依兰问题③。

3月30日　《中共吉东省委书记宋一夫、五军党委书记周保中致中共

---

① 《东北地区革命历史文件汇集》甲48，第5页。
② 《东北地区革命历史文件汇集》甲23，第75—76页。
③ 《东北地区革命历史文件汇集》甲48，第89页。

中央代表团王明、康生、春山的信》中提到："冯同志既已回到省委机关，常委会就可进行，就可通知吉东党同志去参加，为什么一定要等尚志同志之到着呢？的确的，尚志同志是我们布尔什维克战斗队伍里的有力战士，是工作中的领导者，是群众的领袖，抗日救国的民族英雄，我们都拥护和爱重他。可是我们必得从组织立场上去拥护爱重他，那才是真正合于中央和国际指示我们的'爱护同志，保护干部'。尚志同志也只有在组织立场上去接受我们大家爱重和拥护。"①

3 月 31 日　以中共北满临时省委的名义致信周保中谈路线及联军问题②。

4 月 7 日　中共吉东省委书记宋一夫、第五军党委书记周保中致信北满省委书记冯仲云、常委李福林、张兰生，并转赵尚志通报工作情况。通报中谈到谢文东已由第八军党支部接收为党员③。

4 月 10 日　以中共北满临时省委名义致信周保中谈建立北满联军机构问题④。

4 月 23 日　周保中致信冯仲云谈干部问题，同时对李升提出严厉的批评说："交通老李头同志，一九三五年冬十二月，一九三六年二月、四月，耽误了宁安县委，五军党委，东满书记魏同志由国〔际〕回来的传达，以致使珠河党三军对南方面陷于断绝影响坏的太大了。以前吉东和五军党决定要提出给老李头同志以最严重的处分，这次他由北满受派到江南来，他虽然在开始作各种曲说掩饰，但他终于在交通工作人员临时小组会上公开诚恳的承认错误，我们认为老李同志之犯了这样严重错误是因他长期做交通工作，没有严格组织生活和训练，他的夸大、吹牛、有时骄纵，没有受过严重的限制，现在他表现还有相当的积极性，又公开诚恳认错误，应给以严重警告，仍督促与注意他的工作。他的组织关系，我们提议划清，要求北满同意，他是吉东组织的交通工作者，这次到着后，即速派他回吉东。"⑤

5 月 2 日　以北满临时省委的名义致信周保中谈组织路线等问题，全文如下：

---

①　《东北地区革命历史文件汇集》甲 28，第 114—115 页。

②　《东北地区革命历史文件汇集》甲 23，第 77 页。

③　《东北地区革命历史文件汇集》甲 28，第 110 页。

④　《东北地区革命历史文件汇集》甲 23，第 81 页。

⑤　《东北地区革命历史文件汇集》甲 48，第 418 页。

亲爱的保中同志：

老李送来的四月二十三日的来信已收到了，请勿念！这一封来信使我们感到非常愉快的是，过去横在吉东党与北满党中间的障碍和隔阂，将迅速能得到全部扫除。吉东党与北满党完全有可能进一步更正确的来执行和拥护伟大的正确中共中央的新策略。我们相信，此后吉东党与北满党在工作上和组织上是能取得而且也应该取得全部一致，全党的一致，工作上会有多大的利益啊！

为了策略和路线上有更进一步的深刻的研究，为了全党的一致和工作上进一步的配合，为了对吉东党工作，无论在军事上和地方工作上，提出一些意见和互相交换各种实际工作经验，我本想过江一趟与同志们欢叙。但是由于实际环境上的困难和工作上的不可能，终于无可奈何！一江遥隔，咫尺千里，惆怅何如！因此在不得已情形之下，我写上这封比较详细的信。

二、五军南部的困难，的确使我们非常关切，保中同志南去没有，与寿篯同志会见没有？保中同志回来大有可能。我热诚的希望着保中同志能过江来一次，则一切问题会能迎刃而解的。如果保中同志不可能来，最好来一比较负责的同志，或者宋一夫同志亦可，这对于整个工作一定能有帮助的。

关于路线上的各种争论以及理论上的各种研究，组织上各种问题要进一步申明的。我们最近配合着实际工作的经验再一次的研究王康信，如果认为"……时间性虽然过去些，如果灵活的运用，王康信仍旧是有效……"还是不妥当。应该说王康信虽然一九三五年来的，某些新的现象和事件是没有说到，但以王康信中的原则去解决都能迎刃而解。王康信中许多的任务，我们还没有完成，现在仍旧是我们主要的任务，王康信时间性并未过去，现在依旧是我们工作中的指南针。我们完全同意吉特同诵二月十二来信中"……不但不充分的了解七次大会以后的国际路线和中央路线而连系着，忽视了组织问题的……"的布希维克的批评。我们指斥珠汤中心县委联席会议同志们缺乏对于国际中央文件耐心研究的精神，而表现出自己的愚笨，对布希维克中共中央的不尊重和轻蔑的态度。离开了布希维克立场，以致在珠汤中心县委联席会议中左倾和关门主义的错误得以抬头。我们愿意开展党内反倾向的斗争，使北满党能真正的布希维克化！使工作能得进一步的开展。

我们现在进一步来研究驻东北代表致珠河党团县委及三军负责同志的信，及"吉东特委给珠河中心县委及三军的补充信"。首先我们要指出，前信之送达到珠河党，未曾注意到党内应有的手续。当时吉特、牡丹江方面虽遭破坏，然小孟并不是不知道珠河县委在苇河之通信和接头关系，该处亦并未发生问题，同时小孟东去与吉特接头时与珠河县委约有一定的暗号，而为何均未使用。该信虽经三军四师送来，亦未指出该信之来历。许多组织上应解决的问题并无别信指明，如用何种方式来组成松江省委、交通关系等关于过去吉特所传达的奸细问题并未有详细说明（本来小孟到牡丹江与吉特接头——吉特与珠河县委横的关系是旧满洲省委所允许和介绍的。主要的原因是这个，小孟与吉特来信是仍要与满洲省委维持谨慎和不密切的关系，并未有任何说明，小孟一去不返!!!）。同时何来"中央代表"？当此奸细问题非常复杂，对吉特还有相当怀疑，哪能不疑窦丛生呢！同志们也许以为组织问题机械化，但是同志们应当了解当此各种问题复杂之际，组织手续是有相当重要的意义，才能解决问题，否则就会陷入于自由主义的泥泞中去了！

其次，我们要说到这二信中的确有相当的问题，这些问题之产生，最主要的由于某些个别的右倾的错误，当时对于某些同志之不正确报告没有深刻的检查（小孟去时并未以县委代表资格去，中代来信中说"小孟来信是目前主要文件"，更是不正确。实际是无何内容，而且有错误），并且对于北满实际情形之不了解，而许多肯定决定，以致有许多毛病。在中央的信应是在原则上和工作方式上多指示，而不是某种个别和具体问题布置较好，如王康信该是我们最好的例子。同时又因为吉特党和北满党（珠河、汤原均执行一时期），在执行中代来信及吉特来信的指示的更进一步曲解和右倾的劣迹（如吉特文件，五军党委与宁安县委决议中所指出的，几次围住赵保义而没有缴枪事件。如珠河允许和容忍修大屯、修汽车道，汤原群众要求局部武装起义，而党动员群众入大屯，烧大屯外零星散房或者劝告群众入大屯，要群众暂时忍耐，三军四师、二师，五军等不收缴民间武装等），所影响问题就更形严重了。

北满已有之联军总司令部是在一九三五年三月在方正三军司令部及政治部了解联军，指挥部在反日统一战线意义上的重要错误，故意曲解旧满洲省委指示中联军指挥部之二条件（□□□士兵、代表参加，有巩固下层的基础，才有可能和有效成立联军指挥部，曲解为谢部与李部与他队不同，谢队为土龙山事变中产生者，成分好，不必一定要有巩固下层基础），大胆成立的。为了这一问题，曾和旧满洲省委相当的斗争过，而且一再报告，小孟去时亦详提这一问题，不是不知道，中代来信并未提到这问题，相反的在队伍分配和军事活动的布置中，完全忽视了这一联军总司令部之存在及其意义。四军西来对此之破坏作用还在其次，五军北来同样对之不尊重和忽视组织关系。北满同志对于自己工作成绩，以及政治上的意义和作用能不爱护、警惕和注意！中代来信中所提临时总指挥部完全是基本队伍组成，完全没有意想对联军总指挥部、总司令部一类之组织应以基本队为支柱，号召其他反日部队成立之。八、九军当时是在北满已有之联军总司令部领导之下的部队，除了"干部上、军事上、政治上给以实际之援助外……"并未提到如何在政治上、军事上、党的组织上如何给以系统之领导，当时一军早已有收编情形，而三军收编各队问题已臻非常重要作用，小孟去时珠河县委特别嘱托讨论此事。而中代来信除"……号召当地山林队、义勇军等编为第×军第×师"外，无其他指示。在此地我们要特别指出王康信中对于总司令部的许多指示，该是我们绝妙的指南针。

问题不是在于"……不宜只顾及我党直接领导下基本队之发展而排除异己……"，不是空喊无产阶级领导权，而是在乎扩大反日统一战线并在这一统一战线中夺取无产阶级的领导，王康信中"……特别是我们的队伍要使其成为强有力的能够影响一切反日武装力量的中心……""……首先就是无产阶级及其政党在革命运动中对同盟者农民、城市小资产阶级加以思想上、政治上和组织上的领导……"因此对于八、九军，独立师是否成立单独系统，是不成问题，问题在于我们对于他们是否加强他党政军工作的领导。同时对于四军问题，中央代表显然对于旧满洲省委、对于李延禄问题的决定以及李之过去不愿注意，轻易地将密山游击队交给李延禄，而对于党的纯洁和统一，政治上、组织上巩固基干队伍加以忽视，这是王明十五周年纪念辞上再三提出要注意的，四军不能与八、九军独立师比拟。也许中代对于四军根据了密山党工作，密山当地实际的形势，不得不有如是的决定。再加以四军党的各种严重错误，各兄弟军未给予切实和正确的援助，更形严重了。现在我要郑重申明，问题已属过去，错误已经造成，我们不是计较于已往的错误，我们现在不应否认了四军的地位和历史，我们现在应当着手于四军整个之健全和巩固扩大，使之不逊于各兄弟军。中代信中关于四军问题之决定还是相当正确的，我们还是能同意的（根据报告四军在宝富一带活动，分三个师，当然现在实际情形已变更了。关于四军问题的解决，不一定如中代信所说，但其解决的原则，还是可以同意的）。如果吉东党与北满党间各种问题顺利解决，中央关系能接联上，各种误会完全消除，我们愿意以最大的努力来帮助四军。

原则上对各山林队、义勇军不应缴械，但如过于机械和背诵这一原则，那又是错了。统一战线的策略的运用，虽然有固定的原则，但是固执于原则而不灵活运用，那同样是错的。统一战线的策略不是死板的一成不变，他随着时间、客观情形等不同，各种事件的性质不同，力量的对比等，而有各种不同的表现。因此，如刘曙华同志来信（一九三六年十二月四日）"……就是对于内线也要注意联络，绝不可实行缴械的问题，请同志们特别注意之"，那就成了可笑的结论。但如若三军在岭西最近对占省队缴械的问题，那又未免太过火了！但是王康信中"……对于那些正在要投降的部队，我们要宣传他们投降是缴械送死，宣传他们不当亡国奴，号召他们反日到底。对于那些已经投降的部队，不积极进攻我们的部队，我们要提出中国人不打中国人的口号，分散他们并鼓动他们继续抗日……"，告诉了我们应有的态度，这与珠汤联席会议中"对义勇军要投降策略是，坚决投降劝止不听者缴械，并须注意军事上之可能与统一战线上所发生之影响"没有什么抵触。

珠汤联席会议中虽然在总的精神上是有左倾和关门主义的错误，但在这一方并未有如何严重的错误，为了联军问题曾开展了热烈的斗争，而得到正确的结论。因此，我们要申明联席会议决议对于关于游击运动策略（第十页至十一页）并没有错误，当然由于北满党的困难，许多工作没有抓紧，以个别同志的严重的错误而造成了许多恶劣的现象和事件，是错误的。

你们提出的东北联军指挥部以及中央最近提出的东北联军四路军，我们不是不能同意，当然我们还有很多意见须要讨论。但在这一问题未解决前，根据了政治上、军事上的伟大的意义，历史上作用和群众中间的影响，总司令部已有他存在意义。我们还是要坚持着我们工作，我们不能放弃现有的工作，对北满已有之联军总司令部加强，作用提高，威信的增加。根据了北满党实际的困难，所以现在该是首先抓紧联军总政治部正式的形成机能的建立。希望吉东党能在这一方面多多的帮助，这是有极伟大意义和作用的啊！同时十大军已成为群众心目中的明灯。"军"的思想和行动一致，成为非常重要的工作中心，所以对于各军的党政工作的加紧注意，以及各军的巩固和发展实为重要。我们完全同意二、五军北来，对八、九军的实际的帮助工作。当然八、九军在目前组织立场上的必要，应归北满党系统，此后究属如何，可以根据实际工作分配来定。我们完全同意你最近来信之"……必须在北满党和吉东党，一、五军及三、六军共同各方面努力和注意去健全八军……"以及九军。最近关于独立师问题，周主任回来，六军司令部与熙山同志都有不正确的观念和决定，我们以与之开展斗争。但周主任去时工作的动机是错了，以致酿出许多困难，没有恳切坦白去抓紧上中层，经过上中层来开展下层工作，以致上中层的疑忌，对于"无产阶级领导权夺取"的害怕。然而条件是非常顺利，差不多全部队伍都是周同志单领导，我们没有能运用这一顺利条件。但无论如何独立师还不能离开联军系统，还不能拒绝我们的党的工作人员，我们仍是有机会的，周在该处威信和工作上都好，最好是他能回去，他还有可能回来。但福林同志牺牲，三军乏人，又无可奈何了！"干部决定一切"，北满党干部如是缺乏，工作上真是太困难了！寿篯同志到八、九军去后应迅速来，以便能去独立师一时期。现在让我们来谈到满军以及地方武装问题呢！这一方面中代来信比较还是正确的，如"对于满军之策略，对于满军也不能看作像日军一样乃我之死敌。满军内不仅一部分士兵不满日寇之统治，不愿当亡国奴的兵，甚至有一部分长官也不满日寇之统治。因此对满军不宜痛骂，引起他们生气，而要号召他们'中国人不打中国人'、'共同打日本子'。不要提出一般的笼统的口号'杀死长官'，'哗变出来'，而只能更策略的提出杀死'日本官和汉奸，拉出来共同抗日'。意思就是说，如有长官一同拉出来，我们不但不能杀他们，而且欢迎他们了，这并没说到不可以缴械，并没有说到不可以订立许多秘密协定，并不是不能利用等待时机心理，并没有说必须等待大事变，这并没有说到不去瓦解满洲军，更不是原则上不解除其武装"，并没说到不必等待大事变，当然问题造成都是在中代信、吉特信①、五军党委通告、哈特来信中各种含糊的辞句所致。而联席会议的决议以及五军同志们又过分死板了这一问题。自己的曲解自己的纷扰而造成了许多错误，如五军宁安党决议中所提出的。但如果认为，同情抗日的满军正在酝酿着准备着（究竟如何酝酿准备？我问），走到最抗日的环节。可是当没有走到以前（何时走到和怎样走到？我问），却反对任何抗日部队解除其武装（不能因为他们反对就不解除其武装，因为他是我们的敌人。同时如果解除其武装，不乱杀并优待之，他们都乐意，甚至有一部分人还以此为"营业"，问题在于我们的方式，这是我们的经验），因为他们将来正要利用自己手内武器（我们现在急于要武器武装广大群众，现在就出来更好），来消灭我们共同的敌人日本帝国主义。以同志们的决议，是把动摇的满军，又推在日帝怀抱里，在事实上是帮助了日贼，加强巩［固］了日帝的营垒（不一定）。那是不正确，只见到一方面。王康信中特别指出，"士兵工作，在目前战争环境中占党一等的重要地位，但是许多地方党部还没有了解，在民族革命战争中这一工作的重要意义。你们应该集中最好的力量，1、对［到］满洲国讨伐队里去；2、动摇不满的军队里去；3、到地方与地主武装队伍里去进行强有力的工作。……组织士兵哗变和投到游击队去是非常重要的，但同时要

---

①　《吉特信》和《中代信》被称为《王康指示信》的"补充指示信"。《吉特信》是受中共驻共产国际代表团派遣，以满洲省委巡视员名义在吉东巡视工作的吴平（杨松）同志，以中共吉东特委名义写的《吉东特委给珠河中心县委及三军负责同志信（1935年11月26日）》。《中代信》即吴平等同志以中共中央驻东北代表的名义写的《给珠河党团县委及三军负责同志信（1936年3月12日）》。此信在档案馆存件的原标题为《中央驻东北代表致珠河党团县委及三军司令部的信》。1939年11月，共产国际监察委员会曾向中共中央提出，吴平担任吉东特委书记时，曾假冒中央代表在满洲发指示信。此信即《中代信》。1941年10月28日，中共中央对这一问题进行审查后，认为吴平"假冒中央代表名义写指示信是违犯党的纪律的错误"，决定给其以警告的处罚。

注意保存和积蓄我们的力量，不要实行一个两个也拖出去的办法"。说得该何等好！我们的争论的中心不是在"原则上缴不缴"，我们说满军是我们的敌人，我们的原则是瓦解满军，但是在进行瓦解的过程中我们要聪明些灵活些，不要太心慈，也不要只是等待。眼光要远大些，采取战争多多联合和中立，从上层到下层缴械，哗变，更大的哗变和大事变，更大的反正。我们的目的是消灭和破坏敌人的力量，争取群众，取得武装，增加自己的力量。

在中代来信中关于地方武装队的意见是"……对于和我队伍表示好感者，原则上采取联合和中立之策略，藉以孤立日军……当然某个大排队忠心效力日寇，专门和我们作对，则自不必客气，对之如日寇一样……"。我们觉〔得〕对地方大排，中代是说得太简短了，该详细地对地方大排应有分析，然后肯定的断语，同时必须注意到这一断语对各方面的影响。我觉得对地方武装"……但到现在大部队已纳入日满军事系统，执行日寇意志，虽然某些个别地方还多少含着固有性质，但他的前途非常黑暗……"。因此，对于较好的地方武装队，原则上采取联合和中立之，但在某种必要情形之下，可以缴械、哗变等。当然，对最坏的可以不客气的对之如日寇一样。

至于豪绅地主私有武装问题，我们应根据"……有钱出钱，有力出力，有枪出枪……"等原则上的号召，要他们拿出来反日，决不能如三军四师、二师，尤其是宋一夫同志到富锦四、五区时根本不收缴民枪。当〔然〕我们要尽可能动员他们自动拿出来，如果强迫些，那得方式好些才对，不能如三军某同志在岭西误听报告强索枪，以致烧毙群众，而引起农民的反抗。

武装的获得的确是非常重要的，"……谁能正确的解决武装与供给问题，谁能得到广大游击队与群众的拥护……"。这是王康信告诉我们的。我们如何取得武装，是一个非常大的问题，我们现在要顺利解决日军，由日军取得武装，还是不易的事啊！三、六军尤其是六军之迅速扩大就是在此。五军之所以现在还停留不先[①]，也是在此。基干队伍之扩大和巩固是决定一切！现在我们下江特委范围内，年内至少可以动员二千人上队，问题就在

---

① 原文如此。

武装。

　　关于保甲政策与归大屯问题，我们同意诵二月十二日来信的"……误认进入保甲就是不粉碎保甲制度①……"的批评，我们应当了解进入保甲与粉碎保甲是两回事，在我们现在是要同时并进的。中代信及吉特来信只是一方面的进入保甲的，没有注意到群众斗争情绪，反对保甲归大屯的斗争情绪，而不加以领导。因此，在情绪上是充满了失败的情绪。这一情绪之反映，之使珠河、汤原工作中受到了相当的损失。当时广大的群众如汤原太平川要求局部武装起义，而我们的同志更进一步的曲解中代来信，而劝告群众不要斗争，搬入大屯甚至烧大屯外的零星散房，群众充满了失败的情绪，而对反日失望而离开我们。相反的在巴、木、东等处烧了未完成的大屯，阻挠了敌人保甲政策及归大屯政策之暂时实现，而得到广大群众的拥护。我们要反对要粉碎敌人的保甲政策，归大屯政策，我们须要领导群众的斗争，须要武装广大群众。当然斗争的前途不一定是全部能得到胜利，但是我相信，如果我们积极的起来领导群众日常的斗争，反保甲政策，反归大屯的斗争，最低限度能保护群众最低限度的利益，最低限度的生存自由，阻挠敌人的保甲政策、归大屯政策之实施。我们不是定命论者，认为敌人这种压迫是无法避免，如果领导得好，有可能土龙山事件重演，或可能有更大的变动，最低限度我们可以武装一些群众。同时，我们不能靠着单纯进攻策略。我们现在还是准备时期，因此中代来信中关于"打入保甲"的策略是同时并用的。在工厂中我们应当领导群众的日常斗争来反对资本进攻，虽某个罢工不一定是能全部胜利，但是我们必须领导这一斗争或罢工，我们相信最低限度是保护群众的利益的。我们也只有领导群众斗争，才能提高吾党在群众的威信，使群众了解吾党的确是为群众利益而斗争，是他们利益的代表者。但同时我们又要准备如果万一罢工失败，工厂内还保存着我们自己的阵地。这一问题与前者也是同样的，如现在汤原格节河一带，许多群众都是有相当斗争经验的。最近日寇缴照、驱逐居民，预备武装移民，群众

---

　　①　伪满时期保甲制度是中国历史上的封建专制统治与日本法西斯统治的混合体，是极端反动残暴的镇压人民的制度。伪满公布的《暂行保甲法》由保甲制度组织、连坐法和自卫团三个部分组成，其根本目的是防止民众对抗日军队的支援。

斗争情绪是非常高涨，有四五百人要武装起来干。下特站在积极领导群众斗争意义上号召群众不搬家，消极抵抗，请愿，同时又配合某某中心城市军士哗变的工作，企图取得进一步的胜利，而粉碎日寇武装移民政策。因为大队不在，动员了地方武装队伍，仅仅用六七个不好使的小枪，二百多徒手队，其晚接近某某中心城市之城垣不到数十步之遥，有些简直进入到城垣附近之壕沟中的英勇举动，结果，因为城内某种变动而未执行。现在该处还能执行，下特正在布置之。他们一方面这样英勇的布置群众的斗争，一方面又积极的布置各种安置，不是单纯的进攻。这样群众斗争情绪之高涨，我们五军同志恐怕是没有梦想到的。而在我们的工作范围中，这类事件是层出不穷。如果单纯地退守政策是无法领导群众这样高涨的斗争的，是不会看到这类事的。因此，我们认为，联席会议的决议认为要站在进攻的立场上，懂得进攻和退守策略的结论是非常正确的，保甲政策、归大屯的确给予队伍活动以极大的妨害，队伍必须反对保甲政策，反对归大屯，破坏日满统治，配合群众的斗争，烧毁日满的门牌和保甲事务所，取消日满之通行证、身份证明书等之铁链，但是这些问题应当根据了群众的情绪了解程度，客观上的情形而定。但是最主要的还是动员群众自己起来，三军在西部的军事行动中，不注意群众了解程度，对群众要求太高，要群众如我们一般，对群众态度过分严厉而引［起］农民的反抗，使西部大界突破为难，这是我们左倾错误而造成。

农村上层统一战线是必要的，我们不反对号召"各部落中甲长作反日会长，牌长作分会组长……"，但如果我们在实际工作之进行中也是如此，那就不对了，那就完全忽视了无产阶级的领导权！

据同志们的谈话，说到吉特的地方工作差不多完全走入了秘密工作范围，甚至于农村中也完全是在秘密工作范围内，这完全是受中代失败情绪以及左倾错误的影响，在这一方面北满党确是不同。北满党相当懂得公开、秘密工作之必须分开和配合，懂得有些地方必须运用公开工作，农村和某些小城市以及珠河的经验该是值得我们注意的。现在下特的工作几乎普遍了下江，这种工作方式的运用不但可以领导群众斗争，组织和教育群众，同时的确给武装队伍以莫大的发展、资源和帮助，六军是完全在地方工作的加强中发展起来的。尤其是下特对于王康信中"不脱离生产，只是一定条件下行动的游击队"，所谓"夜起明散"的游击连，更给予敌人以更大的滋扰，而现其伟大的作用。

当然，关于这一方面问题是很多，容见面后再详细的研究。北满各地可以公开活动的地点是很多，地方工作各处须要开辟，各处需干部，我们的干部实在太少了。我们更希望吉东党能帮助我们。

江子沿岸地方情形我们不详，如果群众很多，情形甚好，我们希二、五、八、九军以及北满党共同拨人组织地方抗日救国会①的领导机关，以加强该地一带地方群众的组织工作。

关于青年团的问题，我同意中代来信的指示，但在吉特来信中没有注意到青工、青年士兵、青年农民，相反的郑重地提出了"在东北和中国知识分子中（学生、教员、满洲国职员、医生、新闻记者、作家等）的工作是团的最主要工作对象之一"。这是使联席会议感到不满，尤其是信中团的组织结构要从过去全体各地一律模仿党的组织，便为适合于各省各地的组织形式。在各地一定要打进现在之日本和满洲国之合法与半合法青年团体里，采用各种不同的名称而建立。至于全东北名称可以叫做"东北中国青年救国会"，也许是曲解罢，但联席会议同意这样而取消青年单独系统。据传说吉特也同样没有团的单独系统。但是实际共产国［际］七次大会决议并没有丝毫提到要取青年的单独系统②，如在组织上应当扩大团的社会基础，即由过去所谓青年无产阶级先锋队的狭隘组织转变为青年工人、农民、学生、知识分子以及一切抗日救国青年的广大群众组织，在组织形式以及结构上，应当能成为吾党"非党干部"，到党内后还应更积极的加紧教育工作。我们坚决反对吉东同志认为"可以今天到党内看看，明天要出去也不妨"的观念。

中代对于党的组织的决定及党内斗争问题亦有许多不正确的意见，尤其是关于珠河党内斗争问题，旧满洲省委对此已有相当

---

①　在东北抗日游击区和根据地成立的抗日群众组织，在当时的历史条件下，实际上起到了地方抗日政权的作用。

②　原文如此。

结论，而中代未加注意，而完全忽视了珠河党内斗争实际内容。与其说"……赵尚志同志在某些问题上（如统一战线问题）是曾经比较正确的，合乎中央的路线"，不如说"……在珠河党内斗争的结果，因此对某些问题是曾经比较正确的合乎中央的路线"，而且当时珠河全党并未对尚志不像对其领导同志一样。当然，当时珠河党内有许多不一致的意见与个人的意见存在，这一问题不但是珠河同志所共认的，即尚志同志亦不否认这意见。正因为中代来信如此说神经过敏的，我们及尚志同志等就不得不［说］中代是在要手腕！

"军事上采取退守策略，理由是保存游击队实力，避免干部的牺牲"，这是对王康信错误的了解。但珠河党对干部的保护培养的忽视非常严重，现在：北满党是普遍的缺乏干部，尤其是三军年来在干部实在是牺牲太多了。"干部决定一切"这是我们的导师斯大林告诉我们的，然而北满党干部的缺乏，我们在工作中感到最为烦恼！

根据诵二月十二日来信，我们认为不是我们充分了解法西斯蒂，而是我们吉东同志不能进一步了解法西斯蒂，忽视了满洲的法西斯蒂的问题。在王明的殖民地与半殖民地反帝统一战线的文件，关于殖民地法西斯蒂问题已有充分的说明，我们此地不再详赘，希参考之。该文件中特别指出殖民地法西斯蒂的性质及其发展的方向，指出帝国主义对殖民地法西斯蒂利用的作用及其利用陈旧和腐败的学说撞骗宣传。如果认为"殖民地的亡国奴根本谈不到什么法西斯主义化的问题"，那我们就无法解释日本强盗利用协和会、协和青年团、童子团以及"日满亲善"、"大亚细亚主义"、防共大会及运动的各种撞骗宣传以及"王道乐土"、"孔孟之道"、"亲仁善邻"等的陈旧腐败学说了。而连带忽视了他们的作用，"大批法西斯主义忠实走狗之制造"，这是我们同志血的经验。我们现在的进一步的揭破各种法西斯蒂化撞骗宣传。在××反对各种法西斯蒂各种思想及陈旧的学说等，都是非常重要的工作。

我们现在是准备群众时期，争取最后胜利条件时期，因此我们更得积极领导群众的斗争，"站在进攻的立场，懂得进攻和退守的策略"，该是我们非常重要的策略，决不是吉东同志所说，现在需要休息，现在休息时期。我们深信大事变将迅速来到，我们应更积极努力准备群众，以迎接大事变，决不是"守株待兔"。

无论王康信也罢，无论七次大会决议也罢，都坚持着提"反满洲国"的斗争。所以我们坚持着我们"目前政治形势的分析与运用全民反日统一战〔线〕的策略"。关于反对"反日抗满不并提"的许多论断，我们现在要坚定的询问吉东同志，是否我们现在还"反满"，如果是肯定的答复，那还没有多大问题，否则我们坚决不同意。在哈特来信中，节录中央来信是反日抗满不并提或不并列，而五军党委通告中是反日抗满不并提，及"不提反满，目的是使日寇孤立"，究何者是正确？的确我们现在感到中央可以说是中代在辞句上太不注意了，而其影响太大，如吉东党同志因此而了解了"不提反满"，岂不成为罪过。同时我们真不懂得中央来信为什么如是片段和简短，东北同志并不是小孩子，他们是要理解各种问题的。

虽然没有得到各种重要的文件，以及实际工作的经验，中共布希维克的传统和思想的一致，中共中央政治上的号召，如八一宣言及报纸上的各种材料。北满党决不是小孩子，他是会了解和愿意拥护中共中央的伟大正确路线的，当然他有时会犯些左右倾的错误，他是愿和立刻来纠正是自己的错误的，决不是同志们所说"共产国际七次大会的一切文件及七次大会以后的中国文件北满党没有收到"，那末同志们根据什么知道国际路线是正确的蔑视态度（诵二月十二日来信）。

因此，我们认为此信对王康信的决定是正确的，中共中央的伟大的新路线是正确的，但中代来信、吉特来信确有很多错误，部分的右倾，而吉东同意由于中代的影响以及曲解，而犯了更多严重的右倾错误。

珠汤中心县委联席会议的决议，虽在一般的原则上曾有正确的意见，但总的方面精神是左倾和关门主义的错误，如在森林政策问题上"坚决反对杀几个把头或劳金就是破坏统一战线"，"目前总的口号为了反日战争的胜利"，只要站在这一观点下即便有某个份子倒了血霉，那是今日东北形势之下免不了的，以及上说听说的许多足以证明。同时忽视组织问题和不慎重的态度，如认为王康信的总右倾精神的指斥，决议中带着许多误会、揣测、怀疑的不正确态度，有许是个别同志对中代来信的曲解和自己的错误，而决议中作右倾路线的主体，尤其是在奸细问题的过分的夸张。

关于"目前政治形势与反日统一战线策略运动"的决议，一般都是正确的。当然，对"东北反日统一战线已经结成"的过分肯定是有害，使同志会轻视更扩大这一反日统一战线的工作。同时对右倾机会主义路线批评和指出是不妥当的。

亲爱的保中同志，我们东北现在没有列宁、斯大林，没有他们的天才，可是我们仍旧是须要解决各种问题，革命的工作是一日也不能间断的。我们只有根据了我们的文件，我们的实际工作，在党内开展了各种讨论和研究，反对各种左右倾的斗争，开展自我批评，全党一致，诚真和恳切，才能解决一切问题。为了阶级，为了祖国，为了民族，为了工作，为了党，我们应一致团结起来！

其次让我们来谈一谈组织问题。正因为一九三五年红五月满洲省委发出临时通知后，虽然在交通关系比较密切比较负责。但当时珠河县委正迫急的要求解决各种复杂的困难的问题，提出了一些意见未曾得到回答，突然出现的"中央驻东北代表"忽视了组织上应有的和可能的手续。小孟同志未能切实的负责而独自逍遥，吉特个别地方组织的错误（如关于苇河县委问题等）。我们自己倾向的错误、怀疑和纷扰以及对奸细问题失去了镇静态度，交通关系的不密切和失去联络，各种传闻和误会、奸细问题亦得了然以及某些政治上意见的不同，而造成了目前党内不一致的恶劣现象，这是工作上一个极大损失，一个遗憾。

现在我们要站在自我批评的精神上承认我们自己的错误的，就是我们不应将组织决议发出，虽然是很少，但是这会引起奸细问题的进一步复杂，组织问题的进一步纠纷，与敌人以有机可乘。同时这一决议的精神会使同志们产生出很坏的印象，怀疑上级，不信任上级，形成党内不一致观念和现象。我们深刻和坦白地承认这一组织决议的精神是神经过敏，"闭关自守"的清高主义，"放大炮打草惊蛇"的不沉着态度，组织观念上的错误。即使有奸细也应沉着开展反奸细斗争，不应袖手旁观。我们很诚恳提出我们愿意来开展党内自我批评，来肃清党内由这一决议而产的不良结果，来纠正北满党自己的错误。我们相信吉东党，二、五军是党的队伍，相信中央。但我们要求中央要与我们发生直接关系，中央代表应取得党内应有的和可能的手续才能承认。吉东党应该在这一方面多多的帮助。我们同意吉特党对北满党在组织联系横的关系上或对工作紧密的联系上与相互帮助总的精神，工作活动上未曾抱过冷淡或忍默，这是布希维克的态度和精神。但是我们不能否认吉东党个别同志还是有忽视组织关系和应有的手续的错误和倾向，吉东党应纠正个别同志这些错误。同时我们认为各种复杂误会，为了更进一步使党内纯洁和清明，须要解释并对奸细问题须要警惕和注意。

我们不同意吉东同志不了解北满党与哈特的关系而任意在下级同志中说出北满党有可能有奸细。我们认为中代对于过去满洲省委在东北反日战争中初期的伟大的领导作用估计不足及不尊重是不对的。我们认为北满党在相当了解旧满洲省委和现在哈特（尤其我个人）情形之下，与哈特维持谨慎的横的及交通联络，以便帮助哈特解决各种困难还是有必要！现将哈特及旧满洲省委取消时来信送去。关于哈特各种复杂情形，见面时再详谈。

我们仍同意站在自我批评的立场上向中央提出的三个批评意见组织决议是必要的。同时我们要经过各种关系与中央取得紧密的联系，而要求中央能在不妨害独立工作精神立场上，而加强各级党部的领导，从文件上理论上干部上多多帮助，以解决各级党部之困难是有必要的。

"诵"负联络责任，而未将这一责任很好地完成，是应受批评的。同时"诵"自此地回去后，见依兰同志还要依兰同志"执行吉东路线"的话，是不必要的，离开了组织立场，是应受批评的。其次，我们还要询问，所谓代表团是指中共中央驻东北代表团呢，还是中共中央驻国际代表团？这必须弄清楚。你们去三军四师的交通回来未，我们派去地去了没有？回来要迅速回此地。是否可以由五军派队送人去三军四师，去三军四师沿途上环境如何，韩国人是否易去要答复！

吉东党与北满党共同来开展反左右倾向的斗争是非常必要，当然吉东党应当了［解］北满党在这一方面的实际的困难，而希望吉东党与以有力的帮助。

"党内一致"是我们中心的口号，"一致"只有在真诚恳切条件之下始有可能，坚决要反对党内耍手腕，闹个人意气。如果我们在这些问题上能得到解决，我希望共同能发出一个决议和告同志书，或者形成一个联席会议。

现在吉东党与北满党工作是到了非常密切和关联着的情形，无论在组织问题上、地方工作上、队伍工作上，都必须有相互的配合和援助。北满党愿以再大之努力来帮助吉东党，同时希望吉东党与北满党在交通联络上紧密联络之！

保中同志向熙山同志提出三、六、二、五军配合活动是非常正确的，因此省委与周庶范同志讨论到三师活动计划（因李福牺牲不能远征）应突破蚂蚁河各大界时决定应与二军一个团配合一起活动，你们可以考虑决定之。

根据了现在客观的情形，大批队伍均应向西活动，龙江××、嫩江平原该是我们弛驱地域，我们不能死守松江流域。因此，我们提议二、五军应西去巴、木或西北去海、克、拜、望一带，容见面时再详细计议。再近岭西交通断绝未曾来信，但六军已过去一部分，而传说尚志同志率队在克、拜一带获得伟大胜利。

你们要与依兰县委发生关系，但我们规定依兰党去做城市工作，不必与各队发生关系，如某种军事上必要，可以经过省委或直接与各军发生关系。而现在依兰党范围已非常小，除某些"白区关系"已划归佳木斯市委外，农村关系如习岭、二道河子、土龙山等均已划归下特，以便可以进行公开活动。因二、五、八、九军最主要是与下特及其下级党部如桦川县委以及将迅速成立之富锦、依兰县委发生联系，他们可以给予你们更多的帮助，你们可以经过三军一师二团军团长以及六军各队寻找关系，省委已去指示信，要他们动员一些（一百人左右）上二、五军，你们见着了可以向他们要。

我们要调姚新一①同志来，最主要的是为了要他到省委宣传部作些文字工作。我们的干部实在太困难了，无人写东西啊！但是如果他们一定不来就不来吧，应当严格批评他们这种非组织观念，同时希望你们要供给我们一个能做文字工作的。

老李头组织关系归吉东，最好他能担任你我之间的交通员。

---

① 姚新一，原名唐吉昆，曾用名唐九英，字瑶圃。时在吉东省委秘书处工作。

但对他的工作分配要具体、简单、严格，那他能做些工作的，这是老冯同志数年与他一起做工作的经验。

纸短情长，临笔神驰。我希望保中同志或其他同志能过来一趟，以便可以在工作上可以更进一步讨论。此致

布礼

北满临时省委书记　老冯

一九三七年五月二日①

本月　受到严重警告处分。可参看冯仲云在一九四一年一月十一日《冯仲云履历书》。

《我的自传》："到了一九三七年五、六月，去苏联找中共中央的朱新阳一去无消息，而张寿篯回来就主张要拥护王明指示信及'中共中央代表'来信为中央路线，这就引起了又一次争论，于是在帽儿山的另一密林中的被服厂内召集了北满省委执行委员会扩大会议，并有周保中渡江来参加了，在会上首先停止了我的北满临时省委书记的职务，会议在调和主义空气中进行，我由于朱新阳未回，也陷入调和主义泥坑。只是赵尚志坚持斗争，所以这个决议都未写出。"

本月　同高禹民等在上江交通站开会讨论路线问题②。

6 月 10 日　周保中致信冯仲云谈关于参加北满全会的问题，信中提到"全会召开要绝对保守秘密，从内部起始，若风声已传出去，地点问题就得特别审慎"③。

6 月中旬　安排被服厂的工作人员做好中共北满临时省委扩大会议的筹备和服务工作。李在德回忆：

> 根据冯仲云的布置，由裴成春率领被服厂的全体人员，负责大会的后勤服务工作。在地方党组织的协助下，三军、六军后勤人员送来了白面、大米、豆油等物资。来人只准把物资放在山下指定的地点，然后由我们从几十里外的山下背上来。这虽然很辛苦，可大家劲头十足。我们又采摘了许多野菜、黄花菜、木耳、蘑菇等，战士们还打了一些野味，以改善会议的伙食。我们为自己搭了一些帐篷，将缝纫机等设备安放在厂房附近的大树下，把

---

①　《东北地区革命历史文件汇集》甲 23，第 83—112 页。

②　《东北地区革命历史文件汇集》甲 24，第 427 页。

③　《东北地区革命历史文件汇集》甲 59，第 36 页。

房子腾出来供开会的首长休息①。

6月14日　在《中共吉东省委给鲍同志②的信——关于鲍的工作等问题》中提到"你给老冯的信检查誊正捎去"③。

6月22日　根据佳木斯市委的指示，打入梧桐河金矿（现黑龙江省鹤北林业局尚志林场施业区内）的共产党员马克正、陈芳钧，发动矿警和金矿工人起义。起义队伍打开金库，获黄金三百两、枪七十余支和大批子弹。之后，被编为抗联六军四师二十九团。

6月28日　中共北满临时省委在汤旺河召开执委扩大会议。吉东省委周保中应邀参加会议。会议通过《目前政治形势的分析及政治路线》的决议。制定了发动群众、武装群众、扩大反日统一战线和游击战争的策略及各军相互援助，团结一致，配合行动，突破敌人讨伐，开辟新游击区行动方针。会议选举张兰生为北满临时省委书记、魏长魁为组织部长、冯仲云为宣传部长。任命张寿篯为第三军政治部主任、李熙山为第九军政治部主任。金策调回省委工作。会议还决定将独立师改编为东北抗日联军第十一军。

7月至1939年4月　任中共北满临时省委员会常务委员、宣传部长。

7月7日　日本侵略军向驻守北平郊区卢沟桥的中国守军发动进攻，七七事变爆发。

7月18日　给中央写信要求调动工作，全文如下：

北满临时省委转中央：

　　根据我过去和现在工作情绪和状况，我迫切和热望着要求中央能允许我离开北满党，或者去中央受一个期间训练和教育再往别处去工作，或者立即调往其他党部亦可。但在中央未批准以前，我系北满党同志，北满党的决议我执行和遵守，我一定以最大努力来担负起我在北满党应有的任务和工作，希中央给我一个答复。此致
布礼

老冯
一九三七年七月十八日④

---

① 李在德：《松山风雪情——李在德回忆录》，民族出版社，2013年，第108—109页。
② 鲍同志，鲍林。时为勃利县委书记。
③ 《东北地区革命历史文件汇集》甲28，第155页。
④ 《东北地区革命历史文件汇集》甲23，第139页。

本月　在抗联三军被服厂同赵尚志、张兰生等参加张寿篯、金伯文和蔡近葵、于桂珍的婚礼。担任婚礼主持。

本月　赵尚志介绍于保合与李在德结婚。在省委执委扩大会议休会期间，有同志见为会议服务的人员中有许多年轻男女战士，便说："这里有这么多的小伙子、大姑娘，应让有缘的结成百年之好！"赵尚志表示赞同，他问第三军政治部宣传科科长、执委扩大会会议记录员于保合（按，当时名叫万内）："小万，你眼光高，不知你相中哪位呢？"于保合爽快地说："我看第六军被服厂的李在德很稳重，不知人家愿意不愿意。"赵尚志考虑周到、细致，让冯仲云前去第六军被服厂厂长裴成春那里了解情况①。

8 月 20 日至 24 日　出席北满临时省委在随军从桦川县火龙沟向依兰县境转移过程中召开的军政联席会议。会议确定了全国抗战爆发后北满抗日军民的斗争任务，决定在九月十八日组织下江民众举行抗日反满大暴动。

8 月 20 日　《中共北满临时省委给吉东省委并转第五军党委的信——陈述两省委对几个问题的分歧意见》，该信认为刘曙华介绍八军军长谢文东入党等于是反革命行为。该信还就冯仲云五月二日以个人名义写给周保中的信中的一些观点提出批评，摘要如下：

> 应当说到老冯同志以个人的名义给保中同志的长篇信中，对满军问题主张的错误。首先，他说这一方面中代信比较还是正确的，"……这（指中代信）并没说到不可以缴械，并没有说到不可以订立许多秘密协定，并不是不能利用等待时机心理，并没有说必须等待大事变，这并没有说到不去瓦解满洲军，更不是原则上不解除其武装，并没说到不必等待大事变。当然，问题造成都是在中代信、吉特信及五军党委通告、哈特来信中各种含糊的辞句所致。而联席会议的决议以及五军同志们又过份死板了这一问题，自己的曲解自己的纷扰而造成了许多错误。"他在这一点上，首先完全否认了联席会决议草案对满军策略的决议。不但否认，而且是曲解了联席会对满军策略的具体内容及正确性。在另一方面，对中代信关于满军策略的部分正确主张，却过分夸大，结果，对中代信中关于满兵策略也同样错误和曲解的认识了。其次他说："王康信中特别指出士兵工作……"说的该何等好。最后

---

① 《赵尚志年谱》，第 235 页。

又说，我们的争论的中心不是在原则上缴不缴，我们说满军是我们的敌人，我们的原则是瓦解满军。但是在进行瓦解的过程中，我们要聪明些，灵活些，不要太急，也不要只是等待，眼光要远大些。采取战争，多多联合和中立从上层到下层，缴械、哗变，更多的哗变和大事变，更大的改正，我们的目的是削弱和破坏敌人的力量，争取群众，取得武装，增加自己的力量。我们在这几点就可以看见，老冯同志不但没有说明联席会的决议，其过分死板的曲解。纷扰和许多错误处究竟在那里，不过是他联席会决议草案和中代信、吉特信节录几点，综合起来，认为是自己的正确主张，既然他承认中代信比较正确，又认为纷争是中代信、吉特信、五军党委通告等信中各种含糊的辞句所致，又说王康信说得该何等好，那么又有什么是他自己的原则及主张呢？这不仅是证实老冯同志没有站在坚定的稳固的政治立场，不仅是证实他对政治路线的曲解和每个策略不会实际去运用和实现，而且是（如不是原则上缴不缴，是瓦解满军）模棱两可，调和附会，乘机夸大自己。这充分的证明，他仍不曾彻底了解这一策略，实际是极端可耻的右倾调和主义的具体表现[①]。

8 月 26 日　在《中共北满临时省委关于组织问题中各种事件给中央的报告中》提到："一九三五年秋冬之交，王玉生（纪汉乡，现已牺牲）回珠河没有介绍信，说是由上海中央回来，说是上海中央遭大破坏失去关系，不得已回来，老冯女人（雯）去中央亦在该处被捕，据最近来信说该次被捕三十余名，牺牲五名，同时她要求在关里找组织关系。"[②] 据一九四一年一月十一日《冯仲云履历书》说："我妻薛雯在一九三一年——一九三四年曾在满省秘书处做工作。一九三四年十二月被中共中央调赴上海中央工作。一九三五年曾在上海被捕后出狱。七七抗战前到陕甘宁边区中共中央去了。现在不知在何处。我的儿子坚人八岁在江苏武进原籍，女儿忆罗，十岁时跟着她的母亲。"[③]

8 月 29 日　在《中共北满临时省委扩大会议决议——改造北满临时省常务会的原因》中谈撤销冯仲云省委书记工作的原因，转任宣传部长。决议中还说："宣传部冯同志，小资产阶级，一九二七年春入党，政治立场

---

① 《东北地区革命历史文件汇集》甲23，第186—188页。

② 同上，第227—228页。

③ 《东北地区革命历史文件汇集》甲60，第187页。

不坚定，异常动摇、犹疑，更没有能正确把握政治路线之实际运用及了解认识不够。小资产阶级情感浓厚，主观力强，党内斗争精神非常薄弱，多方采用调和观念。工作情绪不好，工作不积极，严重形势局面会动摇，不坚定，对组织不坦白诚恳，改正错误精神不很好，执行工作不建强、不实际、不认真，一般工作能力都是薄弱，更不能担负重要复杂独立局面工作，尤其是下层群众工作能力经验缺乏。最近，党要尽力帮助，使之进步。"①

秋　到佳木斯整顿佳木斯市委，委任陈雷为佳木斯市委书记。这期间到鹤岗、王家店②等地视察。冯仲云回忆："佳木斯党组织派马克正③（原是学生）到梧桐河④开辟工作，他在梧桐河有亲戚。梧桐河矿警起义编入六军二十九团，团政委陈芳钧⑤。他们反正出来后到密营进行了训练。这时我到佳木斯市委巡视了两个礼拜的工作，要回省委，从依兰走，因敌人太多没办法走，马克正利用吕守田（吕盛田）跑老客的关系，乘火车从佳木斯到鹤岗詹冶林（翟延龄）家，后从鹤岗钻电网，绕山到梧桐河二十九团密营。"⑥

《我的自传》："后来我到了鹤岗钻电网出了鹤岗煤矿，进入了梧桐河上游的密林，到六军二十九团的后方。"

据鹤岗市地方史记载：

> 一九三六年六月，我地下党在兴山镇建立了"德泰和"中药店为掩护的地下联络站，专为抗联送信送药，掩护抗联来往人员。联络站的直接领导者是冯仲云。地下联络站的工作人员有翟延龄、林树森、周茂和、吕盛田。翟延龄的公开身份是药店经理、中医医生。实际上在联络站正式建立之前，德泰和中药店就

① 《东北地区革命历史文件汇集》甲 23，第 248 页。

② 王家店，现黑龙江鹤北林业局双丰林场东过梧桐河一点五公里。

③ 马克正，1919 年出生在安徽省怀远县郊的一个贫苦农民家庭。1931 年农历五月，马克正随母亲到黑龙江省汤原县鹤立镇。1936 年，16 岁的马克正到桦川县立佳木斯初级中学读书。当时佳木斯地区地下党的核心就在这个学校里。1936 年，马克正秘密地加入了中国共产党。

④ 这里指的是梧桐河金矿，梧桐河金矿位于现在的鹤北林业局尚志林场的老梧桐河上游。梧桐河水系盛产沙金，大规模开采是民国初期。据史料记载：采金最盛的时期是 1919 年，那时农兴沟、双胜沟里，每年有一万多人。到民国 12 年（1923）由于官办金矿厂亏损，采金业逐渐衰落下来。至 1937 年，采金业又出现了新的高潮。梧桐河金矿也叫梧桐河金厂。

⑤ 陈芳钧，原名陈芳安，字子庚，1906 年 12 月 5 日出生于黑龙江省双城县正黄旗五屯。1915 年至 1921 年在双城读私塾，1922 年至 1924 年在家种地。1925 年至 1932 年在李杜部队当兵。1934 年夏搞地下工作。1935 年加入中国共产党。

⑥ 此密营在黑龙江省鹤北林业局跃进林场附近。

已经是中共党组织在兴山镇的联络地点了。

翟延龄从小学中医，在梧桐河金矿当过工人，也当过记账先生。金矿沟里缺医少药，工人有了病，翟延龄主动为他们诊治，在金矿交了许多朋友，和陈芳钧、马克正、吕盛田等成为至交。

一九三三年在朋友的资助下，翟延龄在兴山镇开了个中药店，名"德泰和"。翟延龄即是坐堂医生也是药店经理。药店开张后，生意不错，招来一些朋友。一天，陈芳钧写信介绍一位胡子明的先生来到药店，胡先生对药店出了些主意。从此和胡子明有了来往。后来得知，胡子明就是抗联的领导人冯仲云。常来药店的还有马克正、陈芳钧。冯仲云来药店有时还住一天两天的，早出晚归，到了晚上，窗帘遮得严严实实的，在灯下写材料直到深夜，第二天离去。

成立地下联络站后，根据冯仲云指示，以药店名义多购进些内外伤用药和纱布、绷带、药棉之类物品，以备部队急需。常有山里人路过兴山时将药带走送往部队。一九三六年夏，马克正特意来兴山镇德泰和取药，并对冯仲云同志来药店的安全问题又作了进一步安排和交代。

一九三七年秋，梧桐河矿警队起义不久，冯仲云来兴山镇与抗联六军二十九团马克正在德泰和药店接头。不料此次冯仲云的行踪被日本特务察觉。为了保护好冯仲云同志的安全，翟延龄、吕盛田、林树森等于次日凌晨，借天下大雾之机巧妙地掩护冯仲云安全脱险①。

10 月　在北满临时省委六次常委会上给予撤销省委宣传部长处分。关于这次处分，冯仲云在一九四一年一月十一日《冯仲云履历书》中说："原因是执扩会后，我对党工作采取不负责态度。但是六次会是在北党左倾路线时期的会议，我并未参加该会议，会议撤销我工作后，北省六个月光景并未通知我而我继续在省委进行宣传部长工作，直至北省七次常委前。"

本月　在中共北满临时省委第六次常委会上，被任命为省委秘书长。

11 月至 1939 年 4 月　任北满临时省委员会执行委员会秘书长。

本年　中共勃利县委鲍林致信冯仲云谈组织问题，信中还谈道："我

---

① 　鹤岗市老区建设促进会等编：《鹤岗革命风云录》（内部发行），2001 年，第 57—59 页。

在一九三三年担任绥宁与国际及满省间的××工作而去哈才与你接头。从那时我就发现了你的伟大。发现了你是站在革命最尖锐［最前列的］一个同志，是我这革命移动［稚童］前辈——导师。"信中还说："自一九三三年'九一八'① 之后，我就将×××电车工人一名带往 KYTB 受训练去了。在那时正是国际十三次全会时期，所以才得到与你侄子小冯在少共国际会面，［他］在少共国际当练习生，请不必挂念他。"②

本年　中共吉东省委给北满临时省委常委并转尚志、寿筏、冯各同志的信，谈对北满执委扩大会议决议案的意见③。

---

① 原文如此。
② 《东北地区革命历史文件汇集》甲 37，第 111 页。
③ 《东北地区革命历史文件汇集》甲 28，第 185 页。

1938 年　三十岁

1 月初　东北抗日联军第三军军长赵尚志带警卫员等六人赴苏联寻求军援，进入苏联境内后被关押。

本月　写《共产党员在敌人面前——云为开除张素①党籍决议而作》。

2 月 9 日　张寿篯在给中共北满临时省委的信中说："一九三五年三军成立，老冯来担负政治部主任，当时老冯不积极作党的工作，行动中表现恐怖动摇等错误，但是老冯不经上级允许和批准，而脱离队的主要原因是军政闹意见，尚志与老冯感情不相容，私人互相攻击，特别是尚志对于老冯无一点同志态度。尚志恢复党籍以后，老冯到珠党工作则珠党与尚志对立，又重新发生。"②

本月　毛泽东在延安会见美国合众社记者王公达先生，在回答其提出的问题时说："中国共产党和东三省抗日义勇军确有密切关系。例如有名的义军领袖杨靖宇、赵尚志、李红光等等，他们都是共产党员，他们的坚决抗日艰苦奋斗的战绩，是人所共知的。那里也是民族统一战线，除共产党员外，还有其他的派别及各种不同的军队与民众团体，他们已在共同的方针下团结起来了。"③

4 月底至 5 月初　北满临时省委在今黑龙江省依兰县内巴兰河上游大青山召开了第七次常委会议，出席会议的有张兰生、魏长魁、冯仲云、张寿篯等。会议报告由冯仲云起草、张兰生宣读。会议决定三、六、九、十一军进行西征，开辟游击新区。会议报告中多次提到冯仲云应负的责任。

陈雷在《征途岁月》一书中回忆：

> 省委开始召开七次常委会议。会议是在离我们住地东方的一个小山头上开会。冯仲云、张寿篯、魏长魁等出席会议。他们白天在山头上开会，晚间回到下面来住。会议开了四五天。会议结束之后，冯仲云向省机关的同志作了简要的传达：为了配合全国抗战，东北的抗日游击战争，应当有一个新的发展，北满的游击活动，也将有新的部署。……
>
> 大约又待了一两天，因为敌情有变，省委机关要转移。首

---

① 张素，原名高海林。1937 年 1 月代理中共汤原县委书记，同年 6 月被捕。
② 《东北地区革命历史文件汇集》甲 51，第 137 页。
③ 中共中央文献研究室编：《毛泽东文集》第二卷，人民出版社，1993 年，第 103 页。

先，把女同志送走，送到北边更隐蔽的大山中。

　　第二天，队伍正待出发之际，忽听山下前哨卡子处传来激烈的枪声。这个哨卡离省委所在地不到十里，很快就可能上来。我们立即动手搬家转移。我跟着张寿篯所带的六军少年排（排长是曹玉魁）一起向东山顶撤去。在我们到山顶之前，敌人已经到了山下柳毛沟，并在下边往省委驻地的房子射击。但是，当敌人赶到时，省委驻地早已只剩下一座空房子。敌人毫无所获，我们无一伤亡[①]。

　　5 月　在巴兰河上游中共北满临时省委驻地听取陈雷的工作汇报。

　　6 月初　中共北满临时省委在通河召开第八次常委会。参加会议的有张兰生、魏长魁、冯仲云、李熙山。会议决定活动在松花江下游的抗联三、六、九、十一军除留守部队在原地坚持游击斗争外，其主力部队八百余人，统一在北满临时省委的领导下，由张寿篯、金策、冯治纲指挥，分批向黑嫩平原进行远征，开辟游击新区。

　　夏　在通河遇险。

　　一天冯仲云从北满省委驻地——鹰窝，到曲家屯找曲宝和办事。曲宝和家在屯中路北，三间正房，前院西厢房是马圈和草料棚子，东边是猪圈和包米架子，后院是大园子。冯仲云到曲宝和家后，两人亲切地唠着嗑。"汪、汪、汪……"狗咬声从东头传来，不一会铁蛋子气呼呼的从东面跑回来："爹，不好了，来了十多个日本鬼子和警察……"还没等曲宝和问个明白，小铁蛋子就跑了。这时听东隔两院家的狗也咬了，还听到了日本鬼子、警察的叫骂声，冯仲云和曲宝和此时非常紧张。五月初，地里庄稼是藏不了人的，前后院、东西屋也藏不了人，怎么办？曲宝和一瞅锅台，说："有了，老冯你就躲在锅腔子里吧。"原来农村烧榛柴和蒿草，总用掏灰耙掏灰，越掏灶坑堂底越深灶坑空间越大。曲宝和的家里的（老婆）说："行呀，是个好招儿，你冯叔快进去吧。"说着她拿下锅盖就把大锅拔下来。曲宝和一看，能蹲下一个人，"快进去吧，委屈你了"，就帮助冯仲云进了锅腔子里，冯仲云强蹲下。

　　"这院是老曲家！"领路的是清河警察署张××向日、伪军说。他是在给曲宝和报信，因知道曲宝和常和抗联打交道，怕抗联有人来。日、伪军进了曲宝和家的院子，曲宝和出来迎接。张××就说："山本小队长，这

---

① 　常好礼整理：《征途岁月——陈雷回忆录》，黑龙江人民出版社，1991 年，第 119—120 页。

是我老曲大哥，大大的良民"，"不用搜查。"可是山本小队长不听张警察的，叫几名日、伪军到下屋、马圈、前后院看看。在张警察的陪同下，山本到了曲家西屋北炕坐坐，他贼眉鼠眼地看了看，用手一指……意思去东屋，到东屋一看有大柜，就要翻，曲宝和老婆来得快，紧忙上炕周开柜盖，把棉袄、棉裤，大包小裹的扔在炕上……，山本小队长晃晃脑袋，"吆西！"就往外走，几个日、伪军从外面进屋报告什么也没看见。日、伪军向西面走了。曲宝和把锅拔下来了，从大锅腔子里把冯仲云拉出来！除了眼睛让眼镜挡住了，浑身都是灰和汗的冯仲云总算脱了险。

曲宝和家里的把冯仲云穿的衣裤打扫打扫，洗了，晾干了，冯仲云也和曲宝和唠完了嗑。过了七、八天，曲宝和护送冯仲云等过了松花江，去方正工作[1]。

6月28日　金策就张寿篯二月意见书致北满临时省委、第三军军党委及第六军党委和下江、哈东各特委的信中说："组成北满临时省委是根据哪一次指示，我尚不知其经过，一九三六年四月中□指示组织松江省委，负责人［可在］勃利过去县委负责人李成林同志或张寿篯同志两人中选任，为什么不遵守这个指示呢？老冯同志被任临［委］的负责人有何因呢？"[2]

秋　被蓝志渊击伤左臂骨，此后左臂不能做过重的劳动。

11月16日　张寿篯致信张兰生、冯仲云、金策谈北满省委工作的经验教训、下江布置情况及今后工作提议等问题[3]。

同日　张寿篯在给北满临时省委的报告中："提议组织北省松江分局，领导下江的全盘工作，特别是领导下特。松江分局除了接受省直接领导以外，在横的关系上可以在必要条件之下，接受吉东省委的领导。干部人选问题，我同意倘冯云［冯仲云］同志最近有很好的表现，有纠正过去错误的事实回答，可以留松江分局，负责领导，与下特的禹民同志，形成组织领导一切。"[4]

11月17日　张寿篯在关于北满省委工作中的错误及思想问题给北满省委的信中说："兰生同志：为什么不撑［掌］握着党路线，为什么不百分之百的执行我的计划？为什么又被老冯同志一贯的错误倾向影响了你，

---

① 王志民：《冯仲云与通河的抗日民众》，《世纪桥》2009年第2期。
② 《东北地区革命历史文件汇集》乙1，第263页。
③ 《东北地区革命历史文件汇集》甲53，第125页。
④ 同上，第140页。

动摇了你，甚至左右了省常委？苦味还饱尝的不够吗?"①

　　12 月 8 日　张寿篯致信北满省委谈关于纠正省委工作中的错误及与吉东党组织合并等问题。信中说："我提议将金策与冯云［冯仲云］同志留此地，建立临时松江分局，领导上下江党及队伍的工作，并负责进行以上这些任务。而松江分局在进行这些工作中，就开始接受吉东省委领导。"②

　　①　《东北地区革命历史文件汇集》甲 53，第 149 页。
　　②　同上，第 163—164 页。

1939 年　三十一岁

年初　就第五团的活动安排给张兰生等人的指示信，全文如下：

亲爱的兰生、永富同志：

东河五团部伍［队］之一部已归来，现去你处，关于东河一切情形可打听五团同志，但东河敌人四五十名有二十余辆车，曾于十来日以前进到达儿代河一次，几个与五团同志遭遇。

五团的队伍你们自己可以定夺。或者先行过江一部分，师长俟西河队来再去，或者暂在江北均可。但如过江南后实在困难，在江开之前还是可以来江北的。而江南北的交通联络必须确定敏捷迅速。他们过去后当然是应该准备一些吃粮和衣服，怎样准备，兰生同志应该和永富同志善为讨论一下。当然目前司令部是非常困难，然而现在困难大家应该具体讨论和具体解决之。五团东河的队，兰生和永富同志应该开会检查其工作，并须讲话，使他们工作有信心。

五团有［如］过江，宫班长（六军的）应该留下。王交通表现很好，可以分配担任交通工作，而且岁数已过六十岁，故特别有用。东河警卫团曾借一百五十粒子弹，你们可以决定要还丁班长二元钱，此地没有另［零］钱，你处设法给。朱副官曾告诉刘交通说，五团带回之马，［里］面有司令部的，但他并未告诉五团同志，这是错误，而且五团吃得也不多了。我意马等都交五团，以便过江南时可以应用，司令部不必要了。

东河队（警卫团）现已将马出卖，预备粮食种地，唐立川[①]木业大概铁力又弄了一趟，弄了百来匹马及很多面，东河要秘查一人，余见信。

陈凤阁回来了！西部情形可见信，但我意李泰[②]应立即回来，以便过江南。张××家老头最近孩子们回来七人，他们在离六军后方百里处，由于行军不慎被讨伐队冲散回来了，被敌人捕去二个小孩子，余无恙曾到铁道，由寇军送汤县而回，他们说是搬家

---

① 唐立川，现伊春南岔。
② 李泰，抗联三军二师师长，1940 年春牺牲。

的。老郝曾在东河取一袋面，确以［已］穿过××河敌人讨伐行动线东去。

我意将前数信再抄一份，由五团队带过江南，以备刘副官同志信送不到而回来。（吉东来人）关系应定得非常密切确定，最好在冰凉沟子①一带离山边较近而迅速。再由兰生同志起草给柴世荣同志信及慰问华堂同志的信，华堂如江南养伤困难不平安，能定的话可以过来，或九军除江南留一部分，军部过来，当然由他们愿意决定，而江南九军全归吉东领导，辞意应该热情和恳挚。我时间不够了，不能写了，现将本稍［捎］去，你可以抄之。此致

布礼!②

1 月③　给许亨植、张兰生写信告二师暂不要去江南及多带些文件、书籍事。全文如下：

亲爱的亨植、兰生同志：

在那我们意见二师就不必过江，在江北在保存实力方面是比较好些，当然宾县情况可能好，那我们意见也不要过去得太早，最好高粱起来些过去。此地再去队到通河当然困难，但是如果二师要去江南，那么无论如何要去些人的，关于去人及机枪问题，以后再决定吧！

兰生同志最好快来吧，根据目前工作情形，在通逗留，没有什么必要。张向龙、金同志快来吧，文件最好多多背些来，因为此地学校需要参考材料，救国文选二册、中央一月二十六号指示信（皮箱内有）也要捎来，别不多叙。此致

布礼!

兰生同志：

孩子要的人家很多，麒麟人还有要女孩子的，捎过来吧④!

2 月 20 日　给殿英、焕章写信谈种地、给养及丁班长等问题，全文

---

① 冰凉沟子，通河地名，也叫槟榔沟。
② 《东北地区革命历史文件汇集》甲 56，第 279—281 页。
③ 此年代是中国人民解放军档案馆整理档案时判定的，原文后面有问号，似不确定。
④ 《东北地区革命历史文件汇集》甲 54，第 105—106 页。

如下：

亲爱的殿英、焕章同志：

当残日斜晖的时分，我们到了郭把头的小房，明天破晓，我们一定就途西行，决不逗留。据白聋子由葛炮处所得来的消息说，下江有动静，五百多寇军进三姓……，因此我们更不能逗留！我想这一消息，当然不会"无风起浪"的，不是国境地带有动静，就是敌人对南山或北山要大进攻，当然我们应该和只能设想是敌人的进攻。因此，我希望同志们要以坚毅的精神来完成我们的前次会议的决定。我不妨又郑重的来提一次。

朱副官此次如从该地能解决得给养来，一定作为种地、后方、军事上必须时的准备之用。如果他们解决得不好，你也可从碓营中来解决之。你一定代〔带〕白、金等四人，确定了种地的地点，安置好他们。同时也要找到十余人，分几伙种的地，以便将来种地时由队上拨人下来，种地一定要秘密的，反对用命令主义方式，去托碓营把头买粮、布、盐、米、种籽。种地的用具亦必须布置之。狍獐皮一定收集之。

朱副官此〔次〕如从该地解决得好，也不应多动用该给养，无论结果好与不好，他们事完后即应赴山边，你也应一起出来。烟筒山①打柴火的群众，一定以良好的态度，使他们代买粮、布、鞋、盐……等，如果钱不够，司令部一定送一些给你，或者你去信取亦行。多多购买物品米粮，现金是主要问题。炭窑如无问题，苞米面一定多买。烟筒山或者以少数人活动即可，要多多建立关系。丁班长抓马的人家，将来尽可能将皮大氅、马还他们，尤其是如果买的米送来的话。

你们不但自己准备充足就完，而且如果可能的话，你们应该多准备些，司令部或其他部分队伍都可以用。

丁班长回来了，他的坚决和英勇的行动应该向五团同志提议，应该提升、嘉奖。

老姜头我决定给他十元钱养伤，并决定伤好后调司令部，分配到西荒工作。

据葛炮等的情形看来，大致是没有问题，是应该嘉奖。不管

———————

① 萝北县都鲁河西。

有什么缺点，我们不应异视他，将来将由西河稍［捎］一枪给他。老关家只要他们不下去投降，还是我牺牲战士家属，将来如果解决了给养，给他们数斗或有必要时给三四十元亦可（听说他们现在没钱了，葛炮亦不供之）①。

同日　给丁班长写信嘉奖其在革命斗争中的英勇行为。全文如下：

亲爱的丁班长同志：

我很高兴的听到你平安地回来了。特别是在老于同志方面听到你在张班长投降时鸣枪以及卡车的事件，我完全嘉许你这一英勇和坚决的行动，这是青年的抗日战士，中国的热血男儿所应具有的精神！

我已通知殿英同志向五团同志推［提］议，应该嘉奖和照副师长任同志来信中提升，我希望你为了抗日事业的胜利，应该与五团同志同心协力精诚团结去应付非常时局之巨艰！

当然，当文同志回来报告时说及你亦投降，我们是非常沉重，曾经相信，但是你不应该因此颓丧"窝火"，本来在革命事业尤其当此非常巨艰的时局，我们不是"谁相信谁"，而是"相信我自己""相信整个抗日联军"，"抗日组织"是不能投降，抗日事业是必然胜利的。同志们的估计、考虑，是应该有的，我们应该理解的！

下次我还要来东河，我将和你详细谈话和训练你，抗日事业的胜利，祖国的独立，民族的解放，将是不久未来，同志们以坚决的意志，顽强的毅力，大步奋勇向前迈进吧，胜利和光荣一定是我们的②。

2 月 25 日　回到通河密营。

本月　受到严重警告处分。在一九四一年一月十一日《冯仲云履历书》中说："北省二中全会因为过去北省左倾路线，我是其次的主要负责者，因此我受到严重警告处分，这是我从内心诚挚地来接受这一处分。"《冯仲云履历书》中还说："一九三九年二月北省二中全会检查一九三八年省委工作沉闷，使工作受到损失。我是北省秘书长，且负北省实际上领导

---

① 《东北地区革命历史文件汇集》甲 54，第 183—185 页。
② 同上，第 187—188 页。

之责任，因此给我警告处分。我对于这一处分，是保存着意见的，因为一九三八年我个人工作并不沉闷。我在长期工作中是犯过很多错误的，最大的错误是北满左倾路线及组织观念的错误，我诚意地三年来在实际工作来改正自己错误。我在长期工作中，工作有小资产阶级的寒热病，有时工作积极，有时沉闷过，但是我自问没有动摇过。"①

3月5日　给张寿篯写信请捎来政治理论书籍。全文如下：

亲爱的寿篯同志：

我希望你将过去由××送来的旧的理论、政治的书籍捎一些来，以资××或参考，这对于政治上的进步上及工作上都有关系的，此后我们之间的各种书籍互相传递是非常必要的！

我热烈地希望你能指出我的优点和弱点，帮助我，爱护我，使我能进步和健全，这站在同志间的热爱立场上是非常必要的，我热烈的欢迎和翘望着你能给我来长信，此致
布礼

　　　　　　　　　　　　　　　　　　冯仲云
　　　　　　　　　　　　　　　　　一九三九年元宵②

同日　就捎《哲学的贫困》等书致信侯启刚。全文如下：

亲爱的启刚同志：

东北反日队伍的改造策略，过去我以为此地保存着还有，因此将保存的底本由金策同志转交捎给你。此次我们将插的文件取出找觅，费了很大的功夫，没有找着。但是你这一作品在研究你的观点和方法中有极大关系，所以希望你能抄一份迅速送来为荷！

过去你由省委取去的马克思的《哲学的贫困》、马克思的《资本论》第一册，及狄慈根《辩证法唯物论》或你有其他的理论书籍，希由交通员捎来为要。将来我们的各种书籍，可以而应该相互传递，以资研究参考，这对于同志们理论政治上的进步是

---

① 《东北地区革命历史文件汇集》甲60，第186页。
② 《东北地区革命历史文件汇集》甲54，第221页。

非常必要的。《哲学的贫困》无论如何希望你交交通员捎来!

　　我们无论观点、方法、立场、倾向、情绪、生活等等,希望你能研究,提出意见、批评,站在爱护和帮助我个人,站在同志间的热爱的立场,是非常必要的,我完全欢迎你给我来信。我非常惦记着你的病,近来病情如何?希望善为保养。此致

布礼

冯仲云

一九三九年元宵①

　　3 月 15 日　张寿篯在给高禹民等同志的信中说:"现由北省三个委员坚决向省委提议,要冯仲云同志(即是老冯)亲自到下江代表省委长期负责领导下江整〔个〕党政工作,希转下江党政负责同志,一致欢迎新省代表同志加强对于你们的指导……"②

　　3 月 28 日　《中共北满临时省委致周保中、姚新一的信》中说"此信以老冯同志笔体为凭"③。

　　同日　《中共北满临时省委致李华堂的信》中说"此信是找关系的,因而不详,并以老冯同志手笔为凭"④。

　　3 月 31 日　就衣服、经费、干部派遣等问题致信金策等。全文如下:

亲爱的金策、庶范同志:

　　我因省委误听金策同志的噩耗,同时为了布置地方工作,及与一师同志讨论舒解通河的困难,在省委指示之下,而与郝交通员西来一师,但在小呼兰河途次,与东行之亨植同志遭遇,为了工作需要,我仍返回通河,但有几件事,希同志研究后执行之。

　　1、西河(通河)今年衣服问题无法解决,一方面无钱买布,一方亦无法买到,因此希一师无论如何代为买布及做出衣服,以便及时的来取去。

　　2、通河现在队伍和省委均没有钱,急需款项,前此庶范同志来信,要省委派忠实同志来取,如果你们给通河送,那么可派

---

①　《东北地区革命历史文件汇集》甲 54,第 225—226 页。

②　同上,第 260 页。

③　《东北地区革命历史文件汇集》甲 24,第 382 页。

④　同上,第 384 页。

老于同志送至通河，当然须要妥实可靠同志同行（但亨植同志此次是带有三千元）。

3、你们要人在分水岭沿途布置交通站当然是很好，但通河已无人可派，通河人数已非常少，希望你们无论如何要布置这一工作。

4、你们要一女同志，现派金光镐同志去一师被服厂工作。金光镐同志，过去曾是党员，但在去冬通河韩国大屯党支部重新登记时未被登入，当然当时司令部党支部同志未与她正式通知及谈话是其缺点，但你们可以在实际工作中考察她，如果可以介绍时，那么就可以介绍入党。

5、刘玉现按你们的提议打发回一师三团，但希仍派回通河，他的枪是得到上级许可而调换的，你们可以根据刘玉之战斗力而换一枝较好的给他。

6、宋殿华同志，过去曾是党员，但在五师开除了，为什么金主任说他是党员呢？根据金主任同志意见现派回三军司令部，但过去省委因没有零钱，曾借他二十元钱。希金主任在省委名义下还他二十元钱。

7、赵振邦同志（党员）、于进英同志（党员），马义昌，派西部以便经过西部出大界作地方工作。赵、于省委已将中央各种文件与之详细讲解，但未训练完毕，金主任同志必须特别负责将赵、于、马详细训练，或参加训练班，完后再派其他工作，但赵本系铁匠在长春"新京"有很多社会关系和工人关系，或可派该处去做工人工作，于同志可到榆树去，省委过去布置的旧关系或呼兰去试找彭翱翔同志，路南如有旧关系，亦可写信去找，宾县的关系或许也能找（详细关系已告诉于同志），马义昌过去在哈尔滨有很多工人关系，还能招一些工人到唐立川做工，因此可以派出去做工人工作，特别负担起青年工作，但对马一师的后方关系决不允许都知道，将来省委还将有人派来西方，以便分配去担负地方工作。

8、亨植同志特别嘱托要金策同志在陈山处找索利人之有名望者如三老头等，到逊河一带索利人中去作解释、号召、宣传、动员、组织的工作。

9、亨植同志东行的行踪必须秘密。

10、金主任无恙，庶范同志一定要准备一些粮食，金主任过七八天后就领着训练班回一师开训练班。

11、五团西部队不必东回，将来任副师长有可能西来。

12、宾县李泰的各种关系现在写去，上次我们虽然详细告诉王同志，要他按关系去找，但忘记了写给金同志，因为王同志有可能记不住关系的详细，我已告诉于同志。

13 一些信件望你们分发，但关于启刚同志问题的信，是省委接到启刚给光迪信后写的。

14、江南刘副官去了三回，都没有找到关系，但仅传闻谢文东（八军军部全部）已投降进街，关文吉已打死，关书范在习翎因害怕缴械又出来了！华堂曾与世荣等过江北，在大罗勒密曾入敌卡，于四炮[①]牺牲，华堂负伤，后五九军又分开活动，推了四道河子木业的大沟，但都是道听途说，二师毫无音信，其他可问同志们！

　　行色匆匆，无［芜］杂潦乱书，诸多原谅[②]！

4 月 12 日　北满临时省委在通河召开第二次执委全体会议。决定改中共北满临时省委为中共北满省委，选举金策、张寿篯、冯仲云三人组成新的常委会，金策任书记，张寿篯任组织部长，冯仲云任宣传部长。会议还决定撤销北满抗联总司令部，成立东北抗日联军第三路军，总指挥张寿篯、政委冯仲云、参谋长许亨植。同时决定由许亨植担任第三军军长、张兰生担任政治部主任；冯仲云担任第六军政治部主任并以省委代表身份去下江担负领导工作。会议决议"给省委秘书长冯仲云同志以警告之党的纪律处分"[③]。

4 月 16 日　张寿篯致中共北满省委负责同志的信中谈到"北省领导机关内经常负责的同志兰生、仲云二同志都是我们北满党内的主要调和派，这是毫无疑问的"[④]。

4 月 18 日　张寿篯在关于到达三支队后方工作情况给金策的信中说：

---

①　于四炮，即于禛，1931 年前为汤旺河地区"炮手队"队长，负责小兴安岭地区的治安。1932 年日寇侵占佳木斯后，这支"炮手队"继续维持小兴安岭的治安，并与汤原游击队建立和睦的关系。1935 年秋，日寇企图收编这支队伍，经汤原游击总队长夏云杰的同意，这支队伍接受改编为"伪森林警察大队"，于禛继续任大队长。1936 年 4 月，这支队伍接受东北抗日联军的改编，编入抗联第三军为独立旅，于禛任旅长。1937 年 1 月于禛任东北抗联第九军副官长。1939 年 2 月在黑龙江省方正县大罗勒密战斗中牺牲。

②　《东北地区革命历史文件汇集》甲 54，第 287—290 页。

③　《东北地区革命历史文件汇集》甲 24，第 397 页。

④　同上，第 483 页。

"一九三八年夏季省机关处在各地无报告的时期，兰生、冯仲云同志，的确表现苦闷动摇，而你这次去，冯仲云同志又要到关内去做工作，他过去与他的女人（在家呢）经常通信，他的女人给他的信我与尚志同志都看见很多封（经黄吟秋送来的），信的内容是生活窘困，她的悲苦命运，和小孩的病状等，根据一个革命同志，他自己的政治生活，是不能与家庭生活混淆起来的，冯云①同志，从过去到现在，的确受一些家庭景况的牵制，因之使他不断的想家。但是冯云同志的热情很高……根据他去年七次常会以后又表示动摇的情形，寿筏不同意冯云、兰生二同志参加省常委的工作。"②

4月19日　高禹民关于下江部队情况给省委负责同志信中说："言冯仲云同志来（三个省委之提议），你们是否批准该意见，我们特别同意的，希望省委赶快使冯同志来下江，我们全体同志特别欢迎，最好随这次交通同来，不然的话时间恐太迟了。"③

4月至1940年4月　任东北抗日联军第六军政治部主任。

4月至1942年9月　任北满省委员会常务委员、宣传部长。

5月初　从通河启程赴下江。

本月　中共北满临时省委致信张寿筏，摘要如下：

省委决定你不再担任六军政治委员而转任六军军长，而仲云同志担任六军政治部主任。你与仲云同志相互之间必须捐除一切成见、意气、感情。展开布尔什维克自我批评，精诚团结起来，使六军成为北满一支生力基干队伍。仲云同志现去下江，担任省代表工作，整理下江工作，你须与仲云同志保持密切交通联络，以便共同计议六军各种工作④。

本月　中共北满省委致信金策，摘要如下：

我们同意仲云同志以省代表及六军政治部主任名义赴下江，整理下江工作。如果下江交通员来到，那末将迅速由此地一带穿越唐立川去汤河东，否则须经过铁骊了。当然如果仲云同志赴下

---

① 冯云，原文如此。
② 《东北地区革命历史文件汇集》甲54，第371—372页。
③ 同上，第377页。
④ 《东北地区革命历史文件汇集》甲25，第7—8页。

江，如果江南关系好有可能在那一面找到吉东关系亦未可知①。

本月　就汤东活动情况致信张寿篯，全文如下：

亲爱的六军军长寿篯同志：

　　我于旧历四月初在欧根河侧起程跋涉穿越过无数峰峦、溪谷、森林、丛莽，冲破和克服了山道的崎岖，险阻，周折困难而安然的到达汤东与禹民同志握手言欢了。请勿念！因为交通员余粮较少不能久待，因此潦草简略的给你写这一封信，详信容下次再说。请你原谅，但此信有很多问题，希你研究后执行之。

　　汤东六军活动状况：汤东旧区活动之六军一团一连及二连之一部自陈芳钧同志与敌遭遇作战壮烈牺牲后，接着吴副官等数人与群众接关系，被走狗告密而被捕，队伍一时又因交通糊涂与禹民同志失却联络，未能及时整理，因而队内叛逃倍出，被敌人知我军实情及知我军粮食缺乏，于是敌四处出卡。因我军缺乏粮食，出外打给养，误入敌卡，又受到相当损失，而队伍溃散。溃散的队伍在叛徒孔副官领导和胁迫之下投敌十名，高连长胁迫之下投敌四名。至此这一部分队伍回来者仅池指导员及队员二三名。三十余名损失殆尽。

　　北黑活动部队原分两部活动，北黑环境本较好，群众关系和态度亦较密切，但夏团长不能积极活动，不去接近群众，不去解决给养，天天蹲山挨饿，而且官僚主义作风特高，尤其是隔江遥望苏联，因此队员大量越境逃亡，仅存十余名。

　　二十三团主任徐虽然逃回军部，连长逃亡，然最近得到消息，尚余二十余人，现已匪化，在梧桐河畔种大烟，找寻为难，我们正设法积极找寻。

　　三军七十四团等金指导员部队，据该方消息，现已过江，此地一部分队伍除叛徒四名已正法外，三名越境，现仅余王连长一人而已。

　　江南音信渺杳，消息茫然，我们要批评你的过去，你对江南北之交通联络没布置是疏忽和错误的，以致江南北现在联络为难。我们虽去交通员不知是否能找到他们又何日能回来！？但遥

① 《东北地区革命历史文件汇集》甲25，第13页。

闻江南队越境流亡者甚多。

汤东一团原为一百○三名，现在仅存二十三名，现在汤东二十三团外连我自己共计二十九名，而这二十九名之分工如下：种地五名，交通七名，残废二名，队内十二名及我们三人。

关于此地工作，我们尚有信心，尚感到有相当办法，汤东有七八十人活动，我们敢说食粮、服装、经济、活动都能有办法，不至于困难，而此地也需要有七八十人方能展开活动。现在此地所困难的是人和关系，当然关系是要我们自己设法，但是人你们得相当帮助我们，我们此地一时是取不到人，而我"一人两手"是将无法去进行工作的。

因此我希望你由龙北六军中（其他军的也可以）调回二十余人来。估计到龙北是我北满工作中心环节，不能削弱龙北（主）力军，同时队伍调回艰苦下江旧区对内对外影响都不好，队员情绪也不好，因此不要用调队伍回来的名义和方式；徒［容］易起敌人注意，最好是三五个，一次又一次的派回，随交通员回来亦可。回来的人当然是要健全的、好的，否则××不好的影响和工作中的困难。来人必须有一个对汤原旧区熟悉，人情和社会关系好的，多少有些办法的军事和事务上的干部，一个熟悉绥滨关系的。夏团长如果有人来代替，他最好还是到军政部去担任副官之类的工作，而且他也已能担任这类工作。根据最近中共中央对该方之通知，那末汤东地方实为重要，希你不要忽视之，而同意和执行我上面之建议。

根据该方通知，马占山先头部队三千六百余名（？）确已过来，而且往后将有大批八路军深入东北，应此该方通知（亦是中共中央通知）我们西北部队应急速前进，以便与他们汇合，而得到军火、款项、物质上之接济。同时告诉我们要以最大努力保存自己实力，中共中央已经通知该方在各方给予我们接济云。一般预料中日战况最近要起变动。

亲爱的寿钱，革命的怒潮是如急涛涌来，希你拿准船舵，要勇敢地向彼岸驶进，胜利将迅速来到。此致
革命敬礼①

---

① 《东北地区革命历史文件汇集》甲56，第241—244页。

5月9日　《侯启刚呈中共北满临时省委的申诉书》介绍了冯仲云在珠河、汤原工作期间同赵尚志矛盾的情况以及北满、吉东党内的一些问题①。

5月12日　就青纱帐后深入群众加强地方工作致信金策。全文如下：

亲爱的金策同志：

路途上偶然和七团吴指导员世英同志遇见，因此打发吴同志去你处。今天因为在此候等吴同志，而且不必要在屋里住着，所以蹲在山坡上晒太阳，有闲使我各方面思索，有闲使我写信。我想到龙南区的整个工作，特此××写这封信给你，希你研究之。

我认［为］最近七团、一师通河许多的损失，当然主要是因为我们的干部军事上的不谨慎疏忽，以及敌人进攻的比较积极，然而我认为这里还有个重要问题，就是队伍此后如果大部常在山里最多只能在山边活动，当然是得不到更多新的军事胜利，很困难的去接近群众，那末当然无法得到新的补充，无法起"新陈代谢"的作用，那么队伍的前途当然也是不能久远且是危险的。"损失"在队伍常常是免不了的，然而队伍之能保存实力和发展，将不断地得到新的更多的补充。但如果要得到新的补充，就得去接近群众，完全是蹲山那当然是不妥当的，因此我认为：

韩团长、黑山活动的部队应该增加数量，相当时机中准备成立马队，一定在高粱起来时能深入大界绥化一带活动，用最机密××耐苦的骑兵游击战术去接近群众，改善群众关系，取得军事胜利，取得武装和经济，吸收新的力量扩充队伍，这是非常必要的。当然青纱帐未起时还不应深入活动，那是冒险的，但是现在就应该准备。如果青纱帐起还不能深入群众去活动，还是在山边蹲山，那末当然无法得到新的补［充］，而只有在敌人注目的山边时时受到敌人的打击的。我想××发展九军，如果回到讷根河去亦应注意这一点，现在就应该准备，青纱帐起要尽可能深入大界活动。

纪会元、李团长一部分队伍，无论如何一定给予韩团长等以任务，务必找×，因为这对于队伍的补充上是有关的，他们的找到不仅队伍的数量增加，阵容扩大，而且是会兴奋队伍，增加队伍的活动的信心，提高队伍的勇气和战斗精神的，特别是李团长

———————————
① 《东北地区革命历史文件汇集》甲25，第215页。

等，如果去冬是在蒙古山过冬的，那末一定运用他们的经验，使队伍研究和运用这一经验，同样尽可能不回到大山里过冬，而李团长他们应该×蒙古山等地仍旧更加准备①，以便在蒙古山今年仍能过冬。

周庶范说的要向南去，当然过一时候（不一定庶范去，或者别的干部去也可）是可以的，而且应该的。南去的任务当然是重新更多的布置后方是必要的。后方是必须完善的布置，狡兔三窟是非常必要的，后方工作对我队是非常重要的。二师去年的损失，后方未曾完善布置好，亦是其中重要的原因。因此一师后方工作应该更完善，更有计划的讨论和布置一下。

巴绥等地的地方工作光布置城市的，我以为还不够，现在我们当然布置的还是城市的，我们还应该布置乡村及沿山边屯落的秘密工作，城市的工作暂时给予队伍的帮助还是不多和少，乡村屯落的秘密工作开展能给予队伍以补充，帮助乡村地方工作的发展常诱起队伍的迅速的发展，下江工作完全证实了这一点。

江南二师辛科长处我认为应该很快设法打发人去找到他们，他们如果和我们接上关系，那末他们对工作会增加信心和勇气的，那末今年春夏季的活动会收到相当效果的，而且李泰同志早些晚些去都是可以，当然最好青纱帐起时去。庶范同志的意见如果南去活动布置后方，那末冬季对二师多少也是有帮助的。当然，今年二师冬季最好是不回大山而仍留宾县，根据经验当然是可以而且妥当的。我如到下江，一定很快地与找到姜团长，以便去帽儿山等处，以便李泰能迅速过江。

正写着信时吴杨同志来到了，你们讨论的队伍的布置我是同意的，而七团一定要在大河北照雇［顾］病伤人当然是必要的。

信笔挥毫地写了这些，当然是芜杂潦草，这些意见过去也是讨论过的，但我重复写这些是认为重要，并希你注意和研究之。

此致

布礼

仲云

（旧三月二十三日）②

---

① 语句不通，原文如此。
② 《东北地区革命历史文件汇集》甲55，第7—10页。

5月30日　东北抗日联军第三路军以第三、第六、第九、第十一军为基础，在德都朝阳山①后方基地正式编成，并发表了成立宣言②。

本月　根据北满省委决定，代表省委赴下江地区领导抗日工作。

6月14日　金策就江省南部统一指挥等问题致信张寿篯，信中谈到冯仲云，他说：

> 冯主任仲云同志大概已经赴下江了吧！必是［与］这次由下江来的交通同志一起走了吧！根据高禹民同志报告，我们的××处交通被敌人牺牲与捕去以及许多证据，这是极大损失，但我们尽力设法立。冯主任同志亦拟定对这个工作的重新建立。现重新建在下江队伍，因为行动困难，并没有健强军事干部，因此，队内仍是存留着一些动摇，可能有越境的危险。我相信，当然冯主任同志能够解决这个问题③。

6月15日　中共北满省委在给中共中央的报告中对北满的部分领导干部给予了评价，此报告系金策写于"庆城县东山里三军行营"。摘录如下：

> 张寿篯同志是北满人民最高领袖，已成为北满人民最爱戴的领导者。寿篯同志转变路线的斗争中最前卫者，转变路线后为彻底转变最积极斗争的同志，并得到相当的成绩。但是寿篯同志有最大缺陷，最重要主张不坚定、虚浮夸大等，可是寿篯同志已经有了相当克服，今后逐渐能会纠正，同时工作能力和积极忠实的同志。
>
> 冯仲云同志的短处有小资产阶级的浪漫和寒热病，同时主张与工作上常有犹预［豫］不定，这是他的最大缺点。可是他七次常委会时及以后，有他的成绩，对中央路线的研究和考验是可以说相当进步，不是过去的老冯了。在北满党方面最老练的、威望

---

① 朝阳山在德都北部。

② 王晓兵认为：5月30日的活动，仅仅是金策根据北满临时省委二次会议的决定，在朝阳山搞的一次宣传形式活动，发布三路军指挥部成立和给第一、二路军的致电。但不知是如何发的？有否电台？能否联系上？一、二路军收到否？均是疑问。同时，当时李兆麟不仅不知二次会议的情况，他没有出席此活动，并且不知道发生了此事。李知道来收到上级的一封信，才得知成立三路军的消息（见赵峻清《李兆麟传》）。因此，三路军成立是一个过程。事实上，到1939年11月10日，李兆麟才在朝阳山发表就职宣言，正式上任三路军总指挥，也就是说：此刻三路军才正式成立。

③ 《东北地区革命历史文件汇集》甲55，第38页。

的同志，一定能够会彻底改正。北满党中最中坚干部①。

6月21日　就部队在下江活动、供给、干部等情况致信张兰生、金策。全文如下：

亲爱的兰生、金策诸同志：

虽然是余粮不足，但我们的导师王明同志的训词："拿出勇气""找到方法"去克服困难鼓舞起我无限的勇气和信心，在明媚的春光露出微笑的早晨，我们的队伍蜿蜒迤丽地向北行进。我们在次日的夜晚就渡过了大呼兰河，出乎我们意料之外的大呼兰河的水还未没腰，因此我得以顺利通过了危险地带。到铁道北后，到处都有敌人露营的遗迹，敌人此次在铁道北"讨伐"是比较严，到处严密的搜索，数量亦很不少。我们到达铁道北时，从足迹看来，撤退也不过十余日。不久我们就与鸿杰同志等"分道扬镳"。分别不久，我们迷失道路一次，但我们终于安然到达欧根河②畔，但在欧根河敌人正在赶×，使我们又耽误了一天行程，但终于安然涉过欧根河而与铁坚、景荫二同志握手欢叙！

真是巧得很，我到此的是日下江交通员即到达此处，一俟杂务办完给养准备妥当，我们又将开始我们千里长征！下江的消息，一似往日，现将下江来信捎去，希详细检查，我去下江必迅速打发交通回来，关系与铁坚同志等约好。下江工作，我有相当信心，我想能于一个时期以后定能搞好。但是下江经济问题恐一时不能解决，我希望你们了解到下江困难，还给以相当援助，我希望你们再能准备一二千元，以便下次交通员来能设法有可靠人送去。当然我们也得自己想法解决！下江消息最可痛心的事件是我们由××来的交通，途中与敌遭遇，一牺牲一被捕，特别是我六军有多年战斗光荣历史，自一九三二年汤原游击队成立就参加队伍英勇奋斗的孙绍清同志壮烈牺牲，是值得我们万分哀悼。这样一来，使我们与××处关系又断绝，但我无论如何要设法恢复之。其次是我六军一团团政主任陈芳钧同志的牺牲，陈芳钧同志是过去佳市的同志，梧桐河矿警反

---

① 《东北地区革命历史文件汇集》甲25，第41页。

② 欧根河，发源于伊春乌马河林区，向南经铁力流入呼兰河。

正的领袖，最有希望和最有为的青年干部。年来的干部牺牲太多了，真是值得我们痛心和需要警戒的事件。我提议北满要发起一个追悼运动，来追悼和纪念我们一九三八年来牺牲之先烈魏长魁、关化新、陆希田、张传福以及最近牺牲的张连科、雷炎、陈芳钧、孙绍清等，我们要详细研究他们牺牲之经过，详细的他们的史迹的记载，最好写出传记，提高全党及全队对保护干部之注意，党应该发出——发动纪念先烈运动的通知。

此地一带关系当然没有去年那样顺利，山边种田几乎没有，而屯落山边亦已归成敌人，封锁亦甚严格。今年春季"讨伐"敌人亦曾举行，但较之铁、巴、木、通河较为宽松，现在山边讨伐队已经撤销，但满军及地方武装仍是不少。某某队已有负责者来接头，相谈甚欢，对于上次牺牲之来使，他们曾给予一百元之抚恤金。其他地方队伍尚有希望来接洽。地方群众对我们尚缺乏应有之认识，但关系是有一些，地方工作人员可能派出一些。给养现在相当困难，我们常以山菜度日，但尚能解决，日后当更有希望。前曾言要准备二十石给养，虽然不敢断定完全能办到，但必尽力而为之，务使多多益善。地方工作人员我前次去信，金策同志曾云不仅布置城市工作人员，而且应该布置乡村、山边屯落的秘密工作人员，这对于舒解队伍的困难，帮助队伍，使队伍得到新的补充有莫大关系，我希望同志们注意。地方工作人员无论乡村和城市的，最好金策同志来时带几个来。大烟金策同志来时最好带一些来，因为地方群众的联络、满军的联络常常是需要而此地没有。

此地一带军事活动问题，我同意景荫、铁坚二同志意见，如果此地以大队活动，根据此地敌人布置的力量，客观形势之严重，我队力量薄弱，以群众对于我认识之缺陷，现时既不能深入大界活动，而现在所谓军事活动，实际不过是［以］军事力量去解决给养和供给。所谓"打给养"，结果不但破坏了群众关系，侵犯了群众利益，而［且］惹起敌人之注意和进攻，因而群众害怕，不敢和我们办事，沟内又没有给养，结果在敌人进攻之下，我们陷于粮尽弹绝饥饿无法，因此我们尽可采取别的办法去获得给养，经过关系去买得给养，而除非于万不得已之下，才采取军事活动来解决给养。队伍在此应该较少方能适合，而决不轻易暴露目标。而现在我们应该准备干部途路熟悉人员，群众关系布置，队内政治工作之加紧改造队员的头脑，使他们放弃掠夺强暴的胡匪倾向，使他们有抗日军人之觉悟。我们积极准备以便在青纱帐起采取秘密灵活耐劳的游击战术深入大界，最低限度或可能解决经济问题。现此地工作除队伍之供给问题解决外，必须以最大努力去布置地方群众工作和满军工作，尤其是省委要搬到此地一带来，不要轻易暴露目标，已是更为重要的。

金策同志第一期训练班完后应该迅速回来，一则可以在此地协助铁坚同志等布置地方群众工作、满军工作，一则可以在此地训练出一批队伍和地方工作干部，而景荫、铁坚二同志都是可以造就的干部，你们应该多多的帮助他们。同时不久各地交通又将集中在这一带了，必须给予各地具体的和切实的领导。龙北的交通员，我已设法派去。刘交通员、王胖子、刚鸿志已去你处，未知见着否？

关于七团问题，我来时已有十余人到此地，伤已大部痊愈，估计到此地不能容留大部队伍活动，而七团朴杨诸同志领导下之队伍过少，现已打发回七团。因七团已弄到一些布匹，因此亦要二个金同志回去做衣服。杨张二同志在铁力的社会关系很多，如果有经济是可以解决队伍的困难的，队伍是可以维持下去的。最好许亨植北回时能给他们一些经济。此地老苏家犯人一个款也没有上来，此地经济是万分困难。如果有上来的当能帮助他们，我已和郭、李二同志谈到，而得到他们的同意。根据下江来信，姜立信同志去调的队伍大概是没有了，如果李泰过江南，那末通河没有队了。通河是非常重要的，根据现情形看通河群众关系并不比此地坏，队伍的支持和存在还是可以的。如果铁力活动真困难，那末或者铁力七团再少留一些，而去一师一些，由一师再去通河一些，或者由七团去通河一些也可。七团、九军、十一军、六军十九团教导队等掠夺行为、打骂群众的胡匪倾向非常厉害，不但有失抗日军人体统，而且破坏群众关系殊甚，对于此后工作影响非常不好，应该如我们在一师三团军政联席会议一样开展顽强斗争，务必肃清这一现象。

其次虽然二全会并未详细讨论分区工作问题，但二全会是同意九次会之分区统一集中领导的。而二全会实际上正默然承认北满分龙北、龙南、下江三区及将来成立和恢复哈东区工作，因此我认为我们的工作应按分区情况来布置之。龙南区工作我意应加以整理，使工作统一、具体和有计划。许亨植同志如果北去龙北而且他担任了龙北指挥，龙北、三军司令部只留有包主任同志，是否就以三军司令部来代替龙南指挥部，我意是问题，或者龙南指挥部重新成立，我意以铁坚、景荫或庶范同志，最好以景荫同志亦可。龙南可分三个支队，大呼兰河北为一支队，分两个中队，景荫同志任一支队长，而铁坚任一支队政治责任，而二个中队的后方工作虽不合并，但可以在统一计划之下布置之。巴、木为一〔二〕支队，庶范为二支队队长，而巨魁同志可以兼任二支队政治责任，亦可分二个中队，通河为三支队，亦可分二个中队。我意不但在政治上、军事上统一，而且应该在经济上也统一起来。当然在龙南区并不一定要有支队的名义，但工作应按这样总的计划布置和分配才好。当然这是我偶然想到的意见，我自己亦未有具体决定的意见，提出来是希望同志们加以讨论和研究之。

九军、十一军现在实际上就是党的基干队伍了，我们现应该反对任何异视的观点，过去金策同志曾经同我这样谈到过，我是完全同意。我希望党内对九、十一军要更加关切，省委应对九、十一军工作应该有一详细讨论和决定。我认为江南九军的残部应该竭力设法收集，而江南十一军的残部，我在下江必以最大力量注意之。我同时认为三、六军在一九三八年度虽然受到极大的损失，然而损失终究比九、十一军小，剩下的还是多，因三、六军应该站在哥哥的地位来帮助这些弟弟，在分工的立场，我认为三军要以最大力量帮助九军，六军要以最大力量扶助十二〔一〕军，这是革命的任务，未知你意见如何！

我此后给同志们的信，均是普通商榷和讨论的普通通信，只有我正式给省委或意见书乃是我正式的郑重的向党建议的信件，希同志们注意。

数日后，我又穿越险阻峥嵘山道向东远进，将是千里阔别雪山遥隔，我所希望的是时有信件和消息之往返，我所渴慕的

是"但愿人长久，千里共婵娟"。此致

布礼

仲云

五月初五日①

同日 就正确对待碴营把头问题致信许亨植、张兰生。全文如下：

亲爱的三军军长亨植同志、三军政治部主任兰生同志：

"三分春色二分愁，更一分风雨"，这是叶清臣所作的留别词中的名句，这亦是我们在通河深山密林中别离时的景况。当我读到这一句的时候，我感到无限的留恋黯别。然后攀山越岭、涉水渡河，穿过了无数幽暗的森林，稠密的丛莽，真是"热忱踏破兴安万重山"。现在带着满怀离情别绪，到达了目的地了。到达此地后，所得着的一切情报，都使我奋勇前进。亲爱的兰生、亨植同志，现在正是黎明破晓的时分，不久晨晞将普照大地。努力吧，前进吧，胜利之歌是在唱了！

关于近来的许多情报，此地一带工作情况，我给全策同志的信上已经详尽的写了，你们大概可以看到，我不再此地赘疣详述！但有一些个别锁[琐]碎问题我要告诉你的。

碴营把头现在是我们山里比较容易接近的群众。他们一方面要应付敌人，一方面还要接近我们，这样两面派的生活，当然要有许多为难的地方：因此，我认为尚志同志时期的三军对待他们过分苛刻严厉，不体会他们的困难情况，甚至于残暴的对待他们，当然是不妥当的。根据省委九次常委会的决议，毫无问题的，我们应该更加接近他们，改善他们与我们之间的关系。体会他们的困难情况，而有计划的站在正确的抗日救国的原则立场去组织他们。他们即使有些错误，只要没有走狗行为，我们应宽大的作风，不要轻谈没收。事实上，我们没收了某碴营亦不能很好的经营，结果反而造成恶劣的政治影响。

此次我路经汤旺河西乌木河②、柳树河子③各地发觉，今年

---

① 《东北地区革命历史文件汇集》甲55，第75—82页。
② 乌木河，现名乌马河。
③ 柳树河子，南岔附近。

夏天碓营把头上来种大烟地的是不少，而且今年六月敌人就允许上驼子。汤河西皮业本归三军管理，因此，你们应该立即派员去收大烟钱。而且规定种地的碓营减收大烟钱的条件（如通河一样——我们汤东的决定也和通河差不多）。这一人员必须能切实负责，站在抗日救国基本原则立场去组织他们，应该运用我上面所说的经验。如果问题解决得好，三军还能在汤西乌木河各地得到一部分给养，作为后方的给养，当然必须尽可能不要用权威而必须秘密。

　　我们启刚博士的作风确实成问题。去年他收皮捐时就滥用权威到打人，碓营把头有些被打或被辱骂，使人们对他都是"不寒而栗"。尤其是对于梁白毛碓营之没收及于胖子碓营罚款处置是不大妥当，而引起了碓营间不好的政治影响。梁白毛碓营事件是如下：梁白毛处我们有二个叛徒拐枪逃到该处，认梁干老。启刚要碓营把头缴取叛徒枪支，碓营把头怕事，也不敢动手，未敢缴。后来三军三师李副官到碓营，叛徒得知，在李冶到营之前匿出房外。李副官问叛徒来营否？梁白毛一方面怕叛徒窃听；一方面站在"人道主义"上，可怜这两个人，因此回答说，没有来。后来叛徒枪支被李副官缴回后，叛徒一再哀求梁白毛带到山外，梁白毛于是答应带鹤立河口①，出山外他不负责任。当然他是站在"可怜"和怕事观点上出发的，于是启刚主任大发雷霆，通令没收梁白毛碓营并见梁白毛则处死。梁上街时本带有公款一百五十元，本拟买物上山，闻碓营被没收，后于一时气愤，在马家店鼓动之下，将款送交日寇。我在汤西一再调查，此事属实。因是而决定不没收梁白毛碓［营］而归还之，并给予执照，现附上（请详读之）。当然，汤西皮业应归三军管理，我之代办此事是逾越我的工作范围，为了改善政治影响，同志们当然是能同意的。至于于胖子碓营事件，是我们的叛徒叛逃时曾到该碓营，而启刚同志意为叛徒枪支已交碓营，因而收押于胖子碓营元皮十二张。现在据该枪支还插在鹤立河一带，而叛徒在长嘴子一带。此事我虽未适当处理，但原则上我们自己的叛徒事件，不应该非难碓［营］，希善为处置。同时传说乌木河的周庭真系通河周排长之碓

---

① 在今梧桐河农场三队附近。

营被日寇①，未知是否事实，如有此事实，当×收回之。

此地三军七十三、四团金指导所率之二十余，据该方传说现已过界，姜团长到江南去找，当然是找不到了。姜团长如回或使之回三军军部，原本此地还有八个人，但四个叛变现已正法，三个已越境逃亡。仅反动摇，越境之王连长在此，我鉴于此地人数过少，因而留在此地不再西去。他还带有公款××一个、表一个、亦留此地充公用。特此通知。余容后详，希你们多多给我指×。此致

布礼

仲云
端午，一九三九②

同日 就汤东、北黑③、江南、金沟、绥滨等地情况及今后计划致信金策并转中共北满省委的报告。摘录如下：

最亲爱的金策同志并转省委：

1、当着春色已阑，旧历四月初七的时分，我在欧根河畔铁坚、景荫二同志处偕下江的交通员起程远行。背着沉重的背囊，在炎热的烈日下，一步一步地、郑重地迈上东进之途。勿论风雨蚊虻是如何恼人，勿论森林是如何幽暗阴沉，勿［论］峰峦是如何峥嵘峻削，勿论溪河是如［何］急喘［湍］奔腾，都没有能减弱我前进的意志和决心。我终于克服道路上的险阻和崎岖，经过各种周折和困难而平安地达到了目的地。与可爱的、青年的、被饥寒侵蚀得特别瘦惧的禹民同志会面了。

"干革命，争取祖国和民族的解放，决不像走康庄平夷的大道，而恰如我们这次远行，困难和周折是无数的，只有坚强的意志，百折不回的决心，不避艰难与困苦，才能得到最后的胜利。"这是我在这次远行中一再地和交通员同志常常谈到的。这次的远行也是正象征着下江工作中所要经过的。党既然将下江巨艰的工作按到我的双肩上，现在我既然已经到了下江，我现在不但要告

---

① 语句不通，原文如此。
② 《东北地区革命历史文件汇集》甲25，第333—337页。
③ 这里的"北黑"是"萝北黑龙江"的简称。

诉党我对下江工作有信心，而我决定以这次远行中同样的意志、决心、精神来完成党所托付给我的重大任务。当然这还是我的予诺，党当然是相信的，但是我一定不能辜负这予诺，我一定是要在实际工作中实现我这一予诺。

2、汤东旧区情形如西部一样，当然比西部更加严重些。在城市里面依然是严重的封锁。山边上是有开荒和屯垦的集团，由敌人发给牛马和种籽，均有相当的兵力保护。而老廉队不断的在山边搜索讨伐。在春季讨伐时，敌人曾进入到汤东大山里，而现在只是在山边流动，大概大烟市可能进来一趟。汤东的困难主要是我们没有力量和准备，并和群众隔离。汤原本来是有多年斗争历史的游击区，群众本来是和我们关系很好，如果过去我们自己没有错误，那末在任何困难情形之下也是有办法的。然而我们过去错误，实在是使我们自绝于群众，而敌人就藉此更加狂逞其反动的阴谋。譬西北沟大屯、田家屯等处，过去都是在任何困难情形之下，群众还是拥护我们的。然而去年远征队的一扫净光的行动，老耿逞威作福，群众至今仍是和我们对立。他们没有牛马，无法种地，哪能不冤恨我们呢？敌人更藉此狂吠着，这是汤原几年来拥护抗日军的结果。无论怎样我们还应该说群众和我们还是藕断丝连的，存心乐意坏的，还是少数，只要我们找方法还是不要紧的。

陈芳钧同志当然是很好的干部，但是他对于汤原旧区是不熟悉的，领着不稳固的一团一连及二连的部分共三十余人，在无粮无米、饿寒交迫情形之下，到汤原旧区去活动。在敌人非常熟悉，进攻有经验的，统治比较强固的旧区去活动。而且陈芳钧同志本是新进的干部，工作上是不会找到更多办法，哪能不受到损失呢？六军司令部过去告诉他们可以挑围子，因此，他在今年春初就在汤原挑了田家屯的围子，牵出了一些牛马、粮食。起初，他们意见是要群众来赎回自己的牛马，二斗米一匹马，然而，日寇对于跟出牵马的群众，是非常严厉的，均行逮捕并杀了好几个，因此，牵出来的牛马又都吃了。而田家屯抓出来的犯人，又因队内叛徒叛变而逃脱。沟里没有吃粮，于是又不得不挑第二个围子陶家崴子。这次在上级指示之下，并未牵牛马，因此，群众方面影响是好，群众关系转好了些。事实是这样，只要我们能够正确去对待群众，在旧区群众关系比之工作从未有基础的新区是容易转好，因为曾经有过工作基础的旧区的群众，原本对我们是了解的、拥护的，是比较先进和有认识的。解决陶家崴子后，队内骨干的干部对汤原较熟悉的吴副官××等在太平川田家屯与群众接关系时，被个别分子告密而光荣牺牲了。陈芳钧同志在出外打给养的途中，与敌人遭遇而光荣、壮烈的牺牲。因此，队内一时缺乏主脑，同时又因交通联络（与禹民同志）由于交通的糊涂，偶然失却联络。因此，一时队内更为动摇，叛逃者倍出。因此，队内消息、缺乏食粮均为敌寇得知。敌人因是在山边四处出卡，我军又因缺乏粮食外出而误入敌卡，受到相当的损失。队伍虽然脱出，队伍与队内主要负责者池指导员隔绝而被叛徒孔副官领导和胁迫之下，投敌十名及高连长等投降四名，结果这一部分队伍至此全部损失，仅池指导员及二三名由投降队逃脱之队员归来。

汤东敌人力量并不雄厚，活动并不是不可能，而这一部分队伍之失败主要原因是队伍后方给养没有相当的准备，没有不露目标地去接近群众，改善群众关系，去解决给养。而采取左倾的挑围子并破坏群众关系，不会想出更多的办法。当然敌人严厉的封锁和搜索，以及过去工作错误所形成的恶劣环境也有关系。这个告诉我们以后汤东活动应该怎样。首先后方给养要有相当的准备，不露目标地去接近群众，改善群众关系，以取得供给问题的解决，然后采取秘密的、灵活的游击战术袭击敌人。

汤东的活动当然仍旧是应该支持，因为这是多年有历史的游击区。但是现在一因没有队伍，且没有熟悉汤东的干部，又因没有干部，所以现时只得暂时搁着到秋季再作决定。现时主要的是设法布置汤东地方工作及群众关系，以作今后活动之准备。当然，即使布置这些工作也应有相当干部和关系，而现在亦是没有，旧的地方关系也没有和破坏了，我们当努力而为之，想各种办法布置之。

3、北黑一带，黑龙江沿兴东[①]一带，由于我军活动尚未露目标，所以封锁不较严。群众有出大屯外种地捕鱼者，而地方警察亦对群众监视并不太严。特别是隔江遥望苏联，我军过去并未在

---

① 现黑龙江省萝北县太平沟乡兴东村。

该处过多侵犯群众利益，因此，群众关系和态度亦较密切（但鸭蛋河以东除外。因为该处一带敌人较多，而过去寿篯同志领导队伍进攻鸭蛋河，曾施以焚烧）。但该地一带活动之队伍最易过界，偶受小的打击即逃亡苏联，成为队伍流行现象。在一团团长夏振华同志领导下之一团团部，及二连之一部及三军七十四团之一部，共分二部活动。由于夏不能积极活动不去接近群众不去解决给养，天天蹲山挨饿，而且夏官僚主义作风特强，因队伍逃亡苏联者十八名仅存十一名。然而这些队伍就是我们这仅存的活动的队伍了。

兴东一带当然是非常重要，这对于我们与××关系联络有极大关系，我最近当去一次（详见后面），去布置秘密的地方群众工作，士兵工作、交通站，并准备相当给养和密营，但队伍不宜在该处活动而应他调。

矿山是任何关系都没有了。金沟敌人都采取集团部落政策，买卖的垄断，因此活动亦比较困难。我们仅仅有一个关系，很不好的关系，但这是我们后方维持生活的唯一关系。秘密保守住关系，我们尚能喝粥，否则，我们只有饥饿。金沟内的满军还较好，当然，在金沟队伍以军事行动来解决供给尚属可能，但一则我们没有力量，而且这样的活动露目标不很必要。金沟矿山的内部工作，只能逐渐布置之。当然干部和关系现在是没有，我们当努力而为之。

4、关于绥滨一带过去我们的群众关系当然是好的，但过去的地方组织关系自黄成植逃亡后，关系已失却无法找到。队伍的关系，此地没有熟悉绥滨的人亦无法去找，我们没有力量，当然无法展开平原游击。我们当努力去展开地方工作。

二十三团尚在绥滨西江套一带，该团自团主任徐果逃回军部后，连长亦逃亡，仅余队员现约二十余人，均已匪化，大概在秘密种大烟。该团队员均系山东人，尚相当顽强，且他们与佳市码头工人及矿山工人，均有关系。且经过他们可以找到江南□该地一带依松花江沿及梧桐河畔或有渔人，我将很快布置兴东附近活动之此地一带唯一之部队约十余人去该处，以便解决二十三团问题，并设法与江南取得联络，以便解决江南问题并展开该地一带活动，使该地一带能有相当供给的准备。

5、姜团长等二三人东去梧桐河一带找队，到梧桐河后得知二十三团消息即去二十三团，未知找到二十三团否，他或会由二十三团关系过松江南。三军金指导员现据该方消息已逃亡过去，当然是无指望了。此地三军部队现在仅反动摇逃亡斗争最坚决之王连长一人了，此地人数缺乏，我认为不必要他西去了，因此留下。

6、江南消息暌隔，音信渺杳，但遥闻该方传来消息，江南队伍过界者甚多，江南交通是随姜团长过去的，但未知何时能回来？寿篯同志过去江南北没有布置是应该受到批评的，当然禹民同志如要过去，必须江南消息相当确实方能过去。我们为了爱护和保存干部，也必须要相当郑重的。我过江事要俟禹民同志过去布置一些工作后再行决定。

7、关于屯垦工作。此地在饥饿状况之下布置了些，大约队内能种地总计有四垧地。但由于敌人拟修铁道，测量队的活动出乎我们意料之外，有些地点种的地是处于万分危×状态，或能不致于发生问题吧，但是这是我们的希望。当然比较好的是我们曾经布置了一些碓营种地，而汤东西碓营今年种地亦较多，敌人破坏亦不能全部，今年秋冬给养，少数四五十部队或不致于困难。

8、敌人今年对于碓营上驼子大概是可能，如果这样，那末我们的供给和服装或能解决。由大烟和皮捐或能解决一部分经济。

碓营把头是我们在山里比较容易接近的群众，过去三军对待他们过分严厉残暴，不能体会他们的困难的情况，那是不妥当的。根据省委九次常委会的决议，我们应该更加接近他们，改善与他们之间的关系，体会他们的情况，而有计划的站在正确的抗日救国的立场去组织他们。他们有些错误，只要没有走狗行为，我们应以宽大为怀，不要轻易没收碓营。事实上我们没收了某碓营亦不能很好经营，结果反而造成了恶劣政治影响，如去年启刚同志决定对汤河西梁白毛碓营之没收，及于胖子碓营的罚款，那是不妥当，因此我于途中决定梁白毛碓营仍归还其本人，希三军同志同意之（详见我给三军信）。

9、关于地方工作问题，佳市已派去工作人多次，矿山亦然，但均一去渺如黄鹤毫无音信。而富锦本在光海领导之下，江南消

［息］没有，当然是没有可以报告的。汤县绥滨关系均无法恢复。桦县①是否还有同志秘密潜伏着，不得而知，亦无法找到关系。现在地方工作最困难的是没有干部、关系和经济。当然关系我们自己要努方找到之，但经济和干部无论如何希望你们要帮助和设法。关于依兰、佳市等，我们必努力而为之，我想我们或许还能想到办法。

10、I、汤东队伍的变动统计如下：汤东一团总人数为一百零三名。（A）逃跑出队六名。（B）被捕二名。（C）失踪三名。（E）② 过界十二名。（F）许可送过界十一名。（G）送人过界而自动过界的四名。（H）许可过界而未回者二名。（I）投敌十九名。（J）牺牲者十五名。（K）请假的五名。（L）奸细三名。共计损失八十二名，新捕二名，现有二十三名。

三军：总十名。（A）过界三名。（B）叛变枪决者四名。现余三名内残废一名。过界之金指导员队伍不在内。

II、现在汤东人员统计

（A）六军一团二十三名。（B）三军三名。

（C）特委及我三名。共计二十九名。

其工作分配如下：

（A）种地者五名。（B）残废二名。（C）交通员七个。（E）队内十二个。（F）领导工作及技术工作的三名。

11、（略）。

12、关于目前和今后的下江工作，我们尚有信心。尚觉有相当办法。我们敢说，如果此地一带有七八十人，食粮、服装、经济、活动，均能有办法，不至于困难。至于经济，目前困难些，以后是不会困难的。如果此地一带有七八十人，一定是能支持下去，而且可以展开活动。此地区必须要有这些人方能展开活动。目前此地工作的困难，最主要的是没有人和没有关系。当然我们要自己逐渐设法寻找，也只有我们自己去找，我们当努力而为之。没有人，一切工作将无法进行，而此地一带在目前情况下亦无法增加人数。因此，我们希望西部能帮助我们，给我们些人。

现在我们向你们要求，希望你们无论如何要执行的是：

---

① 桦县，应为桦川县。

② 原文如此，无"D"。

（A）上次我给你的信，要你们准备的款二千元，无论如何要送来，最低限度也得送□元来，应该很快送来，最好由这次交通员带来。一切工作都待进行，没有钱我们此地就无法取得食粮，就得挨饿。所以请你切莫迟误，这次交通员一定捎来。钱可秘交交通员老尹同志（韩国人）带来，如果不放心，先给一千元也可。

（B）我们希望你们能够给我二十人左右，这些人最好由龙北区六军中去拨来，旁的军的当然也可以。来的时最好不要派二十人一个队伍回来的形式回来，因为这样的话，可能削减西北部队的力量，而且远征队调回艰苦的旧区，对外及对内影响队员情绪亦是不好，风声亦高。最好三五个一次，随交通员回来或少数的一次打发回来。我们此地人数太缺乏了，实在需要人，望无论如何要派回来。派回来的人都应该比较好些的，否则会耐不住此地的艰苦而动摇。回来的人中最好有熟悉汤东情形的、有办法的军事干部一名，熟悉绥滨关系及江南关系的各一名。以上二件，希无论如何要行执之。夏团长必须调换工作，应来一军事干部。

13、往××处的交通员在回来途中被捕了，而我们最可爱的孙绍清同志光荣、壮烈地牺牲了。被捕的交通员满军要他不要说是赴苏联的交通员，所秘密并未泄露，日寇并未知道。

后来禹民又派去交通员，这是使该方非常欢迎的。因为现在这一交通关系是非常重要，他们急待联络上。现在交通员已经回来了。而且又已经派去，大概不久就可以回来。

他们说他们最近接到了中共中央来电，要他们传达我们，目前我们主要是要保存实力。并且要他们供给我们大批武装和弹药等，他们准备迅速执行这一任务。

为了供给武装和弹药等不仅我们，而且还要供给马占山东北挺进部队及国民革命军八路军游击师。特别将来大批八路军还要东北深入，因此要我们队伍急速向西北挺进，无论如何要与马占山游击师汇合。马部现约三千六百余人，确已过来。他们认为供给武装和弹药已经是时候了。他们认为现在给些文件、什物、另［零］星物品，那是小事，现在他们当努力而为之，都是可以给的。

他们要省委在大黑河、兴东建立交通站，特别是在该二城市内开设买卖，建立极端秘密的交通站，以便将来作为关系联络重要点。他们曾派一人回来，要他到省委后再到兴东去建立这一工作。我认为这一同志不必再到省委空费时日，立即就设法进行这一工作，因此就不打发去。但对大黑河城的布置，你们要迅速努力而为之。我们原有交通线，当然继续要维持和改善，但要预防敌人封锁，所以要这样布置。

这一工作的布置主要的是为了八路军将来大批东北来，不至于无关系可觅，同时他们说到现在中共中央书记是王明，现在莫京①，他们予［预］料中日战争很快中国能得到胜利，东北很快将有变动。

为了更切实的布置这一工作，使之能很快具体实现。为了执行过去我和金策同志所讨论和决定的，很快找到中央关系，取得通信联络器具。如果他们要求负责人员过去一趟，同时为了在兴东一带布置前面所说的工作，而且此地唯一的十余人的队伍是在兴东，我须要去布置工作。所以我决定过数日，就和禹民一起去兴东一次，我拟首先打发禹民过去一趟来解决他能解决的事，而我在兴东布置前面所说的交通上、群众工作上、队伍上所要布置的工作。如果他们同意我过去一趟，那末禹民回来后，我就过去一趟。如果他们不同意，那我就不去，而禹民也就能将所要解决的事解决了一部分，最低限度会给我们以及全北满工作有很大帮助。我过去主要要解决的当然是与中央的关系及供给问题，当然经费问题也尽可能向他们提出，要取得他们之帮助。如果这些问题解决不了，那我或许是不过去，即使他们同意的话。当然，我如果要过去的话，或许一半天不能回来，许要经过一个相当期间，那末这一带的工作我当善为布置，好好告诉禹民，而由禹民切实负责。此地一带工作本不复杂，只艰苦些而已，禹民是能支持了的，而且江南关系一半天大概是不能来。如果一切事都能弄得很顺利，那末一定是要设法组织交通队。一二个交通员来回走不好，解决不了问题，而且危险殊多。交通队之须要，特别是从兴东至我处，而我处至你处交通员也最低限度要密切些才好。我们此地人数很少，交通队的任务恐担负不起来所以你们应该准备。我这次如果过

---

① 莫京，指莫斯科。

去，的确是为了工作的重要，过去也曾和金策同志讨论过，而且主要是金策意见认为如果必要和可能，那面同意的话，我可以过去一趟。但是过去后，或许要经过一个相当期间才能回来。我知道金策同志是相当信任我的，了解我这是出于至诚，但旁的同志也许会说我是动摇，企图脱离东北艰苦的阵地，或者我对下江工作不负责任等，特别是我过去常说过我愿意到关内去工作，并且企图去。但我现在要说，不假，我愿意和企图到关内去做工作，但是我还爱着长期流了血汗，费尽心血所创造出来的满洲反日阵容，我还舍不得他们。而且我现在对之还负着严格的责任，我负起这一责任才是我政治上的光荣，否则就是抛弃了这一光荣，而使我十三年光荣斗争历史蒙受耻辱。我是爱护我的政治上的光荣的，这是同志们能相信的。我最低限度布尔希维克组织观念是有的，而且这一组织观念和工作责［任］心是使我七、八年来，在东北受尽艰苦而支持的唯一动力，是我获得十三年政治上光荣的原因。我现在很确定的向党说，我以十三年政治的光荣及政治生命，来向党担保我这次行动，一切行动不离开组织原则和决定。

14、根据目前关内统一战线进展，我向省委提出，我认为在目前各种工作进行中，在执行统一战线，我们不仅提出拥护国民政府及国民革命军，而且可以在群众中提出拥护蒋委员长和国民党。并且我们要积极在群众中组织国民党——民族革命政党。共产国际七次大会也曾提出，共产党应该努力去发起组织民族革命政党的任务。去组织国民党是并不会妨害统一战线中吾党的政治上、组织上的独立的。相反的会更加巩固了统一战线，发展了统一战线，并推动统一战线更进一步，使国民党更走向革命化和左倾。如果我们现在提出组织国民党，一定能吸收和获得更多群众，更能动员群众，使工作更能顺利地开展。这正如提出组织马占山将军欢迎会一样，比之还要更加有力和更加广泛。省委如接收我们这一意见，我希望省委能发一通知，并讨论出具体办法来，规定人员来切实负责进行这一工作。

15、关于交通工作。尹、郝二交通员同志都是很好的同志，将来我希望你们再准备二人，让郝领一个，尹领一个而成为二个交通队，以便你我之间建立双线联络。

这次我们走了南道，绕了许多圈，拉了许多荒，所以废了很多时日，一共花了二十四天功夫，多走了不少道，真是不合适。我已嘱告他们走北道，拉直线走近道，这次大概能拉对道，如果拉对道，那末道并不远，少则八天，多则十二、三天定能走一趟，那末二个交通队一月就可以来回走两回。

交通站沿途食粮应好好布置，我想是能布置得很好的。交通员太艰苦了，物质生活应该提高些，当然我们此地各方是困难无法，你们更应注意这一点。这回一定给他们弄油布帐篷，否则下雨无法走道，徒费时日。他们的零用费有很多日子没有发了，而且还欠了他们一些钱，希你们代发零用费，并还他们款，款数可以问他们自己。

这回他们可以迟一些来，不要来得太早，再好在一个月内回到此地，不要早也不要晚，因为我和禹民大概一个月后能由北黑回来。

16、这回许多新闻本拟立即编报，但我因来此几天，交通员又因没有粮食不能在此久留，所以写了送去。以后，我只要不过去，那我一定负起编辑报纸之责任，该方已完全负责代为搜集报纸，下次就能送来许多。

关于文件书籍，该方已完全同意负责搜集大批送来，送来后当送去些。此地有一、二本书籍，但并不多，一俟看完后，当设法捎去此书。

17、启刚方面，我意他虽然开除党籍，但只要不是党内秘密文件，一般公开公布的理论上的文件与书籍是可以给他看的，这样或许能在理论上能帮助使之转变。

零乱琐碎，芜杂潦草，祈勿以章句见责。此致
布礼

仲云
端午，一九三九

徐近英（思菲）如果西部无工作可分配。可以要他随交通过来，我们此处无作技术工作者。

请代买复写本（大本的、好的）十本及复写纸二盒，由交通员带来。

给寿筹和三军的信你都看一下。

又及①

6 月下旬　赵尚志率队回国，在佛山、汤原一带活动。

7 月 7 日　三军政治部宣传科编印《革命歌集》第二集。这一歌集收录了后来广为传唱的《露营之歌》，歌词原名为《露营》。现将歌词全文录入如下：

露营（同前调）

（一）铁岭绝岩，林木丛生，暴雨狂风，荒原水畔战马鸣。围火齐团结，普照满天红。同志们！锐志那［哪］怕松江晚浪生。起来呀！果敢冲锋！逐日寇，复东北，天破晓，光华万丈涌。

（二）浓荫蔽天，野花弥漫，湿云低暗，足溃汗滴气喘难。烟火冲空起，蚊吮血透衫。战士们！热忱踏破兴安万重山。奋斗啊！重任在肩，突封锁，破重围，曙光至，黑暗一扫完。

（三）荒田遍野，白露横天，夜火晶莹，敌垒频惊马不前。草枯金风急，霜晨火不燃。弟兄们！镜泊暴［瀑］泉唤起午梦酣。携手吧！共赴国难，振长缨，缚强奴，山河变，片刻熄烽烟。

（四）朔风怒号，大雪飞扬，征马踟蹰，冷气侵人夜难眠。火烤胸前暖，风吹背后寒。壮士们！精诚奋发横扫嫩江原。伟志兮，何能消减，全民族，各阶级，团结起，夺回我河山②。

7 月 13 日　就下江与六军情况及对龙北工作意见致信张寿筹。全文如下：

亲爱的寿筹同志：

二全会决定我担任六军政治部主任并赴下江领导工作，由于交通联络关系，及一些工作关系，绕道"四支队"后方转赴下江，满拟与你会晤，以便详细讨论和研究王作，特别是关于六军工作，但你又北去龙德③，千里遥隔，徒增怀思，惆怅何如。

---

① 《东北地区革命历史文件汇集》甲25，第339—357页。

② 《东北地区革命历史文件汇集》甲55，第151页。

③ 龙德，指龙镇、德都。

　　二全会决定我担任六军政治工作，事实上我对于队伍工作经验是非常阙如，特别是没有军事经验，因此我希望你多多给予我帮助和提出意见。我对于六军内部当然是不熟悉和 [不] 了解，现在我当然是无法提出具体的整个的意见，而且我仍又因工作关系，事实上无法集合聚谈，因此希望你我之间多多的通信商榷和讨论一切问题，以弥补这一缺陷。关于龙北六军队内政治工作，我远在下江，事实上无法兼顾，你既系六军军长又系三路军指挥，且系省常委之一，而且我们寿钱同志是勇于负责的干部，在六军中有长期的政治工作及斗争历史，是有工作成绩的，当然能负起这一责任。我希望你与省委密切联络，在省委指导之下，切实的负起这一责任。

　　下江的环境，当然是困难和严重的，但是我相信一九三九年能有好转，而且我相信只要有坚毅的精神，谨记着我们的导师王明同志的训词"拿出勇气""找到方法"去克服困难，下江情势、工作定能转好，我大约先抵汤东，设法打发禹民过江，我拟一俟汤东工作整理完毕，即设法转赴江南。下江各种消息情形可参读禹民与 [予] 你的信，此处不赘。但，另外的是陈芳钧同志在队伍进攻大屯时壮烈牺牲了，而下江队伍进攻大屯"打给养"常常采取左倾冒险破坏群众关系的方式，结果造成恶劣的政治影响，不会想出很多办法去具体解决给养。我意我们只有在万不得已之下才采取军事进攻的方式去解决给养——"打大屯打给养"。关于给养尽可能依靠着群众的关系、群众的拥护来解决，如果采取军事进攻的方式去打给养，必然容易破坏群众关系侵犯群众利益，而惹起敌人的注意和进攻，破坏我们的秘密。三支队据说也是陷于这样的困难状况，希望三支队要注意这一点。关于下江工作，你有什么意见，希你给我来信。

　　六军是北满游击运动中的主力部队，当然一九三八年受到了相当巨大的创伤，我们要恢复这一损失，使六军成为北满游击运动中之支柱，我们要以百万分的布尔什维克的积极性去努力，尤其是要你我之间的精诚团结。不假，这是不能否认的。事实上问题过去你我相互之间是曾经有些意见，但是我早就感到保存这些意见是不正确的，是违反了党内斗争及一致的，是对工作有害的。这些意见之存在是因为我过去感到你有些错误而未曾明显的提出，但自省委关于你的工作报告及提议之答复，指出你的错误，你是坦白的承认后，我这些意见完全化为乌有。亲爱的寿篯同志，我现在可以坦白诚恳的向你说，我对你的意见一些也没有了，而且我爱护你，尊重你，敬佩你，钦服你，寿篯同志是我党内不可多得忠诚勇于负责的布尔什维克，是有其工作成绩的。我所希望的是过去省委对寿篯的批评，寿篯同志所坦白诚恳接受的必须下最大的决心和努力来改正之，这样才对于工作会有利益。这是我肺腑之话，我想寿篯同志你是能相信的吧。但是我知道你，你对我还是抱着一些意见，也可以说是成见，所以我热诚的希望你详细研究我的倾向错误，务必有系统的具体的提出来，以便对我开展党内自我批评的斗争，以便我能详细研究、了解和改正我的错误。我敢担保的向同志们说，我愿意有系统的了解我的错误和倾向，而决意改正之。

关于六军政治工作，过去在省委会议中曾经讨论六军政治工作陷于形式主义，工作不深刻，官僚习气，人情拉拢，旧的封建系统之结合，花费自流的腐化现象还存在着。我想这是值得我们注意的，我希望你在龙北六军中特别要注意这一点。我们应该发动反对形式主义、官僚主义的运动，尤其是干部要成为模范。关于六军干部问题，我对于六军本不熟悉，因此我没有具体意见，但根据我现在所了解和知道的，我认为师级军政以上的干部都洽[恰]当，但我认为六军以后政治工作干部，决不能如左倾关门主义路线时三军的政治干部一样，应该有相当的政治知识、文化水平、工作经验才行，应该要有相当斗争历史，一定有相当的学历才行。

六军十九团及教导队在四支队活动时，雷炎同志牺牲的战争中十九团首先退却，同时我听说他们翻箱揭柜搜腰换衣的掠夺行为及强暴的打骂群众的行为特别利（厉）害，大概是事实，我认为这是六军的耻辱。十九团及教导队的工作应特别检查整理，并提出××纪律和军队纪律问题。对群众的掠夺行为不仅陷工作于极端严重的困难，[而且]我们现在的工作主要的依靠群众的关系密切，政治影响的良好，掠夺强暴的胡匪倾向完全有失抗日军人的体统，离开了抗日军人的政治原则立场。龙南区各队掠夺强暴的情形还是流行，因此我们应该发动反掠夺、打骂群众的胡匪倾向的运动。

关于省常委工作，你是省常委组织部长，估计金策同志一个人比较孤独而我又远在下江，因此我希望你多多向省提出意见，帮助省委。我曾经与金策同志约定他负责编辑党刊，我负责编辑报纸，而你负责编辑一种以三路军名义发表的群众刊物。希望大家相互供给稿件，并动员同志们供给稿件。

谢文东据传说被其大少爷绑了送寇方，八军军部全部投降，日报已载出，想系事实。五军关书范投降大约系事实，传说柴世荣与华堂同志等拟正月渡江北来，但行至大罗勒密误入敌卡，华堂负伤，九军、救世军、五军于是分开活动，曾解决四道河子木业，工人被杀甚多云。现在他们都不知何处去了，传说均已南行。传说华堂同志被其部下某副官（最亲近的）暗杀，尸首已拉至大罗勒密，暗杀者敌人赏一千元。一师郭师长被俘投敌，九军江南部已零散仅存几稀，传说仅于四炮带了几个人南去，华堂被暗杀八成是事实。蓝志渊投敌叛国时曾有二十余，二师忠实同志被其暗杀后，蓝然后投敌。最近在铁力街亦已发现蓝之悔过书，并说明他早有意投敌。这真是给我们血的惨痛和教训！江南敌人继续不倦讨伐南山，南山人迹罕见，沿山均有敌人碉堡。亨植同志恐不易过江南，大约他布置二师李泰过江后（传说宾县李洪秀还剩三十余人）当北去龙北，以便加紧龙北工作，龙北工作现在是我们工作的中心环节。

春季敌人讨伐时，三军七团所受之损失是这样：因漏岗（岗位及带班的发×）敌人包围了，而被敌人冲至火堆，以致我军死伤十余人，七团轻机遗失一架，最痛心的是我有多年战斗历史的张连科同志、王秘书、王副官等阵亡。敌人在七团后方讨伐搜索非常厉害，大×均是哈埠开来之寇军。后来七团在盘妖山活动时，九军王连长已被叛徒（修道工人上队叛变）暗杀而群众关系破坏些，现在七团活动陷于非常困难状况。

九军、十一军之残存部队实际已和基干部队一样，铁坚、景荫二同志均系有希望之干部，党内决不应该异视他们，应该以最大努力援助他们。一九三四年度三、六军虽然受了严重的创伤，然而较之九、十一军还好些，残存的还多些，三、六军还是哥哥队，哥哥还应帮助和爱护弟弟。为了分工起见，我特别提议三军要以最大努力帮助九军，六军要以最大努力帮助十一军，三、六、九、十一军要并驾齐驱的成为三路军之基础，同时应该发动各军的革命竞赛运动，三、六军及九军与十一军要互作革命竞赛。我希望你在省委指导之下，规定三、六军的革命竞赛协定。

关于龙北工作，我有如下的意见：

一、二支队暂不向西南挺进，以开辟游击区和游击战，我是同意的。但我意布西（莫力达瓦旗）、阿荣旗、甘南、扎兰屯、泰来、江桥北、齐齐哈尔、洮南等应该多多布置侦探、地方群众、个别关系的工作，以便在今秋一、二支队继续向前挺进，与马占山挺进的先头部会合时不致盲人骑瞎马——瞎闯，而对于远征才会得到有把握之胜利。

龙北的地方群众工作，应该以绝大的努力注意。历史的经验告诉我们，队伍的工作发展必须地方工作发展，地方工作发展必须队伍发展，二者是休戚相关不能分离的。珠河群众工作与三军、下江群众工作与六军的历史上的事实经验完全证实了这一点。地方工作不仅要布置城市工作，而且要布置乡村工作，乡村及山边的工作布置常常是给予队伍的发展以莫大帮助，在队伍的供给上，新的力量的×收上都有极大的关系。地方工作的布置应该尽可能的利用旧的系统、团体……等来广泛的组织农民群众的组织，不要限［陷］于死板和狭隘。同时还应该布置许多个别的关系，如布置人去赶车、当把头（木业、金沟等）、到屯下种地，做买卖等，平时不要去任意乱用这些关系，到了队伍相当困难时期，及时的个别的给予队伍的帮助会收到极大的效果的。

队伍不能死守大山，队伍必须吸收更多新的力量才能生存，队伍不发［展］就只能××，队伍必须要有新陈代谢。然而目前情况龙南、下江是很困难吸收队员吸收新的力量，那末这一责任龙北一定无疑要担负起来。根据事实，游击连、青义军等小队伍之发展常常培植了大队，珠河三军、下江六军均是如此，因此龙北我意应该发展脱离生产和不脱生产的队、青义军和游击连，小的山林队之发展我们也不要妨害之，主要使之纳入正轨，旧有的山林队应以最大努力去结成统一战线。

三支队在群众关系方面、队内政治工作方面、队内服装和子弹方面、道路方面都应该准备，以便能于青纱帐起时突入西大界，铁道西活动。

你们应该尤其要注意解决经济问题，现在龙南、下江、哈东都希望你们给予帮助，而且龙北仓应该负起这一责任。

你们相互之间及与省委交通联络务必密切，交通联络之密切常常增加工作中勇气和信心的。

章句甚杂，片段零乱潦草，望勿以章句见责。

此致

布礼

仲云

旧五月初七

张副官送钱到下江去，现已回来，但此地无钱，无法再给下江捎去一千元。我已去信给金策同志，要他预备二千元，将来下次交通员来时设法捎去。现在下江经济万分困难，分文俱［无］，衣服未换上，而花旗五十余元一匹，小米八十余元一石。

张副官已与我们回下江料理其家属后再分配其他工作。又及①。

7 月 17 日　在《中共下江特委书记高禹民、抗联第六军汤萝绥留守主任夏振华给金祥的信》中提到："高禹民奉省代表冯仲云之派遣前去和你接头，去之目的及其任务之重大性，在冯省代表信中已详细写明，此信不再重复。希望你要很快和禹民同志接头为要。今有伪满洲国特务机关之秘密文件也随禹民同志给你们带去，请查收之。北满省委给中国共产党中央的文件，请你要设法急急给转之。因那些文件都是万分重要。"② 通过这封信可以看出早在七月冯仲云即安排高禹民赴苏联联系有关事宜。

7 月 18 日　中共北满省委在给高禹民的指示信中就高禹民提出的一些工作意见由省代表冯仲云详细答复，并指示高禹民和冯仲云在寻找依兰关系的同时，想办法建立鹤岗里面的工作③。

---

① 《东北地区革命历史文件汇集》甲 55，第 163—172 页。

② 《东北地区革命历史文件汇集》甲 31，第 261 页。

③ 《东北地区革命历史文件汇集》甲 25，第 47 页。

7月19日 中共北满省委就军事指挥体系及高禹民情况给冯仲云的指示信①。

同日 中共北满省委就我军情况及日蒙冲突等问题致信冯仲云、高禹民②。

7月29日 于天放致信冯仲云，全文如下。

亲爱的仲云同志：

我已接到你的来信，快甚，乐甚，回想八年前的今日，我们去松江北岸你的家里，多末愉快，故国风光常使我们追怀往事，白色恐怖亦较薄弱，致使我们的工作有顺利的进展。

在革命暴风雨的前夜，遂推动了我重新走向革命的康庄大道。平洋③同志始终未忘了革命事业，在兹暴露之前即行毅然参加武装队伍，并对××××警有所联系，革命力量定会增长，下江武装运动或无可限量也。可惜，"壮志未酬啼遍野"，我们的平洋同志在敌人枪弹之下牺牲了！仲云同志，我的亲爱的同学！我们应踏着烈士的血迹前进，复仇，我现在患痢疾症，未复元。大约三五天后，就要到平原地区去活动（方向绥海望④等处），决定实现"面向群众，深入群众"的策略。这边消息梗塞，据传说海拉尔、齐齐哈尔、新京（长春）被华蒙军轰炸矣。再谈，多通信。此致

布礼

于天放

一九三九·七·二九⑤

8月上旬 刘凤阳等到苏联将缴获的物品交给苏方后，随陈绍宾所率第六军一师六十余人回国，到梧桐河山上驻营。数日后陈将刘等缴械，钱

---

① 《东北地区革命历史文件汇集》甲25，第49页。

② 同上，第57页。

③ 张平洋，系张甲洲的化名。

④ 指绥棱、海伦、望奎。

⑤ 《东北地区革命历史文件汇集》甲55，第191—192页。

款没收，将尚连生①留下。居心不良、奸险阴恶的尚连生造谣说，赵尚志说过："张寿籛、冯仲云、周保中、谢文东、李华堂等皆参加托洛茨基派，专反对打日本子的赵尚志。现在五、七军，八、四军坍台投敌的只有冯群（冯仲云）、寿籛，我一定逮捕割头。"又说"你尚连生到冯仲云处，把他欺骗来，就是你的成绩"等等。陈绍宾听到后，将此谣言奉为至宝，陈将尚留在他的队伍里，以备以后去省委令其做赵尚志要捕杀省委领导人、"反党""罪行"的活证②。

9 月 16 日　就陈绍宾去江南工作问题致信赵尚志。全文如下：

亲爱的尚志同志：

事情恰好绍宾同志归来又与我会见了！

绍宾过界并不是他的逃亡，而是出于客观事实的演成。此次我打发禹民同志过去要他们允许绍宾同志归来，使暂时失去抗日战斗效力部队恢复了抗日武装战斗，那当然是很好，很可庆幸的事！

绍宾同志归来传达该方意见。绍宾同志归来，他们的意见可以去见你，但绍宾同志部队组织问题，由他们自己原有组织关系来解决。按照这一传达，因此我根据了组织原则，召集了六军一师军政会议，在会议中作出如下结论：按目前客观情形、工作情形，绍宾同志有必要归队分配□□江南去接收江南之旧部，他们因绍宾同志过松江活动而被迫留在江南的，他们是［在］江南艰苦的斗争着，绍宾同志热念和关心着他们，青纱帐口倒，他们会碰到更大的困难的。因此，必须立即去搜集，不能容缓，且回后方从活动上给养上的［有］困难，因此站在工作立场上，绍宾不必经过你处而去江南是正确的，同时组织立场上也是可以必须和正确的。因此会议的决定同时经过我的命令而绍宾去江南。

亲爱的尚志同志，我们相互工作多年，我们都是郑重的共产党员和革命家，问题不是相互之间关系问题，而是政治上和组织

---

①　尚连生，曾任中共绥滨县委委员，1938 年在富锦被捕叛变，后打入东北抗联队伍，从事间谍活动，1940 年在北安通敌告密，致使讷河县委遭到破坏，成员全部被捕，抗日群众被捕 73 人（见《伪满档案史料选编：东北抗日运动概况（1938—1942）》，第 219 页）。鉴于叛徒尚连生对党的事业的严重危害，后被地下组织处决。

②　《赵尚志年谱》，第 281 页。

上问题。我对党和革命负着严格的责任，我的脚步必须紧跟正确的政治和组织立场。我对您的诚挚和恳切的意见，您现在首要的是首先去找到省委，经过正确的政治和组织路线和手续去着手一切问题。无〔芜〕杂涂鸦，尚祈原谅。临笔神驰。此致
革命敬礼

六军政治部主任

北省下江代表　冯仲云（印）

一九三九·九·十六①

9月18日　与中共下江特委书记高禹民在萝北县兴东过黑龙江进入苏联，寻求与中共中央恢复联系和取得苏联的援助。冯仲云一九六〇年回忆说：

> 一九三九年时和各方面的联系都没有了，和吉东的联系也没有了，决定我到北边萝北、兴东一带去任六军政治部主任。当时下江特委书记是高禹民，他和苏联还有点联系，所以我派他到苏联去，准备通过苏联找到中央的关系。这时苏联肃反扩大化已过去，苏联也积极的找我们。……高禹民从苏联回来了，叫我到苏联去一趟。原来我在小兴安岭东部时，北满省委有决议，要我到苏联去一趟，但要小心谨慎弄清问题，不要被扣留，不回东北。我于是决定去苏联②。

《我的自传》："一九三九年九月十八日，我在太平沟苏联同志把小汽艇接过去后，第二天就让我坐黑龙江轮船到伯力，把我安顿在一间屋子里，一个游击队员来见我们（我和高禹民），我向他要求到延安去找中共中央，到莫斯科找共产国际，他都是答应了不回答。叫我写报告。我这就开始写给中共中央的报告，有关于抗联部队的活动和党的工作。除此而外，我只能读书，有时也有苏联工作人员陪我们去看个戏，大街上走走，过了一个来月，自称共产国际代表的海路来看我们，我们又要求到延安中共中央，那时实际上路还是通的，到共产国际去，他的回答还是请示中，当时我要求拍电报给延安中共中央，他说可以，我把电报写出来，后来我

---

①　《东北地区革命历史文件汇集》甲 55，第 295—296 页。

②　《中共东北地方党史资料访问录选编（冯仲云同志专辑）》，第 41—42 页。

又托他打个电报到延安中共中央，打听一下我老婆的消息，也同意了，我写了电文，他都拿去了（在这儿，我介绍了黄吟秋关系以便他们利用）。后来回答我的追问，都说电报已拍发，无回电，——解放后，我知道我找爱人的事延安是知道的。我同时请求周保中来，他们也说在找中，要他来。

"后来我又迁居了一个地方，不久就是十月革命节，我和高禹民同样是在那儿读书，在这时期我们读了不少书，如《联共党史》，还有共产国际七次代表大会文件等，后来就读到了毛主席《论持久战》。那时周保中也来了，赵尚志也来了。高禹民可能去看过一次马克正，他在学无线电。"

9 月 19 日　许亨植就部队活动情况致信冯仲云。

9 月末　赵尚志发出命令："着调张寿篯、金策、许亨植、张兰生、周保中、冯仲云前来总部参与会议，职务暂由他人代理。限见令即日启程来部，不得迟误。"①

10 月 8 日　冯仲云给金策并转北满省委及张寿篯的信——关于过界召开北满、吉东省委扩大会议等问题。全文如下：

亲爱的金策同志并转北满省委诸同志及东北抗联三路军总指挥张寿篯同志：

还在今年春末，我由庆、铁赴下江时，曾与金策同志协议及接收省书金策同志及二全会后新省委之委托，如××同意，我们可以过来，代表北省解决过去一切问题，并负责寻找中央关系。

我到下江将队伍略事整理，即派禹民同志过来，咨询一切，并附带解决一些问题，禹民同志经过两个月才回去，同时他们给我信，要我和禹民一同过来。

正当我治装待发赴尚志同志处时，我见着了禹民，我于是将这面的信件及我给尚志同志的各种信件转给省委一份。在一个漆黑的深夜里，我和青年的禹民同志等偷渡风平浪静的阿穆尔江。

阿穆尔的波涛，祖国的风光，人们的快乐，同志们的热情，都使我的胸怀感到兴奋、激励。五、六年来冰天雪地、饥饿跋涉，崇山峻岭、荆棘丛林的生活，不住在我脑中闪烁。不！也许太兴奋了吧！然而关内还处于苦战剧斗，同胞还在浴血抗战，我们是更应奋发激励，努力我们的自己的工作，完成我们的任务。

---

① 《赵尚志年谱》，第 288 页。

祖国同志们谈到过去的确弄得太复杂，致使工作遭受许多损失，现在上级已经决定有专人负责一切，均不能和往日一样了。政治上、组织上、物质上、事务上决定以最大的努力来帮助，唯一的条件是统一，这对于往后工作之开展和和平策略秘密等都有极大的关系。

为了"统一"，为了尚志同志问题，为了今后工作的开展，祖国同志们的意见，而我完全同意的。他们决定在这一面召集——北满、吉东的扩大会议，以便决定吉、北党的统一合并，二、三路军的合并和统一。同志们和我们的意见在这个会议中，在这统一条件之下，根据了真正民主条件，根据了同志们之自由正确意志，来完成我们党的统一的军事的领导和负责机关。本来在坚苦卓绝中斗争出来的我们，根据了吉、北实际情形、路线斗争结果，一切还须我们自己决定、解决的。

吉东一九三八年虽然也受到严重打击，但我们敬爱的保中同志还是无恙。这真是大幸。听说保中同志日内就要来，我希望能见着他，当然保中同志会议是一定要参加，缺他也是不可的。

尚志同［志］决没有和我们过去决议中所希望的，一切大约还是照旧，也许还要前进一些。起初是争取了一些军事胜利。现在××巨艰剧形势之下而处于严重困难情况中。现在我们时时刻刻的关心着尚志同志的一切，祁致中过去后是枪毙了，最近我又听说陈升①是叛变了，我们当然是尽了一些可能，帮助了尚志同志，然而，帮助决不能与调和混为一谈。过去北满被调和糟尽够了，我们只有坚决拥护中央路线，步步不离共产党的组织原则，才能正确解决一切问题，才能争取最后胜利，是毫无问题的。为了解决尚志同志问题，尚志同志当然也应该到会。

的确，寿篯同志以及过去省委是错误了，抱着不信任态度，不及时的解决问题。以致现在造成许多困难。你和金策同志必须要迅速过来开会，当然得绝对遵从祖国同志们的通知，但通知开会日期必须保中同志来后才能决定。无论如何希望你们及时的过来，大胆放心过来，但过来时，那面一切工作应该安排妥当。兰生、亨植、庶汎［范］如果可以过来，也可过来，但是决不应使工作受到任何损失。为了工作着想，留一些干部也好，金策、寿

---

① 又名陈森。

箧来时将意见书捎过来就可，我意见不过来也可。

物质既然有了帮助，有了靠山，有了基础，是没有限止的基础。但是一切还凭我们自己努力和斗争，革命不是从一个地方能搬到另一个地方，一个人群搬到另一个人群。下江现在客观形势仍旧严重，没有达到突变是不会有更大的变动的，下江的工作当然主要之中心是"准备"、"保存"，准备迎接突变之到来。我们一切之指望现在首先还是西部，根据省委九次常委会决议，我们还须争取西部局部形势之新的展开。物质既然有了基础，更使我们增加西部形势展开之顺利条件，我们必须争取西部大界之突开，争取在其中能自由活动，西兴安岭要争取占据。现在我希望你们一定要在未来之前，定出具体计划。队伍应该积极活动，尤其是关于人数更应大量增加，没有"人"，一切都成空谈。地方城市工作更不容许忽视，当然一切可以来后，在会议上解决，但未来之前，都应该切实布置，时间和机会是不允许丝毫放松的。

物质的需要，寿箋、金策同志来时应该根据需要和可能制出具体的预算，以便过来可以提出。我已嘱托同志们准备。干部可以的话，可以带些来，以便学着政治和技术；稿件可以带些印刷；一切信件、决议都要带来；以便研究事物和转给中央。通讯一定要注意密切，而且我也一定要注意这一点，交通连络一定要万分注意，最好找适宜地点在阿穆江沿岸布置，决不露目标的交通队、站。

绍宾曾经过界，他的过来还不是他的主观的错误，而是客观事实之造成，现满载而归。祖国同志们曾经决定绍宾同志归尚志领导，由这方面直接领导。关于下江一团虽三十余人，我个人尊重中共组织系统北满党，我个人尊重中共指示之下之三路军系统，我特别注意到布尔什维克之政治立场、组织手续、组织路线，我坚决没有同意尚志拆编。下江其他部队已无，绍宾余四十人，光海、义光、女裴等已牺牲。中央的关系，他们一定负责找，现在我正写报告，一定是可以联络上的。如果可能的话，执行过去的决定，我一定到中央去一次，中央今年开代表大会，我希望同志们能同意我去参加。但是我诚恳的向同志们说、向党说，我并没有什么取巧，北满党的工作中，我曾经流过血、受过饥、挨过冻、遭受过敌人之袭击。我曾经抛弃了一切，北满的反日阵容，我是其中创立的一分子。我决不会忘记患难与共，生死相关，整天在冰天雪地、饥饿与伤亡中挣扎，奋斗向前迈进的亲爱的同志们！我以十三年之政治生命与光荣来担保我的行动，不离开组织。过去的各种文件和信件等，无论如何要捎来，以便送到中央去。

我最近是否再到下江去，现在还没具体决定。但是各种文件要捎来，以便送到中央去，希望于最近见到保中同志，但我对下江工作责任是决不会放弃的。

亲爱金策、寿篯诸同志，七次常委会转变路线是使党走向布尔希维克化。同志们，继续坚持布尔希维克原则立场。拥护中央路线。斗争是我们出路，调和就是耻辱和灭亡。此致
布礼

冯仲云

八，十，一九三九

10 月 12 日 金策在关于起①抗日捐情况及答复下江同志的要求等问题给许亨植的信中提到了冯仲云在下江面临的困难和冯仲云过界入苏是他同意的内容，他在信中说：

亨植同志！你对下江交通关于冯主任要求钱款问题，怎回答呢？你知道他们事实上困难，我意见是你带过去的款里给他们一千元才好，但不知你对这个问题怎解决。

当然，现在下江在许多困难条件下进行工作是毫无疑问的不易，冯主任同志要求二十名队员，这也是应于六军负责人讨论的事情，我想三军方面有恐难解决。冯主任说'在下江只有七八十名队［员］方能解决有办法，粮、子弹、衣服都能［有］解决的可能'等等，我认为这种观点都不好，干部缺乏不用说，但应当以［是］创造独立精神不足。他还不了解下江实际情况，队多是在目前环境，只可减少而不能增加队伍。我们人数少，用人数的方法，不能是说定命论，还是下江队伍找到办法来解决困难，以保存实力。那么冯主任现在所要的二十名和下江原部二十余名共合四十余名，这也不足数，他决定意义的数目［是］七八十名。

---

① 起，动词，为东北方言。有征集、征收的意思。

当然数目有关系不假，干部解决问题是不假，但这不能是专依赖西方而解决，不去自己创造，他这种要求是不适当的。关于交通站、交通线，并于××发生密切关系，冯要过去一趟，对这些我都同意的，我曾经与他对这个问题讨论过，那么现在时机，已经〔是〕最迫切的时候了①。

同日　在苏联伯力（哈巴罗夫斯克）以北满省委代表名义写出给中共中央的长篇报告，详细叙述一九三五年至一九三九年北满反日斗争情况。报告摘要如下：

冯仲云给中共中央的工作报告②
—— 五年来北满反日运动之发展
（一九三九年十月十二日）

目　录

1、引言

（一）哈东局部革命波澜之汹涌与低落

（一九三五，五月——一九三六，五月）

（二）松江沿岸革命波澜之高涨与珠河汤原二中心县委联席会议

（一九三六，五月——一九三七，五月）

（三）敌寇对松江沿岸之进攻与北满党省执行委员会扩大会议

（一九三七，五月——一九三八，五月）

（四）北满反日运动的重整步骤与北满党政治路线之转变

（一九三八，五月——一九三九，一月）

（五）北省九次常委会及北省执委二全会

（一九三九，一月——一九三九，五月）

（六）现在我们的工作状况

（七）我们的工作计划

（八）我们向中共中央提出的要求和意见

（九）关于最近发生的问题给中共中央的信

亲爱的中共中央负责同志：

---

① 《东北地区革命历史文件汇集》甲55，第396页。
② 《东北地区革命历史文件汇集》甲25，第83—150页。

从一九三五年五月——一九三九年五月，整整四个年头了，这是多么悠久的岁月啊！这四个年头中，北满党完全是处于四外隔绝的状态中。他们与外部没有任何的联系，得不到任何直接的援助，没有得到上级组织上的领导，他们简直好像《随军西行见闻录》里面所说的"化外党部"一样。但是还值得中国人民的嘉许，中国共产党足以自豪的，是他们在敌寇空前严重压迫之下，在巨艰万难的环境中，本着共产党员的真正革命的精神，前仆后继，不怕牺牲，不惜流血的向前迈进。"一息尚存，誓死抗日"使我大中华民族解放史上呈现灿烂的光辉。

冷洌的朔寒，已经失去了他的威严而悄悄地逝去。国内抗战已走入第二阶段之末期。现在他们正在抖搜〔擞〕坚毅不拔英勇无敌的精神，向前冲锋！他们既想尽各种方法找到上级的联系……

还在今年四月北满党二全会后，受北省常委及北省书记金策同志之委托，要我到我们的祖国来，代表北省讨论一切政治上工作上之问题，请求援助，及讨论援助之统一问题。并代表省委切实负起找寻中共中央关系，要尽各种可能见着中央。现在得祖国同志的同意，已来此地。特向中央作此报告，希中央务必答覆。

报告是从一九三五年五月起，因为当时我们与上级正式关系已经没有。五年来的变动是复杂得很，是罄笔难尽的。既然是工作报告，当然不厌繁多，不避详尽，不拒实际，我个人文笔涩滞，且时间匆促，信笔挥毫，请勿以章句见责。但这一报告是未经北省通过的，而由我个人负责。当然"个人报告是免不了有报告人自己的主观"，有时也许有错识观点和意见。我所希望的是上级要详细的研究和检查。

北省代表：冯仲云

九、十、一九三九

（一）哈东局部革命波澜的汹涌与低落

（一九三五、五月——一九三六、五月）

哈东局部革命波澜之高涨，开始于一九三三秋季。当时哈东山岳地带，仅中东路一线横贯，没有其他近代的交通通道。乡村星散疏落。农村武装统治的力量，主要是当地的地方武装队伍，他们对敌寇是抱着游离的态度。敌在这些区域里统治是闲散的。

这些优越条件使游击战争得以顺利地发展起来。一九三三年秋季以后，散漫和零乱的，封建和落后的，大大小小的，数不胜数的，山林队在这一地带蜂起地产生出来。

珠河是哈东一带的中心。一九三○年以来就有中共的农村组织——珠河中心县委。但因为基础是建立在韩国民族中，民族间的隔阂，使工作在长期没有得到开展。到了一九三三年秋季，由于同志们运用抗日救国统一战线的策略，艰苦地到中国人民中工作的结果，群众工作就有了相当的开展。当时珠河中心县委曾派了一些同志到孙朝阳部义勇军中进行工作。孙朝阳被捕，其部队走到反动，而设计杀害我们的同志。赵尚志同志以及韩国同志六、七名闻讯后，仓忙携带武装出奔，而成立了珠河反日游击队。

珠河反日游击队刚产生时，在哈东各山林队中，虽然几乎如"沧海一粟"。但与珠河党领导下之群众组织工作配合起来，执行了抗日民族救国统一战线，英勇战斗，积极行动，加以客观形势的顺利，队伍与地方群众组织都有一日千里之长足和迅速之进展。在中共满洲省委紧密领导之下，同志们积极和努力的结果，经过了一年八个月，在一九三五年五月左右，队伍的数量已扩充至三百多人。分布活动于珠河、双城、延寿、宾县、方正、阿城、五常各县。队内党的核心领导，政治工作的进展，使队伍的战斗力甚为英勇。曾经与日满匪军作过多次剧烈的战斗，而获得伟大的胜利。队伍纪律严明，队内政治觉悟亦提高，特别是与广大农民群众亲密与配合。一时在哈东区各山林队中"鹤立鸡群""众孚所归"（珠河反日游击队，不久就成为哈东反日游击队。在一九三五·一·二十八成为东北人民革命军第三军。一九三六年后始改抗联三军）。

当时地方群众的组织工作几乎普遍哈东区域被组织起来的地区面积，统计广一百五十里，袤一百五十里左右。被组织起来的群众约有七千户左右。群众的组织反日会约一千五百余名，妇女救国会约六百余名，青年反日会约二千余名，儿童团一千余名。群众的武装组织有农民自卫队五千名（不脱离生产，原始武装组织），农民反日军六百余名（半脱离生产），游击连与青年救国军各三百余名（脱离生产的）。特别是农民委员会——乡村政权之雏形，各地普遍的建立，更有历史上的意义。在城市中以苇沙河为中心，从中东路横道河子站起，以西各站几乎均有秘密党的组织及工会。其他如宾县、方正、五常县各城镇中亦有秘密组织。队内及地方党总计党员约七百余名，共产青年团团员五百余名（以上的数字全凭回忆与记忆，当然不能精确，不过大致如此），党的支部生活是非常不健全。党员的成分大部是农民，政治水平非常低落。但当时哈东地带之革命波澜非常汹涌澎湃，队伍和地方群众工作因正确地执行抗日民族统一战线，正确地执行中共中央路线，而得到迅速的发展。然而另一方面，自一九三五年五月后，"左的倾向"日益滋长。由于敌人统治在某些区域的闲散，而在这些闲散区域内，胜利是易于取得的。"胜利冲昏了头脑"，同时敌人统治又步步加紧，被"冲昏了的头脑"，憧憬着幻灭。革命的急燥就更加使"左的倾向"扩大。但当"胜利"转为"损失"时，于是张惶失措，莫知所之，而陷入于右倾消沉、丧气。这一逐渐发育的"左的幼稚病"，由于上级关系的断绝，党内的调和，未能及时地纠正，以致后来发扬广大而形成与中央路线对立的"左倾路线"。使北满工作受到极大的影响，遭受敌寇一九三八年度之严重打击。当然这一"左的幼稚病"产生不仅由于党内无产阶级基础的薄弱，游击战争基础是在广大农民中，有它的发展的社会基础和条件。而且还由于中共历来的立三路线、盲动主义、冒险主义、命令主义、官僚主义残余的传统。甚至于有些"左倾"的错误，还是在我们上级直接指示之下形成的。所以过去北满党所犯的错误，我们的上级也是不能不负责任的。

由于执行抗日民族统一战［线］的结果，山林队对游击区的民众并不加以侵害，且日寇的压迫亦达不到游击区内，因此游击区内的民众暂时得到了相当的生活安定。而大批的农民迁入游击区内，形成了游击区内暂时的"繁荣"。熟地就成为农民群众争夺之中心，土地问题就提到议事日程，在那时候珠河县委接到由满洲省委送来的《东北人民革命政府临时纲领》。这一纲领上的一条是"平分土地"，满洲省委还申明是中央的意见，需要下级同志讨论。于是"没收逃跑豪绅地主土地"、"平分土地"就在满洲省委同意和奖励之下，而在一九三五年四、五月时就成为珠河党的中心工作。"平分土地"并未在游击区内普遍执行，而实际上"平分土地"不过是平分了熟地。由游击区久居的农民手中分出了一些熟地，给予新搬入游击区的农民而引起原有的农民一些不满意。

同时，该时正当春荒的时候，新组织起来的游击区，由于昔年敌寇及山林队的侵扰，水灾，粮食缺乏，同样在满洲省委同意之下发展了抢粮运动。结果抢粮军形成了胡匪行动而侵犯了城市、非游击区居民及游击区内殷实农民的利益。所谓"平分土地""抢粮"运动主要的错误是不能在全民抗日救国统一战线策略之下，正确的对待内部斗争问题，正确地去解决"民生"问题。中央五中全会后，给满洲省委的指示信中，特别提出了反日政权问题，应该提到议事日程上。因此，满洲省委红五月决议就决定了要在珠河、南满、汤原、东满等游击区成立人民革命政府，珠河县委执行了这一个指示，就在珠河开展建立人民革命政府运动。这一运动进行了好几个月，麻烦的"代表"使农民弄得莫明其妙。特别是旧有的"千百家长"均被排斥在选举与被选之外。

"平分土地""抢粮运动""建立人民革命政府"中的"左倾错误"，的确多少破坏了些统一战线，使城市、非游击区与游击区域对立。但是这个对立主要的原因，还是当时敌寇的势力与革命势力的对立。游击区好像汪洋大海的敌人势力中一个屹立的孤岛。其次还由于山林队以游击区为其隐藏地带，而对城市和"大界"——非游击区域加以侵扰。以及基干部队逐渐滋长的大烧大杀的倾向，破坏了城市与非游击区居民的关系。

五中全会后，中央给满洲省委的指示信中特别还指出，抗日队内只有在下列二个条件之下，才能结成联合军指挥部。该队伍内我们有下层的巩固基础，允许士兵代表参加。因此使原有的曾经在哈东建立起来的指挥部坍台。一九三五年三月当三军游击到方正、大罗勒密一带与谢文东、李华堂部汇师。在谢、李提议，三军政主任冯仲云同志坚持的结果，在没有上述二条件之下成立了东北抗日联军总指挥部——当然这个东北并不是指全东北而言。但是这个联合的结成，在以后北满反日运动中，特别是在一九三六年后下江反日革命波澜的高涨中，起了极大的作用。联总总指挥系赵尚志同志，而总政治部主任系张寿篯同志。

······

人们被胜利冲昏了的头脑，原来是趾高气扬，以为革命是一往无阻的，以为队伍将继续发展，游击区将继续巩固扩大，日寇将无法给予我们以打击。人们并未从敌我力量的对比来估计客观形势之发展；并没深刻了解自己是处于孤军无援，并未了解应该准备自己，以及公开工作与秘密工作之互相更替、互相配合。城市、非游击区秘密工作应该更多的去布置，而且完全有可能更多布置，但是没有做。

在一九三五年秋季霹雳一声，敌寇实行坚壁清野政策，烧毁全部游击区域。所谓一时"繁荣"的游击区域浓烟迷天，尸骨狼藉，景象之惨淡几为人间所未睹。当时珠河党既未有任何准备，来应付敌人这一猝然的打击。在敌寇这一残暴的进攻中，张惶失措，束手无策。当时珠河党所提出的中心口号是"武装起来反抗敌人的烧杀""不许敌人进游击区一步""至死不离游击区"，曾经动员了一大部分的农民自卫队，农民反日军等（约三千余名）配合着第三军的一部分队伍，给予敌人以武装抵抗。农民亦在上面口号之下而死守游击区，不离游击区，结果遭受敌人一次又一次地烧毁和屠杀。群众，特别是我们的党员被杀和被捕者，不知凡几！

一九三五年十月正在这样严重和紧急的情况中举行了珠河党的县执行委员会议。会议决议的中心：①继续领导群众武装反抗烧杀斗争，组织"民变"。②队伍集中力量远征下江脱出敌人包围圈。③关于尚志同志问题。

珠河党曾经以全力来发挥"继续领导群众反抗烧杀斗争，组织'民变'"之决议。然该时游击队主力远征，斗争失去中心支柱，群众失去斗争信心及依靠。再加以敌人将游击区烧毁殆尽，群众已日渐逃亡一空。珠河局部的革命波澜已低落下去了。"民变"当然不能，也没有组织起来。一切地方群众组织、武装组织、党及青年团的组织，······也因游击区内群众逃亡一空，而随之瓦解无踪。如果我们当时能够正确地估计敌我力量的对比，如果我们估计到孤军无援，及珠河革命波澜低落的实际状况，注意到公开工作与秘密工作之互相更替及互相配合，事先有准备，而能正确地在退兵一战后退守。有秩序地退却。我们的"军队"当然损失能少，干部的保存能多，颓丧能轻，而我们的工作亦恢复得能更大。

县执行委员第二个决定无疑是正确的。游击区毁灭殆尽的时候，敌人就举行了疯狂的大讨伐。如果当时队伍不脱出包围圈，那末无疑义的，队伍将受到更大的损失。实力之能否保存，就是严重问题。但是所可惜的，当时队伍内"左的幼稚病"使队伍与一般山林队对立……以及队内部分同志之右倾动摇（如宾延一带山林队要求路北指挥部——以三军二团为中心支柱，脱出敌人讨伐网及包围圈。二团同志置之不顾）。哈东山林队大部陷入敌人重围，被敌人以风卷残叶之势，扫荡殆尽。仅我基干队孤军突出敌人重围。县执委会关于尚志同志问题的决定是因为在一九三五年四月，珠河党团县委曾向满省提出尚志同志倾向问题，而向省委要求撤销尚志同志三军军长之职务而受到满省批评。当时满省意见应帮助、批评教育尚志同志。在会议中曾经指出斥县委"在严重情况中动摇军事干部"之错误而给与县委全体以警告，仲云、尚志二同志以严重警告。

一九三五年冬，敌已将哈东游击区烧毁成为一片干净土。游击区内野无炊烟，道无人迹。珠河县委及珠河党残余的一些同志带着创伤后的颓丧、消沉情绪。但又因大多系在群众中已经公开，为敌人所熟知之干部，既无经济，又无出路，基干部队远征，音信阙如。只能匿居深山密林，徒呼奈何，他们曾经找到他们的上级满洲省委，但未曾给予任何政治上组织上的帮助和指示。当人们处于极端严重困难的环境中，必然希望上级给予援助和启示，然而我们的上级没这样做，事实就会产生埋怨心理。这也就是后来一九三六年珠汤联会组织观念中错误的主要来源。当时珠河县委诸同志情绪消沉，且敌人所传播之伤寒症流行中，仅冯仲云同志奔走。"一人两手"工作之困难达到极端。一九三五年冬及一九三六年春，曾经由吉特送来王康指示信及吉特补充信。这给予在万难的环境中的同志们以重要的启示。一九三六年春夏之交，珠河党同志根据前二文件的精神，坚毅努力自己工作。珠河党起初成立了以苇沙河区委为中心的珠河县委白区工作部，以魏长魁同志任书记。这一工作后来有极大的开展，而改组为苇河县委，在哈东特委直接领导之下。同时还因敌人在一九三六年春，对严重进攻后之哈东游击区进攻较弛。游击区内又有少许群众迁入，封锁亦较弛，因此得以恢复了一些工作。在邻近游击区之非游击区内（如五常、双城……等县）、游击区内，以及二者之中的大屯中，曾经成立了许多党与群众之秘密组织，而建立了珠河县委，归哈东特委领导之下（苇河县委、哈东特委在一九三七年四·一五事件中全部破坏，——详见后。而珠河县委之下级组织，在一九三六年冬大部破坏，未破坏者亦失去联系）。珠河党又搜集了哈东游击区中基干部队之残部，而成立了三军二、三师，并与舒兰德林残部、汪雅臣部结成统一战线（该残部后编为抗联八军，殆一九三六年珠汤联会中，又转编为抗联十军，但因失去联络，不知所之，大约于一九三六年敌寇大讨伐中丧失殆尽）。珠河县委鉴于哈东旧区之残破，敌对哈东旧区仍步步加紧进攻，估计一九三六年冬又将遭受严重困难。因此在一九三六年春夏之交，即布置三军二、三师远征。二师在领导路北新起之山林队，突击宾县大界。因当时松江沿岸革命波澜之高涨，因而顺利突开，创造宾县之新形势。三师率领南部新起之山林队突击五常、榆树，终因该地带敌人封锁过严，受到多次打击，未能于该地一带展开新的形势，于一九三六年秋三师被三军司令部远调海伦。大部山林队遗弃旧区。一九三六年又遭受敌寇严重打击，悉数瓦解。同时县委鉴于哈东旧区之不可久留，在冯仲云同志布置之下，将县委及游击区一部分之党团同志、基干群众、队员家属迁移下江、方正一带。

劫后之哈东旧区，一九三六年冬敌寇又再度大施烧杀，在广修汽车道、武装移民、保甲连坐、集团部落政策之下，哈东局部革命波澜之余波亦低落下去。一九三六年后，哈东游击运动遂走入消灭状态。统计哈东游击区，自一九三五至一九三六两年间，同志牺牲者数百名，群众以数千百计。血染帽儿山，尸填乌吉密。哈东人民解放斗争实以鲜血来写成中华民族斗争史之光辉灿烂的一页。尤其是我共产党员赵一曼（女）、张玉衡（三军政主任）、王惠同等等诸同志，在敌人百般严刑拷打，威逼与利诱之下，不稍屈辱，而慷慨悲歌，从容就义，使哈东人民永铭勿忘，实我大中华民族之光荣。谁谓东北无慷慨悲歌之士！

一九三五年五月，满洲省委曾派遣张玉衡同志到珠河，代替三军政主任冯仲云同志工作，而任三军政主任。并决定张兰生（又名鲍巨魁）同志担任珠河县委书记，冯仲云同志担任县委宣传部长，并嘱托冯仲云在珠河县委中应起领导作用。白江绪（后调汤原现已逃亡）担任县委组织部。不久即发来临时通知，大意是在战争状态中，每个党部以独立工作精神进行工作，但与省委交通联络必须密切。自此以后，省委与珠河县委党部之交通关系甚为密切，但无任何政治上和组织上之指示。当珠河游击区被敌烧杀孔急时①，珠河县委曾向满洲省委提出了一些政治上及组织上之意见。当时满洲省委之回答系同意珠河县委之意见，但省委无法解决。吉东特委与珠河县委横的关系是满洲省委所允许和介绍的。一九三五年冬，吉特曾由苇河党组织陆续转给珠河县委以王康信及吉特补充信。珠河县委曾将王康信转送满洲省委。满省曾将王康信分发各级党部如南满等。来信指示一切工作按王康信执行。一九三五年终，珠委接得吉特来信，要珠县书记兰生及青年团书记小梦②同志赴吉东，并告诉不许与满省发生关系，说满省有奸细。当时珠委因满省委本系珠委之直接上级，而吉特如此通知，使珠委瞠目不知所之。当即之后，小梦同志赴吉东接洽。小梦同志去吉东后回信云：满省主要负责同志已走，哈埠仅有一人，在该处维持关系，任务不能任何政治上组织上之指示和决定。但要我们仍与满省维持不紧密之单线交通。后来吉特关系断绝（见三军，始知该时吉东秘书处破坏），一九三六年春又由满省派来过去由珠河派莫斯科学习王传同志。彼之传达，除王康信之原则外，在组织上则云：满省人员将全部赴莫，中央决定满洲成立四个省委，而以珠河为中心由冯仲云、赵尚志同志负责成立一省委，并成立哈东特委。一九三六夏，满省因从珠河县委派去之人员口中知道：吉特说满省有奸细。且中央有信要他们去莫斯科（据说当时满省确因工作关系滞留哈尔滨）。因而来信带着伤感情绪，宣告满省取消。并再三嘱托必须与新成立之哈尔滨特委发生横的关系，并以兄弟之谊帮助他们。后来珠委又经过三军四师接得中代来信通知成立松江省委及哈东特委，并以张寿篯、李成林为松省书记及冯仲云同志为哈东特委书记。

① 原文如此。

② 小梦，也作晓梦，即韩光。

（二）松花江沿岸革命波澜之高涨与珠河汤原中心县委联席
会议

（一九三六，五月——一九三七，五月）

松花江沿岸本系北满最富饶之区。沃野千里，人烟稠密。俗
称之为"东大荒"。两岸平川漫岗，倚山沿江形势雄胜，系游击
活动优良之地区。一九三二东北革命高潮时，松花江沿岸最为汹
涌。尤其是松江下游，抗日部队曾与敌寇对抗甚久。一九三三年
松江下游尤有一九三二年革命高潮之余波（如一九三三[①]土龙山
民变）。抗日救国之思潮在人民脑海中酝酿已久。殆至一九三六
年始形成火山爆发之势。但当时敌人在松江两岸，尤其是下游统
治闲散，武装队伍大部均系地方武装队伍。寇军力量亦较少。交
通线除松江水道而外，宁佳路至一九三七年春始完成。客观形势
完全有利于游击活动之发展。

松江两岸满洲省委属下之主要组织系汤原党。一九三二年
秋，在满省代表冯仲云同志领导之下，努力为转变中国人民基础
而斗争，曾达到相当的工作成绩。一时汤原党的工作及群众组织
工作普及通河、汤原、富锦、萝北、绥滨，曾组织了广大中国群
众之反日会，某些地方曾经组织起来了农民委员会（如汤原县西
北沟）。一九三三年秋[②]，土龙山事变后，不久汤原县各种组织，
尤其是韩国民族的组织，即遭受敌寇巨大打击，破坏和散乱殆
尽。一九三三冬，仅四十余名亡命的韩国同志，在民族英雄夏云
杰同志领导下徒手起义，成立汤原反日游击队，历艰辛，破万
难，恢复地方群众组织工作。但当时客观形势发展较缓，工作进
展亦较慢。在一九三六年春季，汤原反日游击队与义勇军冯治
纲、张传福部结成统一战线，队伍始有长足之发展。一九三六年
春，抗联三军在赵尚志、张寿篯同志领导之下，远征下江与汤原
反日游击队汇师于小兴安岭南麓，成立了抗联六军，张寿篯同志
担任一时期六军政主任而六军得到发展。在三六军解决亮珠河[③]
金矿局警察队及汤旺河山林警察队，于是占据了小兴安岭东部，
而以小兴安岭为依据进出活动于松江原野。在白江绪领导之下地

---

① 冯仲云记忆有误，土龙山暴动时间应为 1934 年 3 月。
② 记忆有误。
③ 应为亮子河。

方党努力配合工作，于是松江沿岸逐渐展开新的形势。而当时形势主要之高涨点，是在通河、汤原、依兰、桦川。

哈东三军二师关化新同志率领突破宾县大界，珠河党同志由于哈东旧区之毁灭，而有组织地迁移方正。三军司令部在赵尚志同志率领之下，由下江远征巴、木，与于九江部山林队等结成统一战线。于是松江中游，形势亦突起变化，而逐渐高涨。

宁安党领导下之二、五军北征部队，亦沿东西老爷岭山麓逐步向北伸张。配合在勃利、密山、宝清一带活动之三军四师郝贵林、金策同志领导下之部队，展开活动于穆棱、勃利、依兰各地。一时逐步造成了松江下游南岸，牡丹江下游之新形势。

同时吉特领导下之城市秘密组织依兰县委，自一九三四年以来，在李成林、高禹民、姚新一诸同志努力之下，艰苦工作的结果。至一九三六年夏秋之交，工作已普及于依兰、桦川、佳木斯、勃利、通河各大小城镇。尤其是在知识分子中进行了巨大的工作。

敌人统治之闲散，各方工作之汇合，使松江沿岸反日民族革命波澜逐步呈现总的汹涌澎湃之势。同志们以一九三六——一九三八年之松江沿岸与一九二五——一九二七长江两岸比拟，虽其情况不同，亦诚非梦呓之谈。苟北满党不犯"反中央路线"之左倾关门主义的路线之错误，北满反日民族革命战争将给予国内抗战以更大之助力，是毫无问题的。

在一九三六，九，十八左右，三军司令部由三军四师金策同志处接得了中代来信，在张寿篯同志与赵尚志斗争结果，决定了发起召集成立松江省委之扩大会，并发出通知。冯仲云同志在哈东亦因接得通知而驰赴会议。……但闻珠县冯仲云等同志已到达，亦驰赴会议。时张寿篯同志被赵尚志同志派赴巴、木，因此未能与会。会议形成了珠河、汤原二中心县委及三、六军党委联席会议。参加会议者有赵尚志、冯仲云、夏云杰、白江绪、朱景阳[1]等，决定统一各党，成立了北满党，包括汤原党、珠河党、依兰党。在会议中建立了北满临时省委。选赵尚志同志为北省执委主席，而选举执委冯仲云、张兰生、李福林、郝贵林、金策、张寿篯、李熙山（现因路线转变改名为许亨植）、魏长魁、蓝志

---

[1]　即朱新阳。

渊、刘海涛、朱景阳（以上珠党同志）、夏云杰、白江绪、杨△△（以上汤原党同志）共十五名为北省执委员。并选举冯仲云同志为北省书记，张兰生为北省宣传部长，而李福林同志为北省组织部长。

会议上在"大事变"来了可好，不来怎样办呢!? 的左倾革命急燥的口号之下，不根据敌我力量的对比，不估计孤军无援之困难，而否认王康信中之慎重准备之原则。尤不可容许的，决议中指斥王康信为总的右倾精神及中代来信之右倾取消主义的投降政策，而标榜立异，自命为北满路线以与中央路线对立。

同时在组织问题上，因奸细问题而弄昏了自己的头脑。采取"打草惊蛇"的方式使全党同志失去了应有的布尔希维克的组织观念。组织决议中对满洲省委、中央代表、吉东特委完全加以否认。不成立中代来信所建议之松江省委而成立北满省委。不选举中代来信中建议之以张寿篯或李成林为省书。并向中央提出批评，主要对下级组织不应长期放弃领导。

⋯⋯

这样就奖励了革命的急燥，左倾盲动，冒险主义使队伍遭受更多的打击，不能获得应获得的胜利。无法去应付一九三八年松花江两岸革命波澜之低落及敌人打击。

这样就奖励了一切离开共产党员的原则立场，如对群众关系恶化，大烧大杀主义之发展，屠杀少数民族，对伪军不顾一切的缴械与屠杀，对俘虏日军之屠杀等等不胜枚举。

这一会议之形成，"左倾关门主义路线"之形成，组织观念之错误倾向，当然主要负责是赵尚志同志。其次主要负责的是冯仲云同志（详见北省七次常委会决议，兰生同志报告，张寿篯关于组织问题意见书，一九三八年二月关于赵尚志同志意见书等）。

会议曾决定"为革命平衡而斗争"，因此决定了三军主要负责突破西荒大界，即龙江广垣嫩江平野。六军开辟萝北、绥滨、太平沟一带工作，以便将小兴安岭周围全部开辟成为游击区，并占据大兴安岭以之为根据。这一计划由于北满党的"左倾路线"始终未能实现。

殆至一九三八年路线转变，我们的主力又受到敌寇的严重打击，只部分地实现了这一计划。当然一九三八年后，小兴安岭西部形势之逐渐展开，已造成这一计划全部实现的可能。在一九三六年冬，由于夏云杰同志在汤原石厂沟之壮烈牺牲，因三、六军小兴安岭东北之远征计划未能实现。而小兴安岭西部大界之突击，当时曾集结三军大部主力于海伦、铁骊、庆城一带，约六七百名。但海伦、通北、铁骊一带，由于一九三五年敌人大讨伐，在沿山一带结成集团部落之封锁线，使该处一带大批山林队均匿居深山密林。苟我运用正确路线，与群众保持亲密联系，率领山林队深入大界活动，西部大界之突开，未始没有可能。但当时三军之大烧大杀倾向非常浓厚，对山林队之仇恨观点日益发展使队伍无法突开西部大界。……

松江沿岸一九三六年秋以后，革命波澜还是继续高涨，而高涨之速度远胜于前。殆至一九三七秋始达最高点。在珠汤联会中，曾拟于巴、木、宾为中心成立上江特委，但上江形势虽形高涨，未能积极布置上江工作，仅队伍纵横其间，群众未能有计划地组织起来。方正县工作有相当之开展，组织了广大之反日会。党的关闭主义使方正党员数量无多发展。曾经动员了大批的群众上队，使遭受极大损失之三军得以补充。在通河，珠汤联会以前，在李秋岳（女）同志领导之下，曾动员大批群众上三军给三军以应有之补充。然工作是陷于韩国民族中。一九三六秋，秋岳同志被捕，慷慨就义。尤于一九三六年冬，敌人大讨伐中，地方组织均被破坏。后来通河仅有队伍驰骋其间，群众组织工作未能恢复。

松江下游一带在下江特委书记白江绪努力中，在北省积极指示中，特别与六军诸同志亲密配合。下江群众组织工作曾有极大之开展，而成为松江沿岸波澜之中心高峰一带。珠汤联会后，工作甚为进展。由汤原、桦川之狭隘地带，在五个月中，群众组织工作几乎普及松江下游沿岸。成立了依兰县委（游击区的）、桦川县委、绥滨县委、汤原县委、富锦县委及佳木斯市委。当一九三七年二月统计自一九三六，九，十八日以来五个月中，党员由三十余增至二百五十余名（以后最多增至三百五十余名）。反日会员五个月内增至二万余户（以后最多时有四万户左右）。除此外尚有青年队、打狗队①、妇女会、儿童团，人数不详，但数亦

---

① 在抗日游击区由抗日救国会组建的秘密铲除汉奸、日伪特务的组织。

不少。尤其在六军帮助之下成立了大批"游击连"（脱离生产的）争得了许多胜利，获得大批的武装。六军八个月内由四百余人增至一千三百人，大部分是从游击连编入六军。下特同志曾经领导广大群众作三次斗争（如数百群众徒手包围汤原县城以配合满军哗变）。而六军自夏云杰同志牺牲后，六军军长即由戴鸿宾同志担任，未曾执行珠汤联会所决定之远征任务，而活动于松江下游，配合下江党之士兵工作，获得多次胜利，进攻多数城镇（如汤原各县县城之击破）。

下特工作中主要之错误是：①党之支部生活不健全，没有布尔希维克教育，而党员不知党为何物。②党内成分复杂，地痞流氓大批混入党内。③党内腐化及官僚主义甚行，党的纪律阙如。④恐怖主义流行，因解决走狗而误杀良民甚多。⑤追随抓豪绅地主的右倾尾巴主义，没有巩固真实的群众基础。更不领导阶级斗争及改善"民生"。⑥城市工作未充分注意。⑦地方观念浓厚与六军关系特深，因而与各军对立。⑧对于敌人奸细政策，警惕之不够。⑨尤其是秘密工作没有注意，以致当一九三八年敌大举进攻，须要公开工作与秘密工作相互更替时，无法更替，而遭受巨大打击。以致破坏散乱殆尽，干部保存几稀。

在一九三六年秋季——一九三七春季，哈尔滨特委曾经陷于巨大困难状况。该时各地组织大部均遭受敌人注意，干部被敌人追逐。而该时"国际交通局"负责人有严重问题，不给与哈尔滨特委应给之经济，扣留哈尔滨特委给上级之报告，哈特工作人员无法生活及迁移。适值魏长魁同志路经哈尔滨，哈特同志曾再三嘱托，魏同志转达北省，要求援助。拟将全部组织交北省，而哈特负责同志去中央交涉组织问题。要北省给予经济及允许在敌人追逐下之数十名干部，在城市无法生活的干部到游击队。同时哈东特委亦处于严重状态。但魏至北省适值省书冯仲云同志不在，而张兰生、李福林同志因恐惧奸细而拒绝援助，并不给与钱款，殆冯回后，虽急布置此项工作，但已太晚。结果在"四·一五"事件中，哈尔滨特委及其领导下之大连市委、奉天特委、海伦县委、宾县特支，巴彦特支，南满省委领导下之抚顺组织，及北省领导下之哈东特委全部遭受敌人的破坏，而旧满洲省委领导下之城市组织仅存无几，真是一网打尽，仅据敌人报载"四·一五"

事件被捕四百余名，干部牺牲八十余名。我们最敬爱的李耀奎同志（一九三三年冬满省书记）等慷慨就义，壮烈长暝。但实数尚不至此，仅哈尔滨一处我们知道的被捕达二千余名。组织关系弄到此，我认为我们中央某些同志是不应该不负一些责任的。

珠汤联会中并没有了解到国际七次代表大会关于青年工作决定的真实意义，而取消了青年的单独组织系统。从此以后青年工作完全取消和被忽视了。

珠汤联会曾经决定派朱景阳同志为北满党代表，找寻中共中央关系。朱景阳同志来苏联后，经过数月，曾派回交通员，并来信云赴莫斯科。后来我们又接连派二次交通员携带大批文件来苏联，未知中央见着否？以后是音信毫无了。我们是容易被找到的，我们真不知道中央为什么不设法来找我们。而我们的人去中央后，都是"一去渺如黄鹤"，真使我们莫明其妙，三军虽然在左倾盲动、冒险主义行动中，遭受很多的损失。但一九三六——一九三七松江革命波澜之总高涨中，由于地方党之努力，地方广大群众之帮助和拥护，数量仍有发展。在一九三七年六月，统计基干部队之数量达一千人，收编之山林队达三千余名。游击区域遍乎松江中下游两岸。它的特点是英勇善战，富于创造和前进精神。但其缺点：①队伍对群众态度非常恶劣，打骂烧杀系其家常便饭。②在"一切为了三军""三军不吃亏""反三军就杀"等口号之下，与各军及地方群众组织对立和摩擦。③队内政治工作，党的工作"一塌糊涂"。……④对于山林队徒有收编之名，而无任何政治领导。

六军原系一支青年的队伍，一九三六——一九三七在下江党帮助之下由三百余人，不数月而扩充到基干部队一千三百名，收编山林队六百余名。游击区主要在下江。他的主要特点是与地方党部密切配合，与群众关系甚好。但其缺点是战斗力较弱，而无创造突击之精神，没有经过长期战斗之考验。……

珠汤联会按照中代来信将土龙山民变之谢文东部改编抗联八军。旧吉林自卫军残部李华堂部改变为抗联九军，旧德林残部汪雅臣部改变为抗联十军。而将参加土龙山民变之祁致中部改编为抗联独立师（吉东特委早已编为独立师，而珠汤联会加以承认）。但谢、李等部队成分早已蜕变为山林队，亦仅存无几。自一九三五年成立抗联总指挥部后，于一九三六年回下江。而在一九三六年后松江革命形势高涨中，有长足之发展。当时八军扩充至二千名左右，九军扩充至六百名左右，独立师一九三七年终至一千六百名左右。他们均成分复杂，尚部分保持山林队组织与形式。但完全接受我党及抗联总部之领导，苟能加紧其内部政治工作，前途极有希望。……

抗联总指挥部于一九三六年春在下江，在赵尚志、张寿篯、夏云杰、李延禄同志及谢文东、李华堂集议之下，改组东北抗联总司令部，而以赵尚志为总司令，及张寿篯为联军总政治部主任。但实际上这一总部还只能包括北满各部。北满总部成立后，由于松江两岸革命波澜之高涨，各军得到迅速之发展。因而抗联总部在群众中有相当之威望，尤其是"十大联军"成为群众心目中之明灯，尊崇之口禅。在珠汤联会中，对抗联总部曾有决议必须加强其威信，提高其作用，建立其机能等。后来始终未实现这一任务。……而联总既未去解决这些摩擦，未实现珠汤联会决议，更未尽统一指挥，统一领导之职责。仅在"三军即联总"口号之下成为各军攻击之对象和鹄的。因此一九三六年后，联总徒有其名，其作用反而更形见绌。

（三）敌寇对松江沿岸之进攻与北满省执行委员会扩大会议（一九三七，五月——一九三八，五月）

还在珠汤联会闭幕以后不久，北省书记冯仲云同志，即对于珠汤联会之"反中央路线"之左倾关门主义路线开始怀疑，感到对王康信之指斥不妥当。适其时二、五军北征部队已与北满各队配合，吉东党即向北满党提出许多关于路线问题的意见和批评，指斥珠汤联会决议之左倾。且周保中同志亲赴北满讨论一切。惜其时北省书记冯仲云同志未能会晤，而对路线问题未有结论。后来北省又发出关于路线问题的补充决议。决议中虽然承认对王康信之错误，但存"东北统一战线已经结成，关内尚未结成"口号之下更发挥其左倾错误精神。反对中央所得出之"反日抗满不并提"之决定。一九三七年四月张寿篯同志向北省提出了自己的关于组织问题的意见书，主要指斥北省对党内奸细问题采取"打草惊蛇"方式之不当。不承认中代、吉东党，不成立松江省委，而成立北满省委之错误，而在省委四次常委会中，对路线问题之结论，珠汤联会对王康信指斥之错误。虽联会在某些问题和具体工作的决定曾有正确的，但系总的左倾精神。同时会议中决议派张寿篯同志赴吉东党，代表北省讨论路线问题，决定召集会议，以便彻底转变。

在一九三七年六月在依兰江北帽儿山召集了北省执委扩大会议。会议之参加者有冯仲云、张寿篯、魏长魁、赵尚志、李熙山、戴鸿滨……等同志。除北省执委外还有北党各下级重要干部。周保中同志是以吉东省委代表资格出席会议。会议中之"争吵"现象为东北党有史以来绝无仅有的。"武装威胁"、"争吵"、"叫骂"恶现象应有尽有。由于张寿篯同志之调和，冯仲云同志之软弱而形成了北省执扩会之调和立场，因而"左倾关门主义路线"得以发扬。在敌人早已准备，而在扩大会时已朝夕加紧进行的松花江两部一九三八年之大进攻中，不能有秩序地退却，而遭受敌人严重之摧残和打击。会议中主要之政治结论是"珠汤联会路线即中央路线"，因此无法纠正北满党内"左的幼稚病"。

……

在游击战争中，一切消息是被敌封锁，而且当时的北满党亦不会从客观的形势的估计来决定自己的政治策略和路线。国内已经酝酿成熟的，而且已将爆发的全国总抗战形势，对执扩会是盲然的。所以当时机一至，措手莫及，坐失良机。国内总抗战的爆发，这一霹雳，给予久经沦陷于敌寇铁蹄下的东北人民，以无限的兴奋和刺激，鼓舞起了他们的斗争勇气。大批的满军动摇，对日游离。尤其是加上日寇加紧"肃军"，所以有一大部分满军哗变反正。在松江下游如伪军二十九团、三十八团等。但北满党过去既无有力的满军工作之准备，当时又未去加紧发动，已反正之伪军，不能加强其领导，反而成为各联军、吉东党、北满党争夺之对象，引起许多矛盾和纠纷。"鹬蚌相争，渔翁得利"。哗变反正之满军叛回敌方者甚多。当时广大群众固然非常兴奋，然仍未放弃其踟蹰观望，不久随国内南京上海之陷落，而形势又向下落。

执扩会的确曾经根据了一九三五年珠河经验，估计松江两岸，不过是敌人暂时放松统治的闲散区。而当时敌人对这一区域之压迫，日甚一日地加紧。因此决定了吉北党各军分头配合有计划地远征。但当时松江沿岸敌人统治闲散，地势较好，各军活动比较顺利。群众关系密切，队伍数量易于发展，易于取得军事胜利。经济来源丰富，生活优越，所以各联军猬集松江两岸，尤其是下江，不愿离开，不愿远征。以致一九三八年陷于敌人重围，在执扩会时曾决定六军司令率队部西征海伦、通北一带，以便再来开辟西部大界，完成中代信中所给予之任务。而三军司令部则率队西赴巴、木一带，以便向西远征。但当时赵尚志、张寿篯同志等以"三军应在下江拣便宜"为口号，不执行会议所给予之任务。二、五军应西越老爷岭向西挺进，同样没有执行。而六军司令部在戴鸿宾、蓝志渊率领之下约五百余名，以"平推主义"千军盖世之势西征。冒险主义的左倾盲动，结果又遭敌寇迎击痛击，惨受巨大之损失（如叶家窝堡之役）而狼狈逃回下江。六军初去时与群众关系较好，颇受西郊农民之欢迎，苟军事上不采取左倾的"平推主义"，西郊之突开完全是有可能的。……六军司令部逃回下江后，党虽曾给予他们以严重打击和处分，然敌人包围之形势已成，势难挽回。

敌人鉴于松江两岸革命波澜之汹涌，还在一九三六——一九三七期间即计划要于一九三八年间将抗日联军包围于松江沿岸一鼓而歼灭之。因此一切准备工作步步加紧。敌人的政策主要是从政治着手，所谓"匪"民分离政策。所谓"肃军""肃民""肃匪"而以治标治本①为其中心骨干。他们的口号如"消灭三个执枪匪，不如消灭一个思想匪"。他们的具体办法是完成松江沿岸之保甲连坐政策，集团部落及集屯集家，户口政策，证明书、劳动证、旅行证，加强警察政策，武装移民（白俄、韩人、日人）没收土地（松江沿岸之上地已全部没收于"满拓"，农民除纳租于原有之地主外，尚须纳租于"满拓"——满洲拓殖会社），治安工作班之活动，走狗奸细政策，及大批叛徒之收买及利用。严厉的经济封锁，沿山边以及险要广修碉堡，盛筑汽车道及铁道（如佳绥路之兴筑与完成）。再以极大之兵力步步为营、长追、堵击、袭击、包围及网络式之进攻。

但一九三七年六月执扩会后，北满党同志既不了解当时国内

---

① 所谓"治标"就是对东北抗日联军实行军事打击；所谓"治本"就是推行"集团部落"，割断抗日军民的联系。

抗战是处于第一阶段，而西部远征，又因左倾路线未能突开。坐看松江两岸形势之日趋严重，正当"四面楚歌"情况而内部纷争益形剧烈，焉能不受到一九三八年之严重残酷的打击。当时苟能减少摩擦，和衷共济，团结一致，有秩序之退却，无论如何一九三八年度敌寇打击之下，能多保存自己之实力，能多保存干部。

当时吉东党虽执行中央路线，然一般是犯着右倾的错误，甚至到一九三八年初敌人大进攻中，"穷极无赖"时又由右倾而转变到左倾（如打硬攻坚，专进攻大屯，西南远征之"平推主义"，解决粮食给养之掠夺行为等）。吉东党在一九三八年遭受较北满党更严重之打击和损［失］，高级干部之大批投敌叛国（如宋一夫，吉东省书，关书范，五军党委书记等），缺［决］不是无因的。而北满则根本系反中央路线之左倾关门主义路线，因此在许多工作中都形成了冲突和格格不相入的状态（例如尚志同志起草和领导下通过的北省给吉省及五军党委的信即其明证）。其次表现是在联军总部问题上原来在执扩会议时按照中央之指示，北满同意吉东成立第二路军指挥部，并同意将八、九军之党政工作全部交吉东党而名义上暂时归东北——在扩大会议改名为北满联军总司令部领导。联总决定将来在中央指示之下改为三路军。但赵尚志同志完全没有执行执扩会的决定而另派李熙山同志至九军任政主任，给予他的任务是防止吉东党夺取九军，并到九军去夺取领导。所谓捡炮——李到九军并未执行尚志同志给予之任务，而自觉转变到中央路线，使九军工作相当进步，以致后来能实现九军部分队伍发展。尚志同志又给谢、李去信拉拢其反周保中同志，将独立师扩编为十一军，以防二路军指挥部之夺取，诸如此数不胜枚举。在组织问题上尚志同志故意阻挠执扩会吉北党统一一致之通告之发出，并拉拢宋一夫，企图破坏吉东党内一致，于是吉东党与北满党之冲突遂形成白热化，而成为无法解决之矛盾。

第二种矛盾是联军间之矛盾。这一矛盾之产生主要是由于经济收入之抢夺，收编队之抢夺，活动根据地（地盘）之抢夺，群众关系之抢夺等等而起。联军总部如果正确的去解决，当然是能减少摩擦的。但是在"三军不吃亏，一切为了三军"等等，于是三军成为各军反对之对象，而各军亦互相交恶（如六军与十一军、三军与八军，特别三、八军形成互相缴械的恶劣现象）。

第三种矛盾是六军、下特地方党与三军之矛盾。这个事实上反映着珠河党与汤原党之矛盾。实际上六军与下特之干部均系年青干部，是接受组织上之领导的。但北省尤其是尚志同志不能站在正确的布尔希维克的组织立场去领导他们，反而因下特对六军有历史关系，六军对地方组织及群众关系较好，得到下特更多之帮助（如满军哗变工作之配合，大批武装民众之输送六军）。因而嫉忌倍出……

第四种矛盾是北省高级干部之间矛盾和冲突，英雄主义，权力与地位观念，领袖欲，非常发展，互相争夺领袖地位，勾心斗角，耍玩手腕，党内的诚恳、真挚、友爱、坦白、热诚、关切，完全扫地。党内整天是争吵、叫骂、诅咒，离心离德，没有任何和睦，和衷共济，精诚团结，统一一致。当时尚志同志否认联总在北省领导下，而是在中央领导下。正如过去尚志同志所提出之三军不在珠河县委领导下而在满省领导下一贯倾向之继续。当时尚志同志主观上"谁是领袖，我"，而北省的满党内以尚志同志为北满党内之"霸王"，"北省之指导官"，决非无意之谈。

……北满党虽在一九三九年前内部纷乱复杂，达到极端，然而一九三八年初自他越境后，北满党路线即转变了，而党内就团结一致，共患难共艰苦去应付一九三九年巨艰。爱护干部是应该有限度的，北满党从来尽各种可能爱护尚志同志，现在事实上已无可爱护了。如果尚志同志问题不解决，则将来北满党的问题又会纷纭起来，是可断言。

执扩会比较初步接近中央路线之决议被废除而代之以倾向份子御制之决议。北省完全在赵尚志左右之下，北省书记张兰生同志之无能。冯仲云同志对工作不负责任态度而被撤消省委宣传部长职务。张寿篯同志（联总政主任兼三军政主任后转任六军政委）是在调和气雾中而不能自拔，当时党内景象之惨淡，思之凄怆！"调和激奖了倾向"诚非虚语。

当然这些矛盾之尖锐，摩擦之加剧，不仅表现于党之上层，而且下级党部及群众间亦同样发展。北满党简直成为不能克服内部矛盾之一团"糟"。这当然有他的社会基础和历史原因，因为东北党没有无产阶级坚强基础，而主要基础是建筑在农民小资产阶级分子身上。上级失去联系，不能及时得到应有之纠正。有历史的倾向分子问题始终未能得到正确彻底地解决。党内没有中心的骨干，而形成如此恶劣状态。一九三八年巨大之打击决非偶然的。

执扩会议之调和主义立场，激奖了倾向。所以自执扩会后，实际上北满党的反中央路线的左倾关门主义路线更加发扬，统治了党。他们不进一步去研究中代信对敌人归大屯政策的策略之真实内容，而妄加非难。结果在一九三七年秋在下江又重演了一九三五年哈东之故伎。当松江沿岸革命波澜退潮时，不设法有准备地退却，而采取了左倾盲动。用官僚主义命令方式来领导松江沿岸群众总暴动。部分群众而且也只有部分是被命令起来暴动了，队伍不能注意去配合和领导。结果被敌人大批屠杀（汤原四保之群众暴动后，被敌人数日内屠杀五百余名，统计该一时仅汤原县群众被屠杀者二三千名）。

"左倾的路线"提出了所谓"破坏保甲制"之口号，使两面派中主要倾向于我们，甚至做了很多反日工作，热烈拥护我们队伍的保甲长等亦同样被我军屠杀甚多，至今下江群众犹存痛恨我之恶意。

上江（松花江中游）山林队二千名之投降日寇。当然是因为一九三七年冬之形势紧张与严重，山林队成分复杂与动摇，我们没有加紧其内部党的及政治的工作，承受不住严重的打击。然尚志同志不注意王康信对山林队投降事件之指示而杀害其领袖于九江，亦为其直接原因。

六军西部远征狼狈逃回下江后，省委又决定再派六军张传福部队西征，以便突破封锁，牵制敌人。正当这时候我们由个别关系方面接得通知，苏联要我们将队伍集中虎饶，"踏平虎饶"，毁灭乌苏里江沿岸以便可以援助而开展新的战斗。当时尚志、寿篯、兰生等同志不从政治上来研究这一问题，而以所约时期已过，决定改换计划"踏平萝绥"，毁灭萝绥。于是放弃已经准备好的西征计划，而调大部分队伍集中萝绥一带国境地带。并因关系方面调负责同志过界讨论工作，于是他们决定全部过界，行至中途而转变，仅尚志同志一人带着失败情绪越境，而队伍由于集中国境，遭受敌人空前之严重压迫与讨伐，损失奇重，在上级长官越境影响之下相率越境逃亡。后来传说这一通知出自布哈林派奸细作用云。

正当一九三八年春大批队伍执行"踏平萝绥"而集中国境线时，敌人就在松江沿岸集中大批兵力寇军万余，蒙古军数团，满军无数，张开其早已布置之讨伐网，采取网络式的进攻和搜索。再配合毁灭农村归大屯。不仅各部队受到巨大损失，地方群众组织亦零乱破坏殆尽。一时松江两岸，尤其是下江浓烟迷漫，火光烛天，血染松江，尸被兴安，东北人民惨遭千古未闻之奇祸惨痛。

总计松花江两岸革命波澜之低落主要原因：

1）反中央路线的"左"倾关门主义路线之危害。

2）党内意志和行动之不统一及没有上级之领导。

3）敌人力量之强大与无直接之援助。

4）敌人奸细政策之作用——布哈林派及叛徒之危害。

（四）北满反日运动的重整步骤与北满党路线之转变

（一九三八，五月——一九三九，一月）

尚志同志越境后，张寿篯同志即向省委书记张兰生同志提出二月意见书，其中心内容是指出尚志同志之历史性的反党倾向及左倾精神，指出北满党路线之错误，并要求执行中央路线，王康信，中代信。省书兰生同志接收了这一意见书，并发出了"寿篯、兰生二同志告全党同志书"。在一九三八年五月召集了北省七次常委会。参加会议者有兰生、长魁同志及省秘书长崔清秀同志；列席者有冯仲云同志。根据了当时党内一般同志之要求，在政治路线斗争、组织问题斗争结果，特别在冯仲云同志支持之下而得出了七次常委会关于转变路线之决议及告全党同志书。决议之中心：指出东北一九三三革命高涨并未进到总进攻点，因此东北仍是处于王康信所指示准备阶段。党之策略决不宜"孤注一掷"而应准备自己，指出中央路线是无敌不克，无坚不破的路线而北满必须转变到中央路线来。指出"左"倾路线来源及其实质和形式而确定左倾路线主要负责者是赵尚志同志及其次要的主要负责者为冯仲云同志。指出执扩会之调和主义立场而主要负责者为张寿篯同志、冯仲云同志。并要这些同志写出自己的申明书，要求中央给予党内纪律之处分。在他们彻底转变条件之下，允许他们继续诚挚的切实的努力自己工作，在实际的工作中来改正自己之错误（详细参读北省七次常委会决议等）。

在一九三八年春，下江党、汤原、桦川、依兰、富锦、绥滨均陆续破坏，同志被捕，牺牲特委同志四五名，县、市委同志十余名，区委同志三十余名，其余下级不知凡几，尤其我汤原县委书记高△△（绰号长腿）同志之被捕后与敌顽强抗争，极其慷慨悲歌，从容就义，是我中共之光荣，并为广大下江群众所敬崇，即敌人亦不得不赞观。由于"左"倾路线，下江党在大破坏中干部保存几稀，而依兰、佳木斯之城市组织亦遭受全部破坏。路线转变后决定成立新下江特委，以高禹民为下特书记，以接收残余之组织及秘密组织。然这些由于以前省委所决定之毫无工作经验之青年干部下特书记黄成植（已牺牲）同志越［境］养伤所遗弃。而现在下特就成为一无所有了。方正县委亦因三军二师之全部损失，叛徒蓝志渊之投敌叛国，与省委失去联络，旧有的组织只有通河的组织还继续秘密存在，这是由于张△△相当有秘密工作经验的结果。

在一九三五年五月时，队伍与地方群众组织遭受敌人打击已经是十分严重，交通联络一切被敌人阻塞隔绝，路线之转变极难很快的执行到实际工作中去。路线之转变当然太晚了，否则或许能多挽回些，能多保存一些实力，这是毫无问题的。

七次常委会中曾根据了客观形势而决定整理各联军，尤其是对于三军之整理，特别坚决。决定突出松花江沿岸之敌人重围，动员和布置各联军西征。西征是在极端空前艰苦困难条件之下，在无千［钱］、无米、无衣、无子弹、无任何准备之下，在敌人的重围、长追、堵击中，穿越了"千里飞鸟稀，万山人迹绝"的小兴安岭而完成的。是跋涉了崇山峻岭，稠林丛莽，崎岖的鸟道，急湍的奔流，在大雨滂沱，山洪暴发，或雪深没腰，风寒刺骨情况之下完成的，总共主要的远征部队有三、九军部分队伍配合由通河远征海伦，三军六师由通河返回巴、木，三军旧三师由松江南岸远征铁骊、海伦，六军部队配合十一军部队三批由下江远征海伦，而这些部队是在张寿篯、冯仲云、金策、许亨植等同志布置之下，而在张传福、冯治纲、李景荫、郭铁坚、雷炎、于天放、周庶范诸同志率领之下，中途曾经发生了许多周折，遭受敌人多次打击，迷失道路，断绝粮食情况中实现的。由于队伍处于极端困难、饥饿、伤亡、寒冻、疾病、疲惫以及奸细的活动，远征队内叛变逃亡，死伤倍出，损失几达三分之二。然终因同志们布尔希维克之坚毅精神，不屈不挠，百折不回，而队伍未被敌人全部歼灭于松江沿岸而保存了一些实力，分布于小兴安岭西部，重整步骤，窥伺西郊，以便继续向前迈进。

远征队伍陆续到达小兴安岭西部，队伍遂有计划分散于南北各山边。努力改正自己过去之"左"倾路线之错误，首先争取各军内部之统一一致。现在在这一方面已收到相当效果，而各军现已在军事上、政治上、经济上全部统一起来，尤其在海伦以北诸队则完全混合一起编为支队。当然"军"的系统现在还是存在，但经过一九三八年之大的打击，大的突变后，"军"应该是要被扬弃了，否则会变为障碍的，未知中央意见如何？西郊的队伍，特别是在许亨植同志支持之下，与群众保持最良好之友善关系与和蔼态度，毫不隐讳地坦白地承认自己过去之错误，积极布置群众组织工作。因而现在西郊群众关系完全转变。现在他们，且有部分之满军与我队之关系密切，热诚拥护。昔日群众闻名而丧胆之李熙山同志现在一变而为广大群众爱戴和亲密之许亨植，中央路线之伟大，真是惊人啊，现在西郊广大之群众说"抗日军早就这样那不早就好了，现在我们为了抗日军牺牲性命也干"，同时他们又积极地布置后方工作，屯垦工作，以便与敌人作持久抗战及北部队伍分批沿山向西北挺进。采取逐步伸张建立游击战等方式，坚决反对"平推主义""孤军深入"的"左"倾冒险远征的军事策略。对于山林队采取说服和教育方式而反对缴械拆编等。对于少数民族，按吾党民族政策之原则，努力与少数民族接近，坚决要站在共产党员的原则立场，按中央路线去进行工作。他们做到了这些，所以向西北挺进时没有遭受到昔年西北远征之惨痛。而在一九三八年冬、一九三九年春顺利地展开了嫩江、讷河一带之新形势。在队伍进一步努力之下，有可能达到西兴安岭而以之为根据地（但向西挺进之前头部队在张光迪同志领导之下因遭受敌人较大力量之长追与堵击而受到严重损失，不得已而越国境线）。当然现在嫩江下游望奎、肇州、林甸、拜泉……等各县，现在敌寇除交通线较便而外，统治尚是闲散，尚未归成集团部落。仅东部沿山一带巴、木、庆、铁、绥、海、通各地结成了集团部落之封锁线。而队伍因受一九三八年之巨大打击后，人数和物质，倍感困难。穿过封锁线展开平原游击实属困难。现在他们正在积极准备中，一方面积极在该地区内布置群众秘密组织工作及满军关系，一方面扩充和整饬队伍，无论如何于短期内要实现这一伟大的任务，争取西部大界队伍能自由活动及新形势之展开。如果能完成这一任务，则队伍之发展将无可限量，必能给予国内抗战以有力之帮助和呼应。

队伍陆续西征，松江沿岸还遗有相当的部队。这是因为一则松江两岸旧区需要保持和支持，一则某些队伍因为交通阻塞，音信阙如，无法调动，因而被遗留的。但敌人对松江两岸尤其对下江进攻并未丝毫放松。敌人利用其集团部落政策已经完成，山边碉堡筑成而严厉封锁。敌人尤其对拥护队伍与队伍有关系之群众惨加屠杀，而对于队伍则利用叛徒收降，进行进攻。一九三八年来松江两岸之队伍大多被围深山密林，饥饿与寒冻，粮尽弹绝，整年树皮、青草、草根、松籽、马皮、石皮、人肉均为其难得而不能供给之食粮。在整个冬季零下四十度左右的刺骨严寒，没腰深雪中没有寒衣地露宿。伤亡与疾病困缠着他们。牺牲、叛变、投敌、逃亡、越境流亡频出，队伍于是损失殆尽。在北满党领导之下，下江一千余名队伍除在通河在冯仲云、王勤、宋喜滨同志等同志坚持结果而损失较少，仅损失三分之一外。还有在汤、萝一带以高禹民同志及六师一团政主任陈芳钧诸同志领导下之部队。他们积极说服教育、鼓舞起同志们的高度民族自尊心和自信心，他们以同生死、共患难以身作则地去影响下级。当时他们的口号"宁效伯夷、叔齐饿死于首阳，勿效叛离越境流亡"，"只要头尚在血尚温，誓死抗日"，"我们要坚持到最后一个人"等等之口号艰苦工作之结果，才能保持了一些实力。如六军一师一团之五分之二。这是布尔希维克坚毅精神之结果，其他如山林队等早已无踪了（现在北满已经没有山林队了）。而党工作基础薄弱之队如谢文东部及其本人早已投降，而李华堂之九军除已远征者外，亦已瓦解及叛国投敌，而李本人则传说已牺牲。一九三八年之艰苦不是一般人可以支持的。如果谁要以队伍之损失来非难这些同志，如现在有人谓一九三八年之损失中遗留下来同志，都是可疑的，那无疑义是别有用意。

这些队伍之损失主要的原因，当然是客观形势之严重困难，然同志们之主观错误亦不无相当之作用。这错误主要是"左"倾路线之残余，对干部之过分信任，交通联络之不密切等等。例如省委未能切实地检查三军二师师长蓝志渊之工作，而过分信任之。于是蓝得以不执行省委决定，在宾县执行左倾盲动，遭敌严重打击。蓝投敌叛国，而三军二师全部损失，省委与九军军部之关系不密切，未能及时与九军军部以适当之领导及调动，而九军全部瓦解，金策同志离开三军四师而未切实与四师确定联络关系，以致无法调动四师，而四师全部瓦解。如张寿篯同志对下江形势严重之估计不足，不慎重的提出了左倾的"大步前进，大步后退"，"挑围子解决给养"的口号，致六军一师不能保持实力而丧失殆尽。不及时地迅速地调六军五师远征，而五师悉数越境，不能切实和慎重地去对待倾向份子及动摇份子，而三军北黑游击司令吴佩生，三军十师师长高某叛变而队伍损失。

北满党由于"反中央路线"的左倾关门主义的路线之危害，使党于一九三八年狂风暴雨中，不能有秩序地，在退兵一战之后退却，而受到巨大的创痛。然而正由于北满党能自觉地转变到中央路线来，立即改正自己错误，虽然太晚了，还能保存了一些实力，使自己在今后的发展过程中能给敌以不断的打击，还有可能来迎接未来之曙光。同志们能以实际的、诚实的，艰苦卓绝的工作来改正自己的错误。在"四面楚歌"中，在绝无仅有的饥饿、寒冻、伤亡、疾病中，始终高举我大中华民族之光荣旗帜，不仅证明北满党是中共有机组成部分，是有中共光荣的布尔希维克的传统，而且是应该嘉许的。特别是在下江革命波澜中，我们敬爱的夏云杰、李成林、李秋岳（女）、王子阳、郝贵林、王玉生——以上一九三八年前牺牲之主要干部——张传福、黄成植、雷炎、关化新、魏长魁、徐光海、吴玉光、马德山、张连科、陈芳钧、王德富、吴景才、常有钧、康山、高△△、尹△△、裴成春（女）、张宗兰（女）、陆希田——以上一九三八年牺牲之主要干部——等等壮烈长暝，他们每一点鲜血都是为了祖国的独立，民族的解放，人类的自由，他们是我们中华民族之光荣，中国共产党的光荣。

（五）北省九次常委会及北省执委二全会

（一九三九，一月——一九三九，五月）

在一九三九年一月北省召集了九次常委会，出席者金策、张兰生，列席者冯仲云同志。总结了一九三八年来血的经验和教训，而得出九次常委会决议。

其中主要中心点：

在客观形势的估计中认为东北民族革命运动形式上虽受到打击，但其实质是"潜在的发展""隐蔽的酝酿"。突击思想在群众中日益生长和成熟，不久将以火山爆发之势而自动地爆发出来。现在东北民族革命运动已走入第三时期，而成为国内抗战之有机组成部分。这增加了东北反日运动之发展有利条件。国内抗战处于准备的第二阶段，因此东北民族革命运动同样处于这一阶段。任务是与国内同样，努力准备自己，埋头苦干，积极展开城市和农村群众组织工作及游击活动，努力争取大小军事胜利以响应国内抗战，恢复一九三八年之损失，努力消灭东北与国内反日运动之隔离性。估计到东北民族革命运动与国内运动之不同，我们还要以最大努力，而且还有可能争取敌人闲散区反日形势之局部迅速的新高涨。

九次常委会同时决议七次常委，以珠联会为反党小组织活动之错误。而认为珠汤联会不过组织观念之倾向性和错误。而北满党仍旧是中共有机组成部分。而修改七次常委之反党的左倾关门主义路线为反中央路线之左倾关门主义路线。

九次常委会同时又毫不留情地指斥寿箋同志二月意见书之提出在尚志同志越境之后，而北省兰生同志接收这一意见书，斗争虽然展开，路线虽然正确地转变了，但斗争是陷于机会方式是错误的。

但九次常会肯定了七次常会是党的布尔希维克之转变，使党在一九三八年敌寇严重打击之下多少保存了最低限度的实力，是有历史的重要而正当的意义的。

在一九三九年四月到一九三九年五月，在铁骊和通河两个会议，包括了北满现有执委全体，而且所讨论的意见完全是一致的。同时在战争环境中事实上无法召集较大会议，而北满一切工作急待进行。因此在诸同志一致意见之下，将这会议意见集合为北省二全会的决议而付之执行。

这一决议之中心除政治问题完全同意省九次会决议而以之作为二全会决议外，在组织上问题中心如下：

补选了二个执委周庶范、徐光海（已牺牲），撤消了三个执委赵尚志、戴鸿宾、周云峰同志，开除了两个执委的党籍白江绪——携款潜逃、蓝志渊（投敌叛国）。

改组了北省常委，而选举金策为北省书记，张寿篯为北省组织部长，冯仲云为北省宣传部长。

决议取消北满抗联总司令部，而根据中央过去指示正式成立东北第三路军，以张寿篯同志任三路军总指挥，许亨植同志为三路军总参谋长。

撤销了赵尚志三军军长之职务，而以许亨植任三军军长，张兰生任三军政主任。

撤消了戴鸿宾六军军长之职务，而决定张寿篯同志转任六军军长，不再任六军政委，而冯仲云同志任六军政主任，以便整饬部队，重整反日阵营，而努力新的工作。

派张寿篯任北省代表及冯仲云任下江省代表，开除侯启刚同志党籍，并坚决反对启刚路线——右倾取消主义路线，并允许其向中央申诉（详见其他文件）。

会议决定努力实现吉、北合并，提议以周保中、金策、冯仲云同志为合并后新省常委。

（六）现在我们工作的状况

因我个人还在今年春天离开西方，所以对西方最近之发展详情不知，但估计在一九三九年中必能得到巨大之发展，现就我所知道的及所记忆的约写如下：

①在嫩江、讷河、龙镇、德都一带有联军二支队，系在冯治纲、赵敬夫率领之下之三、六军混合部队约一百余名，及已转变为基干化之山林队海龙等约一百余名，而嫩、讷、德、龙已开展有相当之地方群众工作及党组织工作。

②在通北、海伦、绥棱有王铭贵[①]、于天放同志领导之下联军第三支队系三、六、十一军之混合部队约一百余名，而海伦农村和城市已有群众组织工作和党工作。

---

① 即王明贵。

③在庆城、铁骊有联军四支队在李景荫、郭铁坚同志领导之下，系十一军、九军之混合部队。在庆城已展开相当之地方群众工作，而就我所知在满军中如曹荣部队及一些地方武装队有关系。而此地一带山里现为北满省委所在地。

④铁骊佳绥路北，在杨宏杰、朴吉松领导之下三军部队约四×余×。

⑤铁骊、庆城、木兰、巴彦、东兴有周庶范同志领导下之三军一师一百五十余名。在蒙古山（巴彦）有纪会元、李鸿生领导之下三军一百余名（现在是否存在不得而知），并在绥化庆城等地在群众组织及党的工作。

⑥在宾县有李洪秀率领下之部队三十余（三军——现在是否存在不得而知）。宾县有地方群众组织及关系，但方正县委已失去关系，是否破坏不得而知。

⑦在通河、汤旺河西，在李泰、宋喜彬同志领导之下，有五十余名三军，通河有地方群众组织及党的工作。

⑧在汤旺河东有夏振华部三十余名（六军）——现十余名因帮助赵尚志而拨归赵部。在萝北县及一些金沟中有地方群众关系及伪警关系。

⑨原在富锦活动之六军一师陈绍宾部四十余人，而在富锦还余有二十余人，共六十余名。

⑩其他如佳市、依兰、汤原、绥滨……旧日工作均已破坏，而群众"藕断丝连"。若有干部努力恢复，关系甚易恢复。其他队伍如三军四师穷余若干不得而知。

⑪其他如扎兰屯、洮南、哈尔滨、肇州、望奎、拜泉均已布置工作，发展如何不得而知，但一般估计定有发展。

⑫统计一九三八年之严重打击中，队伍之损失达十分之九左右（越界亦算在损失内），现在大约尚存七、八百名。现在北满并无其他部队，一切队伍都在三路军总一指挥，统一系统之下。队内党同志约有三百名左右，地方党同志现无法统计，故不详。

⑬北省执委现在除牺牲、逃亡、叛变、越境者外现在尚余金策、张寿篯、冯仲云、张兰生、许亨植、周庶范，而前三者为省常委，金策为北省书记。

（七）我们的工作计划

当我在二全会时，省委虽未制出具体工作计划，但工作总的方向是：

①我们对于工作是有信心的，我们相信经过艰苦的努力，很快能开展西部平原的新形势。能准备很多城市和下江的秘密工作。现在有了物质帮助，当然更能很快实现。即使没有物质帮助，我们也决意以最大努力去进行我们的工作。

②嫩、讷的部队在经过一个相当时期，在地方群众工作有了相当的开展，队伍努力扩充人数之后，即继续向西北挺进，到达西兴安岭，即以西兴安岭为出入之依据展开活动，继续向西挺进，以王爷庙之索伦山为未来之目标。以便迎接马占山游击师及八路军东北挺进部队。

③在小兴安岭西部沿山之队伍，努力准备自己，扩大自己，加紧屯垦工作，以便作持久抗战。尤其加紧西部大界之群众组织工作，及伪军工作，以便队伍能深入大界活动，争取在西部大界能自由活动。

④同时以最大努力在肇州、扎兰屯各处创造新游击队伍，以便配合和呼应。

⑤努力与少数民族联合，运用正确统一战线在少数民族中建立起自己工作，以便在逊河及阿穆尔江岸各地有我队出入活动。

⑥对于松江两岸，尤其是下江区域主要将部队分散，以便易于取得给养隐藏（尤其加紧屯垦工作）。必须采取最灵活的游击战术，扰乱和牵制敌人。尤应注意努力去有计划地恢复群众关系和秘密的群众组织。

⑦以最大努力，有计划地开展城市工人、伪军等工作。

⑧努力与上级取得联系，取得援助，与国内抗战取得联系，消灭东北与国内抗日运动之隔离性。

⑨加紧内部团结（如实现吉北合并、联军统一、党的一致），整顿党的工作，提高党的纪律，尤其注意培养干部。

（八）我们向中央的要求与意见

①我们站在布尔希维克的自我批评立场，向中央提出批评。中央三、四年来与东北党，尤其是北满党没有联系，使党内各种问题不能及时的在政治上、组织上的解决，使工作受到无限损失，是错误的。我们认为中央某些同志应该负着错误责任（当然

下级党部不能没有错误）。

　　同时提议无论战争状况之下，只要有可能，上下级的关系是应该要保持经常的联系。

　　②对于过去东北党因奸细问题而造成许多组织上的复杂纠纷，以致遭受许多破坏和损失，使许多组织破坏和星散，同志很多的被捕和牺牲，中央应加以检查而确定责任，并使下级得到可能范围之了解。

　　③我们完全同意和热烈拥护中央六中全会的决议及我们的导师毛泽东同志在六中全会的报告——论新阶段，我们宣誓我们一定要实现这些文件中所指示的任务而斗争，并将这些文件作我们今后工作的规范。

　　④我们坚决的要求中央今后必需与东北党发生经常的密切的联系，并经常有政治上和组织上、工作上之指示。

　　⑤我们要求中央批准我们完全欢迎兄弟党联共远东党部与我们发生密切的横的关系，并给予我们各种意见之帮助和物质上之援助。

　　⑥我们希望中央批准我们兄弟党联共远东党部最近所发起召开之北满、吉东党之联席扩大会议，以便决定吉北党之合并。二、三路军及吉东、北满军事上之统一，并建立统一指挥和领导机关。

　　⑦我们要求中央能派遣吉北党合并后新省委书记或中央代表来领导吉北工作，并给予我们政治上、组织上、工作上之指示，对北满党过去政治路线、组织问题上之争论要检查和指示。

　　⑧我们要求能派代表出席中共七次代表大会。或派代表去中央讨论工作。

　　⑨我们要求中央对整个东北工作无论游击运动、反正运动、城市工作、伪军工作等，应有具体的计划和布置。（报告完结）

关于最近发生的问题给中央的信

亲爱的中央负责同志：

　　当我在松江下游时，听到尚志同志由祖国率队回满洲了。并且没有经过抗联三路军指挥部，及北满省委应有的组织手续和通知，要将三路军的一部分队伍，归编到尚志领导的部队系统中去。当时我负责的一部分队伍，我因为尊重北满党及抗联三路军，注意到布尔希维克应有的组织手续和路线，没有允许和交出。我到远东来后，听着祖国同志说：尚志同志是共产国际打发过去的，任命他为东北总司令。并说尚志同志是归祖国直接领导，要他回到满洲归编队伍。

我想这里就产生了一个问题：北满党是中共有机组成部分，这不仅由于北满党有中共布尔希维克的传统，是过去中共满洲省委组织系统所遗留下来的，而且从最近中共中央各同志的论文中，也时常说到这一点。如石达刚①同志去年告诉周保中同志也说北满党是中共有力部分。三路军是在中央指示之下经过保中同志几次传达而建立的。即使我们在工作中有严重错误，我想中央是能够经过正式的组织路线来解决的，我谨敢代表北满党全体同志宣誓：我们是绝对服从伟大的中共中央、共产国际组织上的以及各种领导。我想中共及国际决不能否认七八年来在东北敌寇严重压迫下，冰天雪地中，浴血抗战的东北党的北满党。也不会否认北满党所领导下的三路军的。那末南满党、吉东党以及一、二路军同样是会发生这样问题的。

现在尚志同志既然是东北总司令，那末是否取消北满党，或者上级决定北满党归赵尚志同志直接领导，或者他还是北满党的一个党员。同样三路军指挥部是否取消，抑或归尚志同志领导和指挥？这需要中央和国际之答覆，以便可以进行工作。尚志同志是归祖国直接领导，或国际直接领导，那末北满党及三路军是否也是这样呢？我想吉东党，南满党，一、二路军也会同样发生这一问题的，而且这些问题是急待解决的。北满（即吉东南满也是一样）本来已经没有其非党领导下的队伍了。而现在北满党的工作都集中在队伍内，队伍的工作虽与党的工作是不一样，但是也是不可分离的。队伍领导问题要有变动，党的领导问题也就要具体解决，三路军指挥部那就更不用说了。

现在尚志同志不经过北满党，三路军指挥部，不经过应有的组织路线，而要归编三路军部队。我想大概是否认了北满党和三路军了吧？但是我们站在布尔希维克的组织原则和路线上，即使我们被否认或改换领导，我们也希望上级经过布尔希维克的组织

---

① 石达刚即石达干诺夫，中央代表团驻远东代表。

路线和手续。最低限度应该有组织上的正式的负责的通知。

对尚志同志担任北总司令问题，我敢代表北满党说是有意见的。当然按照党的民主集中制，我们愿意在某种组织会议上及向上级来提出意见的。既然尚志的总司令是组织决定的，而东北队伍都是在党的领导之下，那末我们可以站在组织立场上来提出意见的。

最近，我到远东来后，祖国同志决定是要发起吉北党的联席扩大会议。他们的意见在这扩大会议中，决定吉北党合并，吉北（二、三路军）军事上统一领导和统一指挥。在民主集中制原则之下，在民主条件之下，产生吉北党合并后之新领导机关及军上事的领导机关。我们完全同意和拥护这一意见。我们相信这是以布尔希维克正确组织立场、手续来解决问题的。我们在很早以前也有这样的意见的。会议还须要二个月才不容能开吧？我们决不至于因前后二决定之不一致，而使现时发生工作上之损失的。

我个人受北省之委托，代表北省找中央关系，而且北省告诉我，要尽可能见着中央。我希望中央能允许我去你处一次。而且满洲工作中的许多复杂，我因长期在满洲做过工作，知道一些。我还望能见着中央一谈。芜杂草率，尚祈原谅。此致
布礼

北满省委代表　冯仲云

十二，十，一九三九

10 月 14 日　就带王把头到江南去联系部队及群众关系等问题致信张兰生，全文如下：

亲爱的兰生同志：

跋涉了崎岖的羊肠鸟道，攀越过崇山峻岭，在精疲力尽、气喘汗流的情形之下，正当残日斜晖，宿鸟归急时分，达到了高成禄碓营。今天为了等待赵、金二同志，在此休息一日！明日又要开始长途征程，大概再过三四天，就能到达一师。

东部的工作使我一再思索关怀，我希望你无论在任何艰苦条件之下，切实的负起责任，而我相信你是能负起责任来的，江南的关系无论如何要以最大努力找着，一切的工作是维系在这一点

上啊！

兹派去王把头，他是江南四道河子碓营把头，人是忠实可靠的。他在南山里十余年，三四五道河子山道是非常熟，常久代三军后方办事跑道，三道通一带群众关系也熟，四道河子木业认识人也多，而且在木业干过活，在去年十月还曾在四道河子一带见着保中、世荣、华堂等（大罗勒密卡套子后，他们都在一起）。后来因为敌人在南山出扰，碓营烧毁，不许在山，所以下来（据说最近依兰王秀峰办理，可能准许上山），不得已来高成禄碓遛份子。我和他详细谈话后，要他到南山里去找关系，他慨然答应，认为只要他们未完全离开那里，定能找到。我意打发他携带信件（长短的多带也可，或只带短的——那天晚上写的）去找关系，我已特别鼓励和嘉奖他，向他申明，这一任务的完成，在抗日救国事业上是有功绩的，是可以显亲扬名、光楣门第的。除应带一部分钱进南山时应购买粮食外，还有工钱和奖金，我想你们也应这样办和说，同时去时最好给二十块以便入山找关系购买给养，务必与之约定确定关系要他迅速回来。同时如果江南碓营如得许可，他入山挑碓，亦应与之确定江南北关系和联络（三道通孙把头在破产和敌人追捕情形之下已跳［逃］走了——他说）。高成禄处将来遛得的阳叶子，我告诉他不要了！我想这一回如果他们不曾远离南山的话，定能找着吧！王把头一定要善为优待。

我们西去，大概十天以内于同志就能回到高成禄处，希你注意关系。你们的所在地变动，立即就应该给王亚东通知，这样各地交通来才易于迅速接头。同时应该设法运送一些到高成禄碓营，队伍派人送到五道河子，然后王亚东去背也行！以便将来交通员来时能用。

我估计到如果寿篯同志听到金同志消息（确实的话），有可能过来。如果我在未到一师途次遇他，那末我和他立即返回，那末我当写信给庶范，要老于负责去办我到一师所要办的事。如果在一师遇到寿篯，那么我将立即给你来信，或者可能时你去一师一趟（当时如去，江南关系一定要善为布置，如未到一师，那末照预定做去），××不要他来，而我立即去铁力。如金同志无问题，则我将在一师逗留，不一定迅速去铁力，甚至不去，因此你要注意关系。

　　如依兰能出来人，如吉东能来些地方工作人员，那末你就应立即打发西去，以便我在西方训练和布置工作，瓦区关系，如东河队有了地方群众关系，就应该设法去找。

　　此处队伍应该有计划去接近群众和伪军关系，取得相互信任，如一、二、三军之群众与队伍的相互信任一样。大小兴河河口之武装移民，我们也应该展开我们的宣传阵线，如出韩文传单！

　　队伍的破坏工作是应该做的，如东河队应该布置他们去烧电线杆等。

　　队内有些队员如周班长、陈凤阁，对青年队员过于……给予青年队员不良影响，应该提出批评和纠正之，芜杂琐碎者，聊舒胸怀。此致

布礼！

冯仲云

（旧九·二）一九三九①

12 月　苏联方面给周保中、赵尚志发电报要求他们过界开会。于保合回忆：

　　进入十二月，严冬给我们增加了更多的困难，给养也成了无法解决的困难。就在这时接到苏方来电，大意是冯仲云同志已到苏联，准备在苏联召开北满省委和吉东省委负责同志的会议，请赵尚志来参加会议。接到电报后，我们把己处的困境电告苏联，要求一起过界去苏联，等苏联方面回电，预定过界的时间、地点、并请苏方派人来接②。

本年　在讷河给薛雯写信。

---

① 《东北地区革命历史文件汇集》甲55，第393—398页。
② 《风雪松山客——于保合回忆录》，第108页。

1940 年 三十二岁

1月至3月19日 与中共吉东省委代表周保中和一九三八年进入苏联的东北抗日联军第三军军长赵尚志在伯力开会，此次会议亦称"伯力会议"。这次会议的主要目的是：一是总结东北抗日游击运动的经验，解决吉东和北满党组织内部争论问题，确定今后抗日斗争的任务、方针、策略；二是谋求通过苏联寻求与中共中央的联系及争取苏联在政治、组织、军事上对抗日联军以实际援助。为使会议顺利进行，开始时，周保中、冯仲云、赵尚志三人，相互就东北抗日游击运动的得失、路线问题和今后工作方针等问题，先是个别交换了意见。

1月18日 赵尚志致信冯仲云，提出关于党的组织工作、第三军政治工作、干部工作及游击运动等六个问题，与冯仲云交换意见。

1月20日 吉东党代表周保中、北满党代表冯仲云、参加者赵尚志合署《中共吉东、北满省委代表关于吉东、北满党内斗争问题的讨论总结提纲》。

1月21日 同周保中谈话，陪同的由苏联方面人员。在向周保中叙述一九三八年以来北满党工作情形以前，周保中曾向冯仲云叙述同一时期的工作状况。谈话至午后六时，与苏方人员辞去。将不久以前给中共中央报告信底稿及其他有关之文书信件留给周保中批阅。

1月24日至2月4日 接连十三天在伯力五十五号房间同周保中、赵尚志讨论自一九三六年以来东北抗日游击运动问题。头两天苏联机关负责人参加，以后的十一天即为赵尚志、冯仲云和周保中"三人讨论会"。周保中受苏联方面嘱托主持讨论进行。

在讨论会以前，苏联方面人员分别与周保中、赵尚志、冯仲云个别谈话。以后由三人各个相互谈话，由苏联人员参加。

1月28日 中共北满省委召开第十次常委会。

1月31日 同赵尚志、周保中讨论对北满党各负责人的意见。全文如下：

北满党内问题讨论总结，关于负责同志个人估计的意见

1、金策同志：对珠汤联会决议案提出过正确意见的批评，但不彻底明瞭，带有调和情绪，在领导三军四师上，虽然有很显著工作成绩，同时在一九三八年严重时期放弃对该师直接领导这是严重错误。七次常会、九次常会时期，对政治思想问题和党的策略问题，仍然带有许多模糊观点，在斗争立场上有右倾调和倾向。在很早以前，金策同志曾参加过韩国派争。因此向金策同志建议：应时刻注意布尔希维克党的斗争立场的稳固性。同时金策同志应加深政治学习性，应该注意使思想理论与实际工作紧密连接。

——以上冯、赵、周所共同通过

2、冯仲云同志：在党内斗争问题上，一贯采取调和主义立场，助长党内倾向的发展。对于有严重意义的政治问题，常常表现不能肯定和动摇。对党和政治工作能力薄弱。特别指出冯同志在珠汤联会以后，组织观念薄弱。珠汤联会反对王康信、中代信等派别斗争形式的产生，冯同志是主要负责者之一。冯同志对旧满洲省委历史传统的机械信×，后在珠汤联会时加强了派争形式。在珠汤联会后的补充决议案发展"左"倾主要负责者。在领导党时关于下江组织及群众运动有过严重错误。在党内斗争文件上之某些材料缺乏真实性和具有夸大性，冯同志没有加以纠正或整理适当。这对于党内斗争有相当的妨害，因而冯同志应负部分责任。在北满党内斗争责任关系上，应受党纪律的严重处分。

同时指出冯同志是在中共满洲党有艰苦斗争的历史，冯同志必须从思想上坚定马克思、列宁、斯大林的观点，站稳布尔希维克的立场，继续担任满洲党的重要工作是有可能的。

——以上冯、赵、周所共同通过

3、张兰生同志（即老包），虽系工人出身的同志，为党所尊重爱护，可是他缺乏工人无产阶级的巩固意识，在一切斗争中表现调和右倾。助长错误倾向的发展和派别斗争。在北满党斗争问题上有重大错误责任——不坚决执行党领导，放弃党领导。同时应该减轻目前工作担负。必须自己督责提高布尔希维克的斗争学习性，坚定工人阶级的立场，要肃清调和右倾的思想观点的动摇性。兰生同志长期做党的领导，错误不断，应受党的严格处分。

——以上冯、赵、周所共同通过

张兰生反王康信、中代信有责任。发展派别性质的斗争，分裂党倾向行为。他是党书记，没有进行解决了三六军中间及地方党所发生的纷争，没有进行检查党内奸细工作，给吉东信表示攻击有错误责任，接收张寿篯攻击个人的许多不正确的意见书。省委不接纳各种重要提议。使一九三八年党和游击队工作受到严重损失。兰生是当时党省委书记，应负主要错误责任。

——以上是赵尚志提出而冯、周认为不必再提出

兰生在一九三八年艰苦环境中工作消极，不负责任，情绪动摇。

——以上冯仲云提出而赵、周认为不必提出

4、张寿篯同志：无论他在东北抗日救国游击运动中的艰苦斗争的历史成绩是怎样！寿篯同志对党表现了严重的现象。在珠汤联会以后，一直到七次常会这一时期充分暴露了两面派的思想行为，助长党内分裂，助长反党路线的发展。对群众斗争领导工作中，表现绅士和官僚的态度。完全没有布尔希维克的光明正确性。在吉东、北满党内斗争问题中，在联军纠纷中，寿篯同志犯了许多不可容许的两面派，破坏党的严重错误。应受党的铁的纪律的处分，以至讨论党籍问题。

——以上冯、赵、周三同志共同通过

对党组织观念薄弱。对吉东党有奸细疑点夸大，使北满党对吉东党加深分裂。怂恿赵尚志反对周保中同志的严重责任者。对于"小于事件"，张寿篯同志是负有同等责任者。

——以上是赵尚志同志的补充意见

张寿篯同志在政治上、行动上经常是左右倾无固定立场。

——以上是赵尚志、冯仲云二同志补充意见

5、李熙山（许亨植）同志：从珠汤联会以后熙山同志一贯站在非党路线左倾立场。尤其在工作执行中，加深了"左"的错误。无论对党的组织或联军工作与群众斗争领导上，熙山同志一贯到底的做出派别和分裂行动和主张，使党内和联军增加困难和

纠纷。七次常委会以后，熙山同志虽然声明改正以前所犯各种不可容许的错误，并在实际工作中有相当的转变，可是不能抹杀机会主义派别斗争的实质。应受党纪的严厉处罚。

——以上冯、周、赵共同通过

6、赵尚志同志：在革命斗争中有坚强性，有过艰苦工作和重大意义的斗争成绩。但是有以下的为党所不容许的重大弱点：

A、带有急躁的城市小资产阶级性，阻碍自己的工人阶级思想意识的发展。缺乏马克思、列宁、斯达林主义基础锻炼，易走极端。对一切问题的认识和确定，带有许多诡辩论的思想观点。这是非常有害于共产党员布尔塞维克化的进步。

B、在斗争生活上，带有浓厚的个人英雄主义彩色和狭小的猜忌心理，无纪律的行动，学习性非常薄弱。

自一九三六年珠汤联会以后，赵尚志同志不自觉的走向使群众运动与党内斗争问题的派别倾向。一九三七年七月扩大会议前及其以后，发展了派别斗争和分裂党的倾向行为。在党的政治路线执行上表现了左倾机会主义，有脱离群众、脱离党的严重倾向。实质上在斗争条件改变下，易走到取消主义方面去。反对王康信及中代信、吉特补充信，特别是扩大会议以后的行动和主张即其具体的表现。对反对奸细问题欠确实性，更易助长奸细来破坏党。尚志同志应受布尔希维克党铁的纪律的处分，以至讨论他的党籍问题。

——以上冯、赵、张①共同通过，但赵尚志保留"诡辩论"和"取消主义"问题的另外讨论。

7、周保中同志：在与北满斗争时在政治上对于吉东党个别同志错误，没有加以有系统、全盘的驳斥，有时有部分的忽略，而引起了北满党有倾向的同志的争论。对北满党组织斗争虽是站在正确的立场，但积极性是不够的。同时在斗争时布尔希维克的涵养性是不够的。保中同志在吉东党刊物上和群众报上，没有做可能做到的充分工作，特别对于错误观点的论述和消息没有全盘纠正。

---

① 张，应为周。原文如此。

——以上冯、赵、周三同志共同通过，但赵尚志同志对周保中同志保留以下的批评，这一批评是周保中同志未曾同意的。其批评如下：

1、右倾的弱点——例如"不缴满军械问题"。

2、对"抗日不反满"问题的调和。

3、对入党问题错误意见的调和和执行上错的误。

4、助长联军纠纷和部分的分裂行动——戴鸿宾所说拉拢第六军和祁致中说拉拢第十一军。

5、采纳不正确消息，加深对三军的恶感。

6、曾经代表谢、李对三军进行交涉，助长联军纠纷。

7、对个别同志攻击北满党行动有相当袒护和调和。

赵尚志同志要求把这些材料作参考，帮助将来工作中能避免错误重复发生[1]。

2月5日 中共吉东、北满省委代表会议第一阶段宣布休会。

3月13日 在《中共北满省委给中共中央政治局的报告——关于北满部队活动及党的工作情形》一文中提到："汤原、绥滨一带六军一团部队在下江特委直接领导之下二十多名活动到夏季，后把六军政治主任冯仲云同志派至下江领导一个时期，在民众关系方面，后方屯垦方面都有相当保障。但因为赵尚志由××地带过来一百余名队伍在汤东一带专门破坏下江游击区的阴谋与行动，企图捕杀冯仲云、下特高禹民等同志，（故借奸细罪名）缴六军一团后方的械，枪决了三四后防人员，企图全部缴械[2]。因此，冯仲云、高禹民、夏振华等负责同志都被迫着越境了。当时由江南长期活动的六军第一师师长陈绍宾同志，由××地带过来四十余名，三架轻机到六军一团后防，收容其残余部队率领到江省通北一带现在行动，因此现在汤东游击区完全被赵尚志破坏净了。"[3]

3月19日 中共吉东、北满省委代表会议进入第二阶段，会议地址在伯力郊区远东红军驻地。苏联方面将《海路关于东北游击运动给二、三路

---

① 《东北地区革命历史文件汇集》甲26，第21—27页。

② 此为陈绍宾的造谣。陈绍宾后任抗联第三路军第九支队队长。1940年7月从抗联队伍中逃跑，以后从匪。抗联第三路军总指挥张寿篯、政委冯仲云于8月15日对陈绍宾发布通缉令，内中说："陈绍宾屡次犯过，本部顾念其抗战多年，一再教诲，而彼不知自爱幡然悔改，反而造谣惑众，携械潜逃，已为抗战中之逃兵。""因此本部特通缉逃兵陈绍宾，各部队各民众有知彼等去处，应立即报告逮捕，捕获陈绍宾者立即解送本部按法处置。"陈以后化名"石新"与四、五名土匪在海伦、克东一带活动。1942年中秋节陈绍宾在克东县白家店西沟被同伙匪徒打死。

③ 《东北地区革命历史文件汇集》甲26，第69—70页。

军的指示》交给北满省委代表冯仲云。

《我的自传》："苏联同志自己起草了王新林的信，那时我才知道有王新林这个名字。知道苏联和北满三路军指挥部已经建立了无线电联系，为了解决赵尚志问题，北满来电已永远开除他的党籍，我和周保中还写了电报，请求不要开除赵的党籍，北满回电同意去掉'永远'二字，后又经周保中提议赵尚志去二路军任副指挥，我任三路军政委，海路都说请示了中共中央同意，也取得了北满的同意，这样，海路回莫斯科去了。从此以后，我再没有见到海路，第二次我到苏去时也听说海路是去莫斯科了，海路的确是共产国际代表，回莫斯科去了。海路走后，周保中还告诉我，北满来电说：开除赵尚志时也有电文来撤去我的北满省委代表，当时周保中和海路商量如果告诉我，那什么问题都不好解决了，因此先压下，直到海路去莫斯科后才告诉我。

"海路走后，一些具体工作就交给敌工部（按俄文意是侦察部）管了，那时安古金诺夫就来接过去了。"

同日　海路、王新林给周保中、赵尚志、张寿篯、冯仲云的指示纲领——关于东北游击运动等问题[1]。

同日　给北满省委写信请求将赵尚志留在党内，全文如下：

北满省委：

　　我最近听到省委有开除赵尚志同志党籍的决议。虽然我并未读到这一决议的文件，但我有如下的意见，向省委提出，请求省委接纳我的意见：赵尚志同志过去曾经犯了许多严重的错误，但估计到最近在上级援助之下，和我们互相展开斗争的结果，尚志同志已经决意转变和改正自己的错误。同时估计到尚志同志过去在民族革命战争中的光荣历史和地位，对革命事业的忠实，我请求党还要爱护他并容许他留在党内改正自己的错误。此致
布礼

冯仲云
一九四〇年三月十九日
（按《统一》一九四〇年第七期刊印）[2]

---

[1]　《东北地区革命历史文件汇集》甲 57，第 137 页。
[2]　《东北地区革命历史文件汇集》甲 26，第 85 页。

同日午后 6 时至 3 月 22 日 同周保中、赵尚志在苏联翻译引导下，乘汽车去苏联某军区。根据周保中日记记载：

> 最后决定今后东北游击运动与×方之确定联络。席间交谈简要，接受新工作提纲。此提纲系依余所起草之三人共同讨论总结为基础，有为现时所难实施与抵触者概已删去，由日文［俄文］译为中文逐条宣读，余与北满党代表冯仲云及尚志同志均表示满意。座谈会自夜十时至半夜后四时始终止，余回寓所。次日由汽车来载余赴尚志寓所与仲云共同进行回归准备，余写信二件，交仲云转达北满党及第三路军诸领导干部。仲云先期西行，三月二十二日回龙江黑河以南①。

3 月 20 日 赵尚志将写好的《给北满省委的请求书——请求重新审查改变开除出党的决议》交给冯仲云，请求书中说："谨经过冯仲云同志向你们致敬礼，并祝健康。"②

同日 周保中在《中共吉东省委周保中给金策、张寿篯及北满省委的信——关于重新审查赵尚志党籍问题》中提到"我和尚志的共同提议，请北满党组织同志考虑，我们建议冯仲云同志可以担任第三路军总部政治委员"③。

同日 中共吉东、北满省委代表会议结束。

同日 周保中致信北满党诸负责同志，提到和冯仲云在苏联会见并谈了吉东党和北满党组织内的问题④。

3 月 22 日 由伯力返回东北。

3 月 24 日 与周保中联名写信给中共中央，报告伯力会议情况，要求与中共中央恢复联系。此信由周保中起草并与冯仲云联合署名。全文如下：

> 中共党中央：
>
> 一九三八年及其以前时期，吉东党省委及北满党省委都曾经由特殊联络交通，寄送报告及各种文件，呈交驻国际中共代表同志，并请求转达中央，我们不知道中共国际代表同志接到了我们

---

① 《东北地区革命历史文件汇集》甲 42，第 78 页。
② 《东北地区革命历史文件汇集》甲 26，第 89 页。
③ 《东北地区革命历史文件汇集》甲 29，第 130 页。
④ 《东北地区革命历史文件汇集》甲 57，第 147 页。

的信件否？更不知道中央是否明了我们东北党组织及全般工作的实况？我们固然在中央总的政治路线下，坚固自信，忠实彻底的继续进行东北的抗日救国斗争，然而我们没想到现实环境和中共党东北组织的久远前程，使我们不能不感觉到东北党自己四年来的"化外党"的苦痛，我们以往仅仅在一年半年的时间内，偶然一次两次，得到几张党的公开报纸《救国时报》《新华日报》。

　　处在这样非常状况之下，我们不能不寻求方法，现在已得到相当有力的政治领导和工作帮助，并且相当的解决了党的问题，然而这不能代替了中共全部系统和整个工作。换言之，东北党的全部工作，迫望着党中央迅速恢复直接联系，规定根本办法，不能和不应该再拖延下去了！

　　现在，我们暂时不能向党中央送呈详细报告，只有在接到指示以后，再作必要的或全般的工作报告。我们现在向党中央唯一的请求中就是要得到连系的建立和新的指示。此致
布尔塞维克敬礼

中央吉东党省委代表　周保中

中共北满党省委代表　冯仲云

一九四○年三月二十四日①

　　《我的自传》："这样过了一些日子，到三月二十二日，苏联同志就把我送到白亚尔哥夫和一些抗联三路军的游击队员二十多个，其中有夏振华、周云峰、姜立信、小赵、曹玉奎、老郝、李敏、朴英淑、柳明玉、李桂香、孙国栋等人，踏着黑龙江的坚冰，从科尔芬河一带过界，走了三天……我们深入沾河大密林，越分水岭，到土罗木河②时已春暖花开。我们正断粮，后找得小径就到了抗联三路军司令部，张寿篯那儿。在那儿传达了毛主席《论持久战》，也传达了王新林指示信，也传达了会议一般情况、找中共中央关系问题、赵尚志问题、根据在苏联所讨论的谈了军事活动方针问题，部队改编，在这个时候，王明贵部队过山到指挥部，他们接受了改编，为三支队。"

　　同日　同周保中、赵尚志等共同署名致信新华日报主笔，要求刊登并

---

①　《东北地区革命历史文件汇集》甲29，第131—132页。

②　土罗木河，也叫土鲁木河，在沾河林区木沟河经营所北部，当地俗称二支流。

代转呈致中央政府及各军将领的公开信①。

4月30日 张寿篯在给金策的信中谈道："冯仲云同志，已经安然到达我处，其途中各种经过情况，都由他自己报告，兹不详述。省委决定我们初步检查仲云同志的工作，及其他同志们的工作，首先我提出仲云同志，我对于他工作检查中的意见，此次两条战线斗争中，仲云在总的方面是相当坚定的，根据他在与党隔绝的环境，得不到党具体意见的帮助，和北满一带消息不了解的条件下，进行这个有历史意义的斗争，是非常艰苦的。虽然在总的方面，执行了党的七次常会的精神，坚持党的基本原则……但是仍有两个时期，反映出仲云同志的恶的恶劣根源。（一）×界以后给陈绍宾与赵尚志接头的信，无论情况如何，总的方面，自己前后的意见是互相矛盾，由于仲云没有坚持始终如一的政治立场，结果给二军一师内部很大的动摇和混乱。（二）在与赵尚志斗争紧急中，仲云认为当时不应该把与赵尚志反党行为的斗争，与中共中央关系同时进行，仲云同志认为先解决中央问题，然后再解决赵尚志的问题，这显然他被事物的复杂性纠缠的无所措手，想暂时的避免繁琐的斗争。总上这些意见，是我提出的，高禹民同志是同意我给仲云的批评，这次斗争中禹民同志给仲云很多意见上的帮助，他忠实坚毅的精神，是得到'联共'同志们的赞扬。这次禹民回来，经过实际工作的检查后，我和仲云同志都认为禹民同志可以提拔作省执行委员，并决定留在北部九支队作政治工作，其他问题均由仲云同志口头传达。

"关于组织有关系的各种问题，及整个工作计划问题，夏秋季抗日联军的行动策略，游击策略问题，都由仲云同志向你报告，我站在总指挥部整个工作，利益上我完全同意仲云同志担任三路军政治委员，如果得到党部的同意以后，就可以宣布任命仲同志的职务，现在他仅代表总部的意旨，执行了最近时候总部对于龙南指挥部取消和新的支队建立的各种问题，干部决定的问题，我的意见和新的指示。"②

5月中旬 由三路军六支队支队长李景荫、政委朴吉松护送，在去安邦河上游途中，袭击圣浪车站。

5月20日 在老金沟③与金策见面并出席第三路军军政领导干部会

---

① 《东北地区革命历史文件汇集》甲22，第331页。

② 《东北地区革命历史文件汇集》甲57，第219—221页。

③ 老金沟遗址。据铁力市文史工作者邹本栋考证，位置在铁力城北约70公里，铁力林业局向阳林场（原名老金沟林场）施业区内。

议，传达伯力会议精神，学习从苏联带回的毛泽东的《论持久战》。抗联三路军总指挥部根据吉东、北满党代表会议精神，首先将龙北部队改编为三、九支队。三支队队长王明贵、政委赵敬夫、参谋长王钧。九支队队长边凤翔、政委周云峰、参谋长郭铁坚。关于部队改编问题张凤岐一九七五年五月十七日说：我对三支队的情况知道的不多，在三支队不到一年的时间就离开了，三支队是在一九四○年阳历三月成立的，雪已经化尽了吗！部队在海伦东母狗河整编的。当时由张寿篯、冯仲云给编的队。三路军编了四个支队。三、九支队在海伦、拜泉、北安地区活动，六、十二支队没有过到西边去仍在铁力活动①。

　　同日　张寿篯在给王新林等人的信中谈道："现在仲云同志回来所传达给我们的意见和指示提纲的内容，我们都认为这好比'一双××的眼睛，生出明亮×人'……我同意冯仲云同志担负三路军的政治委员，只要得到党的同意就可以公布，我同意赵尚志党籍问题重新讨论的必要，因为赵尚志党籍问题是党委的责任，我现在不能答复你。"②

　　5 月 28 日至 1941 年 2 月　任东北抗日联军第三路军总指挥部总政治委员。

　　5 月 31 日　赵尚志致信北满省委，请求复查党籍问题。赵尚志在信中说："经过冯仲云同志转去的口头和书面意见，大概已由冯同志完全无遗的转达了，据我想省委同志此番在一切问题上必须有给我的指示和答复。我天天在盼望着，可惜是为时很久，没有接到你们的任何指示和通知。因此对于我党籍问题再一次向省委请求，以前由冯同志转去的请求书我希望党组织应予检查和解决。"③

　　6 月 3 日　金策在给张寿篯的信中多次谈到冯仲云："我检阅了保中、仲云、尚志三同志在××地方讨论东北问题，大体上我都同意的，同时我同意仲云同志担任三路军总政委和高禹民同志担任省执委的意见。我在龙南两支队里已经把冯仲云介绍总政治委员的职务，我现在立即给禹民同志通知省执委责任。"④

　　6 月 4 日　金策在给高禹民的信中说："我由冯总政委仲云同志得到你及其他诸同志回到北部的消息，使我非常狂喜！"⑤

---

① 《三军访谈录》，未刊稿。

② 《东北地区革命历史文件汇集》甲 57，第 265 页。

③ 《赵尚志年谱》，第 309 页。

④ 《东北地区革命历史文件汇集》甲 26，第 163 页。

⑤ 同上，第 173 页。

6月6日　在《中共吉东省委周保中给张寿篯及北满省委的信——关于重新审理赵尚志党籍处理问题》中提到："北满党代表冯仲云同志在与尚志有直接工作接触上，当然比较知道的更详细。因此吉东党代表依据全部情形，而向北满党省委提出重新审查开除尚志的党籍，而另有适当的决定。"①

6月19日　金策在关于部队的党政、扩军及地方工作问题给许亨植的指示信中谈道："关于扩大队伍本身问题，冯总政委同志已经给你们指示，你们必须依照冯总政委的指示，进行广大的吸收队员运动，以扩大队伍本身，克服枪多人少的现象。"②

6月24日　同周保中合署《中共吉东、北满省委代表周保中、冯仲云给中央的信》，请求中央恢复直接关系③。

6月29日　在《中共北满省委给海路转中共中央政治局的报告》中谈道："北省五月二十日，仲云同志所带来的上级指示都已收到了。首先是省常委完全赞同这一指示，并且诚心诚意的把它实行在北满整个工作中去实行到底，因为这封指示信的内容和实质都是正确原则和实际策略问题，就是说，这一指示正如我们所需要的空气一样！同志们，我们已经找到了组织靠山——上级，我们已经有了行路的明灯——这次指示信。这一个靠山的明灯，给我们增添了何等的信念和勇气啊！我们的仲云同志，很大庆幸的先到总指挥部，与寿篯同志共同根据上级指示，决定了队伍改编问题及干部分配问题，金策同志大部分同意。"④

7月15日　给金策写信谈到指挥部后的情况。全文如下：

亲爱的金策同志：

忍受着烈日的晒灼、伏雨的淋漓。我们于旧历六月十四日终于到达了讷漠河⑤指挥部的后方，寿篯同志已于半月前北去朝阳山，此地段仅有夏振华副官同志率几个同志及屯垦工作人员在此。粮食是勉强可以对付，我阅读了寿篯同志给你的信，他信中的意见是要学员留在省委一时期加以文化上的训练，以便能去学习新的技术。而我呢并不是马上要到指挥部的，我研究了这些意

① 《东北地区革命历史文件汇集》甲29，第134页。
② 《东北地区革命历史文件汇集》甲26，第179页。
③ 同上，第203页。
④ 同上，第217页。
⑤ 讷漠河，也叫讷漠尔河，位于沾河林区南部边缘，发源于通北林业局南北河场山地。上游名为南北河，流向为南向北经木沟河口再转向西北，流经北安、五大连池、克山、讷河4个县市，注入嫩江。

见，我认为，既然我们已经北来，当然不必，也不能再南回。学员如果不能马上过去，那末我想到朝阳山指挥部也可以受到这样训练，而且朝阳山给养是不困难，学员是应该很快过去，我想我到朝阳山后，很快将各支队学员集合后，迅速打发过去。至于我呢，我想嫩讷一带三支队活动的活跃，嫩讷地方工作的开展，布甘一带工作必须开辟，这些工作对于我们今年秋冬的工作是有巨大的关系，因此我觉得必须迅速西北去帮助寿篯同志，因此我决定我亦北去朝阳山。

九支队据说由于后方给养尚未充分解决，现在尚未深入大界，陈绍宾因病无法在队，现在后方养病，而支队长为边凤祥同志，最近九支队出发尚未回来。我本拟在此等候九支队，以便到队解决一些问题，但是此地后方粮食是不够，伏雨连绵，河水暴涨，九支队归来无期，因此我只能给他们留信了。

亲爱的金策同志：我完全同意寿篯同志给你信中所写的："欧洲战局会有变化，这种变化是要依据英法内部的阶级的变化和美国是否参加联盟国来决定它的变化程度。"我特别同意："英法政府如果不更民主化，吸收广大工农劳动群众参加政府，战局是不可能转变的。也就是说，如果不是在德意面前推出捍民族生存的新力量，不化帝国主义战争为国内阶级战争，是不可能结束这个战争的。"我认为应当那样说："远东已经爆发了与欧洲绝对不同性质约战争，但是远东战局不久将发生新的变化，而这个新的变化将×民族解放的力量结合着阶级的和平力量，集团的反侵略的战争。"客观形势是急剧地变化，我完全同意寿篯同志信中"要坚决反对把自己的急躁当作政治策略的份子"，要"稳着脚步非常慎重，毫不慌张的进行刻苦工作"，"武装起义是我们主要的口号，学习暴动的艺术×，以便随时随地的在群众中发动深刻的风波"，掌握着现有的力量，争取发展，来迎接变化。六支队出发大界没有，我深刻的考虑和研究，我认此次十二支队、六支队的西征的布置，决不是冒险，而是为了争取发展，掌握现有力量的必要布置。但是我非常担心着他们，我希望你和他们的交通联络必须密切，只有这样，我们才能掌握着他们啊！

寿篯同志给你的信，我认为可以节录地登载在《统一》上。

八道林子①后方屯垦工作，因为此地郭憨子暴徒的叛逃，可能发生影响。但是我们还应该有人看着包米，只有在敌人破坏后，我才能放弃，但看包米的人应该十分谨慎小心，该后方因九支队无法管理，以后该地完全交六支队，省委直接管理。

交通员一个人来回走是困难的，周交通员要求两个人一起走，我同意。我想周配另一人，而陈隆与许金一起，亦可如此，可以建立双线交通。

信笔挥毫尚祈原谅。此致

布礼

最近印的北满《救国时报》有很多舛字，应改正后发出才好。

冯仲云
七月十五，一九四○ ②

7月22日　许亨植在给中共北满省委谈解决敌军兵站情况及防奸等问题的信中提到冯仲云在木兰同许亨植见面③。

7月31日　张寿篯致信金策谈三路军总部被敌人袭击受损失情况等问题。信中说："仲云同志来总部基地，并没有等我回来，我已经通知振华同志'八一'以前回到此地，但仲云同志未等我而去朝阳山，在中途由于路途的关系，我未与仲云遇见，他去朝阳山我担心得很！我悬念得很！"④

本月　来到安邦河（庆安附近）一带的十二支队密营，见到了北满省委书记金策。此时，恰逢"三肇"（肇东、肇源、肇州）地区地下党的负责人徐泽民来北满省委汇报工作。从徐泽民的汇报中，得知"三肇"地区党的工作和群众抗日斗争发展很快，迫切要求部队前去开展游击战争。立即和许亨植、金策研究了这一情况，认为利用青纱帐起，潜入敌人心脏地区，依靠地下党和广大群众进行抗日游击战争，一定能扩大抗日武装，一定能沉重打击敌人，推动"三肇"地区反日斗争的发展。于是，当机立断，改变了原定十二支队深入滨北路沿线活动的计划，作出了远征"三

---

①　在黑龙江绥棱县境内，此地建有密营。
②　《东北地区革命历史文件汇集》甲58，第423—426页。
③　同上，第15页。
④　同上，第265—270页。

肇"的决策。

8 月 15 日　给金策写信谈指挥部朝阳山遭袭击伤亡情况，全文如下：

亲爱的金策同志：

当我前次路过指挥部时，我是太马虎了，没有注意到夏副官曾经告诉我说：寿笺同志有信来，七月底一定回指挥部后方，我应该在后方等候寿笺同志才对。当时我心中想：使学员很快出发，他们在朝阳山出发便当和道近，你和我讨论的是我应当到朝阳山去进行工作，因此我就迳去朝阳山，结果是白跑了一趟。寿笺同志回来时走错了道，所以我和寿笺同志在道上没有遇见。终算"运气"好，到朝阳山后第二天就和三支队朝阳山后方同志偶然地遇见了，等了七八天又和三支队王铭贵等同志接头了。

指挥部这次在朝阳山所受到的损失是极端严重的，这次受到打击的原因是寿笺同志因病后迟疑，听着敌人出扰的消息未能事先移动，而遭受到十倍优势的敌人追踪包围。朝阳山的地势和山林是非常不好，而敌人马步混队是非常有利和迅速，而我军则重荷，行动迟缓，教导队战斗是英勇和尽责的。我军共壮烈牺牲十名，教导队六名，其中有四名班长，赵敬夫同志及其传令，张兰生同志、崔清秀同志是重伤后自刎的。轻重伤共八名，通讯器具及一冲锋机枪损失。敌人损失不大，但群众传说击毙讷河县警察大队长一名。然而是不幸中之大幸，我、寿笺同志无恙归来。

学员是和三支队的学员和三支队一起到讷河平原游击一时期，景荫和祥柏、素贞，免得往返徒劳，仍潜居在朝阳山。我是回来和寿笺同志讨论问题，现在是决定等一等交通员回来，过一时期无论交通员回来与否，学生和景荫也出发，祥柏等寿笺同志的意见，交通器具再度建立好后，问好以后再去。现在最好是有规律和秩序好，因此我也同意的。我明天就得北去朝阳山给学员以文化上之训练，并解决讷河地方工作问题。

讷河县委的工作状况寿笺信上当能详写，我不赘述，前次去交通员，没有找着关系，此次三支队变步队活动定能找着关系，我要他们来人讨论问题。

我同意寿笺同志要你八月节左右北来，无论如何在未落雪前要开会，免得雪后踪迹过明，易受扰乱。

我希望你以绝大努力注意九、十二支队之交通联络，只有交通联络的紧密，我们才能如意指挥，掌握他们，使他们不致受到打击，他们的消息如何!? 我是万分地惦念着他们。

我再次郑重要求你要百倍谨慎，不要冒险，急躁。此致
布礼

仲云

一九四〇、八、十五①

8 月 15 日　同张寿篯合署发出通缉陈绍宾的命令。

8 月 17 日　张寿篯致信金策谈交通联系、巩固部队等问题。信中说："最近仲云同志到朝阳山去，解决他向你报告过的任务，我这里长途交通都出发了，并没有一个人再知道××的道路。"②

9 月 15 日　金策在关于三路军的任务与行动及东北统一领导问题的意见书中说："今夏仲云、金策两同志在南河布置六、十二支队平原游击，本来予在这种观点上布置和决定的，本同志还是主张这个决定和布置是根据目前南河情况来说完全适当的。"③

9 月 19 日　张中孚致信张寿篯、冯仲云谈后勤工作和六支队情况。

9 月 21 日　同九支队在克山县侯家屯巧遇三支队，听取了三支队队长王明贵的汇报，决定三、九支队共同进攻克山县城，指定王明贵为攻城指挥。

9 月 23 日　同王明贵、边凤翔等率领第三、九支队二百余人从克山县北部的张老道窝棚出发，经过两夜的隐蔽行军到达克山城郊预定地点。

9 月 25 日　与王明贵、边凤翔等率抗联战士攻入克山县城。冯仲云曾撰文回忆攻打克山县城的经过。

本月　召集三、九支队干部会议，会议决定九支队返回南北河的三路军总指挥部，三支队过嫩江直插大兴安岭杂居地区，开辟阿荣旗、布特哈旗、巴彦旗、甘南县、景星县④抗日游击区。

10 月 1 日　金策就当前工作问题致信张寿篯、冯仲云。

10 月 5 日　王新林致信张寿篯、冯仲云谈供给及互相联络等问题⑤。

---

① 《东北地区革命历史文件汇集》甲 58，第 433—435 页。

② 同上，第 439 页。

③ 《东北地区革命历史文件汇集》甲 26，第 257 页。

④ 现为黑龙江省龙江县。

⑤ 《东北地区革命历史文件汇集》甲 59，第 291 页。

10 月 13 日　率领第九支队到三路军总指挥部驻地通北县南北河与张寿篯会面。

10 月 14 日　王新林致信张寿篯、冯仲云谈接运军用物品等问题①。

10 月 20 日　于天放给张寿篯、冯仲云写关于六支队联席会议情况及军政工作情况的报告。

10 月 31 日　关于三路军党政工作的情况给海路并转中共中央的报告，摘要如下：

敬爱的海路同志并转中共中央：

深厚的雪层已在融化，坎坷的大地露出片片的黑土，春风挟着刺骨的峭寒吹激了阿穆尔江的坚冰。是一九四〇年三月下旬，我浑身充满着希望、信念、热情、勇敢，领着一个小的队伍，在一个黑夜横跨辽阔的黑江，回到我十年来浴血奋斗的满洲前线。六个月的祖国生活，同志们的热情帮助和教育，使我生平留下最深刻的印象和感激。回到满洲半年多了。流光似飞逝去，而今又到"千山落木，万里飞霜"的时候了，我回来后，是以祖国带来的信念，坚毅、勇敢，为革命工作而努力，为国家和民族而奋斗，半年多我是脚不停留地奔走着，越过无数的崇山峻岭，穿过无边的密林丛莽，涉过许多大河急流，曾经到了小兴安岭的南麓，嫩江平原。直到最近才到抗联三路军指挥部，大概走了半年多，暂时可以告一短期的结束吧！

当我在祖国时候，同志们要我回来后去信。总指挥寿篯同志给你们的报告中也说我的工作情形由我自己负责给你们写报告。实在抱歉得很，半年多的仆仆征途，使我没有可能，直到最近才算有工夫坐下来，平静下来，给你们写报告，请你们原谅。

Ⅰ半年多我的工作经过

我奉上级的命令，回北满党和军的组织，传达新原则的指示。预计横跨阿穆尔江后，十二天可以到达北满抗联三路军指挥部。但是山中积雪没胫，人们背载过重等，再加以麒麟人②扰害，使我们行军迟缓，终于费了二十一天的功夫，忍受了几天饥饿，克服了各种困难和周折，才到达了目的地。全途中与麒麟马队作

---

① 同上，第 295 页。
② 鄂伦春人的一种称谓。

战二次，我军虽受到相当损失，但给予敌人是一个严重的打击。

我们在抗联三路军教导队热烈地欢迎中，见到了总指挥张寿篯同志。我详细地报告了目前的政治形势——欧战情况、国内抗战现状及苏联的和平政策等，反映了我在祖国的认识和印象。特别是和寿篯同志详细讨论了上级的新原则指示，并按照这一指示来布置了工作。当时适值三路军龙北部队云集在讷谟尔河之漠沟河一带，寿篯同志亲莅部队，根据了新原则指示之精神，改编了部队。我又随去，在龙北编成三、九二支队，展开龙北的游击战争。敌人是曾经动员了巨大的兵力，追逐我们和"围剿"讷漠尔河一带，但是他们迟了一些。我们早就脱出了他们的追逐和包围线，未受到丝毫损失和打击，而他们是徒劳兵力！

在指挥部过了一些日子，我又决定南去北满省委，并荷负着指挥部给予我整理龙南部队的任务。讷漠尔河的山洪，敌人绥棱地区的巨大"讨伐"，的确使我们南行受到困难和危险，但是我终于安然到达了绥棱东部山里北省所在地，和北省书记金策同志会晤。北省书记金策同志是完全同意和接受上级的新原则指示，并决定将这一指示执行到实际工作中去。战争的环境，工作的紧张，召集党的较大会议是困难的。经过一九三八年度的艰巨的环境中，经过反军阀主义、反左倾剧烈的斗争中，锻炼出来的北满党，是完全统一一致的，因此北省决定不再召集党的较大会议。问题解决完了后，我又和金策同志一起到三路军绥棱地区活动的部队，将这一部队——三、十一军之一部混合部队，编制为三路军第六支队，召集了他们的党的会议，根据了新原则精神，布置了他们的工作，确定了他们今夏的平原游击战。

随着六支队袭击绥佳线的圣浪站后，我又渡过大小呼兰河而达到庆城、铁骊、木兰地区，在安邦河的上游，见着了该地活动的三军部队，并见着了三路军总指挥部总参谋长许亨植同志，还有三军一师师长戴鸿宾①同志。改编了该部队为抗联三路军十二支队，召集了该部队的党的会议，整理了该部队的党的和政治的工作。同时给予北满党龙江工作委员会（肇州地区）以具体指示后，我在敌人严重"讨伐"庆铁地区开始时，又离开了该地，北回北满省委。

---

① 戴鸿宾没有担任过三军一师师长，此处有误。

回北省后，我率领一部由各支队选拔的学员（赴祖国学习的）回指挥部。当我抵指挥部后方时，总指挥寿筬同志已北去朝阳山系，于是我又追到朝阳山系。但当我抵朝阳山系，寿筬同志又因与敌接战，受到严重损失而回归讷漠尔河上游，我与三支队讨论了工作后，又回到讷漠尔河而与寿筬同志接见。

我担负了和北满党讷河县委讨论工作，及给学员以文化教练的任务，而再到朝阳山。为要与讷河县委讨论工作，我于是出山外，深入嫩江平原，率领了一小部分（学员）在平原游击约一个月的时间。在这一个月中，我和讷河县委诸负责同志见面了，并且详细讨论了嫩江平原地方的党的群众的组织工作，我更进一步熟悉了解日满统治状况，中国农民的痛苦及其斗争情形。由于三、九支队在平原游击的汇合，我帮助组织了并和他们一起击破了克山县城。破了克山县城后三、九支队在归还朝阳山时，敌人尾追和堵击，以巨大的兵力"围剿"朝阳山而与敌人遇战。大小战役共七次，遭遇敌人空军爆炸一次，我军受到少许的损失。

归回朝阳山后，布置了三支队西兴安岭远征后，我又随九支队回到总指挥部与寿筬同志会见。但是因为此次参加龙北的平原游击，对于学员的文化教练是耽误了。

统计这半年，我到达了三路军每个支队，到过总指挥部与北省，参加一时期的平原游击，参加了圣浪站及克山县城的击破，足踪遍小兴安岭、东兴安岭之西部、嫩江平原之东部，行程四千余华里。将新原则指示之精神，传遍北满各部队及北满党各地方党之组织。这是我半年的工作经过。

Ⅱ 关于抗联三路军的军事问题

关于北满党和军的一切工作，北省书记金策及三路军总指挥寿筬同志，已分别给你们详细报告了。尤其是此次寿筬同志亲赴你处，你们当更能明白和了然了。我不容在此地赘述。但有些问题，我个人觉得有更重要的意义，因此我认为在此有更着重写出的必要。

去年当我在祖国向中共中央写报告，和保中、尚志同志共同讨论东北抗日游击运动的新提纲时，我对于一九三九年春季以后，北满抗联的活动情形是完全不知道的，因此，没有把这些重要的材料加进去。我回北满以后，我才完全知道，北满抗联在一九三九年度确实做了惊天动地的事迹，这在东北抗日游击运动的历史中，占着重要的一页。

北满抗联各军一九三八年度在松江下游，由于外部敌寇的严重的进攻，内部左倾路线——军阀主义的捣乱，使部队濒于严重状态，受到极大的损失。幸北满党内斗争剧烈地展开，使队伍能长征小安岭西麓，转向龙江庆城，嫩江平原，保存了游击队的实力。但当部队自一九三八年底到达了小兴安岭西麓，龙北部队在北满党及三路军总指挥部正确领导和指挥下，我们智勇双全的民族英雄东北抗联三路军第二支队长，后任抗联龙北指挥冯治纲同志，得到了很大的成果，开展了北满抗联有史以来所未有的英勇活动的成绩。龙北部队在去年一九三九年一年中所获得的胜利成绩，突破北满抗联历年来每年的记录（已有报告，此处不赘），使寇军为之气馁，而博得满军之赞叹和喝彩。

龙北部队在寿篯同志领导下，治纲同志率领之下，不但博得了英勇荣誉，而且一扫已往尚志同志所造成龙北群众对队伍的仇视现象，巩固了我部队与群众的联系，改善了与群众的关系。如今西部平原广大群众对我军称颂和宣扬，治纲等同志是有莫大的功绩的。

我完全承认去年哈拉哈河蒙古人民的自卫战争，日苏战争，的确给龙北部队的活动以更加顺利的条件。但是我们认为龙北部队一九三九年的英勇活动，的确给哈拉哈河战争以有力的牵制和响应，牵制了敌人两个旅四个团的兵力。例如当龙北进攻讷河及屯镇，就破坏了敌寇强征壮丁修筑克山县、北兴镇[①]一带军事建筑（交通壕）的计划和行动。

三路军的指挥员决不是自命为东北民族英雄与领袖者所可比拟。三路军之所以能获得这些成绩和胜利，决不是偶然的，正是北满党内斗争的结果。北满路线的转变，伟大中共中央路线，中央所指出的第三路军的军事计划实际的执行和验证。

当然，去年冬季队伍的深入平原游击，如深入望奎、明水各地，深入富裕、依安等，使部队遭受敌人利用快速部队"分兵合击""长追堵击"，而使部队受到损失，使部队未能保存一九三九年所发展的实力，是带左倾盲动"胜利冲昏头脑"的实质。但这个血的经验告诉我们平原游击必须慎重，必须利用时机。

龙南部队，我们认为去年一九三九年的活动是右倾的，蹲山

---

① 位于克山县境最北部，距县城 57 公里。

主义是只有使部队削弱的。

在整个北满的队伍说起来，艰苦的锻炼，内部的巩固统一，战斗力都有极大的进展，但是最可忧虑的是数量的狭小，没有活的人力，一切都会成问题的！敌寇用尽千方百计，耗尽了人力、物力、财力，毁灭了富饶的农村，而使抗日部队在伪三江省地区受到严重打击。而今抗日队伍又克服巨艰万难，长征小兴安岭西，挺进于嫩江平野，展开历年来所未有之英勇活动，敌寇焉能不惊讶穷蹙呢，因此，敌寇对小兴安岭、东兴安岭之西麓又大加注意。例如森林汽车道之修筑，瞭望所之设置，沿山武装移民团之大批分布不遗余力，在平原内则情报网之建立，保甲制之加强，户口、证明书之整理，奸细密探之成群，局部沿山地方之归屯，一切都风行雷厉的在加紧着。

无论敌寇是如何疯狂，但是由于国际战争的变化，国内抗战的延长之影响，中国抗战必胜的信心是在广大群众中生长着。八路军之盛誉，我抗日部队——西部广大群众都称我军为红军。自路线转变后群众关系之改善，活动之英勇，博得了广大群众之拥护和赞赏。特别是由于敌寇物质缺乏，纸币毛荒，统制经济及配给制之实施，以及工役法、兵役法之历行等，广大群众生活水平已步入死亡线下，而斗争要求是更加迫切。一般地说来，寇军的战斗力也减弱了，而伪军的动摇中立也提高了。

形势是在增长着，但是敌人现在还是能继续血腥地统治着，敌人的统治虽然动摇了，但是还没有达到不能统治的地步，群众的要求是日益加强，但是群众还是震慑于敌寇淫威之下，不敢起来斗争。普遍风起云涌的斗争还有待诸于来日。

当我自祖国回满洲来时，看到满洲的形势是如此，队伍的情况又这样，更觉得上级的新原则指示的伟大和正确。因此完全根据了新原则指示，及在祖国时我和保中、尚志同志所讨论的东北民族革命运动的新提纲草案，我和寿篯、金策同志共同详细研究了，而决定了北满地方党和军的政治策略。当时最主要的一句话是："我们要紧握我们现有的力量，小心谨慎，不要使现有的薄弱力量在冒险空谈之下受到打击，努力争取发展，以迎接巨大的变动。"

为要争取发展队伍，必须深入群众。于是决定了利用时机，利用青纱帐起来展开平原游击。平原游击如果不是倚靠山的平原游击，特别是西部平原的群众组织工作未有很大开展，未臻完善，而去开展平原游击，那只有利用青纱帐起，否则当青纱帐倒后一望无边，铁路、汽车站、电话线纵横其间，保甲制度情报网紧密和历行的西部平原就寸步难行。尤其是敌人的机械化的快速部队，空军和装甲车最易发扬威力，"分兵合击""长追堵击"最易收到效果。因此，冬季的平原游击是不应空谈，不应冒险和"孤注一掷"，去年耿殿君、冯治纲同志的损失就是实例。

龙北三、九支队的平原游击，是在三路军总指挥部布置之下，开展讷河、德都、克山县的游击，巩固三县之中心区，组织地方群众，现已完成相当任务，安然归来。而三支队在支队长王明贵、参谋长王钧、政委高禹民同志领导之下，绕嫩江县北，横涉嫩江而西去布西、甘南，以西兴安岭为其根据地而活动。布西、甘南一带去年冯治纲曾远征该地，但治纲同志是在偶而军事上之不慎而壮烈牺牲了。该地一带之地理人情均适宜于队伍之冬季沿山游击，想来不致于受到损失的。而九支队则在支队长边凤祥、参谋长郭铁坚、政治委员周云峰领导之下，在东兴安岭及小兴安岭西北部旧区活动。

龙南六、十二支队今夏平原游击计划，省委金策同志与寿笺同志在游击行动布置后，曾有意见上之不同，当然还不是政治策略上之不同。金策同志因为肇州地方组织工作的展开，广大群众积极要求斗争，所以决定十二支队在今年夏季平原游击时深入肇州、肇东、肇源，而六支队则仍至去年平原游击的区域望奎、明水、安达、青岗一带活动。估计到小兴安岭西南麓敌情之严重，因此决定六、十二支队在今夏平原游击时，尽可能汇合而以一部西去西兴安岭、扎兰屯、景星一带，一部分东回。同时要他们根据实际情况，当时敌情而决定之。寿笺同志认为肇州平原游击是过于深入，一部去西兴安岭是冒险的。因此，调十二支队急速东回。省委为了尊重指挥部的军事系统，已派人西去调回十二支队。六支队当向西挺进时，在满沟站（东铁西线）附近，遭遇哈尔滨之第四教导队约千名之追击和堵击，游击九县而于青纱帐将倒时回东部山里。除六支队队副高继贤同志以下数名壮烈牺牲外，队伍之发展与损失盈亏相等。现已奉指挥部之命令，至小兴安岭之西南系山地活动。而十二队只传闻已至肇州一带展开活动，归来或去西兴安岭与否，尚不得而知，根据我今夏参加平原游击的经验，我认为肇州地方群众组织工作既已开展，夏季平原游击，深入肇州是可以的，夏季终了，去西兴安岭或归东兴安岭山地活动，均是可以的。虽然多少带点冒险性质，只要小心谨慎，还不至于受大的损失，问题就在青纱帐未倒前能及时迅速的归来或西去，途中是危险的。现在我们所希望的是他们现在正回到山林，脱离平原了！

今年的平原游击之成绩与缺点，寿篯同志曾有总结论文，载于北满党刊《统一》。这一总结论文我是同意的，你们将来可以读到。总结今年平原游击所获之成绩：①相当地争取了军事胜利，如击破克山县城、拉哈站、通宽镇、讷南镇等获得了一些枪支子弹经费；②在群众方面争取了同情和援助，相当地做了些群众组织工作；③争取了满军的同情和中立，相当地孤立了寇军。

克山县城的击破是三路军龙北部队一九四○年度平原游击主要的军事行动和胜利，缴了伪军十九团团部，夺得了克山县城街道之中心堡垒，击破了县署及其库房，释放了克山县地方法院囚犯三百余名，共缴获大枪一百五十支，子弹二万发，毛瑟十二支及一些小枪。

Ⅲ 关于三路军政治的党的工作

半年多我个人为传达上级的新原则指示之精神而南北奔走，没有时间和可能来做统一的政治领导工作。政治的和党的统计工作。因此，我的报告只能限于我对队伍的政治上一般的观察。往后我个人的工作是能趋于规律化，当能给同志们以科学的、更切实的、更有根据的材料和报告。

抗联三路军自北满党反左倾的党内斗争剧烈展开后，队伍内部的现象一般是团结和巩固了，是更加进步了。正因为这样，虽然目前的队伍远不如昔，但质量是加强了。英勇的活动和军事胜利，群众影响和关系，也超过一九三七、一九三八年份。北满党内反左倾反军阀主义的斗争，对北满游击运动实有重大意义。

过去各军互相对立分歧，各军上下级保持浓厚的封建系统，互相排斥，互相摩擦，互相猜忌，狭隘偏私，而在尚志同志领导下的东北抗联总司令部，实际上是有其名而无其实。自从此次北满党内反左倾斗争，特别是自从此次上级所指示的新原则传达北满，根据这一原则，取消北满各军建制，而按支队建制整军后，上面一切恶劣现象，大致已没有了，即有亦是残余的，而各支队在抗联三路军指挥部有效的统一指挥之下，有计划活动着。目前我们政治工作人员的口号："旧的系统现已打碎无余，我们要严防新的有害的系统观之产生。我们完全奖励各部革命竞赛，产生革命的组织和系统观念，我们坚持内部统一和统一领导与指挥。"

过去抗联各军对国内抗战必胜的信心是非常薄弱的，无信心的工作当然不能长久坚持下去，因此，一九三八年内队内叛变逃亡者倍出，使队伍受害非浅。年来三路军抗联各队由于党内斗争的结果，政治水平一般提高，再加以国内抗战坚持三周年以上，祖国的同情和援助，我孤悬敌后浴血战斗的游击队。因此，队内对于抗战必胜的信念是加强了，对于前途是光明了。正因为这样，队内近来虽有时队伍仍不免处于极端艰苦状态，而叛变逃亡者较少，这决不是偶然的。

队内从上级到下级队员，学习的精神是一般提高了，识字运动普遍地展开着，要求学习新文化、新智识、新的技能，是下级干部非常迫切的要求。克服游击队的落后，本来是政治工作人员的重要责任，因此此后三路军政治部要努力来开展队内的新文化运动。尤其要开展新文字的识字运动，我想经过一个较长时间，我们的队员大概不会再是目不识丁的了。

队伍内的军事纪律，最近有相当的提高，但是还没有达到预期的希望。我曾记得当我在祖国时同志们关于军事纪律是再三嘱托的。我们政治部此后当为提高队内，自觉的军事纪律而斗争，因此我们最近特别来反对队内的过度民主化。

自从北满党内反左倾斗争结果，队内是厉行着反军阀主义、反对旧军队恶劣习惯和传统，反对山大王主义，坚持肃清大烧大杀倾向，掠夺行为，对群众恶劣的态度等。近来队伍与群众关系改变了，不但不侵犯群众利益，对群众以和蔼可亲的态度，而且努力组织群众对伪军警态度，对日本人态度，均有巨大的转变，而奖励着共产党员的原则立场。因此，我们在群众中和伪军中都博得极大的同情和荣誉。现不但队内了解我们不是"胡子"，不是旧军队，而是新式的、正式的中国国家军队，即广大群众亦认为我们是中国军队。

在本年度的平原游击中，各支队在群众中的工作是做了些，几乎每天都召集群众大会，队员有时在群众中演剧，使我们的宣传更加深入群众。但是宣传工作仍有巨大的缺点，宣传工作还是散漫零乱无系统，尤其是缺乏文字宣传。群众组织工作是做了些，但是非常不够的。

现在一般说来龙北、讷河、嫩江、克山、德都、北安各地的民众及深入西部平原各地广大农民群众，对我军关系甚好，有深刻的认识。

我们某些部队曾经向群众征集地亩捐和马捐，群众是并没有恶意谢绝，而某些更是热诚输将。最严重的问题就是给养和马匹问题，过去因为给养和马匹曾经造成山边农民最恶劣的关系。群众是缺乏粮食，粮食完全被敌粮食组合所垄断和没收，盛传每个群众要每天给八两米及八两谷糠，但粮食问题还是小，因为对山边的穷户我们可以花钱买，所费的经费还少，马匹却是最困难的。我们冬季不能在平原作较长期的游击，即能亦无法用行政办法征发，结果只有乱牵。而且马匹入山粮秣具无，未经月即毙，势必重行抓马①，每年一个支队，必须四五次解决马匹，方能够用，这是何等破坏群众政治影响啊！这都是无法解决的问题啊！

在今夏平原游击时，广大的农民群众，要求入队是非常勇

---

①　讨论关于抓马问题，据王晓兵介绍说其父王明贵生前介绍：三支队在制定作战方案时设计：三支队是"马步队"，即一部分骑兵，一部分步兵。为了保证三支队攻占县城后能够安全撤退和转移，在作战方案中，设计了派一部兵力去克山县城外开拓团种马场解决马匹问题。九支队到后，因九支队全部是步兵，所以夺马问题十分重要。但在实际作战过程中，由于进攻马场的距离远，部队还未到达马场，城里已经打响，敌人有了准备，所以丧失偷袭的机会，并且敌人有工事防御，夺马计划失败。部队撤出战斗后，又增加 100 多从监狱中救出的"囚犯"跟着部队撤离。天亮后日军的救援部队很快赶来，解决马匹问题是当务之急，否则部队将陷入敌人的包围。于是研究如何解决马匹问题。冯仲云决定向群众"借马"，这里使用"抓马"一词。此外，冯仲云还谈到"抓大户"和"抓小户"问题。其实，问题不在于"抓大户"和"抓小户"（按统一战线政策，大户小户都是中国人），而在于当时是否向群众讲清道理的问题。王明贵说：抗联战士在"借马"时，讲明白了道理："我们是抗日联军，刚刚打了克山县城，现在要突围，需要马匹，暂时借马，以后一定还马或还钱，希望群众支援我们抗日。"但是，解救的囚犯没有受过抗日军队教育，他们虽然有参加抗日的愿望，但不懂政策，他们"抓马"几乎就是"抢马"了。事后，当地抗日救国会把群众的意见反映给北满省委，冯仲云做了检讨，并写了一封认识十分深刻的检讨信，体现了中国共产党人襟怀坦白的政治胸襟和严格的政策观念。此事使广大抗联战士、干部受到教育，也取得群众的谅解。另据王明贵说，抗联在龙北地区建立了抗日游击区，各地有抗日救国会组织，这样群众的意见才能反映上来，同时冯仲云的自我批评，也才能取得地方组织和群众的谅解。因此，此事也反映了抗联游击区建设的思想工作状态。

跃。但队内一般的负责同志因新队员不耐艰苦，每到冬季，逃亡叛变倍出，而保存着浓厚的关闭主义色彩，拒绝入队，有时还逐出新队员的行动。而队内一般则有轻视和辱笑新队员之笨蠢、落后，没有战斗经验，动摇，不会爱护和帮助新队员的现象。旧队员自觉劳苦功高。这些恶劣现象，政治部一定以最大努力肃清之。

由于我个人长期远离总指挥部，总的政治工作完全由总指挥寿篯同志个人负责进行，指挥部的教导队相当地开展了政治教育工作，特别是发动新文字的识字运动及对于算术知识之学习，以便将来能学习新的军事技术。教导队的政治教育工作是有相当进步的，教导队政治指导员是马克正同志。可惜朝阳山之役，教导队之先进队员，大部阵亡。指挥部曾出版北满《救国报》八期，在队内及群众中颇起相当作用，惜后因电台损失，消息隔阂，得已而暂时停版，但无论如何必须恢复出版。

三支队政治委员是赵敬夫同志，赵同志是有文化素养，军事政治颇有锻炼的干部，三支队漠河站之缴械，四站、科洛站之击破，赵是有巨大作用的。而赵在三支队时政治工作颇有可观，朝阳山之役敬夫同志壮烈牺牲，不仅我抗联三路军之损失，亦龙北民众所同声哀悼的。敬夫同志死后，三支队政治工作一时陷于散漫混乱状态。最近因为三支队远征西岭，三支队政治工作须要整理，所以调九支队政委高禹民同志转任三支队政委。禹民是有天才的青年布尔希维克，对于中央路线之掌握是有力的，三支队在此次远征中是可以放心的。政治指导员是姚世同[①]、池万钧都是在队内长期经过锻炼的。文化程度是不很高，但在禹民同志领导下，大概是不会有问题的。

九支队的政治工作

由于九支队的政委高禹民同志善于整理党的工作，并将党团结起来，因当陈绍宾在九支队横作胡为时，能使九支队免于危殆。九支队因今夏潦水，使队伍受到极大困难，但终于能毅然决然突破困难而深入平原开展平原游击。高政委调派三支队后，九支队政委是周云峰同志，周同志在今夏艰苦工作中，开辟北安附近的农村工作。周云峰同志是久经锻炼的干部，同时在指挥部左

① 姚世同，抗联三支队指导员。

右活动，因此九支队之党政工作是还可放心的。政治指导员是张荣，新提拔而能做相当实际工作的干部，金永贤韩国人。

六支队的政委是于天放同志，几年来的民族解放运动中，使天放同志受到巨大的锻炼，于天放同志是有显著的进步。六支队的政治工作和党的工作，天放同志是完全可以愉快的胜任的。此次六支队西部平原游击中，支队副高继贤，在出山不数日就壮烈牺牲了，而我们天放同志主持队伍，在千余名敌伪尾随之下，游击九县播扬我军政治主张。六支队的政治委员是朴吉松，韩国人，是青年，勇敢，极有希望的政治干部，威名是震撼于绥佳线工人群众中。

十二支队的政治委员是总指挥部总参谋长许亨植同志兼任，是一个有多年战斗历史的韩国同志。政治指导员是韩玉书，过去三军有历史之中级干部。吴世英同样有历史的韩国同志。十二支队的政治工作同样是可以放心的。

经过北满党内斗争，三路军各队的党是有进步的，现在各队的干部是完全团结在党的周围，党在队内是能够起相当领导和骨干作用。干部及一般同志甚至于群众对党已有相当的认识，而倾向份子在现在是比较难左右了。党员的政治水平和认识较之早先提高了许多。但是落后的现象、农民的意识、游击主义的倾向还是存在着。各支队的党委是在民主条件下选举出来，党内支部生活是有，但是很不健全的。

一九三八年度，我北满党在松花江下游的，以及各地的群众的党的组织悉被破坏。一九三九年后，我们就锐意在西部平原中、城市中布置自己的、群众的和党的组织，但是成果是甚少。因有一九三八年的破坏，使我们地方群众的党的组织工作的干部牺牲殆尽。游击队中所选拔出来的干部，大多担负不起了这样的任务和工作，当派遣他们时，不是经济观念不清，就是逃亡，或是根本做不起来工作。在这样惨淡的艰苦的努力中，现在我们除了某些个别、狭小的地方关系或组织除外，现在有三个较大的中心的地方组织：讷河县委、肇州县委、龙江工作委员会。讷河县委工作散布于克山、德都、讷河、嫩江、布西，现有反日会员五六十人、肇州县委工作散布于肇州、肇源、肇东、安达、龙江各地，救国会员数十名。不久他们的工作大概可以得到很大的发展的，但现在他们都还是处于极端秘密工作的状态。

一般地说来，目前北满全党的状况是巩固的统一的。党内虽有时为了工作有些不同的意见而争论，但是原则上的分歧和争论是没有的。党内对现在的省常委和省执委，对其领导机关是有信仰的。客观环境是日渐顺利，而困难愈趋复杂，我相信目前北满党还能胜任现在的巨艰任务的，是展开着光明和胜利前途的。

Ⅳ 一些个别的事件

①在祖国时，祖国再三地向我关说，北满党要允许恢复赵尚志党籍。当我回到北满党时，我将我向北满党要求恢复尚志党籍书以及保中的信向北满党提出并详细陈述各种情形及事件经过和原因。但北满党由于工作关系，一时不能召集党的较大会议。同时因为去年开除赵尚志党籍的决议是经过北满全党通过，因此将这一问题提向下级，经过全党民主解决。我虽再三关说，但是尚志之许多事实在戴鸿宾同志之证明下，在下级已有广泛深刻之认识和了解……因此，到底还是不能通过恢复尚志党籍之提案，仅通过了将"永远开除尚志之决议"修改为"开除尚志党籍"，以开尚志在今后实际努力工作和彻底转变中而能重回党内之门，并将尚志党籍问题提交上级，并申明要上级负责。北满党此后不再过问这一问题，以便今后可以埋头工作。

②尚志、保中以及祖国同志曾向北满党提出要我担任三路军总政委，当时我未曾同意的。但当我回北满党后，总指挥寿篯同志、省委金策同志都同意这一意见，因此我现在是担任了抗联三路军政委。但我个人才疏学浅，缺乏革命的锻炼，且我个人个性温和软弱，经常犯调和主义的错误，我希望上级能经常给予我帮助和指示，使我能胜任这一工作。

③抗联三路军过去长期与上级隔绝，政治工作是非常落后，我希望上级能经常给予指示及帮助，以便在正轨勇往直前。我希望你们能经常供给我们文件、书籍、报刊，如中共中央新文件、八路军的政治工作之文件、《列宁选集》《党（布）史》《新华日报》及其他报纸。b①、新文化运动之书籍——如新文字之字典书籍等。c、希望你们代印（铅印）各种文件及宣传品。d、尤其希望你们供给我们一些政治工作的干部，并且允许派遣干部送至某

———————————

① 原文无"a"

种学校——如陕甘宁边区的抗日军政大学等求学。e、希望上级能派人来巡视北满党、军政的工作。芜杂潦乱尚祈原谅。此致
布礼

冯仲云

一九四〇年十月三十一日①

本月 在朝阳山参加抗联三路军三、九支队高级军政干部联席会议。出席者还有王明贵、高禹民、边凤祥、郭铁坚、曹玉魁、白福厚等。

11 月 1 日 张寿篯和冯仲云联名给金策写信，汇报克山战斗情况，同时信中也提到了冯仲云的错误，摘要如下：

> 八、仲云同志的调和主义，仍然存在，虽然口头承认，实际并不虚心改正，好讲空洞问题，不愿进行刻苦实际工作，懒惰与过去无异。总之，仲云同志过去的错误，是应有尽有，他的工作非经过严格督促是不行的。请你将南边工作安置以后，速来总部帮助工作，一切不写，均候电报上交换意见，其他不写。

> 九、九支队宣传科长（经仲云由三支队调来的，而任命的）前十日叛变了，北部的地方关系，他知道一些，恐有波及破坏的危险。但讷党的通讯关系，仲云并未弄好，现在只好听之，无法通讯②。

11 月 2 日 给金策写信汇报各支队工作情况。全文如下：

亲爱的金策同志：

> 为了和讷河县委接头，并给予学员以文化训练，我又重返朝阳山系。但当我到达了朝阳山系，讷河县委诸同志，事实上无法进山讨论工作。因此我决西出讷河克山平原，我在平原中率领学员游击活动约一个月。在这一个月中间，我和讷河县委老尹、小方二同志分别接头了，并且详细地讨论了龙山一带的地方工作。我更进一步深刻地了解目前日满统治的情况及农民群众的斗争要求及其痛苦，我亲身体验了平原游击。中秋节后，我又渡过了讷漠尔河南与三支队接见，由于三支队与九支队一部之汇合，才决

① 《东北地区革命历史文件汇集》甲 59，第 7—30 页。
② 同上，第 36—37 页。

定了克山县城的进击，我也参加这一次的军事行动，这次行动中我军仅负伤一名，重伤而被弃一名，牺牲一名。但是在归返朝阳山的途中，与敌接战七次，遭敌寇军爆击一次，我军颇受相当损失。参加这次平原游击使学生的文化教练工作是耽误了。

三支队自敬夫同志壮烈牺牲后，政治工作相当零乱无绪，再加以西岭远征，因此决定禹民同志转到三支队任政委。年来工作相当证验了禹民同志对于路线是能正确把握住，党的工作是能够抓紧的。如果没有特殊问题，三支队远征是可以放心的。队伍进克山县城归还朝阳山以后即开始远征，现在尚无交通员归来。九支队的政委现由周云峰同志担任，周云峰同志的确在今年开展了些农村工作，在北安附近农村组织了一些反日会，但此次三支队政治部宣传科长尚连生之叛变，恐要波及。周云峰同志担任政委当然有其困难，但是九支队是在指挥部附近活动，我们是可以帮助他的。

六支队南去，离领导机关较远，因此你要多和天放同志谈话，使其能完成这一任务。你无论如何要设法使十二支队在不受损失下归来，任何方式活动都可以，只要你们能安全归来。肇州地方工作因使之特别注意秘密工作，尤其在队伍活动以后是最容易受到破坏的。文廉出来否，你应注意到检查他，并慎重考虑，他是否继续在肇州或调到其他地方。

讷河县委的报告是我未见他们之前他们写的，现捎去借作参考，但其中许多问题我已解答了。我和他们讨论工作是根据寿笺同志所提出的提纲，此次时间仓促，不能写长的信，因此我和他们讨论和决定的问题此地不写赘述，容见面时详谈吧，三、九支队此次平原游击曾获得了许多群众关系，这许多关系都交给他们了，因此他们今后在讷、克、德各县工作定能得到发展的。讷河地方组织今夏确是给三、九支队之平原游击以巨大的帮助，虽然远不如下江特委时期，但其作用是不小的。他们今后的工作方面除克、讷、德外尤其注意布西和甘南的工作，以配合三支队的远征。其次洮南及拜、依、富①也布置工作，以准备响应队伍来年之活动。城市则克山城原有工作应使之发展外，还注意龙江齐齐哈尔的工作，他们的工作线索是很多，但是过去太分散了，没有

---

① 指拜泉、依安和富裕三县。

使之组织化，救国会员的质量并不坏，但是党太关门了，尤其是不会注意提拔干部，造成革命职业家，过分轻视知识分子，他们的这些缺陷都决定转变。抗日救国会的组织，我要他们根据客观环境而决定公开、半公开及秘密方式的运用，克、讷、德一带抗日救国会事实上是无法公开。我要他们多数地组织锄奸团，并且给了他们一些武装保存着，这工作是能得到发展的。他们的环境应付尚好，如无特殊问题尚不致于出问题。此次尚连生叛变，多少知道一些他们的关系和线索，可能波及他们，但是他们是比较警觉的，而且我和他们决定要变动和搬家的，如果他们执行，那末不要紧（尚模糊地知道老尹住的地带）。我真太笨了，忘记了和他们约定通讯关系，只和他们约定接头关系，而现在我们没有有证明书的可靠人去接关系去通知他们，经费共给了他们二千多元还有十五个金镏子，同时他们自己还能解决些，一年内是不要紧，将来我们预备给他们一架无线电。

寿篯同志很快和我离开，上级还要更多的新的重要问题和决定，我在此地是孤独的，我觉得你没有必要再独在南河，因此我希望你负责把十二支队问题解决即北来，而且解决许多上级的新问题和决定也是便当。因此南河你可以留一部分人在那儿维持交通关系和地方关系，而你则北迁。

我回来才二十多天，喘息甫定，所以我没有写东西送《统一》，但往后我半年多的奔走是可以暂时告一短期结束，我一定多给《统一》写稿件。潦杂书此，尚祈原谅。此致
布礼

仲云
一九四〇年十一月二日①

11 月 9 日　以总政委名义同张寿篯签署《抗联第三路军总指挥部第二十号训令》，令六、十二支队加紧一九四〇年——一九四一年冬季工作，务使队伍不受饥寒痛苦。

11 月 18 日　给许亨植写信谈十二支队活动问题，全文如下：

亲爱的总参谋长亨植同志：

_____

① 《东北地区革命历史文件汇集》甲 59，第 45—49 页。

金策同志已安抵我处，一切详细情形已互相报告，请勿念！

我和策最近因事远走，此地无人负责，你接此信后，必须立即前来，勿得延误。你到此地时，虽然见不着我们，但我们一定给你留下信件，你可以参考和根据信件的内容，切实地负责，进行工作。

南河、大南河的后方工作等在你动身之前要切实负责布置。十二支队如已归来，你要以总参谋长资格切实地根据总部的指示去解决他们问题，如他们是回到大南河，那末你不必去，给他们详细去信或委托于政委去传达意见即可。如队伍尚未回来，你要负责设法使他们安全归来，为的是要队伍不受损失，能保存实力而要他们归来，决不要因为要归来而使队伍受到严重损失，因此，这一问题的解决应该要特别慎重。如队伍尚未归来而归来时可能回到绥棱地区。那末你可以留信，要他们归来，后北来，以便你在此地可以解决他们问题。如归来将在庆铁地区，那末不必要他们北来，而你来此后，可以给他们去信。如归来后之人数单独活动尚够，则十二支队不必与六支队混合而单独活动，按总部计划回大南河活动，而泽民同志仍可代理支队长，韩玉书负十二支队总政治责任（如果徐韩带队回来的话）。

关于十二支队、六支队一九四○年——一九四一年冬季活动的原则，可以按照前次由苏、杨二交通员捎去的上级指示，切实地根据这一指令来执行工作，特别是要保存实力，巩固队伍，加紧一九四○——一九四一冬季工作，使队伍免于饥寒痛苦。

苏、杨二交通员曾捎给六、十二支队一些书籍、传单、药棉，现又捎去列宁主义问题一本，亦希捎至六支队，但省委秘书处如要借看亦可借看一些。匣子子弹（苏、杨捎去）一百粒交省秘书处。此致
革命敬礼

总政委　冯仲云
一九四○年十一月十八日

苏、扬二交通员立即打发回来。

你北来时一定要将六支队、十二支队、大南河及南河后方之交通联络，切实负责布置，务使灵便、迅速、安全，这是最重要的工作，切切注意。

又及。

　　我最近听金策同志说，你采取不负责态度，十二支队归来后你完全不负责了，这样的态度我完全不同意。当此革命风暴来到的时候"不负责"，决不是共产党员应有的态度，为了革命的事业，为了祖国和民族，你应该切实负起责任，尤其当我们远离的时候。

　　十二支队如未归，你的款可以留给金昌哲二千，安（女）一千，其余北带来。十二支队如已归来而见着了你，那末除金、安留下外再给十二支队留下五千元，余均缴来北带。如十二支队回却见不着，则他们的款留他们保存，不必北送。又及。

11 月 19 日　《中共北满省委给讷河县委的信——关于保密和联系工作等问题》中说："亲爱的同志们！务要你们根据冯同志对你们工作的布置来积极进行工作，务要你们特别注意秘密工作。"[①]

　　同日　给王明贵、高禹民、王均写指示信，谈目前形势和三支队的任务问题。全文如下：

　　亲爱的明贵、禹民、王均同志：

　　朝阳山分别以后，我们在东归途中，行经金沟河东遭遇敌人伏击，我军牺牲四五名，轻重伤九名，但我军终于从容退却，以绝大的毅力急行军穿越铁道，安然地到达了总指挥部。今年秋冬，朝阳山成为敌寇的进攻中心，从孙吴兵站及其他各地调来了多数的寇伪军；利用飞机和坦克大举进攻。单是飞机在朝阳山爆炸了二十一天，我三、九支队此次能于百难之中脱出了朝阳山，真是大幸而特幸的事啊！

　　你们的交通直到现在还没有归来，我虽然明知道你们的交通不能马上来，但是又何等使我悬念和神驰！你们在北征途中，曾否遭受敌人打击，你们何时渡过嫩江，你们在西岭活动情形如何，你们和群众关系怎样，队内冬季衣装给养是充足否？队内是否巩固，同志的安全健康又如何，使我日夜辗转忧思。同志们啊，你们设法来交通员吧，使我们详细知道这些，免我们朝朝挂念。

　　最近的形势是日德意虽然军事同盟，互相声援东方和西方的

①　《东北地区革命历史文件汇集》甲27，第45页。

强盗侵略行动，虽是这个同盟，还是在"不反对苏联政体"条件下结成，实质上是德意侵略者无法援助日寇，相反亦然。西欧德、意、法、西和英国的战争仍旧是在纠缠着，谁也无法解决谁，只有革命的国内战争，才能结束这一反革命的战争。

日德意军事同盟鼓励了日寇在南洋的侵略行动，安南日军的进驻，为的是包围中国，但是却是动摇了美国在远东的利益，美国在积极援助英国中将百分之八十的军舰开到太平洋。远东帝国主义的强盗战争——日美战争如果要爆发，那末却是早已在远东开展的民族解放的革命战争更得到良好的机会和时机，更能迅速取得胜利。

苏联根据了伟大的联共十八次代表大会斯大林的原则，坚持着自己政策。苏德的国交是在改进，但是并不能因为日德意的军事同盟，日寇厚颜求全而放弃了对被压迫民族的援助，反而更加加强。日德意军事同盟毫无问题是得出他的反面的结果，苏联是不会忘记利用良好的时机来争取世界革命的胜利的，现在就快到良好的时机了。

日寇的经济崩溃现在已经反映到政治上和战线，日寇物质和兵力的不足已经引起他的严重危机，中国已经收回了许多城市。现在全国是举行着全国国民大会，选举总统，我军一切已占优势，国民大会闭幕，总反攻阶段开始，远东毫无问题的将展开突变的情况。

一九四一年将成为伟大的震动年份，全世界的被压迫者将高举自己胜利的旗帜，东亚将成为光辉灿烂的大地，同志们现在沉着地来准备总的动员吧！

同志们，七八年来的艰苦斗争，但是艰苦终会有止境，现在就快到止境了。过去我常和禹民同志谈到的许多问题，现在都将实现了。但是伟大的时期来到时，我们是要沉着应付，不应慌张。总指挥部规定队伍的策略是：

①保存实力，巩固队伍，培养干部。

②加紧各部的联系工作。

③加紧一九四○年——一九四一年的冬季工作，决不要使队伍受饥寒的苦楚。

这完全是根据了上级指示的原则规［定］的，上级的关系现在是更加密切，现在捎去上级的指示，仰切实执行。你们务必要沉着地执行总指挥部以上的指示和上级的指示，以便听候新的指示。

三支队的远征西岭，我和你们所讨论的三支队的行动计划，总指挥部和省委是完全同意。但根据目前形势不同，我们尤其要你们注意以上的任务。因此，你们和总部的交通联系一定要更加密切，同讷河县委的工作配合一定要更加积极，还可以经过他们和总部联络，明年的行动一定要执［行］。

六支队在西部平原游击，在千余名敌寇长进之下游击九县，播扬我军政治主张，现已归来。十二支队在肇州展开了胜利活动，获得巨大的经济，得到了广大群众的热烈拥护，现在许归来了，但戴鸿宾是携款叛逃了。传说马占山现带哈拉哈河反正队在外蒙待机出发中，请注意之。此致
布礼

总政委冯仲云
十一日十九日 ①

11 月 20 日　给许亨植写信交待指挥部的各项工作。全文如下：

亲爱的亨植同志：

我们因为接到上级指令，要我们出席重要会议，且时间匆促，无法等候你，因此在你没有来到此地我就和金策一起远走了（详见上级指示）。

上级指示经夏振华同志口头传达，要寿钱、金策，我和你四个去三个，留一个在此办事。你还在南河，来也赶不上了，因此只有留你在此了。你对于会议有何提议和意见，希来电告诉，同时你如到指挥部后，你必须来电告诉我们，以免我们悬念。并须来电代表三路军庆祝会议之召集。

你到指挥部后电台完全由你把握和负责。关于队内党内一切重要问题，例如十二支队归来否，三支队的交通来后关于三支队的情形等等，都要详细地来电报。如果对问题的解决有迟疑时，有特殊重要问题时，可以来电询问。

---

① 《东北地区革命历史文件汇集》甲 59，第 69—72 页。

我惦念着党内和队内，我们向你担保，我们一定是要求问题迅速地得到迅速地解决，迅速地回来，请你别着急，千万放心。

你来指挥部后，千万负起责任。亲爱的亨植同志，听金策同[志]说，你最近因为内部一些争执而表示着不负责的态度，例如你说对十二支队，如果回来了，表示不负责事，我认为这是错误和不正确的，不是共产党员应有的态度和立场，革命本来就是自己的事，我们是为了祖国和民族而坚决奋[斗]，我们不是和别人作事，我们是要在困难条件下，各种复杂环境中来坚持自己工作。现在党和军将这种责任又短时期加到你的身上，你应该以布尔希维克的忠诚来完成你的任务。

我和金策、寿篯同志的远离，对外是不宣布的，你对于一切问题的解决，你可以宣布指挥和政委的意见要我来解决的，他们都是并未远离的，这不但对于会议的秘密，对于我们的途程中这种秘密都是非常必要的。

我现在把此地的工作上所应该注意的几点给你写下，以便你在工作中作为参考，作为你进行工作的依据。

根据目前的客观形势上级的指示，我们规定今后的部队应该在以下原则之下进行工作：

①保存实力，巩固队伍，培养新的干部。

②加紧各部队的联系工作。

③加强群众联系。

④英勇的、有限的活动来冲破敌人的讨伐。

⑤加紧一九四○——一九四一年冬季工作，使队伍免于饥寒的苦楚。

⑥解[决]动摇份子及厉行肃奸。

你要切实注意这六大原则任务，根据上级的指示，顽强地完成你的工作。军事计划是没有改变的必要，冬季是决不要谈平原游击，那是冒险，敌人的快速化、机枪化的部队——合击是最易收效果，那会葬送队伍的。六条工作中尤其要注意①②⑤这三条。地方组织中，现在毫无问题的要：

①巩固和发展秘密的组织，尤其要加紧秘密工作来保存自己的组织和干部。

②加紧各地方组织与上级的联系，以便能及时的动员。

三支队的活动计划是没有必要变动的，现在主要的是加紧和他们的联络。他们的交通员来了，要务使他能安全、迅速回去，或者经过讷河县委去联络，再有可能时甚至于派人去找他们，无论要使他们来年二月新历回指挥部来一次。

九支队的活动区域是自朝阳山到南河，他的任务是不要使队伍饥寒，尤其不要使指挥部及各地后方寒冷。有必要南去一趟，到海伦、通北一趟，去联络群众关系，顺便解决八道林子后方给养问题。北安省街边的关系应利用和保守其秘密，但要特别慎重，周云峰同志是详细知道这个关系。队伍有必要大多时分两部分活动，到了三九天最寒冷时可以住密营，加紧政治的、文化的、军事的及技术的教育。在侦察工作做好情形之下，可以执行军事行动，应该要有把握，以便牵制和配合各支队尤其三支队的活动，警卫队第一大队一中队暂时不要编制到九支队。

十二支队应使之安全归来，不要在平原中游击而受到损失。六支队的交通联络应密切联络，讷河县应该设法去交通□□使能联络上，如果派不出人，万不得已也可要王海楼去一趟。各地后方应使之减少人数，安全并和指挥部交通密切联络。此地指挥部后方由李福才负责管理各机关，老孟头负责九支队后方，将来老杨头等还计划到土洛木河（土鲁木河）建立一些后方。此地后方总负责，电台长及党政工作是由马克正同志负责，还有教导队也是他，张秘书长负责编辑北满救国报，帮助你作文字工作，解决外部问题。一切问题我已和他们详细谈了，你可以问他们，不容在此赘述。

指挥部中马克正同志保存二千五六百元，周云峰同志保存二千元，我们给九支队六千元了，其余我们带走了，将来带回来。各队如要求用，先花你所保存的，但你须代三支队计划一部分。亲爱的亨植同志，别了，我们祝会议的成［功］，希你能切实地负起自己的责任，并完成你的工作。此致
敬礼

总政委　冯仲云①

同日　给小方写信谈向群众解释进攻克山侵犯民众利益等问题。全文如下：

---

① 《东北地区革命历史文件汇集》甲59，第73—77页。

亲爱的小方同志：

进攻克山前，匆匆别离，未能尽怀畅谈，至今思之，仍觉怅然。

进攻克山的行动，小林同志当能给你详细地报告。克山的确是军事重镇，如果没有地方同志们帮助，如果不是队伍行动前的秘密，行动中勇敢，退却中的迅速，击破克山的胜利，行动后的不受巨大的损失是得不到的。但是我们还应该说，我们的侦察工作是没有做好，当时克山敌人公开的兵力有六百余名，秘密的兵力还有一二千。的确，如果侦察工作做好，克山是不能去进攻，进攻是冒险的，但是我终于冒险中取得了胜利，真是大幸！

克山行动中，马匹是未曾解决，虽然为了保存实力，不得已条件之下乱抓民众马匹。虽然我自己委婉屈折陈述利害地向群众解说，然而是侵犯了群众利益，破坏了群众联系，破坏了我队的政治影响。我这错误完全是离开共产党员的原则立场的，我完全同意党最近对我这一错误要讨论到处罚问题。我特别要求你在群众工作中，详细地、委婉屈折陈破利害地向群众解释，公开地承认自己的错误，指出当时不得已及为了保全实力的情形，要求群众的谅解。

目前的形势是：日德意虽然军事同盟互相声援法西斯的强盗东方和西方侵略行动，虽然这个同盟是在"不反对苏联政体"条件下结成的，但是实质上德意侵略无法援助日寇，日寇也无法援助德意。

西欧德法意西和英国的战争仍旧是在纠缠着，谁也无法解决谁，战争是要延长下去。只有国内的革命战争的爆发，才能结束这一反革命的帝国主义大混战。

日德意的军事同盟，鼓励了日寇在南洋的侵略行动，安南日军的进驻为的包围中国，但是却是动摇了美国远东的利益。美国在援助自己的同伴国中，不得不将百分之八十的军舰开到太平洋。远东帝国主义强盗战争日美战争，如果要爆发，那么，在远东早已爆发的民族解放革命正义战争，更处在良好的机会，可以更迅速取得胜利。

苏联根据了联共十八次代表大会伟大的斯大林的原则，坚持着自己的政策。苏德的国交是在更加改进，但是并不能因为日德意军事同盟，日寇厚颜求成而放弃了对被压迫民族的援助，反而更加强，日德意军事同盟只能得到他的反面的结果。苏联是不会忘记利用良好的时机来争取世界革命的胜利，现在就快到良好的时机了吧！

日寇经济的崩溃现在已经反映到政治上和军事上了。日寇物力、财力和兵力的不足，已经引起他的严重危机，中国已经收回了许多城市。现在国内正是举行着全国国民大会，制定宪法，选举总统，国民大会闭幕，总反攻就开始，远东毫无问题将展开突变形势。

一九四一年将成为伟大的震动年份。全世界的被压迫者将高举自己胜利的旗帜，同志们，现在准备着总动员吧！

同志们，当此革命的骤风暴雨之前，我们更应沉着起来。现在我们的任务毫无问题的是造成大批的革命职业家，培养大批的革命干部，巩固党的秘密组织，加深党和群众的联系，巩固和保存群众的组织。尤其是要加紧自己的秘密工作，保存和发展自己，这是一切问题的中心，你们务须要按照省委给你们的指示进行你们自己的工作。

在平原中我和你计划的许多工作，务须切实执行，求其实现，你们必与三支队工作配合，帮助他们，并帮助他们与总部取得密切的联络。在目前紧张时期来到前，联络是最重要的。你们务必与省委和总部取得密切的联络，通信器具将来是一定给你。

你们今年和队伍关系比较密切，队内动摇份子的叛变常是免不了的，因此你们今后的许多关系地点务必变动，以免受牵连。尚连生是叛变了，他多少知道讷西老尹的地点，还有史牌长各处，你们应注意。

六支队今后平原游击在千余敌人长追之下游击九县，播扬我军政治影响。十二支队深入肇州，击破丰乐镇获得大批经济，得到群众热烈的拥护，但戴鸿宾是携巨款叛逃了。

潦乱芜杂书此，尚祈原谅。此致

布礼

总政委　冯仲云

一九四○年十一月二十日①

11月22日　令六支队整顿军纪而写《东北抗日联军第三路军总政治部训令》，全文如下：

---

① 《东北地区革命历史文件汇集》甲59，第79—82页。

东北抗日联军第三路军总政治部训令

令六支队　政治委员于天放　支队长张光迪

为令遵事，窃查革命之深厚伟力在乎群众之中，欲求广大群众之拥戴与亲近，当以群众利益为前提。是以本部对于保护群众利益、重视群众物质起见，业经三令五申并通饬遵照等情在案。兹据文二款及确切调查所得，该支队近来关于解决服装问题尚有强制征收行为，并不以经济收买和募集办法处理，此种半胡匪行为对于群众利益及政治影响上破坏殊多。此外，该队内部仍有堕落之队员，不时于群众面前偷吸鸦片，尤属不当。因是本部为重视群众利益及提高军人风度，合令该支队务必切实纠察，予以严格惩处，勿得敷衍塞责，自干罪戾。仰即遵照勿违。此令。

总政治部政治委员　冯仲云
大中华民国二十九年十一月二十二日①

11 月 23 日　应苏联远东军的电请，动身前往苏联。

11 月 27 日　赵尚志在对被开除党籍问题的申诉意见中多处谈到冯仲云②。

11 月 29 日　《中共北满省委给高禹民的信——关于西征开辟地区和军民关系等问题》中提到："据马同志的报告：我三支队和九支队今秋在冯政委领导之下攻破克山县，获得灿烂的胜利后，到蒙民屯牵拿民众不少马匹。……这个错误责任应由冯同志主要负，其次你应该同时负责任的。"③

12 月 3 日　进入苏联境内。

12 月 4 日　给王新林写信请派人解决给养等问题。摘要如下：

王新林同志：

为了切实的执行上级的指令出席会议，我和北满省党委书记金策同志率领选拔的学员七名，由夏振华同志领道急速前来。我们是十一月二十三日起身，费时十日于本月三日晚已到达此地，希望你急速派人前来，解决我们的问题，以便勿误会期。

----

① 《东北地区革命历史文件汇集》甲 59，第 83—84 页。
② 《东北地区革命历史文件汇集》甲 27，第 49—54 页。
③ 同上，第 56—57 页。

领取军需品的马队——二十四马、二十队员是由九支队参谋长郭铁坚同志率领前来，我们曾经事前给你们电报，马队留江那沿，土人扰害易露秘密易受损失，最好也过江来，未经作法具体答复，但我本拟留他们在江那沿，但我们途中遇土人故家，他们改变了我们的行动，而且雪层过深，踪迹太明无法隐蔽。再加以途中给养已无，马匹因无粮料饿死四匹，现余十一匹，留在江那沿[①]。

12 月 8 日　张寿篯在给负责同志并转中共中央政治局的报告中提到九支队的工作："是在金策、仲云同志的直接领导之下，帮助之下，来完成自己的工作计划。"[②]　在这个报告的后面有一个作于本年十月份的《三路军干部统计表》，表中介绍冯仲云的"社会背景及工作历史"中说："在一九三四年以前，大部分过都市小资产阶级生活，三四年以后，参加游击队。一九二九年加入中共，因到东北失掉组织关系一年多，历经担负哈尔滨抗日总会党团工作，满洲省委秘书长、人民革命军第三军政治部主任，珠河县委宣传部长，北满临时省委左倾关门主义统治时期的省委书记及六军政委。"在"现在观点及思想和工作总结"中说："对于党忠实，工作一般积极，但保留知识分子落后意识，懒惰，不愿做实际工作，调和主义的观点仍在继续，有个别风头主义色彩，紧急斗争经常幻想脱离东北到关内去。"在"备考"中说："仲云的错误有数年的历史发展，最近如不改正，对于工作将有更大损失。"[③]

12 月 9 日　周保中致信王新林请求与张寿篯、金策、冯仲云见面谈话。

12 月 14 日　张中孚、马克正给张寿篯、冯仲云等的报告中报告了总部电报生逃跑的情况。

12 月 23 日　同周保中、张寿篯在赵尚志寓所会谈，赵尚志首先问北满开除其党籍问题，问戴鸿宾什么组织关系到北满去的，问陈绍宾情况，问一九三八年越境经过并问北满党是否照规定关系向苏联找赵尚志？张寿篯回答，曾经五次向苏方探问，要求尚志回东北。

12 月 24 日　同周保中、金策谈话。向金策提出问题，金策答复。

12 月 25 日　根据周保中日记记载：

---

① 《东北地区革命历史文件汇集》甲 59，第 233 页。
② 同上，第 134 页。
③ 同上，第 129 页。

关于北满党代表问题：

1. 张寿篯最初否认代表冯仲云。

2. 金、冯谈话时则又不否认代表，而提出代表范围及限制。

3. 一九四〇年一月至三月，在×城冯仲云所进行工作范围，涉及满洲党全般及解决了人事问题，如赵尚志调吉东工作等等[①]。

本年 撰写悼念张兰生、赵敬夫、崔清秀等烈士挽联：

兰生、敬夫、清秀暨教导队朝阳山阵亡诸同志：

为民族争生存，数载苦斗，忠魂长绕朝阳巅

求国家谋独立，千里转战，热血洒遍嫩江畔

冯仲云敬挽[②]

---

① 《东北地区革命历史文件汇集》甲42，第287页。
② 《东北地区革命历史文件汇集》甲59，第376页。

1941 年　三十三岁

1月4日　到张寿篯寓所，与周保中、金策谈话。

1月5日　同周保中、金策到张寿篯处谈话。周保中日记记载："冯仲云声明昨日对保中宗派主义与英雄主义观点实出误会，承认错误。张寿篯始则动摇，继则视金策之风头而又续持攻击我个人之态度，但不遽否认应进行全部工作会议准备共同拟定项目，午后谈话四时分散。"①

2月13日　张寿篯在关于一份报告的几点更正一文中提到总政治委员滥用职权等问题，全文如下：

亲爱的负责同志转中共中央：

在我的报告书的第二项第一条，干部状况的表内，关于冯仲云加入中共党的年月，我写的是他一九二九年加入中共，但是事实上仲云同志是二七年加入中共，我写"到东北失掉组织关系一年多"，根据仲云自己说，仅失掉关系半年，现在我提出更正。

关于许亨植（李熙山）我在他"现在观点及思想和工作情绪"上写道：亨植同志："保留狭隘的分裂观点"问题，现在我取消这意见，原因是我和亨植同志分工一年多，仅根据亨植长期不给总指挥部写工作报告等，现在经过金策同志、仲云同志，做了详细解释，我认为由于工作环境的隔阂，我作了主观的、误会的估计，故取消之。

其次在我的报告第十四页，我们工作缺点第一条曾写道："在集中领导和统一军事计划方面，存在着分歧紊乱的状态，由于北满党由珠河党时期起，直到今天，一贯保留着党部与军事领导机关对立的传统，军与军分裂的'各自为战'的历史根源，当然现在是纠正了一些，但是在工作中，又不能不保留它的'痕迹'，如今年平原游击，军事计划不统一的现象，党部有时干涉支队的军事计划，甚至于有任命干部，而不取得军事领导机关的同意。因为这样关系十二支队一年之内没有给总指挥部做工作报告。"

这次我与党书记金策同志、仲云同志，讨论这问题的结果，

---

① 《东北地区革命历史文件汇集》甲42，第290页。此次谈话在《中共吉东、北满、南满省委负责人谈话记录——讨论召开满洲全党代表会议》中也有所反映。另见《东北地区革命历史文件汇集》甲27，第109页。

问题的实质是这样：就是说："党部并未干涉支队的军事计划"，而总政治委员同志，未得军事指挥机关的委托，而滥用职权，而以"省委的计划"的名义，将另一种计划，在支队里布置，而却称军事计划不统一。任命干部问题，党部是和总政治委员提出意见是由总政治委员执行的，而未曾取得总指挥的同意；当军事指挥者提出不同意见时，总政治委员确认不十分明显的、模糊的表示与自己无干，而推之为党的决定。十二支队的工作报告，确是嘱托总政治委员转达，而总政治委员结果并未告该支队的详细工作状况；甚至于干部的姓名，党员的数目及姓名，简单的统计都未能知道，故使我们没有根据给十二支队工作指示，故现在我提出更正原来报告的内容。此致
革命敬礼！

三路军总指挥　张寿篯
一九四一年、二、十三日①

2月14日　张寿篯写出意见书，要求撤销冯仲云的职务，全文如下：

亲爱的王新林同志，专负责同志们：

现在为了工作关系，我要在最短期间离开此地。故留下此意见书，请求你们采纳，要求在党里讨论。现在我的意见是政治问题，同时牵涉到党的组织问题，所以我取得北满党书记金策同志的同意和允许。

（1）我们在上级领导之下，在"联会"上总结了过去的经验，给东北游击运动以新的指示，很显然这一指示，是我们今后工作中新的武器，所以我们必须有高度的决心和信心，才能完全的将这指示内容实现到工作中去，没有这种坚决性和确信性，是不行的。

在这次"联会"上，出现了一种非常奇怪的理论，这种理论的实质，就是实际上想要缩小游击运动的范围，和想要取消东北游击运动的坚持决心，和必胜的信心。首先是想取消南满、吉东范围内的游击运动。这种极端危险的论据，是在"左"的言论掩盖之下进行的，是藉口东北客观环境不同，以左右叛徒常采用的"恐吓煽动"的方法，企图在"联会"上抓取自己的同情者，当时

---

① 《东北地区革命历史文件汇集》甲61，第49—51页。

我们曾起来反对这种荒谬的意见。我们估计到，客观环境的复杂，干部的幼稚，不应当一开始就采取开展斗争的方法，应当多采取说服解释。同时我们想，上级发表指示以后，发表错误意见的同志，可能自动收回自己的主张。但是事实恰恰相反，这种奇怪理论的发言人冯仲云，不但不收起自己腐败东西，不但拒绝同志们对于他的说服解释，反而自己认为，他这种奇怪的绝妙思想，危险计划，已经在"联会"上和以后，找到了应声虫。不但不停止自己思想的散布，并且想经过谈话的机会，来摇动上级。最近更奇怪的，他说："上级关于游击方向，指示的不明显"，仍采纳他这"神奇"计划的可能等，逼迫着我不得不提下列意见。不得不要求党开展这斗争。

（2）取消游击运动的反党思想是什么？

a、取消主义的发言人，无论作了什么样的、漂亮的政治分析，高喊怎样响快的，东北抗日运动上升等等"左"的词句，终不能掩盖其与列宁主义不相容的东西。冯仲云同志在"联会"发言时，提出的工作意见，大部分是歪曲片段的，如：他提出"东北干部是被游击主义浸透，老旧不堪的"，认为"只有八路军派干部来，东北游击运动才能革新"，"派遣干部创造新的游击队是不妥当的"，"东北游击队目前运用的游击战术，是同山林队（胡子）学习的，是仅仅东北自己的经验"等。我想他这许多论据，不能是事实，我们满洲的游击运动，在中共领导之下，差不多继续十年的斗争，在群众中发展过很不小的运动，直到今天在各个阶层内，存在着深刻的影响和力量，无论日本和"满"狗，怎样的讨伐和追究，我们这些青年的、勇敢的干部，以最大流血代价，回答了敌人，克服了许多困难，坚持了自己的斗争，这是在过去他们创造的"可歌可泣"的光荣事绩。现在他们仍在坚持斗争，准备迎接满洲将要到来的抗日高潮。即使这些干部中有些游击主义的彩色，仍不失为史大林时代新鲜的、优秀的战斗部分。如果认为这些干部是"老旧"的，那就是反列宁主义的分析，将干部问题寄托在八路军的派遣，反对派遣干部组织新游击队，否认东北游击队是苏联西伯利亚游击队，中国红军（八路军）游击战术的继承者，认为是同（胡子）山林队学的，或自己经验等，这都是表明冯仲云同志，对于自己现有的力量，发生了怀疑和动摇，这种怀疑，这种动摇，达到了自己感觉"手无寸铁""自我否认的程度"。

b、正因为这个同志，思想错乱到这样不可言喻的程度，因之在游击队的军事分布方面，就暴露出来荒谬危险的性质。他想把一、二路军的主力，离开原来游击区，调到西兴安岭，好能与八路军汇合。这种计划无论在"联会"上和会议以后，冯仲云同志都是一贯采取恐吓煽动的方法，他说："一、二路军，你们回南满、吉东去啃骨头去？去送给敌人消灭？"过份吹嘘"集团部落"的反动作用，夸张黑龙江省的顺利条件。会议以后，仲云同志虽然狂喜的告诉我们，说："周保中和南满同志已经动摇啦！"但是我们认为是不能够的，真理显然不在仲云同志那方面，他这种计划，实际上是取消了南满、吉东的游击运动，同时就是取消了全满游击运动，因为游击队集中西兴安岭，毫无问题，会引起敌人集中力量压迫我们，醉心与八路军汇合的部队，就要"灰心"的走到危险的前途的。事情不用证明，远不到"天边"去的计划，变成什么结果，是可能知道的。

c、这次北满党委临时会议决定，冯仲云同志与张寿篯一同回满洲，仲云认为只有王新林同志才能决定他是否回到满洲。不假，我们一定尊重王新林同志的意见，但是这是三路军自己的工作问题，我们为什么不能决定呢！也就等于四〇年冬，我们决定他留在满洲指导工作，他也可以借辞来到苏联。既然来到苏联，也可借辞"王新林同志没有指示，不能回去"，真是滑稽的很。

其次冯仲云同志郑重提出三路军领导制的修改问题。他认为军事指挥员对于军事问题有最后决定权，政治委员（指仲云自己）对于党政工作应有最后决定权，如果不这样呢？他提出不担负三路军领导制度，是仲云同志转达上级意见给我们，现在以辞职作威胁，提出"军政分立、职能分割"的方案，也是仲云同志，现在我们以什么根据，来解答仲云的意见呢？是很困难的，我们只有请上级来替我们解答。

总之，冯仲云同志，现在反列宁主义的思想行动，不是新东西，乃是他原有旧思想的发扬，有长期历史性的。除了由一九三六年"九一八"他开始与赵尚志共同撑反党的"左"倾关门主义的路线，以后作了北满党内的调和派（请参看寿篯同志给北满省委负责同志的信），现在他又抬这一堆"可叹"的东西，我请求将现在上级的指示原则，与冯仲云的思想理论划清界限，打破他的滑稽口吻，"我的意见与别的同志的意见是一致的"，这种政治上的"骗术"是野蛮的，党即刻应当开展反取消主义的斗争。

最后我认为处此紧迫的环境，要求部队的品质迅速增高，政治保证的意义愈大，要想巩固部队政治领导者，实是决定胜败的关键。游击队想要千百倍巩固起来，只有清洗自己。我坚决提出撤销冯仲云同志三路军的政治委员职务，而代替以其他同志。当然我一切听候上级指示，因为我文字浅陋的关系，请勿以章句见责，此致

布尔什维克敬礼！！

党的张寿篯

一九四一、二、十四①

2月14日　给王新林并中共中央写出申明书。全文如下：

王新林同志并转中共中央：

我此次重返祖国，使我有机会读到某些个别同志给上级报告，我现在谨向上级申明：某些个别同志个人具名给上级的报告（如寿篯同志以三路军指挥部名义，关于三路军的工作报告。张寿篯对于一九四○年十二月工作报告中几点意见的更正等），完全由该具名的同志负责，我并未参加任何的意见，因此不负任何责任。至于某些集体名义的报告（如北省报告和决议）我完全负责的。

至于某些个别同志的报告中，涉及我个人问题，很多我是不同意的，甚至于有些我认为是带着攻击、排挤、诋毁、诽谤的性质。上级自可以在实际工作中检查和了解我，现在上级并未要我辩白以前，我并不须要加以饶舌式的辩白！

谨此声明

冯仲云

二月十四日、一九四一

---

① 《东北地区革命历史文件汇集》甲61，第53—58页。

2月21日　同张寿篯、边凤翔讨论对开展大兴安岭游击运动的问题。

2月22日　王新林召请周保中与金策、金日成、冯仲云先赴某宅会谈。某中校代表王新林传达今后工作活动开始之程序，随即召请柴①、季②、崔石泉、徐哲③、安吉④等一同会谈，并聚餐饯行。

2月24日　金策致信张寿篯告取存冯仲云的申明书⑤。

2月25日　同崔石泉、王效明等由伯力赴A野营⑥。

本月底　和张寿篯指示即将回国的三支队队长王明贵，三支队回国后的任务是开赴西兴安岭地区，在日伪统治薄弱区域建立重要的游击根据地。

3月9日　北野营临时党委召开扩大会议，总结东北游击运动经验教训。

3月16日　同张寿篯自A野营到伯力。向周保中汇报野营概况。

3月17日　和金策在周保中寓所，向王新林、周保中分别作南北野营经过情形报告。

晚七时　参加北满常委工作会议。王新林中校参加。和金策、张寿篯代表北满。周保中代表吉东。议程"讨论冯仲云对游击区分布问题"的提纲。

《我的自传》："在张寿篯、金策及我要回去之前，可能是一月份，那就提出了一个意见，要集中一些抗联部队到大兴安岭，即在甘南、龙江富拉尔基、白城子，然后沿外蒙边境往南经通辽附近到赤峰和冀热辽的八路军接头，和中共中央结合起来。小兴安岭留下一些部队开展群众工作，并发展起来，当时金、张不同意我的意见，争论非常激烈，后来北满省委常委以二票对一票通过他们的意见，他们认为我是取消小兴安岭一带的游击活动，并给我一个党内处分——警告。这是我第六次受到党内警告处分，但是我还保留着我的意见。三月来了，我准备和金、张一起回小兴安岭。但是周保中估计到这个情况，他找了金、张，以吉东省委名义提出意见，让我留下和王明贵部队一起回大兴安岭，因为王明贵部队一九四○年冬是

① 柴，即柴世荣。

② 季，即季青。

③ 徐哲，朝鲜人。时任中共南满省委委员兼东北抗日联军第一路军军医处长。

④ 安吉，朝鲜人。时任东北抗日联军第一路军第一支队参谋长。

⑤ 《东北地区革命历史文件汇集》甲61，第85页。

⑥ A野营，又称北野营。系东北抗日联军战略转移后，设在苏联伯力东北方向75公里处的营房。因苏联人称黑龙江为阿穆尔河，俄文字头为"A"，故称"A野营"。

在甘南、齐齐哈尔一带的。那时王明贵部队也到苏联去了。金策、张寿篯同意了这一意见他们走了，我呢留下去联络王明贵部队，但是一联络他们已经过去了。只能候他们派交通员来才能带过去。后来又因日苏中立条约一订立，不能派部队（虽然是十几个人）保护着我过去，我又只得留下。"

3 月 19 日　中共北满省常委临时会议决议做出关于常委工作分工和对某些个人批评处理意见。全文如下：

北满省委现在在与中共中央接成关系之前，在自己工作必要上，有如下的决定：

一、寿篯同志以省组织部责任，先回到北满，在中共中央具体指示之前，对地方党及队伍党领导上完全负责任，如对党内发生争执，对必须移动干部，保守秘密时，以及工作方法上，暂时完全负责解决之。

二、金策同志应当以北省书记，代表北省等候中央关系，把过去北满党的工作经过（把北省各次报告书和决议以及口头上）详细的向中央报告，并对金策同志的今后工作，由中央来决定。

三、冯仲云在第三路军工作利益上，决定这次与寿篯一起回到北满，仍然进行自己的政治委员工作，但如果王新林同志认为仲云同志在全盘工作上须要在此地等候一个时期，可以在此地与金策同志一起等候中央关系。

关于陈玉华①党籍问题，北满省常委重新审查的结果，省常委一致认为省代表寿篯同志领导下，总指挥部教导队党支部，因陈玉华反抗上级、欺骗上级、隐瞒自己的错误而决定开除党籍，是条件不够，这是组织上一个缺陷，因而党要很快恢复党籍。但最近陈玉华对于王新林同志，不但隐瞒自己的错误，而且诬告寿篯同志，这是不可以的，因此现在不能马上恢复陈玉华党籍。北省常委向王新林同志要求，还可以对陈玉华同志加以教育，使她很快回到党里面来。

这次省常委会对金策、许亨植两同志去年十月在绥棱县，因怕被奸细暗探破坏后方，而不耐烦细心的不分黑白，以急躁的方法，轻举决定杀人，这是过去北满党内存留着乱杀人的残余，这

---

① 女，中共党员，1934 年参加抗日活动，曾任东北抗日联军第五军缝纫班班长、抗联第三路军总指挥部无线电报务员。1941 年夏随小部队活动在饶河西通一带遭敌人袭击牺牲。

是金策同志负主要错误责任。因此，省常委会对金策同志以严格的党纪律来警告的处分，并对许亨植同志与以严重的批评。

这次省常委会，对冯仲云同志去年九月在克山县，因队伍遭受某种困难，只以眼前便利，未能耐苦的掌握自己的政治路线，而牵拿民众马匹，破坏民众利益，造成军民之间的不好影响。因此，省常委会对于仲云同志的这种错误，以党的纪律警告的处分，并省委坚决克服某些支队破坏民众利益的错误行为。

北省常委会这次检阅省委最近过去的经费收支账目一致批准，并把省委收支种类，有次序的分类出来，报告中央。

北省常委会出席者：

金　策

张寿篯

冯仲云

该决议交张寿篯同志保存，希北满各党部须照

该决议而受寿篯同志暂时完全领导。

金策

一九四一年三月十九日①

3月28日　周保中要求金策、张寿篯确认一些问题，其中有北满党组织应追认冯仲云代表全权问题（指一九四○年初伯力会议）。冯仲云发言在周保中日记中有记载②。

晚　三人团谈话，其中有关于冯仲云转调吉东的问题③。

4月初　在苏联伯力与双城子野营中休整的抗联部队，拟分批返回东北，继续开展游击战争。

4月3日　在伯力同王效明同住一寓所。

4月5日至4月7日　因周保中要和王效明商谈工作，请冯仲云另选地方居住。

4月12日　在伯力参加周保中住处的宴会。与会的有崔石泉、王效明和苏联某少将及少校B、中校及王翻译等。

4月13日　《苏日中立条约》正式签订。

---

① 《东北地区革命历史文件汇集》甲27，第117—119页。
② 《东北地区革命历史文件汇集》甲42，第308—320页。
③ 同上，第320页。

4 月 16 日　参加特别支部。

4 月 24 日　和周保中、崔石泉、王效明同赴 A 野营。因冰雪融解之后，道路泥泞，汽车行动不便，改乘拖拉机前往。

《我的自传》："在四月份正是烂道的时候，我和崔石泉就坐了拖拉机到野营里去了。苏德战争开始，我们已在野营听到的了。金、张走后，我在伯力不到二十天。我知道回东北走不了了，但是我什么也听不到，文件也看不到，甚至书也不多，所以我就下了决心要掌握俄文，在伯力，我搜集到了莫斯科出版的为美国工人写的学俄文的书，两本我只得第一本，那是学文法的，我在伯力就开始了我的俄文学习。

"北野营我二月份曾经去过，那时只有一座俄国式的房子，那里住了几十个抗联游击队员在学无线电，另外有一小房子住了俄国军官大尉杨林及李靖安——不知其名，四月份去的时候那面由游击队员又盖了一些很少的房子，后来不久就住到帐篷里去了。苏德战争开始后，大概是五月份，我应周保中之邀又和崔石泉去伯力一次，讨论写一封信给斯大林，表示要上西方反法西斯前线，信写出签字后，我们又回野营，从此以后一直到一九四五年几乎是很少次数离开野营到别的地方去。我们上书斯大林后，听周保中告诉我说，斯大林说我们的任务是在东方，还要准备自己。

"我那时在北野营以最大努力去掌握俄文，当然野营的政治工作还是需要做的，除此以外我就学习些投弹、射击、游泳等与军事有关的。崔石泉是野营军事上负责。我是政治上负责，崔是连长，我是连指导员，学无线电的那一摊子工作上我们不管，党的工作我们全野营却是属于中国东北共产党留苏支部，崔石泉和我都是管着支部工作的。我们野营的人却属于东北抗联留苏人员，苏联同志他们管不着，只有周保中可以来调走，我们也不知道调去做什么工作，到那儿去。"

本月　由于苏日签订中立条约，苏方要求抗联"暂时停派"游击队员回东北。

5 月 11 日　周保中致信金策、冯仲云、崔石泉、王效明谈暂时停止派遣二路军人员部队问题[①]。

5 月 14 日　东北抗联训练处党临时委员会关于学习方面的要求给吉东、北满省的意见书中提到"要求冯仲云同志担任教务处直接主任"[②]。

5 月 20 日　周保中致信季青、柴世荣、安吉谈关于暂时停止派遣后要

---

①　《东北地区革命历史文件汇集》甲 61，第 183 页。

②　同上，第 193 页。

保持部队和党组织的系统性问题，信中说："寿篯同志已北返。该方面情形不坏，冯仲云同志已不担任第三路军政委，北满省委领导同志意见是无原则分歧的还存在着，过去对于吉东党和领导的误会和以不正的态度对待吉东党领导，不久前，北满省委仲云、寿篯同志已经向我解释和申明他们不正确之见解应该打消。"①

5月21日　同崔石泉、王效明、金策等，自A野营归伯力来到周保中寓所。周保中将最近时局消息告诉大家，同时听取诸同志关于A野营最近生活训练经过概况。

5月26日　同金策、崔石泉、王效明、周保中分别代表吉东、北满干部在伯力进行会谈，由周保中主持，会谈记录由周保中整理，会议记录中有："冯仲云同志所提党组织关系问题及请求向派遣中央去。这问题，暂时保留。现在临时参加×特委。""根据冯仲云同志提议，依据讨论节目'政治形势一、二、三各问题。做成政治论文，发给各级党组织'。"②

6月22日　苏德战争爆发。

6月24日　同周保中、金策、崔石泉、王效明联名致函王新林转伊拉潘连科，代表抗联全体战士表示"我们愿意和红军战士一块到第一线去击碎恶狗德国法西斯的进攻"，承担反法西斯国际主义义务。

6月28日　苏联某少将等到B街六十五号舍与周保中及金策、崔石泉、冯仲云、王效明等谈话。

6月30日　同崔石泉、王效明到野营。周保中同金策谈冯仲云的个人问题。

7月1日　同周保中、金策、崔石泉、王效明开会讨论野营工作。会议确定传单撰稿由金策、冯仲云分担准备。

7月3日　斯大林发表关于对德战争的广播演说。抗联野营战士加紧进行军事训练。

7月4日　参加北野营召开的纪念七七抗战四周年大会。周保中在会上作《保护工人祖国与纪念七七抗战》的时局报告。

7月5日　参加野营全体大会。同金策、金京石代表A野营全体大会致信王新林拥护斯大林七月三日的号召"誓以最后一滴鲜血来反抗和毁灭德国法西斯强盗侵略者及帮凶"③。

①　《东北地区革命历史文件汇集》甲61，第208—209页。
②　同上，第28—29页。
③　《东北地区革命历史文件汇集》甲60，第375页。

8 月 16 日　周保中自伯力命段大吉赴野营交崔石泉、冯仲云一信。

8 月 23 日　与周保中、崔石泉谈话，并就最近政治新闻、西方战讯交换意见。

8 月 27 日　周保中同崔石泉、冯仲云、王效明谈话：由崔石泉、冯仲云负责统计 A 野营一九四○年冬入营、出营派遣人员。冯仲云负责补习教育工作。

本月　自野营交给周保中报告信一件及拟稿二件。

9 月 11 日　周保中致信崔石泉、冯仲云。

10 月 6 日　同周保中、崔石泉谈野营近况。

10 月 12 日　A 野营党支部委员会关于五个月党的工作总结中说："冯仲云同志对于政治教育工作帮助是比以前降低了积极作用，因此少数党同志对冯仲云的信仰减低了的，希望冯同志今后给党同志和非党同志以亲切的教育领导和正确的示范。"①

10 月 14 日　周保中致信王新林谈检查 A 野营、冯仲云近况等问题。周保中在信中说：

> 关于冯仲云同志的情形，我到野营以后，从各方面检查过了。最近两个月以来，冯同志的确有不积极担负政治文化的教育工作，对于群众接近不亲切，对于苏联负责同志，缺乏应有的工作接触和亲切态度。冯同志最大的缺点表现在对于妇女的接触，不注意到野营纪律规定，不注意到群众影响。同时冯同志没有这样锐敏的感觉，应该自动参加军事基本的学习。但是他机械的认为没有自己党组织的决定，对于战斗员军事学习就不必一定去参加学习。对于野营的工作管理的帮助是缺乏应有的限度。这就是冯仲云同志的最近缺点表现，使部分党同志和群众减低了对冯仲云同志的原有的信仰。我认为冯仲云同志这样生活表现是不健全、不应有的，向他提出我个人对他的劝告和批评。他完全同意，并在党员大会上，冯同志率直坦白的发表意见，承认党委报告所指出是对的。并且从十月十二日开始，冯同志参加军事学习，规定四十五天的学习期，以后如有延长的必要，又再延长。
>
> 说到冯同志在野营生活中，有没有破坏野营的纪律的具体事实呢？据我的检查结果这是没有的。冯同志虽然放松了对群众应

---

① 《东北地区革命历史文件汇集》甲 61，第 395 页。

行的政治文化教育，但他自己的俄文学习是继续不断的，俄文党史读完了第四章。

总而言之，冯同志在不久以前这一时期，没有站着很稳固的领导工作的地位，这是不可否认的。冯同志现在是诚恳的承认改正。关于冯同志的问题就是这样。

我请求您，如果冯同志还有另外的具体事实，他做了些什么更严重的破坏纪律行为或政治上成为严重问题的地方，请您指示，我们另检查①。

11月5日　周保中日记记载：

夏礼廷因其违反秘密工作条件，有侮辱共产党员之行为，特以当此特殊严重环境之下，政治情绪堕落，应予以开除党籍之处分。崔石泉同志同意是项主张，而冯仲云同志则认为夏之错误无足轻重，只给以批评足矣。冯之主张极不正确。冯仲云同志对于工人思想和工人无产阶级战斗的有组织的了解缺乏。冯同志虽以科学家自命，实系一空想家，无政府主义者，而非科学的共产主义者。余以组织关系及同志热情，屡向冯同志申诉种种，冀其同立于布尔塞维克原则，无论中国革命处境如何，共同勇往前进。不论冯以往曾犯严重的政治和组织的错误，而渠固满洲有长久工作斗争历史之领导干部也。然而若不根本觉醒，则堕落终无难免。……冯虽在十月初之党大会上承认缺陷须改正，但事实上不诚恳，而将错误归罪于原因。尤其原因不由自己而由于人之观点，最为浓厚，对恩格斯著作《家庭、私有制与国家的起源》一书，倡导篡改和误会。对于苏联妇女、男子及中国江西中央苏区之婚姻问题，冯同志故意曲解，到处宣传坚持主张："不受限制，不应限制"与"无条件离婚"②。

11月11日　反对野营党委会讨论开除夏礼廷党籍。

11月18日　周保中在日记中说"冯仲云同志之思想观点非布尔塞维克性，例如"，"例如"后没有下文。

12月8日　太平洋战争爆发。

---

① 《东北地区革命历史文件汇集》甲61，第402—404页。
② 《东北地区革命历史文件汇集》甲42，第410—411页。

同日　边靖寰、张中孚等到 A 野营后将见到周保中、冯仲云的情况写信向张寿篯汇报。周保中在这封信后附言说："联军负责者在 A 野营，现时除我以外就是崔石泉。冯同志不负什么组织的和工作的责任。工作系统我已向边凤祥、张中孚等同志介绍说明过了的。"①

12 月 15 日　张寿篯致信周保中谈到对崔石泉、冯仲云、王一知的问候②。

12 月 18 日　在周保中给张寿篯的复信中提到冯仲云要英俄兵语词典一事。

本年　拟写了一份"关于一九四一年满洲游击运动中策略问题"的发言提纲③。此提纲中的一些观点受到周保中、张寿篯的批评。

本年　薛雯和冯乃光在家乡惠林中学组织读书会，散发油印刊物，传播革命文艺思想。同年，锡北六区特派员陆兴祥来余巷同薛雯、冯乃光接上关系。从此余巷成为中共的交通联络站④。

---

① 《东北地区革命历史文件汇集》甲 62，第 85 页。

② 同上，第 107 页。

③ 同上，第 287 页。

④ 参见《横林镇志》，内部发行，1984 年，第 53 页。

1942 年　三十四岁

1 月 2 日　对李靖安①的授课提出质疑。

根据周保中日记记载：李靖安同志讲授政治课，讲题为"胆怯者与叛徒是最危险的敌人及叛变祖国是最严重的罪恶"。论文是根据西方战争中之经验。李靖安同志解释不清并将野营中个别发生的缺点错误混为一谈，又不具体指出人名及事实，只一般的批评带讥诮，以致引起大多数同志误解及不满情绪颇恶。当时许多同志（冯、沈等）起而质问，因时间关系，未能一一发问。事后崔、冯两同志及党委诸同志均向余陈述对李靖安同志不满之意见，余当即向杨林同志说明，俟余搜集问题以后再讨论②。

1 月 4 日　参加东北抗日联军游击队留苏联北野营中共党支部积极分子会议。

1 月 18 日　北野营由张寿篯、崔石泉、金京石组成"临时工作三人团"，并吸收冯仲云参加，领导野营党的工作。

1 月 25 日　北野营召开第二次全体党员大会，总结前四个月的工作。

1 月 26 日　到伯力。

2 月 9 日　和崔石泉乘汽车到达伯力。

2 月 10 日至 16 日　在伯力听苏方某政治委员及金城讲"劳动祖国——苏联反法西斯战争新阶段""游击运动的历史经验""一九四一年中国抗战总结"。期间曾同周保中等看电影高尔基之名作《马克西莫维奇的事业》并往红军俱乐部看歌舞剧《巴黎贵族》等。

2 月 12 日　赵尚志率小分队袭击鹤立县梧桐河伪警察分驻所时，被混入队内的特务刘德山暗枪袭击，受重伤被俘，坚贞不屈，英勇牺牲。《冯仲云同志回忆录》："在东北抗战中应该说赵尚志是最英勇顽强最出名的英雄，他领导游击队作战最多，获得胜利最多。他的威名最使敌人胆战心惊。他对敌人是无情的。"③

2 月 17 日　根据周保中日记记载：决定派遣冯仲云为第三支队政治委员，边凤祥为三支队队副。

2 月 19 日　与周保中、杨林、张寿篯、崔石泉等同赴野营。

---

① 李靖安，苏联人。
② 《东北地区革命历史文件汇集》甲 43，第 1—2 页。
③ 未刊稿。

本月　起草《东北抗联第三路军历史简略提纲草案》①。

3 月 2 日　周保中在给崔石泉的指示信中说:

我听说冯同志讲授党史第四章,"玄学"二字就连冯同志自己也玄起来了,大家同志自然是更要目瞪口呆的。我再向冯同志提议,按书面字义贴贴实地讲给大家听好了,并且我向党委提议,文化和政治教育,在每周末检查日,应该在干部会议上来集中讨论批评,需要不需要?满足需要不?教授方法好不好?新的经验和增益。石泉同志应多注意自己的领导责任,应经常和苏联同志野营主任讨论教育问题。

我听说冯仲云同志把自己的书随便送给这个人、那个人,这是小事,值不得饶舌,然而冯同志为什么不把书籍交到图书[馆]去登记,谁需要谁到图书[馆]去借,这不是很好吗?因为我们无论谁所用的书,都是公用的,自己要,属于自己临时所有,自己不用应该由公共处所去分配,在野营应该这样办,小事,小事也应该。我向石泉、仲云同志和党委同志提意见,一切行动应严整、有纪律,尽可能要从上级领导切实做起②。

3 月 5 日　在金京石给周保中的报告的附录《三月份党计划工作案》中规定三月五日由冯仲云讲:关于民族主义与国际主义之问题;三月十八日,冯仲云负责三·一八纪念晚会;三月二十日冯仲云报告新闻报消息;三月二十八日,冯仲云在团大会,讨论青年修养问题③。

3 月 6 日　周保中致杨林转崔石泉的信中提到:"冯仲云同志请求学无线电的问题,我和寿篯同志讨论过了,并且曾转达金城同志,现在暂时不能答复,我到野营后再面谈,请你转告仲云同志。"④

3 月 15 日　周保中在给杨林转崔石泉及野营党委的信中主要谈到请冯仲云作"巴黎公社"纪念报告的问题⑤。

3 月 18 日　周保中、张寿篯在给杨林转崔石泉的信中谈到"委任冯仲云同志担任野营 A 游击队政治指导员"和"冯仲云同志直接参加党委员

---

① 《东北地区革命历史文件汇集》甲 63,第 157—164 页。
② 《东北地区革命历史文件汇集》乙 1,第 332 页。
③ 《东北地区革命历史文件汇集》甲 63,第 234—235 页。
④ 同上,第 239 页。
⑤ 同上,第 259 页。

会，为党委员"①。

同日　周保中、张寿篯就冯仲云、彭施鲁的任命及派遣人员名单等问题致信杨林转崔石泉及 A 野营党委，信中说：

> 1. 与在×苏联负责同志商得同意，由我东北抗联及党负责决定：委任冯仲云同志担任野营 A 游击队政治指导员，政治指导员在野营主任苏联长官暨游击队野营连长之直接指示下，进行野营政治、文化教育工作。其职责范围，准照苏联红军军队内务条例之规定而适合游击队之要求进行之。
>
> 2. 略。
>
> 3. 冯仲云同志直接参加党委员会，为党委员，加强党委工作。冯仲云同志在党委工作中，一切建议和进行，应依组织原则，不可以缩减或妨碍了党委书记同志之领导活动。希望仲云同志注意思想和行动合一，政治不离工作，组织系统严整，铁的纪律、自我模范，切勿敷衍因循，别除政治工作中之寒热症②。

3 月 31 日　四月份 A 野营党工作计划中的规定任务由冯仲云在四月十日报告消息；四月十七日在团员大会上报告苏联青年在祖国战争中。

4 月 1 日　A 野营党委书记金京石在给周保中的报告中说："冯仲云参加党委工作并直接担任政治指导员，党委认为满意。"③

同日　在 A 野营党委、全营党、团员、非党员及军队组织名单中，冯仲云被列为上级党干部名单中④。

同日　金京石关于 A 野营工作情况给周保中的报告中说："冯仲云参加党委工作并直接担任政治指导员，党委认为满意。"⑤

4 月 18 日　周保中致信崔石泉、冯仲云谈关于加强部队党性锻炼搞好春耕工作等问题⑥。

5 月 19 日　A 野营党的领导干部及 A 野营党委、小组长、积极分子联席会议草案中关于组织问题部分确定："会议拥护留×领导干部的临时支部组织之继续存在和加强领导者底组织性。冯仲云同志不参加这个临时

---

① 《东北地区革命历史文件汇集》甲 63，第 261—262 页。
② 同上，第 261—262 页。
③ 同上，第 307 页。
④ 同上，第 293 页。
⑤ 同上，第 307 页。
⑥ 同上，第 317 页。

支部，参加 A 野营党组织是正确的。"① 同时 "会议全体同意对冯仲云同志提出以下的批评：缺乏切实的工作责任心，进行工作的方式是忽起忽落的不经常的，甚至不推不动。重视个人的自修，轻视全部工作责任，不知道在野营中需要进行政治的思想的文化的教育透过每一队员去。冯仲云同志对于上级党负责领导同志的指导关系带着无政府的、自由主义的表现。例如对北满党个别负责领导同志及组织有关问题（候补党员和叛徒于金波问题），带有轻蔑不正确偏见的表现等等。同时，冯仲云同志在执行野营工作中忽视了党委及领导嘱托负责同志的正常关系，用机械式的了解，来紊乱党组织关系（例如不经过向崔石泉同志及党书记通知而要直接召集党委开会）。会议一致预告冯仲云同志必须切实负起野营政治指导的全部实际工作责任，并且要彻底改正工作方式和一切其他不正确的思想观点和行为表现。"②

5 月 28 日　周保中、张寿篯关于五月份工作情况给王新林的报告中就冯仲云的工作问题谈道：

> 冯仲云同志，最近数日以前，曾经直接接受无线电主任某少校同志的工作分配，要冯仲云同志担任苏联军官底中文教员。忽视了工作系统联系，这不能不是缺点。但这不是成为问题，而问题是在于冯仲云同志。如果既又担负政治指导员，又再去担负苏联同志军官班的中国语言文字的教员，结果冯仲云同志是不能在事实上去做到的。结果会要两方面的工作责任都要放弃的。况且冯仲云同志自担负野营政治指导员的责任以来，他实际上没有执行切实的责任。因此最近野营联席会议给予冯仲云严格的批评，并且在决议案指出：要他切实改正、切实负责。我们是抱着最大热意来帮助苏联军官对中国文的学习，这是义务。同时我们顾到使冯仲云同志易于担负中国语言文学的教员责任，并且希望收到实效；我们并且顾到野营连指导员的工作实际性和重要。不违背最近党的决议起见。我们的具体意见是：（1）冯仲云同志解放他的政治指导员，要他专门担负苏联军官同志中国文研究班底教员。（2）冯仲云同志依旧参加野营党委，并且担负野营连的政治教员和墙报编译的工作。（3）彭施鲁同志代理野营连指导员③。

① 《东北地区革命历史文件汇集》甲 64，第 23 页。
② 同上，第 239 页。
③ 同上，第 30—31 页。

6月7日　完成野营人员地理熟悉情况及社会关系调查，共一百八十三份[1]。

6月30日　北野营召开党团员大会，就领导方法与严格纪律问题作出决议案。

7月19日　东北抗联野营举行欢迎七月七日饶河反正抗日新战士大会。

夏　进行游泳训练，据金日成回忆："游泳训练是在夏季到阿穆尔河进行的……可是冯仲云和其他几个人，练了好多次也学不会。一进河里，就像石头般地沉下去。冯仲云沉入河底，竟丢了眼镜。"[2]

8月1日　东北抗日联军教导旅在苏联境内正式成立。

《我的自传》："到了一九四二年夏季，西方战场德国法西斯收集欧洲的巨大力量向斯大林城方向进攻，东方日本法西斯也跃跃欲试，苏联用一切力量来准备斯大林城会战，同时也准备着东方日本法西斯的动手，因此根据斯大林的命令，把我们编为苏联远东军（即第二红旗军）建制的侦察第八十八旅。准备万一和日本法西斯开火的时候，我们作为前头部队，敌后部队，侦察部队深入敌后开展游击战争，这个当然对我们东北抗联说起来是很合适的。

"张寿篯已回到苏联，他和周保中在伯力接受了任务，周保中先来野营，周任旅长而张寿篯任政委，后来苏军根据斯大林命令成立一长制后，张寿篯是政治副旅长，后来金日成、王效明、王明贵都到苏联集中到北野营了。野营成立了八十八旅后，又来了一些苏联军官协助教练，同时又征来一些苏籍华侨和苏联朝侨，以及征集了一些少数民族。有七八十个伪满的国军哗变到苏联也集中到我们野营，我们八十八旅实际上是一个学习性质的旅，苏联同志称之为国际旅。"

9月12日　抗联教导旅召开了中共党员大会，正式成立中共教导旅委员会。党委书记崔石泉，委员有周保中、张寿篯、冯仲云、金日成、王效明、王明贵，候补委员王一知、沈太山。

9月21日至10月11日　抗联教导旅利用二十天时间进行了伞降训练。这次伞降训练，参加者共三百五十四人，冯仲云和大家一道积极参加训练。

---

① 《东北地区革命历史文件汇集》乙2，第389页。

② （朝）金日成：《与世纪同行：金日成回忆录》（续编），外文出版社，主体87年（1998），第285页。

《我的自传》："我因害过克山病，当时心脏不好，医生没许可我去跳降落伞，总觉遗憾。但是这个遗憾直到成立了八十八旅以后，又一次全旅去学降落伞，我和我旅的医生说好了，不因我有心脏病就不让我学，他放过了我，这我才去参加，跳的成绩还不坏的。"

10 月 12 日　北野营召开党团员大会，总结五月至九月的党的工作。

11 月　抗联教导旅开始进行冬季军训。

1943 年　三十五岁

1 月 6 日　抗联教导旅接受由苏联远东军总司令部授予的苏联工农红军独立步兵第八十八旅军旗。

1 月 15 日　任教导旅情报部主任（情报科科长）。关于冯仲云任情报科科长的问题，冯仲云回忆：

> 那时候部队里有问题都是周保中找张寿篯解决。严格说那时候我的地位是很高的（省委书记），到部队时是个上尉。我在三营一个连里当指导员，营长是许亨植，他没过去就牺牲了，王明贵当了营长。当时苏联上将阿帕拉辛科来检阅，他看我站在三营一个连里，很惊讶的问，你怎么在这里呢？他觉得很不当，就把我调到政治部任情报科长，实际是做政治部工作①。

3 月 31 日　和彭施鲁应周保中的召集在周保中住处谈话。

10 月 5 日　同东北抗联教导旅部分指挥员在北野营合影。参加合影的人员有：巴达林（苏籍，副旅长）、张寿篯（政治副旅长）、王一知（无线电营政治副营长，周保中妻子）、周保中（旅长）、金日成（第一营营长）、什林斯基（苏籍，副旅长）、张光迪（第五连连长）、冯仲云（政治部情报科长）、王明贵（第三营营长）、王效明（第二营营长）、崔石泉（副参谋长）、彭施鲁（第三连连长）。

12 月 1 日　教导旅开始冬季教育第一天，按照周保中的指示准备教育教材，并负责教育材料的翻译工作。

12 月 3 日　中共东北党委员会召开会议，讨论一九四三年秋季政治、党的工作总结及冬季学习任务。

---

① 《中共东北地方党史资料访问录选编（冯仲云同志专辑）》，第 140 页。

1944 年　三十六岁

2 月 4 日　教导旅旅党小组成员：周保中、张寿篯、崔石泉、宋明①、冯仲云、陈雷。

2 月 9 日　以政治部情报科长的身份参加教导旅政治部、中共党委全体会议。参加会议的还有周保中、张寿篯、政治部主任 C、防谍部 Ю、冯仲云、第三营长王明贵参加。会议的主题是：讨论金策错误问题。会议直到二十四时，问题尚未得到结果。

2 月 10 日　参加教导旅党委会议继续讨论金策错误问题。开始由金策自己表述。结果党委一致通过金策应受党的处罚，给以最后严重警告。

4 月 20 日　听周保中的讲习课，和彭施鲁向周保中提出关于满洲人民和外蒙人民共和国问题。周保中认为提出此种问题是不正确的。

9 月 4 日　《东北抗日游击运动史略工作计划草案》公布，担任编辑委员会编辑。

9 月 5 日　在军官室参加东北游击运动史略工作计划讨论会。

12 月　抗联教导旅在训练营地进行一个多月的军事演习。

本年　一份关于冯仲云错误问题的材料。材料说：

1. 如此战斗紧张局面下，要求部队的品质愈增高、政治保证作用意义意〔愈〕大，时间的宝贵，利用战斗中一切可能空隙巩固部队，政治中心领导干部实是有决定一切胜败的关键。

A、仲云同志过去许多错误观点与不良工作作风，自由散漫的生活习惯对于整个工作的损失，是不为不重；B、例举有如下各端，反对集中领导与集中领导作风的发扬（凭自己地位滥用权）；C、不愿实事求是（注意表面，善于夸张），愿意潦草塞责（不认真），养成虚伪作风，助长自己虚荣心理（愿意离开工作到关内去）；D、不愿意和忽视文化工作，消极怠工（形式主义）；E、不虚心细心研究工作实质，不愿意了解工作中的缺陷，引起严重斗争时调和之（当群众面前对冯态度不好），未向党谈而先和保中说不同意②。

---

①　宋明，即卢冬生。

②　《东北地区革命历史文件汇集》乙 1，第 361 页。

本年 在教导旅期间，《我的自传》："在八十八旅期间我和苏联同志去海参崴过一次，去拿六个麻袋的古书，那是义和团暴动时为沙皇俄国军队所劫走的古书，送到野营以充实野营图书馆。"

1945 年　三十七岁

3 月　东北抗联教导旅为反攻东北开始进行紧张战前军事训练和政治学习。

4 月 25 日　东北抗联教导旅总结检查战前军事训练、政治教育成果。

5 月 1 日　东北抗联教导旅举行庆祝"五一"活动。

5 月 8 日　德国法西斯无条件投降。

6 月 2 日　东北党委员会、抗联教导旅确定五项行动原则。

本月　抗联教导旅全体军官加紧进行训练。

7 月末　东北党委员会召开全体会议，进行改组。组成新的东北党委员会（亦称辽吉黑临时党委会），书记周保中，委员冯仲云、张寿篯、卢冬生、姜信泰、金光侠、王效明、彭施鲁、王明贵、王一知、刘雁来、王钧。

本月　抗联教导旅以独立步兵八十八旅番号编入苏联远东第二方面军。

8 月 8 日　苏联对日宣战。

8 月 10 日　抗联教导旅召开配合苏联红军反攻东北动员大会。

8 月 15 日　听到日本天皇宣布无条件投降的消息后，起草了中文广播稿，并在抗联教导旅营地播出。

8 月至 10 月　任东北委员会（辽吉黑三省委员会）委员。

9 月 2 日　日本在投降书上正式签字。

9 月 8 日　乘飞机由伯力飞抵长春。周保中一九五九年十二月二十八日至二十九日的谈话记录中说："派冯仲云同志负责沈阳地区委员会，并负责找中央恢复关系。"[1]

冯仲云后来回忆：

> 先决定李兆麟到沈阳，我到哈尔滨，后来考虑到南满的复杂情况与李兆麟的一些具体情况，又决定李兆麟到哈尔滨，我到沈阳。为什么呢？这是周保中同志与苏联同志研究的，原因是沈阳与关内近，便于与中央联系，欢迎中央；第二是怕李兆麟立场

---

[1]　黑龙江省社会科学院地方党史研究所：《中共东北地方党史资料访问录选编（周保中同志专辑）》，●980 年 10 月，第 7 页。

不稳①。

《我的自传》："日本'八·一五'投降后，我们在野营过了不数日，九月初，就到了伯力，我和周保中等一起，坐飞机到长春。到长春后过几天，我和陈春树、赵素贞、刘铁石、庄凤、马广荣、唐万有等一共三十多人就坐火车到沈阳。那时沈阳很乱，我化名张大川，被任命为沈阳苏军警备副司令管中国事务部。我一到沈阳就到苏军警备司令部（那时他们已经建立了十几天了）就去见到警备司令少将考夫东，他一见就说我是少将，你是上尉，怎么个小官就做我的副司令。我将带去的苏红军司令部的命令送上说：这是命令，后来他也没话可讲了。"

9月10日 由长春抵达沈阳，电告周保中：冀热辽军区李运昌部的先头部队曾克林已率部进驻沈阳。周保中得知这一消息，当即找到苏联远东红军总司令华西列夫斯基元帅求助飞机，载送八路军的同志去延安与中共中央联系、汇报苏联红军出兵进占东北及抗联配合苏军反攻东北的情况。华西列夫斯基表示赞同。王一知对此回忆说，当时华西列夫斯基也正要就八路军出关事宜需要与中共中央取得联系。因此他立刻命令驻东北苏军总司令马利诺夫斯基准备好飞机，并派苏军总司令部一名懂中文的上校卫斯别夫飞往沈阳，经苏军驻沈阳的卫戍司令部找到八路军进驻沈阳的冀热辽第十六分区司令员曾克林，转达了华西列夫斯基和周保中的意见②。当时，在沈阳的冯仲云写信交翻译谢德明带给党中央，汇报抗联回到东北配合苏军占领战略要地等情况，"希望中央派人来，越快越好"。

冯仲云后来回忆：

> 我带二三十人到沈阳。首先我就与已经到达该地的八路军冀东的唐凯部队取得了联系。当时恰有苏军去延安目的要通知党中央不要从关内去部队干部到东北，因为在雅尔塔会议上已决定了在苏军战胜日本帝国主义后，三个月后即须撤出。东北交国民党和美国。我当即委托随飞机去延安的翻译同志捎了一封信给毛主席、党中央。说我们东北抗联的同志都已随苏军到东北各地。我军必须派大批军队和干部速来东北。据我后来了解中央收到了

---

① 《中共东北地方党史资料访问录选编（冯仲云同志专辑）》，第210页。
② 王一知：《"八一五"前后的东北抗日联军》，《辽沈决战》（上），人民出版社，1988年，第164页。

此信①。

9 月至 10 月　任中共沈阳地区委员会书记。

9 月 20 日至 21 日　同周保中向彭真和陈云汇报抗日联军十四年来的斗争情况及协助苏联红军进入东北和接管城市等情况。彭真和陈云听完汇报后，对抗日联军在抗日斗争中的功绩给予了很高评价。彭真向周保中、崔庸健、冯仲云等传达了中共中央关于"向北发展、向南防御"力争控制东北的战略方针和东北局的当前任务。随后，周保中根据中共中央关于"东北局全权代表中央指导东北一切党的组织及党员的活动，在此一切党的组织及党员必须接受其领导"的指示，将中共东北委员会的组织工作材料及档案资料移交给东北局。陈云指示周保中、冯仲云等要利用有苏军身份的便利条件，控制铁路沿线，迎接党中央派往东北的大批干部到来②。

冯仲云一九五四年十一月十一日下午，在"中共党史专题报告会"上的报告《在东北抗日联军战斗生活的回忆》中谈到了一九四五年九月在沈阳向彭真等汇报工作，彭真还说道："我们共产党人二十多年领导的革命斗争中有三件最艰苦的事：第一件红军二万五千里长征；第二件：红军长征后，南方红军的三年游击战争；第三件：东北抗日联军的十四年苦斗。"这是冯仲云第一次公布彭真关于"三大艰苦"的论述。

下旬　在沈阳与韩光重逢。自一九三五年冬分别整整十年未见面，在韩光住处彻夜长谈。韩光回忆：

> 一九四五年九月下旬，东北抗联随苏军解放东北全境后，我党中央东北局及时进驻沈阳办公。他听说我来到沈阳，立即来"大帅府"（东北局办公处）看我。他一进门，不管旁边还有两人和我谈话，就跑上来把我紧紧抱住。一时间，他一句话也说不出来，泪水不断从脸上流到胸前。他的苏军制服钮扣两边已被泪水打湿。我俩刚刚坐下要叙旧，一个战士进来说伍参谋长有事找我去谈，老冯说他也还有些事要先回去处理，晚八点后再来看我。我到伍修权同志办公室，他转达彭真同志指示，要我立即去大连找苏军当局办一个交涉。当晚八时刚过，冯仲云同志来了。我们两个老战友、老朋友，从战场上分手，一别就是十年。当夜说是要同榻而眠，实际上，既未同榻，更未睡眠。两人一会儿坐下，

---

① 《1966—1967 年冯仲云回忆录》（于保合复写稿）。

② 中共中央文献研究室编：《陈云年谱》，中央文献出版社，2015 年，第 492 页。

一会儿站起，一会儿又在室内踱步，谈个不完。我把一九三五年冬离开珠河去苏联及其后的情况，向他诉说一遍；他也把这期间东北抗日战场发生的变化向我说个不完。下边是我印象最深的一段话：

老冯说："小孟，你晓得，一九三四年、一九三五年，日寇在珠河游击区搞'抢光'、'烧光'、'杀光'的'三光'政策，搞'归大屯'政策，其后，在我军所到之处，日寇越来越大规模地实行这种政策。应当承认，敌人这种办法十分毒辣。到一九三八年以后，特别一九三八年冬，一九三九年和一九四〇年，我们处境极度艰难，日寇无论数量上、武器装备上都占优势。超过我军数十倍的日本关东军和伪军从东、南、西三个方面向我抗联部队压下来，企图实际'围渊捕鱼'之策，把抗联部队消灭在三江地区，或赶进黑龙江或乌苏里江。一九三八年中，北满临时省委（当时冯任省委书记）决定，应使部队跳出敌之包围圈进行西征，到嫩江流域开辟新的抗日游击区。"他接着满怀激情地说："小孟，你晓得，我们当时是在多么艰苦的情况下进行西征吗？我们无米、无衣、无子弹、更无钱。而敌人则重围、穷追、堵击。我们为了避免在西征中途和敌人作遭遇战而不必要地消耗兵力与弹药，只好穿越'千里飞鸟稀，万山人迹绝'的崇山峻岭，密林丛莽，崎岖的小道，急湍的奔流，在大雨滂沱，山洪暴发，或雪深没腰，风寒刺骨情况下行进的。这几年，我们风餐露宿是经常的。我们有支《露营之歌》经常唱，其中一句'火烤胸前暖，风吹背后寒'，那是真实的情况啊！"这时，老冯叹了口气说："我们的队伍，虽然挺进到海伦、铁骊、嫩江、五大连池等腹地，但一路上不断与敌人接火。到处是无人区。有时为了吃一顿饭，得打进敌占据点，队伍伤亡、损失达三分之二，还有些逃亡的、叛变的。但终因我们有共党人的坚毅不屈的革命精神，有民主革命、社会主义革命的远大理想，队伍并未被敌人全部歼灭，而保存下了一部分实力。"说到这时，他哽咽了。

只恨时间过得太快，要讲的远没有谈完，时针已指到早上五点。院里，战士开始集合出早操了，他还想谈些什么。我说，今天只好到此为止。我告诉他，我今来办办手续，将去大连办件事。他立即说，他已见过修权同志，知道此事，他将派一名东北抗联的军官孙振山少尉，带介绍信陪我去大连，直接去找苏卫成司令部，不会遇到麻烦。老冯把我和孙振山送上苏军军列。……车开动后，老冯一直目送列车缓缓离去，他还站在那里，足有二三分钟时间，列车进入弯道，我就看不到他了。这时，我躺在军列上停放的一辆载重汽车底下，想好好睡上一觉，但是总不能入睡，脑子里浮想联翩，昨夜他谈的那些事，一件件展现在我的眼前。回想起东北抗联十四年的战斗历程，特别想到一九三八年后武装斗争进入极其艰难困苦时期，老冯实在起到了很好的团结、领导、教育作用。东北抗联一部分实力能够保存下来，并且参加苏军打败日寇的决战，直到取得最后胜利，仲云同志的历史功绩也是不可磨灭的①。

本月　根据东北局指示，派人将崔庸健经安东护送回朝鲜。

本月　为了给关里来的中共干部和军队进入各地提供合法手续，曾以沈阳警备副司令的名义，刻了"沈阳警备司令部中国事务部"的俄文钢印。

10 月 8 日　致电周保中，告知陈云将到长春。

10 月 15 日　陪同陈云由沈阳抵长春。

10 月 28 日　彭真致电陈云并报中共中央，建议任命周保中为吉林省主席、李延禄和李范五为合江省正副主席、李杜及李兆麟为松江省正副主席、冯仲云暂任兴安省特派专员②。

11 月 1 日至 16 日　由沈阳经长春到哈尔滨。

《我的自传》："当时苏联红军并不将军火、军事供给等被服的仓库交我，当时周保中去电给斯大林，要他们交给我们，斯大林复电同意我们的请求，并命令了苏军，为此，长春周保中处派白生太到沈阳经我处到东北局，命令将沈阳城打开仓库，我军获得了大批的物资。

"我又和唐万有等在沈阳铁西区组织大批的失业工人参加部队，有二万多人，而把这个部队交给北上的八路军的老部队了。我也派我们的干部如马广荣等参加了关内来的部队，并且派干部直接护送重要干部北上。到十月底，苏军方面发现了我私自刻的沈阳警备司令部中国事务部的钢章，盖有这个章子的护照，大大便利了我军与干部的北移。他们认为我是非法

---

① 韩光：《韩光党史工作文集》，中央文献出版社，1997 年，第 436—439 页。
② 《陈云年谱》，第 502 页。

的，就限令我二十七小时离沈去长春交差。我急速请示了东北局陈云同志后，又请示了沈阳市委，他们同意后，于是带着我的少数人员急速如期离开沈阳，离沈的有陈春树夫妇、刘铁石夫妇及唐万有。是一九四五年十一月一号离开沈阳的。

"我到长春后将人员交给了周保中，当时周保中说：长春马林诺夫斯基的司令部里，即长春红军司令部说我是坏人，要处理我，周保中竭力为此争辩，这样，问题才算过去。当时中央任命我到黑龙江省任主席，苏联红军司令部竭力反对，不同意我去，那时彭真告诉我说：他们不同意就不同意吧，红军退走了你再去吧。

"到长春以后，我的党组织关系就算属于东北局了，后来和刘达（刘成栋）、卢东生并和陈云一起乘飞机到哈尔滨，但陈云到了飞机场又回到长春红军司令部去有事，我们先坐飞机到哈尔滨。"

11 月 25 日　中共松江省工委机关随北满分局由哈尔滨迁至宾县。

本月　国民党政府依据其与苏联签订的《中苏友好同盟条约》派员进驻哈尔滨市。

本月到年底　根据陈云的指示到黑龙江两次。

《我的自传》："我到了齐齐哈尔见到了于毅夫、王明贵等，他们组织关系都联上而且积极组织部队，我告诉他们，如果关内老部队来了就赶快把自己组织起来的部队与老部队融合起来。后来我们坐了铁甲车和郭维诚、王鹤寿等去北安因为泰安有国民党、土匪，而泰安站火车得上水，我穿了红军军官的衣服藉以掩护，这样土匪未敢袭击我们，铁甲车就开到了北安。王鹤寿在那儿上任了黑龙江省委书记。我呢，因陈大凡在群众中选上了省主席，我也就没留在那儿。见到了王钧等人也是把见王明贵的话告诉了他们，我就到绥化见陈雷，后回哈尔滨了。第二次我又接受他们的委托到齐齐哈尔去看了一下。因为国民党的省长彭济群已入齐齐哈尔，当时齐市还是苏联红军统治着，王明贵及齐齐哈尔的嫩江省委也退到甘南，这样我也到了甘南去看了他们，后又回哈尔滨。"

12 月 12 日　陈云致电中共中央东北局转中共中央，再次建议以抗日联军将领周保中、李兆麟、李延禄等和东北籍八路军将领吕正操、万毅、张学思以及冀热辽抗日根据地领导人李运昌的名义发表宣言；同时在东满、北满组成几支以抗联干部为首、并标明其前身是抗联的军队，以利在政治上加强同国民党的斗争。这封电报收入了《陈云文集》，题为《建议发表文告声明我对东北的主张》①。

12 月 26 日　中共中央致电东北局：抗日联军过去有长期抗日的历史，与东北人民有密切联系，在关内有相当的影响，因此我们应充分地利用。除杨靖宇、赵尚志、邓铁梅支队急应成立外，应将抗联各军干部适当地分配在过去抗联各军及其他义勇军活动之地区。各区可根据当地情况，以适当名义组织部队，恢复与扩大抗联与群众的联系，建立巩固的根据地②。

---

① 《陈云年谱》，第 515 页。

② 《彭真传》编写组编：《彭真年谱》第一卷，中央文献出版社，2012 年，第 359—360 页。

1946 年 三十八岁

1 月 16 日 根据陈云的指示，在哈尔滨中苏友协撰写的《东北抗日联军十四年苦斗简史》在《哈尔滨日报》和《北光日报》连载，随后由哈尔滨青年出版社印成单行本。

2 月 18 日 《李兆麟将军》一文发表于《哈尔滨日报》，新华社发通稿。李兆麟被暗杀后，《晋察冀日报》等各解放区党报相继转载，后收入《延安文萃》和人民出版社一九五一年版、华应申编《中国共产党烈士传》。

2 月 27 日 彭真致电陈云：望你和兆麟即来并请带以下材料：一、北满各地抗日联军"八一五"以前活动情形（干部姓名、人数、时间、地点）及"八一五"后发展经过。二、现任团以上军政干部姓名、简历。三、县长、专员、参议会议长姓名、简历及选举经过。四、国顽勾结土匪、警特、日寇扰害地方及国特破坏活动、暗杀的具体材料、证件、物证等①。

2 月 28 日 致信薛雯，全文如下：

雯，亲爱的雯：

已经给你们寄去了两封平信和一封航空信，但是没有接到你们的回信。当然邮便靠不住，有可能你们接不到我的信，或你们给我来信我接不到，但终究有些着急。

如果你们要向我来信的话，最好也由航空信寄来，家乡如没有可能寄航空信，那么托人到上海寄。因为大局未定的现在平信容易丢失，而航空信比较妥善。来信可寄哈尔滨道里水道街中苏友好协会冯仲云或哈尔滨日报社唐社长转冯仲云即可。

最好你们先来信告诉我你们的近况，然后决定我们如何见面。如果政局无变，要找我可到大连中苏友好协会找韩光，让他设法送你们到哈尔滨。沈阳、长春的友协不要去打听，直接到哈尔滨友协、哈尔滨日报社、北光报社打听我，都可以知道我的消息。要是我不在哈，问他们就可以知道我，也可设法见到我，或找宋兰韵，雯认识她，是一九三四年她和徐乃建同去马家沟国课街的。我最近要托一个人，该人名王洁元，到家乡去看一看你们

的情况。他已经出发，东北的情形你可以详细问他。雯如来哈，也可以请他设法。

我们相隔十二年了，这十二年中，我始终忠实于自己的党、国，在东北抗日联军中苦斗，虽然我曾负过伤，挨饿受冻，但终究活着，现在是因为工作忙迫，情况尚未定，故不能回去看你们。但是热望着雯来我处，只要雯在这十二年中始终对得起过去的事业，在这方面没有失节，那雯仍旧是我的妻。雯，不管你有什么遭遇，如果你愿意回到我这来，我还是热望的。在东北往后，我们可以好好的幸福地生活。

你们究竟着怎样？父、母、勤兄、衡弟、静嫂、囡囡、娃娃都健在吗？你们这多少年来的日子是怎么过的？

云

一九四六年二月二十八日

3月5日　彭真致电陈云：为了打击国民党法西斯分子反苏反共运动及其关于东北问题之反宣传，需要系统地将我党在日本投降前，在东北之各种抗日活动，特别是武装活动及地下军向全世界广播。请你即搜各种材料摘要电告。并请李兆麟、冯仲云等同志速写材料送来（先将其主要内容摘要电告），以便尽快广播①。

3月9日　哈尔滨市中苏友好协会会长、原东北抗日联军第三路军总指挥、滨江省副省长并松江军区副政治委员李兆麟，下午四时许在哈尔滨道里水道街九号楼（哈尔滨道里区兆麟街二百五十六号）被暗杀。

3月16日　与周保中、李延禄、王效明、王明贵等联名通电，要求缉惩暗害李兆麟的主犯，追究主谋者。

3月21日　东北局发出关于追悼李兆麟的指示。冯仲云组织李兆麟追悼有关活动。

3月22日　在《东北日报》发表《李兆麟传略》一文，首次把《露营之歌》作为李兆麟个人的作品公布于世。文章引用了歌词第一段。原文是这样表述的："他（按：指李兆麟）在绥滨沼泽地带吟成的《露营之歌》中写着：铁岭绝岩，林木丛生，暴雨狂风，荒原水畔战马鸣……"②

---

① 《彭真年谱》第一卷，第403页。
② 1959年冯仲云正式确认《露营之歌》的作者"除了李兆麟、于天放、陈雷同志外，还有高禹民"。

3月23日至29日　《人民日报》（吉林版）连载冯仲云的《东北抗日联军苦斗史》。

3月24日　出席在道里公园举行的李兆麟遗体安葬仪式和追悼大会。冯仲云和关吉玉作为代表在大会上致悼词。

3月26日　致信薛雯，全文如下：

雯，亲爱的雯：

今天上午接到了勤哥、衡弟、父亲的三封信，使我喜泪交加！想不到年迈的父亲现在还健在人间，所痛心和悲哀的是母亲、静姊、坚儿已经辞别人世，永远也不能再见了。

雯，我是在东北苦斗了十四年，我曾经身经百战，血染战袍，我曾经弹尽粮绝，挨过长期的饥饿，用草根树皮，马皮等充饥；我曾经在塞外零下四十度的朔风中露天度过漫长的冬夜，我曾经身负重伤，曾经在枪林弹雨，血肉横飞中冲杀，艰苦卓绝奋斗，矢志忠贞祖国和人民。

"八一五"苏联对日宣战，我率领部队配合红军作战，解放东北，遇难之民族英雄李兆麟（张寿篯）即我联军三路军之总指挥，而我即三路军政委，东北收复，我到了沈阳，后来又到了长春、齐齐哈尔（即过去的南满、中东二路）如能通行，你就立即来哈找我。

寄去我的照片一张，如有可能请寄我一张照片。来信可寄哈道里水道街中苏友好协会找交我，可是得寄航空信。

仲云

一九四六年三月二十六日

3月27日　《解放日报》第四版发表冯仲云撰写的《李兆麟将军（东北抗日烈士传略）》，该报编者按称："这篇文章原载于二月十八日的哈尔滨日报，其时兆麟同志尚未被反动派所暗害。这篇文章将兆麟同志十四年英勇抗战的历史作了很具体的记载。作者冯仲云同志，是李兆麟同志的老战友，亦为东北抗日联军的著名领导者之一。"

同日　薛雯致信冯仲云，全文如下：

亲爱的云哥：

正在设法打探你的消息，居然由家中转来了你的信，这一快乐是使我写不出来……你能在长久的抗战中是锻炼得更伟大了。这是多么光荣的事呵！

别离的十二年中，我并未忘了我们的立场，虽然是被孩子拖累阻止了我的进步，但是我教育了他们，教育了很多青年人，安慰了老父。

还是回到了母校，亲爱的，我是没有使你失望，尤其是我俩的孩子。罗儿，是能给你相当的安慰，她去年就离开了我，比我是进步，同你一样的坚毅，她有跟着她爸的精神走的决心，她已毕业，她已经是一个小小的医务员了。她的照片另函寄你。娃坚儿是在战前奶妈身边死了。我为了要想自己进步，牺牲了他的小生命。但我们要看看无数牺牲的先烈。不要怀念这小生命。

家中的许多不幸的遭遇，父亲信是先告诉你的。我很忙，但有一封较长的信，是在想法寄给你。我要找到了妥当的地方，可给你多多写信。

我在准备托人打电报给你。

我同家的关系是很好，大姐留下的大女儿怡文也我带着，现在同罗儿在一起。

你的伟大足使我的许多同志敬佩，你的伟大是给我无数的安慰，亲爱的，在别离这十二年之间，我是把真理战胜了，我回到的恶劣环境，同时我希望你能相信我。

一切由第二封信告诉你。

雯
三月二十七日

回信寄江苏江北如皋城内城隍庙江南饭店　薛雯

3 月 30 日　在《新华日报》发表《英名传遍黑龙江——民族英雄于天放》。后此文被选入东北书店五月出版的《东北问题》第二集。

4 月 3 日　鹤立县民主政府根据县议会第一次会议决定将赵尚志遇难后，其遗体运往兴山途中曾停留过的距其牺牲地最近的村屯——梧桐村改为尚志村。

4 月 4 日　周恩来在重庆中外记者招待会上在谈中共在东北抗战的历史问题时提到东北抗联十四年的抗战历史："这方面不必列举事实，但要问：究竟是谁把东北断送了？谁又在东北组织了游击队，发展为抗日联军，坚持了十四年的抗日战争？谁在抗战中主张恢复七七事变时的国土就够了？谁又坚决主张打到鸭绿江边？中共在东北的抗战，连日寇也承认。八路军二十七年打到热河，二十八年打进辽宁创造了冀热辽军区，谁能抹杀这许多事实？谁还能说十四年来中共未在东北抗过日？未组织过抗日联军？没有共产党员被敌人捕杀？甚至敌人投降前，东北并无中共部队？这些问题，社会上尤其是东北人民，自会回答。"①

4月6日 在《东北日报》（沈阳）发表《抗日联军英雄于天放》。

同日 在《新华日报》发表《抗联的父亲老李头》一文。

4月7日 在《解放日报》第四版发表《东北抗日英雄略传 黑龙江民族英雄于天放》一文。

4月14日至25日 松江省人民代表大会在宾县召开。参加大会的包括共产党、国民党左派、民主同盟及各团体、各工商会在内的各阶层、各民族的代表一百一十六人。刘成栋代表大会主席团致开幕词，指出这次大会的目的是"为了决定松江省的施政方针"。中共松江省工作委员会书记、松江军区政治委员张秀山，在开幕典礼上就抗日战争胜利后东北的和平、民主、民生等问题，阐明了中国共产党的方针政策；并在会上作了《关于剿匪和治安工作的报告》，提出今后的任务，一是剿匪，二是练兵，三是生产，四是放手发动群众，武装群众，帮助群众在经济上彻底翻身。中共松江省工委副书记兼哈尔滨市委书记钟子云，就抗日联军的战斗历程、哈尔滨目前形势、李兆麟将军遇害的经过及今后松江省建设的迫切问题讲了话。张秀山致闭幕词。大会通过了《实行省县自治，民选松江省政府、省参议会，以推行全省民主政治案》《反对国民党武力接收东北，以制止内战案》等多项提案和省政府施政纲领。大会决定正式成立松江省政府，并选举产生了由九名委员组成的松江省行政委员会，原东北抗日联军第三路军政治委员冯仲云当选为省政府主席。大会通过了告全省同胞书，号召各阶级各党派各民族团结起来。共同努力建设新的松江。

4月20日 正式成立松江省政府，选出省府委员共九人（冯仲云、杜光预、卢蕴生、傅润成、钟子云、李植权、张安著、王学明、韩幽桐），冯仲云被选为松江省政府主席。

4月21日 出席哈尔滨市举行的欢送苏军归国大会。

《我的自传》："一九四六年四月苏联红军撤离哈尔滨，国民党的省长、

---

① 中共中央文献研究室等编：《周恩来军事文选》第三卷，人民出版社，1997年，第98页。

市长、公安局长都随红军走了，我们轻易就进入了哈尔滨，统治了这个城市，松江省府也进驻哈尔滨，但哈尔滨市不属于松江省，她是直属于东北局的。

松江省起先只是哈尔滨周围各县很小，后来我们并了牡丹江省，再以后又合并了合江省。这样，松江省就有现在的黑龙江省一半大，人口八百多万，但是它所处的地位是很重要的，哈尔滨是解放战争时期我们唯一的大城市，枢纽城市，它在东北解放战争时期所起的作用是非常巨大的。"

4 月 27 日　同陈云、高岗、张秀山、李天佑等从宾县来到哈尔滨郊区，召开党政军联席会议。

4 月 28 日　松江军区部队和松江省党政军机关，在苏军撤离回国后，进驻哈尔滨市，受到七十万市民的热烈欢迎。

同日　签署任命令，任命刘成栋为哈尔滨市市长。

本月　欢送松江军区司令员李天佑到东北民主联军任职。

本月　在《解放》第二号第十九至二十页上载有冯仲云撰写的《东北抗日游击队的领导者——李兆麟》一文。

5 月 5 日　哈尔滨市举行了庆祝松江省政府成立大会，冯仲云主席在会上宣布了省政府施政方针：（一）肃清特务土匪，安定社会程序；（二）清算敌伪财产，将土地分配给无地或少地的农民，实行减租减息、交租交息政策；（三）改造及健全各级民主政权机构；（四）扶植人民团体及人民武装；（五）推行新民主主义教育。

5 月 11 日　在第三次政府委员会上，讨论了整顿财政的工作计划。考虑松江地区外县存有大批木材、粮食等物资，如果有计划进行运输贸易，无论对民生上、对公益收入上都有利，决定组织松江汽车运输公司。此后，搜集四十台汽车，进行哈尔滨和临近外县的零星运输贸易。同时整顿航务局，寻觅、修理船只，组织松江贸易公司。利用铁路进行批发贸易工作。还决定马上着手调查，确定逐渐恢复工商业、繁荣市场的对策。

5 月 14 日　北满分局重新组建松江省工委。省工委委员共十三人：张秀山、李天佑、冯仲云、晏福生、刘转连、李寿轩、李信、金铁群、谢邦治、马宾、李世安、邹问轩、王学明。张秀山任书记。

5 月 25 日　彭真在哈尔滨主持召开东北局会议，讨论了民主联军主力撤退后的形势，适当调整分局和合编部队等问题。决定北满分局并入东北局，中共松江、合江两省工委改为省委，直属东北局：中共松江省委书记张秀山，副书记钟子云，省主席冯仲云。

5月26日　北满分局撤销后，松江省工委直属东北局领导。

本月　送抗联交通员杨青山的儿子杨喜泰参加马克正部队南下。

本月　薛雯重新入党。一九四七年五月十八日中共东北局经核查恢复了她自一九三一年入党的时间。

本月　为自己确定了四项工作：第一在党的领导下，在松江省努力工作，把松江省这个二十年来，曾流洒鲜血，备受艰苦的地方，经过多年的努力，变成繁荣昌盛的新松江省；第二写一些作品，帮助文艺工作者搞出一些作品，以纪念东北死难的烈士；第三研究科学技术，不但担任党的领导工作，还要成为建设新中国的工程师；第四认真培养一批工程师、专家，在建设祖国的工业化中，能桃李满天下①。

6月26日　松江省委第一次会议确定省委委员九人：张秀山、钟子云、李天佑、冯仲云、谢邦治、李寿轩、何伟、陈龙、马宾。书记张秀山，副书记钟子云。

本月　在哈尔滨听取卢连峰汇报在通河曾为抗联作出重要贡献的通河商会会长"孙四爷"（孙佐庭）被日军杀害的经过，非常沉痛。为照顾烈士家属，以省人民政府的名义在哈尔滨道外给烈士遗孀和子女买了一栋二层的青砖宅院，并亲自带车专程去通河看望烈士遗孀并请她到哈尔滨居住。但是烈士遗孀李老太太不以此邀功，婉言谢绝，说在通河有亲友照顾。冯仲云指示此宅专为她们留着，并安排人员代管②。

本月　薛雯、冯忆罗、冯怡文自江苏淮安启程赴东北。

本月到1947年7月　松江省动员八万多人参加了东北民主联军；组织十万余人的担架队、运输队上前线，在人力、物力、财力等方面，全力以赴地支援了东北、华北的解放战争。

7月5日　同东北民主联军林彪总司令、彭真政委、吕正操副司令、辽宁省主席张学诗（即张学思）、安东省主席高崇民、哈尔滨市长刘成栋及各界代表共百余人到机场欢迎军调部长春执行分部美军代表戴伯尔门。

7月7日　为纪念"七七"抗战九周年，庆祝抗日战争胜利，松江省和哈尔滨市各界二十万人举行了盛大集会。在会上讲话并提议，将哈尔滨的正阳街改为靖宇大街，新城街改为尚志大街，山街改为一曼街，以永远纪念在抗日战争中英勇牺牲的杨靖宇、赵尚志、赵一曼三名烈士。关于尚志县、尚志大街等街道的命名问题，冯仲云回忆：

---

① 冯仲云：《在东北抗日联军中战斗生活的回忆》，1960年。

② 参见中共通河县委党史研究室编：《通河战斗故事选》，内部发行，2007年第72页。

尚志县、尚志大街谁提出来的？是我提出来同志们通过的。哈尔滨兆麟大街也是我提出来的。赵尚志的像是我让挂的，本来他没有照片，我说他哥哥很像他，就照他哥哥画个像挂上了。当然，现在有提出要恢复赵尚志党籍，这个问题值得考虑，虽然有毛病，政治上他没有错①。

7 月 8 日　在《解放日报》第四版发表《巾帼英雄赵一曼》一文。

7 月 10 日　哈尔滨市十万群众在省立第二中学操场集会，公审罪大恶极的汉奸恶霸姚杨九、李九鹏。冯仲云代表松江省政府宣判姚、李二逆死刑。七月十一日在道外二十道街执行枪决。

同日　新华社哈尔滨十日报道："东北民主联军二○部队，日前在某地举行隆重盛大的战斗英雄战斗模范授奖大会，会场上满坐着一排英姿焕发的战士，挂着一张题着二百二十一名光荣受奖者姓名的彩色英雄榜。""松江省主席冯仲云，代表松江五百万人民向战斗英雄和模范们致敬，他谈：'因为你们的战斗，保卫了松江省人民的和平民主，这次你们的光荣受奖，可说是松江省五百万人民所给予你们的。'"

7 月 11 日　在《解放日报》第四版发表《抗联的父亲——老李头》一文。

7 月 12 日　在《解放日报》第四版发表《黄有（东北抗日烈士传略）》一文。

7 月 15 日　在《解放日报》第四版发表《吕老太太（东北抗日英雄）》一文。

7 月 16 日　出席哈尔滨市临时参议会第一次全体参议员大会。会议在市政府礼堂举行。

出席大会的参议员六十名，候补参议员十五名，以及各界来宾、社会知名人士二百余人。东北民主联军总司令林彪，政治委员彭真莅临大会。大会推举宋庆龄、冯玉祥、张学良、张澜、李杜、郭沫若、黄炎培、林彪、彭真、林枫、吕正操、高崇民、陈先舟、冯仲云、张学思等十五人为名誉主席。推举杨维、李国钧、谢雨琴、杜光预、何治安、钟子云、孔焕书、郭福久、崔光棣等九人组成大会主席团。唐景阳为大会秘书长。大会选出杨维、唐景阳、杜光预、马英林、何治安、郭霁云、徐信之、沈海清、孟毅民等九人为提案审查委员会委员。

---

① 《中共东北地方党史资料访问录选编（冯仲云同志专辑）》，第 142 页。

在开幕式上，中共哈尔滨市委书记兼卫戍司令部政委钟子云就中国共产党目前执行的各项政策问题讲了话。松江省政府主席冯仲云讲话，他说：在过去十四年中，哈市曾是北满共产党抗日的中心，抗日联军著名的领袖杨靖宇、周保中、赵尚志、李兆麟等，都在哈尔滨作过秘密抗日救国工作，哈尔滨是和中国共产党有极深关系的城市。最后他希望哈尔滨成为和平民主的堡垒。

7月18日 在《解放日报》第四版发表《李老三（东北抗日烈士传略）》《冷云（东北抗日烈士传略）》两篇文章。

7月29日 松江省政府抽调机关厅、处的绝大部分干部组成工作团，分别由省政府主席冯仲云和秘书长谢邦治带领，到松花江南、北两个地区分头发动群众。这些工作团、队下乡以后，立即深入群众，依靠当地的积极分子，团结广大中间分子，帮助和争取落后分子，开展轰轰烈烈的清算分地的群众运动。

下旬 在太阳岛大中学生暑期夏令营做报告。

月底 薛雯、冯忆罗、冯怡文来到哈尔滨，下火车时朱瑞为她们拍摄了一张照片。

本月 《大连日报特辑——东北抗日联军》中载有冯仲云撰写的《东北抗日游击战争中的领导者之一李兆麟将军斗争简史》。

本月 山东新华书店出版的《东北问题》一书第四十四至四十八页中收录了冯仲云的《东北抗日游击战争的领导者李兆麟将军》。

本月 接受作家刘白羽采访。

8月7日至15日 出席在哈尔滨第一中学礼堂召开的东北各省代表联席会议，十五日闭幕。彭真、周保中等领导人出席了会议，冯仲云主持会议。会议代表一百八十五人，讨论通过了关于东北民主建设的施政纲领，选举产生了东北解放区最高行政领导机构——东北各省行政联合会办事处行政委员会，简称东北行政委员会。选举林枫为主席，张学思、高崇民为副主席，栗又文为秘书长，十一名常委，二十七名委员。会议期间，大会还做出一项决议，即发出公开电抗议国民党东北行营停用红军百元票。根据中华民国政府和苏联政府达成的协议，苏联红军进驻东北，可以发行苏联红军币。但国民党东北行营经济委员会竟于一九四六年八月一日单方面下令，凡苏联红军司令部在撤出东北境以前所发的百元票，即日起停止流通。消息传来代表们十分愤慨，以东北各省代表联席会议全体代表的名义，于十一日发出公开电抗议。会议期间，还通过了慰问抚恤烈士家属、兴建烈士纪念碑、用烈士名字命名、编写烈士事迹等议案。

8 月 11 日上午　冯仲云在哈尔滨兆麟电影院出席哈尔滨民主青年联盟成立大会。大会选举王五常为主席，任庆、刘宾雁为副主席，冯忆罗等任常委。

8 月 12 日　出席李兆麟灵柩移至道里公园活动，并同抗联战士在李兆麟灵柩前合影。

8 月 15 日　在庆祝日本投降，抗战胜利一周年之日，哈尔滨人民举行李兆麟墓碑落成典礼。墓碑上镌刻着冯仲云题写的碑文：

> 李兆麟将军又名张寿篯，原籍辽阳县小荣官屯。幼丧父为雇农，而少负大志，工余辄孜孜攻读。后得亲友助，入北平中国大学。一九三〇年，加入中国共产主义青年团。翌年，转为中国共产党，为中国人民解放事业忠贞不贰。九一八变起，奉命返里组织义勇军从事抗日救亡运动。后任东北抗日联军第三路军总指挥，驰骋于北满原野，孤军奋战，艰苦备尝，十四年如一日。追苏联对日作战，乃配合苏军解放桑梓。于风雨飘摇中，毅然任松江省副省长，维持社会秩序，造福人民。形势稍定乃专任中苏友好协会会长，致力邦交敦睦，奔走国内民主和平，功在国家妇孺皆感。不幸于民国三十五年三月九日下午四时惨遭反动派杀害。将军生于一九一〇年，时年三十有七。将军殁后，举市同悲。众议葬于道里公园，易名兆麟，以示永念，谨书数语以志。

> 冯仲云
> 中华民国三十五年八月十五日

9 月 2 日至 4 日　松江省政府在哈尔滨市召开各县长、财经科长、税务局长联席会议。确定今后的中心工作是：彻底肃清土匪；实行土地改革；完成财经任务；精简政府机构，改善工作作风；密切上下级关系，建立各种工作制度。根据这一精神，松江省政府于九日召开政务会议，作出精简机构、整顿财政的决定，要求政府机关要精简机构，提高工作效率；财政工作要统一税收机构，积极发展生产和贸易；厉行节约，减轻人民负担。

9 月 18 日　以仲云的名字在《东北日报》（沈阳）发表《纪念沉痛的"九一八"》。

9月21日　在《解放日报》第一版发表《东北抗日联军创始者罗登贤同志》。

9月22日　在《牡丹江日报》第二版发表《永远不要忘记东北抗联创始者：罗登贤同志》一文。

9月25日　同张冲、张静之就土改评级问题签署松江省政府指示第八六号松江字第六号文。

9月27日　《人民日报》（吉林版）发表冯仲云的《永恒的光辉——不要忘记东北抗联创始者罗登贤同志》。

10月6日　作家周洁夫在《东北日报》（沈阳）发表《团圆——记冯仲云和抗联的会见》一文。该文记述了冯仲云同老区人民见面的情景。全文如下：

中午的阳光射在清澈的河水上。沿着河岸，一群穿着农民服装的老头子和中年人，匆匆忙忙地赶着路。他们渡过木桥，走进挂着"珠河县马吉宁区工农联合会"木牌的篱笆门。

这群庄稼汉都是十年前抗日联军的同志，每个人都有一段艰苦英勇的经历。当赵尚志将军、李兆麟将军、冯仲云同志先后离开珠河的时候，他们或因负伤，或因年迈，没有能够跟走。他们隐藏起自己的面目，卖工、抗活、租地种，忍受着日寇、汉奸、特务和警察的欺凌，等待着，等待着，等待着翻身的一天。十年过去了，工作队的同志到了乌吉密，他们住在穷人家里，帮助担水、扫地，和老百姓亲切的拉家常、谈国家大事……从他们的行为、作风和谈话的内容中，这群十年来不敢漏一点点口风的人，才向自己人吐露出"抗联"这个亲切的字眼。

今天，他们从屯里赶到区工农联合会，就因为曾经领导他们战斗过的"老冯"要来看望他们。

他们之中的即是最年轻的人，额上也出现了深深的皱纹。他们吸着烟草，谈论着往事——那些一闭眼睛就想起来的往事；谈说着熟悉的人——那些曾经一同在刀尖火山口出入的人；他们谈着小个子老赵，谈着方脸盘张代表，谈着大胡子老冯……他们谈着，好像河水开了闸，他们谈着，好像时间倒退了十年。

"冯主席来了！冯主席来了！"

窗外的喊声刚落，房门就推开了，魁梧的、戴着樱色呢帽、架着黑边眼镜，大家谈论着和期待着的老冯走了进来，他便是前抗日联军第三军的领导者之一，现在松江省的主席冯仲云同志。

五十八岁的老吕从炕上扑过来，一把拉住冯主席的胳膊："老冯，十来多年没见了呀！"他笑，他用力拉，他的眼睛水亮。其余的人都走拢来，挤到炕前，爬上炕，围住被老吕拉到炕上的"老冯"。

冯主席伸出手来，跟那些老战友逐一握手。他的豪迈而宏亮的声音灌进每个人的心头："我认识你！——你，我也认识的！——就是太久了！记不起名字来了，太久了啊！"

老吕凑过脸，仔细端详了一会冯主席，喜欢的说："你胖了！"

"老罗！头发也秃了！"冯主席脱下呢帽，露出秃了前额的头顶。

"十多年了啊！"炕上炕下先后发出感慨的声音。

"三股六、半截河子，那些老人都还在吧？"冯主席关切地问。

"搬的搬，走的走，都换了新人罗。"

"噢！"冯主席缩回前俯的上身，沉默了。

抗联的同志纷纷向老冯提出自己所关切的人的名字，询问他们的下落：

"关主任到哪去了？"

"战死了！死在下八拉！"

"老吴呢？"

"是那个腰里常别着七星子的吴大麻子吗？他也牺牲了。"

"老刘还在不在？"

"刘海涛？他进了关，在山东当分区司令员，后来也牺牲了。"

"张连科还有吧？"

"没有了。在铁岭殁了！——这里出去的抗联老同志，活着的不多了，十个里头死了九个。"冯主席的声调中带着追怀和感慨。

"唉！"四围抽出长长的叹息。这些最好的战友，最亲的亲人，"十个里头死了九个"，多年的默祷暗祝落了空，人们的心头像压上了一块铅。

门推开了，又进来两个老人，这是老杨头和老狄。老杨头是赵尚志将军最先组织的七个人中的一个，他进门就说："我正在地里收割，听说你快来啦，我赶紧丢下庄稼跑来。见路上奔来两辆大车，我远远一瞅，就瞅出那个戴眼镜的高大个儿是你，果然！"他脱去帽子，露出短短的银发，爬上炕，坐到冯主席的左边："后手你们怎么过的呀？"

"那个说起来真苦哪！"冯主席轻微地摇了摇头，"一九三五年日本鬼子向我们大举进攻，烧房子并墙子，烧得真是凶呀。到了三六年，我们安不住身，老赵先走，随后老王也走了，最后我和张连科也离开珠河，到宾县，渡过江，经同江，奔汤原，在那里会见了赵司令和张代表，开了个会，又把下江一带人民组织起来。依兰、同江、富锦、汤原、勃利……老百姓都起来了，力量比在这里大多了。抗联的部队扩大到了十个军。可是小日本鬼子又放火烧房子了。我们活动不开，归了屯。白天不能出围子，晚上才出来摘包米，扒土豆子吃……"

"到了最后，日本鬼越烧越厉害，我们进了小屯，他烧小屯，我们进了大屯，他烧大屯，就这么着，他们把小屯并成大屯，把大屯并成更大的屯，烧得一个县只剩下八个大屯！咱们的部队进不去围子。"

"可是抗联是共产党领导的队伍，哪有个投降屈服的！"

"宁死不屈服！"几个声音同时迸出。这是旧日熟悉的战斗誓言呀！每个人都忽地抬着头来。

"后来我们到了黑龙江，日本鬼子还是用那套办法对付我们。我们退到了北大山。呵，那边的气候比这里冷多了！又没有粮食。夏天还好过，大伙儿摘树叶，采山菜吃——我就认识了五十二种山菜。可是秋天来了，打了霜，树叶子全枯了。大伙儿就杀马肉吃，煮马皮吃，马骨头也啃得尽尽的，别说包米核儿，连兀拉靴都脱下来煮吃了！"

"困难哪！"在叹息声里，有的人眼睛潮湿了。

"五年前我在外面活动，张代表在里面指挥部队作战。他整整有五十天没沾一颗米粒，弟兄们都饿坏了，躺在地上起不来。后来我们背着粮食进来，用小米熬汤，一个一个灌他们，这才活过来。"冯主席顿住，房子里死一样地沉默。

　　"冬天一到可真要了命哪！"冯主席抬一抬眼镜，接下去说："敌人在后面进，白天得走路，在山沟里转圈，晚上没房子住，又穷，买不起帐篷子。雪下得这么深（冯主席按了按腰部），怎么办呢？大家把雪一踩，打个雪壳子，烧起一堆火——烤火也不好受哪！火烤胸前暖，风吹背后寒，那雪风把背都刺穿啦——往雪壳子里躺算是睡觉了。就那么样也没有一天停止过战斗。"冯主席迅速地又抬了一下眼镜，阴沉的音调又转成爽朗。"好容易熬过了几个冬天，熬到了'八·一五'，苏联红军出兵，抗联的部队一夹击，日本鬼子就投降了。分散的抗联部队又扩大起来，成立了民主联军。咱们老早就说过：'我们一定要胜利！别看日本鬼子枪炮凶，将来一定要垮！'现在怎么样？过去没说错吧！小日本子终究'鳔'不过咱们，在咱们眼前献了宝！"

　　下旬　松江省掀起参军参战热潮，拉林县有两千四百人报名参军。珠河县农工代表大会决定建立"赵尚志团"，半个月内即有一千一百四十人参军。从十一月中旬开始，松江省一个月内就有上万人参军。

　　本月　到呼兰干部训练班讲抗联斗争史。

　　本月　中共松江省委成立"宣抚委员会"。任"宣抚委员会"主任。负责收降哈尔滨和附近各县的国民党建军土匪。

　　11 月 4 日　出席五常县召开的农工代表会并讲话。

　　11 月 8 日　在五常县检阅十四个乡三千五百余名民兵自卫队举行的声讨"蒋匪军进攻解放区"仪式并讲了话。

　　11 月 14 日　从五常县赶到延寿县参加加信区召开的农工联合会成立大会。

　　中旬　松江省政府迁至延寿县。

　　11 月 20 日　出席延寿县工农代表大会，有一百五十名代表参加，大会选出孙友谦、张纯、关斌、吴登岭等人，组成工农联合会。这次会议讨论了挖土匪，扩展县独立团，整顿民兵，发展生产等工作。并通过了工农联合会会章。冯仲云向山林武装生产队徐甲太发了奖品。

　　11 月 21 日至 26 日　出席珠河县农工代表大会。会上代表杨青山提议①，把东北抗日联军第三军的发祥地，赵尚志战斗过的地方——珠河县

---

　　① 据抗联老人杨青山的孙子杨长林 2009 年 9 月 15 日撰写的《我的祖父杨青山与冯将军的往事——怀念抗联将领冯仲云》一文记述："1946 年 11 月 20 日至 26 日召开的珠河县第一届农工代表大会上，根据抗联地下交通员乌吉密区代表杨青山提议，冯仲云支持，参会代表一致通过将珠河县冠名为尚志县。"

改为尚志县。这一提议得到松江省人民政府的赞同。一九四七年五月八日，经东北行政委员会批准备案，珠河县正式改为尚志县。

26 日 在珠河县农工代表大会上奖励杨青山一面锦旗，上书"老当益壮"，同时奖励手枪一支。

12 月 20 日 陈云致信林彪、彭真、高岗，指出："游击队及县级机关，应由首长亲自埋藏若干锅、粮等物品于敌占后我可活动的山沟内，以便实在搞不到吃时去挖用。这点，冯仲云和抗联干部有经验。"

12 月 21 日 哈尔滨市委宣传部主办了哈市大中学生寒假补习班。补习班先后请冯仲云、沙英等讲课或做报告。

本年冬 赵毅敏夫人凌沙到家中。凌沙谈杨光华的情况，冯咏莹在场。凌沙说：《盛京时报》上登了获得一批共产党员文件的事，文件是交通带着乘火车，在火车上丢失了①。

本年 《时代杂志》刊发"东北风云：冯仲云将军：照片"，一九四六年第六卷第三十五期第二十九页。

本年 杨青山的二子杨喜德为冯仲云开车。

本年 撰写《东北抗联十四年苦斗简史》的卷首语和结束语：

卷首语

在我们未谈到东北抗联事情以前，首先要说明的，便是东北人民虽然在日本强盗帝国主义统制之下，做了整整十四年的奴隶，可是东北人民并未曾完全做了日寇驯服的奴隶，也未曾去甘心屈辱在他们铁蹄之下，东北的人民，仍然是我们大中华民族光荣的子孙，所以有一部分不甘受日寇压迫和榨取的人们，为了民族的生存，为了国土的完整，于十四年中，身负这重大的使命，历尽了艰险，尝尽了辛苦，在白山黑水之间，冰天雪地之中，到处抗击血战，而坚持了这长期的、苛酷的民族斗争，一直持续了十四年，到了祖国光复的现在，在这个过程中，造成了许多可歌可泣的故事，它将点缀在中华民族抗战史上，而作最光荣的一页。

关于东北抗联的事迹，它是普遍地在各地各处流传着，歌颂着，如杨靖宇、邓铁梅、赵尚志、赵一曼等民族英雄，东北人民在庆祝国土光复胜欢之余，并不曾忘记了他们，东北人民因为有

---

① 冯咏莹，1969 年 1 月 12 日写的自传，未刊稿。

这样英勇、忠贞、艰苦卓绝的民族英雄而自豪，例如，在沈阳去年双十节召集了市民大会，到会的民众竟达十八万之众，为东北有史以来最大的市民大会，在大会上人民提出了将沈阳某大街改名为靖宇大街，并且在那儿建立一个东北抗联的烈士塔时，大会上立即掌声如雷般地震动起来，一致地通过了这个提议，这一点，它曾证明了东北人民并没有忘记了东北抗联十四年的英勇斗争的功绩。

我现在简单地说一说，过去十四年苦斗的具体情况，因为在过去十四年中间，由于生活的异常艰苦和常常的作战，并没有作什么记录，可以能供作参考的文件，又大部分丧失，所以只就我个人的经过的范围，来简单的回忆一下。

结束语

像这样的事多得很，都记不胜记的。抗联在这十四年的艰苦过程中，所有以上的记述不过是个小的梗概而已。其他的英勇而可感天地泣鬼神的事迹，犹如车载斗量般地多得很。东北人民，不简单是受了十四年的压迫，东北人民在这个阶段上，有和强盗日本帝国主义作过巨大意义斗争的，这充分表现了我大中华民族不屈的气节。东北抗联在默默中和敌人搏斗了十四年，在这个悠久的岁月里，造成几许的可歌可泣的故事。他们很多在战斗中牺牲了。对这些为祖国而流血的先哲烈士们，我们怎样去纪念他们。他们都是我们勇敢的同胞，他们以他们鲜红而赤热的血，栽起来我们祖国复兴的花。他们用他们的血肉之躯，铺平了我们光复的大道。他们没有一个人是为了自己，他们全是为我们大中华民族被日寇作了奴役的同胞。他们的精神是不朽的，他们的志气是超卓的，他们的毅力是坚决的，他们都能整个地代表着我们中华民族的光荣和勇敢的精神。他们的确发挥了我们那强韧的民族性，他们在这个沦陷的长期中，尤其是从七七事变以后，几乎被人忘掉了，他们好像一些被弃的人们，被抛在东北的森林中，雪原上和松花江的两岸旁，往来和敌人们，争夺着全民族的自由。有时他们聚在那儿唱着雄壮悲惨的抗日军歌，有时看着那秋岭上的归云，眼中含着痛泪忧望着祖国的天野。那时他们不屈不挠的精神，曾安慰了以往为抗日救国而牺牲了的地下先烈。他们何尝不在那个时候怀念着父母妻子？何尝不想到自己的生命可贵？但那个伟大而又重要的任务是担在了他们的身上，为了大众的解放，全民族的更生，这个高尚的思想竟整个地操纵了他们的精神主宰，他们受尽了饥、渴、风霜之苦，而方盼到今天这颗胜利的果实。但是可惜，有的竟没能亲眼看见祖国的光复，未能亲眼看见盘踞在这十四年的倭寇离开这块土地。甚至于他们死了，连个名也未曾被人得知，想起来是很恸心的事，现在我个人代表了一群尚在的抗联人们向以死的同志们致敬！

1947 年　三十九岁

1 月 16 日至 25 日　在松江省专员县长联席会议上作报告。摘要如下：

今天我来报告省府成立九个月的经过，然后讨论一九四七年的工作任务和区村政权的改选，即是改选政权的机构问题以及生产问题、教育问题等等。时间分配尽可能紧凑，希望在旧历年前结束。八个多月来的工作经过，由于省府秘书机构不建全，搜集材料不多。简单说来，"八一五"光复后，松江省是由谢雨琴、李兆麟主持，后于四六年四月二十日召开人民代表大会，正式成立省府，选出省府委员共九人（冯仲云、杜光预、卢蕴生、傅润成、钟子云、李植权、张安者、王学明、韩幽桐），选我任主席。总计当时接收委员会共约一百五十余人。四月国民党亦派关吉玉前来接收哈市。苏军撤退后，由于哈市市民之请求，省府遂于四月二十八日入住哈市。五月一日曾召开第一次政务委员会，决定了工作方针，并选杜光预任民政厅长，卢蕴生任建设厅长，王学明任财政厅长，韩幽桐任教育厅长，谢邦治任秘书长，后即开始分头进行接收工作。此后曾召开六次政务委员会。两日前，由于哈市军事形势紧张，同时哈市是特别市，亦不该咱们松江省管；再则为发展生产，省府决定迁移延寿，所以许多记录材料没有带来，就我现在所知道的重点谈谈。要办好事，除人力外，钱财亦为一重大问题。首先在财政上的决定是：①统收统支；②精简两大原则。财政厅下面的直属机关有工商管理局、粮食局和贸易公司，其次是渔业。民政厅职员少，大部均集中下面工作。建设、教育两厅，人手亦不多，亦没甚么直属机关。这里我要谈谈经我们接收过来的，除一些材料机器外，另一部分是旧职员，有六、七百人之多，一方面供给费用不够，再方面根本用不到这多人，所以除一部分裁减外，一部分由谢秘书长带领下乡工作。由于大部分旧员的生活习惯、作风态度不适应群众要求，主动性少，群众对其极端厌恶，工作反成障碍，决大部决定裁蒂。省府搬家延寿，很多留下的旧员不愿去，趁此机会遂又裁去大部，目前仅有旧员十余人。尚有部分参加训练班和民运工作，借以改造他们的思想和工作作风。这是省府在人事精简上的结果。

在整个组织结构上，除各厅分头进行必要工作外，在松江省区，包括延寿、方正、通河、木兰、呼兰、巴彦、双城、五常、拉林、珠河、阿城、宾县、苇河、东兴十四县，除宾阿办事处外，尚设有三个专署——哈北、哈东、哈南。哈北专员马玉章；哈东何专员现在养病，由副专员王景侠代理；哈南张专员。工作进行都很不错。除这些外，尚有方正、延寿两直属县。大体情形如此。

其次我要谈到九月末在省府领导下的工作情形。首先我们要了解到蒋介石今后坚持独裁卖国的路线是一定的，今天他和我们谈判，只不过是玩玩假一套的手腕而已。军事时期尚未过去，打下去是必然的。我们拥护和平，但我们要体验到促进真正的和平、民主，没有予反民主以致命打击的力量，那是空谈，只有打胜仗才能挽回人民生活建立新民主。有人说，我们的政府是军队的供给部，不客气说，就是这样，一切为了支援前线①。

1月21日　出席松江省政府在哈尔滨召开的财政工作会议，冯仲云在讲话中提出，要在全省各地开展增产节约运动，统一财政、统一财务、统一发行、统一对外贸易，以解决财政危机，进一步搞好支前工作，努力赢得战争的胜利。

2月22日　中共松江省委发出通知，东北局决定：张秀山、李天佑、钟子云等十二人为松江省委委员；张秀山、李天佑、李寿轩、冯仲云、李德仲、李华生、李海涛为常委；书记张秀山、副书记钟子云。

3月8日　哈尔滨市各界妇女四千人集会纪念"三八"妇女节。林枫、高崇民、冯仲云到会讲话。

3月9日　同钟子云、张观、聂鹤亭、金伯文和松哈各界两千多代表在兆麟公园公祭李兆麟将军遇害一周年，市内各机关、团体、学校均下半旗致哀。

4月9日　松江省政府由延寿县迁回哈尔滨。

4月28日　出席哈尔滨各界代表举行的庆祝哈市解放一周年纪念大会。

本月　《知识》第四期第八至九页收录了冯仲云辑录的《抗联之歌》。

5月21日　哈尔滨青年干部学校正式创办。讲师由高崇民、张学思、车向忱、冯仲云、钟子云、刘成栋、陈龙、聂鹤亭、宋平、何礼、陈舜

---

① 黑龙江省档案馆编：《建立政权》，1984年内部版，第65—66页。

瑶、陈元晖、庄启东、丁冬放、刘白羽、周立波、李则蓝、刘善本等有关方面的领导干部和专家担任。

6 月 13 日　松江省政府在尚志市一面坡创建松江省营第一农场。根据中共中央《关于建立巩固的东北根据地》的指示精神，中央东北局财经委员会召开会议，在分析了当时的形势之后，会议一再强调："东北行政委员会和各省都要在国民党难以插足的地方，试办国营农场，进行机械化试验，以迎接解放后的农村建设。""为迎接全国解放，组织亿万农民走集体化、机械化生产道路"，"在北满建立一个粮食工厂，培养干部，积累经验，创造典型，示范农民。"

根据中央和东北财经委员会会议精神，六月初，冯仲云召集省建设厅等相关部门决定着手创办一个五百垧地的大农场。委任省政府主任秘书李在人为场长，农业科长刘岑为副场长，派了两名通信员，两名干部和一名木工，开始了建场的筹备工作。首先，在哈尔滨市汽船厂、汽车厂等单位招收了十一名不同工种的技术人员。其中有看守汽船座机的工人五名，汽车司机三名，看守电影机的技术工人三名，算是建场的技术力量。没有机械设备，就在一个俄罗斯人开设的小工厂里买了伪满遗留下来的两台四铧沙克犁，两台圆盘耙及割草机、搂草机等十几件农机具，又从外县调来了日本开拓团遗留下来的"哈拉马苦""卡大比鲁""苦麻斯"三台旧"火犁"。从阿城糖厂买来了十一匹役马，三台胶轮车，省政府还给了两台烧木炭的汽车。六月上旬从哈尔滨出发，来到珠河县（今尚志县）一面坡太平沟小山子，当天搭起锅灶，接着就"招兵买马"。小山子一带有很多荒地可以开垦，先遣队即派人前去勘查。当时没有经过技术人员勘测，也不懂得搞建场规划，就决定在此开荒建场。场部设在小太平沟，并在一面坡车站设立了交通站。又从当地招收了十四名农业工人，于六月十三日投入了开荒生产，宣告农场正式成立，省政府决定命名为松江省营第一农场。当时省内多处设有机关、部队、学校开辟的生产基地和各县办的农场牧场，后来都建成了公营农场，当时尚未建国，所以这些农场都叫公营农场，统归东北行政委员会公营农场管理局管理。

6 月 24 日　在《东北日报》发表《征求东北抗日烈士遗物启示》。

同日　薛雯生冯松光。

本月　安排杨青山的小女儿杨镜进松江医校。

7 月 1 日　在松江省政府为纪念中国共产党诞生二十六周年大会上作题为《哈尔滨人民在中国共产党领导下的反日抗日斗争》的讲话，摘要如下：

"九·一八"事变，沈阳城头的炮声，日本开始侵占了东北。国民党蒋介石的不抵抗政策，使东北大好山河沦陷，任日寇践踏蹂躏，使我三千万同胞沦为奴隶，受尽压迫剥削。当时中共满洲省委立刻动员全党，号召全民武装起来反抗日本强盗的侵占。

在"九·一八"当时，哈尔滨是在汉奸张景惠统治之下，以一切高压手段来镇压抗日救国运动。但是哈尔滨的党组织曾经在道外许公路、基督教堂附近及道外靖宇街（前正阳街）、五道街，发动了盛大的抗日救国游行示威。马占山江桥抗战，哈尔滨中共党组织曾经动员了大批的革命知识青年和工人，动员自己的党员，去参加江桥抗战；后来，又动员大批爱国志士、自己的干部到抗日义勇军去；曾经组织张景惠的哈尔滨警备队反正抗日，虽因事机不密而未能成功，但中国共产党永远为着民族解放事业奋斗，是深嵌在哈尔滨人民心中的。

我永远忘不了，这样一个悲壮的故事。当一九三二年二月初，日寇进攻哈尔滨，李杜、邢占清部队在双城抵抗日伪军进攻，没几日兵败溃散。当时一位共产党人接受了党的指示，在香坊号召团结了七十多名散兵重赴郊外战场，誓死抗战到底，终于全部为国捐躯。英雄无名，豪气长存，永远值得我们后人追悼纪念。

日寇占领了哈尔滨，于是这个美丽的城市就成了黑暗的地狱。市民遭受着强横的压迫，哈尔滨党组织潜入地下，活动更加积极，中共满洲省委因北满抗日游击运动的开展，也迁移到哈埠。以哈尔滨为中心，指挥和领导东北抗日游击运动。我们的主要领导者，中共中央政治局委员，驻满洲代表，是满洲省委书记罗登贤同志，当时就是他亲在哈埠领导工作，发动和指挥游击战争。

一九三二年夏，哈尔滨第一次开始建立了哈尔滨市委，第一任的市委书记就是我们东北的民族英雄杨靖宇同志，当时他的化名叫张贯一。他整顿了哈尔滨党的组织，加强了党与群众的联系，特别是在他领导下发展和扩大了呼海铁路党的组织和工人运动。一九三二年后，他去抗联一军，继任的市委书记就是魏拯民同志（山东李），一九三四年后，他又被调到抗联一路军担任了政治委员。

当时哈尔滨党的组织是强大的，和群众联系是密切的。在电车工人中，铁路工人中，老巴夺烟厂工人中，同记工厂，裕庄德毛织厂，船厂，在工大、二中、医专、师专以及其它许多工厂学校中，都有共产党及共产主义青年团的强大支部，有赤色工会组织，众多的群众围绕着我们的党。在军队中也有我们的支部。一九三二年在城高子炸车，使日寇受到严重损失，多门师团长被炸死①，这是赵尚志、范廷桂同志亲自组织的。

日寇侵占哈尔滨以后，哈尔滨的电车工人曾经发动过一次反日大罢工，罢工了两天，终于在敌人的高压之下被镇压下去了。这个罢工的领导者就是著名的民族女英雄赵一曼和老曹同志。老曹是"二·七"京汉铁路大罢工的工人领袖，一九三四年被捕关在哈尔滨监狱，死于狱中。

《哈尔滨新报》曾经一个时期是中国共产党的秘密机关，哈尔滨文化运动与中共领导的抗日运动有血肉的联系。伪满时期牺牲的一些作家和成名的一些作家，许多都是当时的共产党人。

当时在哈尔滨的满洲省委发动和指挥着全东北的抗日游击运动，实际上是抗日联军的指挥部。哈尔滨曾经大批地不断地动员革命知识青年、工人、自己的党员及干部到抗联去。抗联的领导人物，许多都是满洲省委派去的，或者是来哈尔滨受过训练的。如杨靖宇、魏拯民、赵尚志、李兆麟、赵一曼、李秋岳、周百学、北杨、傅天飞、李志超、许亨植、杨主任、魏长魁……许多烈士，都是在哈尔滨作过地下工作而后到抗联去的。抗联六军军长夏云杰等烈士，也曾在哈尔滨受过训练。周保中、冯仲云也曾经在哈尔滨工作过。

中国共产党，哈尔滨英雄人民，对东北人民抗日游击运动是起过伟大的作用和做出过重大贡献的。

日寇统治年代愈久，他的统治愈加之强，警察特务充斥，日寇阴险毒辣，诡计多端，使我党在哈尔滨的地下工作十分困难。一九三四年四月哈尔滨共产主义青年团的组织遭到巨大的破坏，被捕遇难以百计，小破坏后接着是大破坏，大破坏以后接着小破坏，在哈尔滨曾发生多次的事件，如口琴社的破坏等。最大的一

---

① 记忆有误，多门师团长并未在车上。

次破坏，是一九三六年，日寇的侦探经过长期追踪，在全东北举行一次大的检举，破坏了我全东北各城市的党团组织。如哈尔滨、大连、沈阳、吉林、吉海路、抚顺、长春、宾县、苇河、巴彦、德惠等地党组织。这些案件都是送哈尔滨来处理，仅在日寇报纸上登载被捕者二千余名，被判处徒刑者四百余名。判处死刑者八十余名，实际数目更大。

赵一曼同志被俘后，关在哈尔滨警察局（现在的抗日暨爱国自卫战争的烈士馆），受刑后在市立医院养伤，逃后捕回来也可能仍是在该局执行死刑的。徐泽民同志殉难于法院。

一九三八年在伪江省抗联血案中被捕的许多同志，多是在哈尔滨处理的。赵明久同志殉难于道里监狱。一九四○年的龙江、巴木东、三肇血案的许多同志，大多也是送哈尔滨处理的。上号监狱为我们的同志、共产党人和抗日救国英雄的鲜血所染红。

抗联的英雄孙国栋同志直到"八·一五"的时候被日寇杀死哈尔滨狱中。

日寇的刑场有时在极乐寺附近的义地和圈儿河，我们的共产党人、抗日救国志士数以千计，都是慷慨壮烈，从容就义，为国捐躯，为人民事业尽忠。在狱中的同志，不屈不挠曾经与敌人作过许多次的绝食斗争，因绝食而致死者为数亦不鲜。

所有这些，足以证明，在革命烈火中培养出来的共产党人，抗日救国的志士，为人民解放，祖国独立事业，具有崇高的民族气节，不惜头颅，不怕牺牲的英雄气概。这些烈士，都是我们中华民族最优秀的子弟，是一切卖国贼、民族败类、帝国主义走狗不能与之相比的。

7月7日 烈士纪念塔破土奠基，烈士纪念馆馆舍维修改造工程同时开始。

10月1日 因鼠疫蔓延，松江省成立防疫委员会，冯仲云任主任委员。松江军区司令部、松江省政府划定哈尔滨市为疫区，实行隔离，断绝交通。

本月 松江省政府发布松建农字第一号布告，明令规定：松花江边、内地河堤、公路两侧之林为护安林。此等林木对巩固江岸不颓、河堤不坍、公路不毁有极大作用，应严禁采伐。同月，松江省政府建设厅派下三立、谭学益、汤全业、梁正一、刘宪章等五人组成水利调查组：到哈尔滨市郊区天理村（今民主乡）、阿城县石槽村（今向阳乡）等地进行调查；十二月冯仲云亲自听取水利调查组的汇报后，决定首先恢复伪满遗留下来的哈尔滨市郊区天理灌区渠首抽水场（现今的新仁灌区抽水站）和灌区内的用排水渠系及桥梁涵洞以及松花江的一段堤防工程。

11 月 10 日　在东北抗联研究班上就东北抗联研究班提出的有关问题进行解答：

三○年——三三年阶段没有共产党领导的抗日运动。

第一阶段，"九一·八"事变后，一九三三年——三五、三六年，是初创时期。

第二阶段，三六——三八年，发展时期。

第三阶段，三八年后低落时期。

第四阶段，抗联低落时期。这个阶段我们很多同志都参加了。

北满省委扩大会议后，远征没有成功，赵尚志过界去了，当时党内不团结，加上长期没有和中央联系，我对王、康指示信的右倾机会主义的批评有了动摇，要求团结，但那时许多原则问题却没有解决，只是空喊团结。如：①王、康指示信今天看起来是右倾机会主义。②组织问题上也未解决。③各军的山头主义、本位主义未得克服。所以就不能从根本上解决团结问题。我们在松花江下游是可以发动群众的，也可以实行减租减息，但没有这样做，群众纪律在第一阶段还好些，以后就不成了，靠收大烟土，车牌子捐解决吃饭问题。在敌人加紧讨伐下，我们就吃不消了。七七抗战后伪军曾有动摇，但我们没有很好利用。以后因关里抗战暂时失利，伪军动摇又消沉下去。

关于抗战失败的责任问题：今天不是叫谁来负责任的问题，而是要把它当作历史问题研究出一些经验教训以教育我们的干部。当然我们领导者的责任要比大家大些。

西荒远征问题：李熙山的队伍去了一部分，李景荫（十一军）、六军常师长、王明贵等部也去了一部分，在中途因逃跑、饥饿，又加敌人事先知道了我们的行动，阻击我们，我们受了一些损失。到达西荒时尚有几千人，但在西荒地区根本没有和农民结合起来，吃饭要粮，狼狈不堪，是完全脱离群众的。事先我们也没有准备远征工作。到黑龙江北的部队几个同志去地方工作。

（德都、讷河两个县、克山、北安两县的一部分）这些地方的群众都组织起来，工作也有了开展，在一九三九年，以这里一个宝贵的经验教训：即是有了根据地军队就能活动起来。冯治纲打讷河北子镇是很出名的，那时我们如果有一批地方干部就好了。干部是决定一切的。

东北的游击运动，那时主要靠北满的黑龙江大平原。当时，我们的军队很多，群众也不少，敌人尚未进行归屯并户，但各个游击队（队员）距离很远，不易协同动作，经验证明：那个地方有党的工作，军队就能活动，就能打胜仗①。

---

① 冯仲云自存档案，手抄件。

1948 年　四十岁

2 月　在哈尔滨家中同于保合、李在德见面。

3 月　在《知识》第六期上发表《东北抗日联军的女英雄们》一文。

5 月　为解决松江省春荒问题，赴合江省接洽购粮。

夏　原中共满洲省委组织部长何成湘来到哈尔滨，中共哈尔滨市委召集在伪满时期的党的地下工作人员和从狱中出来的同志以及部分抗联领导在道里区东风街合影。参加合影的人员有：何成湘、冯仲云、薛雯、宋兰韵、张观、陈龙、刘成栋、赵尚朴、周维斌、侯志、杨佐青、冯咏莹、廖春潮等。

6 月 14 日　在松江省政府召开的欢迎张冲就任松江省政府大会上致词，盛赞张副主席为人民服务之决心，并代表全省二百八十余万人民欢迎张副主席参加领导松江省工作。

6 月 21 日至 30 日　出席松江省政府县长联席会议并作总结报告。在总结生产成绩时指出：今年兴修了不少水利工程，如松哈天理水利工程，石槽水利工程和大通河水库工程等。

7 月 15 日　欢送中共松江省委书记张秀山调辽宁省委任省委书记兼军区政委。

本年秋　剧作家颜一烟开始创作反映东北抗联的电影剧本，核心故事就是她听人讲述的"八女投江"。

颜一烟首先找到了冯仲云，一说准备写"八女投江"时，冯仲云立刻说："太值得一写了！"冯仲云不是"八女投江"的直接见证人，他给颜一烟写了介绍信，帮她联系更多的抗联干部战士接受采访。

颜一烟写完剧本初稿时，心里却有些顾虑。由于创作的需要，剧本中的"八女投江"是真实的，但"八女"除了冷云，她所知甚少，只能移花接木地把很多抗联女战士的故事搬到她们身上。

剧本定名《中华女儿》，交给冯仲云审阅，冯仲云非常肯定地说："你这样写，虽然对八位女英雄来说不是真人真事，可是对整个抗联来说，就是真人真事，因为你表现了当时抗联的真实。"

赵亮、纪松在《冯仲云传》中写道：

> 颜一烟在《四进哈尔滨》一文中，回忆到一九四八年秋与冯仲云交往的情景。当她决定要以"八女投江"为题材写一个电影剧本以后，得知不少抗联领导同志在国际旅行社正开一个重要会

议，就不顾一切闯了进去。

　　我一没入场证，二没介绍信，只向问我的人说明了来意，他就把我领进一个豪华的客厅，叫我坐在漂亮的沙发里等待。不大工夫，一位威武魁伟、神采奕奕、戴着深度近视眼镜的首长，拍着手笑着走了进来。也不问我的姓名，单位……紧紧握着我的手说："欢迎！欢迎！抗联的斗争事迹太丰富了，写吧，我一定大力支持。"我刚说了个请教……他立刻打断了我的话，爽朗地笑着说："请什么教？原东北抗联三路军的政委冯仲云。"①

　　8 月 1 日　　在哈尔滨出席中国第六次全国劳动大会。

　　8 月 25 日　　以个人名义在《文化报》发表《继续征求抗烈纪念材料启事》。

　　9 月 18 日　　和周保中等在《东北日报》（沈阳）《纪念"九一八"十七周年　悼念杨靖宇同志专刊》上发表文章。

　　10 月 10 日　　在哈尔滨出席东北烈士纪念馆、东北烈士纪念塔揭幕典礼并讲话。

　　10 月 14 日　　经中共中央东北局批准，中共松江省人民政府党组组成，冯仲云任党组书记，张静之任副书记。

　　10 月 17 日　　同松江省政府副主席张冲、张静之共同签署《松江省政府为动员担架大车参战令》，命令要求各县（市）长，"必须立即组织好担架五百副、大车五百辆，组织就绪，待命集中"。

　　10 月 20 日　　出席在阿城县召开的松江首届职工代表大会并讲话。全国总工会执委唐韵超到会讲了话。

　　11 月 4 日　　在八区公园出席哈尔滨市二十万人举行的庆祝解放沈阳、解放全东北大会并讲话。

　　11 月 10 日　　在县委书记扩大会议上作关于建政的工作报告。全文如下：

　　　　这个报告主要传达东北局高干会议决议建政部分。

　　　　过去我们集中力量搞土改，因此，对政权工作没有系统的进行。松江三年政权做了很多工作，如公粮、税收、贸易以及教育、卫生、司法、生产等等。但在政权建设上尚未很好进行。松江群运一般说可以分为几个时期，政权也是这几个时期。清算时

---

①　赵亮、纪松：《冯仲云传》，黑龙江人民出版社，1994 年，第 302 页。

期，区村政权中还有旧村长，县的政权还有旧的职员，那时旧政权未彻底摧毁。到砍挖运动时，差不多把旧的都打垮了，那时乡村政权差不多是农会，是省政权把旧职员淘汰了。到平运时，一般政权中与平分运动差不离，斗争了中农，同时，乡村是贫雇农坐天下，口号是穷人说了算，平运中打击面太宽，政权基础比较缩小了。无产阶级领导不但不明显而且忘记了，工农联盟思想没有。同志们工作成绩很大，但偏向是带原则性的，平运后大家开始注意。据我所知，各方面对政权工作注意了些，干部也充实了，党对政权领导也注意，这是松江几年来政权的情况。政权建设，东北局决定非常正确，但松江几年来没有系统地进行，领导上分散。现在东北已全部解放，基本地区土改已完成。只是长春、锦州沈阳一带还未完成。因此，在胜利基础上，我们有条件有基础，必须有系统地来进行全盘建设，今年经过生产运动，我们应该有系统来进行政权建设，应该自下而上地经过广大人民来选举统一的人民政权。

七月间东北第二次行政会议，确定东北政权任务与政权机构，今天仍然是有效的，要贯彻执行。林枫主席说：东北政权工作的中心任务是领导生产，支援战争，把东北的生产建设从今天的基础上提高一步，发展一步，才能更有效地支援战争，改善人民生活，给战争建立物资基础。咱们政府可算为生产政府，只有把生产搞好，民主政权才能有物质基础，物质基础是最要紧的。他后来进一步说：政府中心工作既是生产建设，就应该组织领导，想法与发现一系列的有关生产的政策问题。

一、政权性质问题

我们要建立的政权性质是无产阶级领导的，人民大众的，反帝反封建反官僚资本的新民主主义政权。人民大众包括工人、农民、独立劳动者（木匠、瓦匠）、自由职业者、知识分子、自由资产阶级及一切爱国人士。这个政权虽是这简单几个字，但是很重要，同志们要很好研究，特别是无产阶级领导，严格来说，很多同志对这是模糊的。如平运中贫雇农说了算，贫雇农坐天下等，这是忘记了无产阶级领导。无产阶级是先进的有组织有纪律的，能够发展的，所以我们同志在政权工作中特别注意无产阶级领导，而不要把农民作为领导，农民是被领导者。去年我们木匠也分了，医生也打了屁股，同志们对这要好好注意，执行政策路线就不会错误。文件说，只有在无产阶级领导下，才能保证政权以劳动者为主体，才能保证劳动者的利益，才能保证反帝反封建反官僚资本的胜利，才能保证不走旧民主主义的道路，才能有利于新民主主义的社会，才能有利于新民主主义向社会主义社会的转变。只有以劳动者为主体的政权，才对劳动者有利，对自由资产阶级也有利。

他下面说到，自由资产阶级是人民大众的一部分，但不是主体，劳动者才是主体。他不是决定革命性质的力量，决定革命性质的是无产阶级及无产阶级领导下的农民。自由资产阶级受到帝国主义与官僚资本的压迫损害，因此，他们可以参加革命，或者是保持中立。现在自由资产阶级左翼依附共产党，右翼依附国民党，中间派则在两者间动摇观望，他们对国民党不满，对我们怀疑，因此，我们有可能争取其多数，孤立其少数。自由资产阶级政党有些跑到咱们这里，有些跑到国民党那里，如青年党等。有的民主党派，在我党的"五一"口号下同意召开政协，都想同咱们接近，这样的党派共有三十多个，但一部分中立观望。不但在蒋管区就是在解放区，有的自由资产阶级对咱们的政策也采取观望态度。

其次，所谓开明士绅，爱国人士包括开明士绅，这是封建阶级中分裂出来的个别分子，是地富中带有民主色彩的个别分子。开明士绅条件应该是赞成反美反蒋，赞成民主，不反共，赞成土改的，这叫开明士绅，它不是一个阶级。

我们对自由资产阶级与开明士绅，应该争取他们，团结他们。但他们不是革命主体，在我们基本群众与资产阶级间，自然还有矛盾与斗争。在新民主主义革命彻底胜利以后，土改完成以后，无产阶级与资产阶级矛盾就成为中国社会的主要矛盾，这矛盾在今后社会发展中会逐渐明显与暴露出来。在蒋介石未打倒之前，反帝反封建是主要的。在新民主主义社会，无产阶级与资产阶级矛盾与斗争中，无产阶级一定领导农民到自己方面来，把农民变为无产阶级的同盟军，来达到社会主义的转变。无产阶级与资产阶级的矛盾，是将来新民主主义社会的主要矛盾，而且会激烈起来。在解放区说来，无产阶级与资产阶级矛盾是存在的。将来这个斗争不容丝毫轻视，而且是决定性的斗争，在各方面都会发现出来，在政治、经济、文化上，不但在城市里，而且在乡村里，甚至于在我们党里也会有。现在很多同志有这种观点：我们领导资产阶级，与资产阶级没有什么矛盾，在新民主主义未彻底胜利前，我们主要对付官僚资本、封建主义与帝国主义，往后就要与资产阶级斗争，我们同志应好好注意，资产阶级正和我们争取对劳动群众领导权，如阿城糖厂、老巴夺也提出改善工人生活。另如私人资本在林业经营上也一样，更不用说到他们的投机倒把，资产阶级很会斗争，他有经验。列宁说：一小生产者每日每刻都会产生资本主义。农村里将来新富农发展，不可怕，一定要产生，在生产过程中一定有斗争，这斗争是有多种多样的。资产阶级很好地服从无产阶级领导是不会有的。

文件说：乡村区村政权是在无产阶级领导下的农民政权。必须以贫雇农为骨干，巩固地联合中农。在人民代表会议与政府委员会中，中农数目应当与其人数相适当，并包括工人独立劳动者、小手工商业者、自由职业者、医生、小学教员，但不包括开明士绅，因为他们是地富中分化出来的。

城市政权以工人为骨干，包括工人、农民、独立劳动者、自由职业者、知识分子、自由工商业者，自由资产阶级及其他爱国人士，但自由资产阶级不是主体。县以上政权，一般以劳动群众为主体，包括工人、农民、自由职业者、知识分子。我们下面掌握一点，上面可以放宽一点。总而言之，这政权必须以劳动者为主体，工农联盟为基础，在共产党领导下联合一切革命阶级。这里贯穿两种思想：一种是无产阶级领导的，一种是工农联盟。这是列宁所规定的。在新民主主义社会，一切财经、生产、政权等都应是无产阶级领导的，工农联盟的，自由资产阶级绝不甘心把领导权让给无产阶级。

二、政权的形式

政权的形式是什么？政权形式最好是人民民主政权。人民民主政权是对于一切反革命阶级的民主专政。镇压反革命阶级，保卫胜利果实，组织广大群众，进行政治、经济、文化建设。达到支援战争，保证新民主主义彻底胜利。这个民主，是以无产阶级领导的人民大众的民主，是新民主主义的民主，不是过去村里农民的那种无政府状态的、平均主义的民主，有领导有组织有纪律的民主，可它又是专政的，是对封建主义、帝国主义、官僚资本、国民党特务等的专政，剥夺他们的选举权与被选举权，而且镇压他们，一个阶级被打倒，没有对他们镇压，他会想出许多办法破坏，如苏联革命后的布哈林、托洛茨基。因此，我们在新民主主义革命以后，一定要对他们实行长期的专政（这个斗争不仅表现政治上，而且表现在经济上、文化上），以保证新民主主义的胜利。

这个政权最好的组织形式是各阶级人民的代表会议。这是新的人民大众自己管理自己生活的新的政权形式，完全不同于资产阶级的议会。它是完全没有封建与官僚资本的，也不是过去抗日时期的参议会。人民代表会议是最高权力机关，人民代表会议组织领导动员群众，联合各革命阶级进行政治、经济、文化的建设，是党与广大群众联系最好形式。党要经过工会、农会、青年团、妇女等各种组织领导人民，其中最主要的是政权形式。各级人民代表会议是使劳动群众最好地掌握国家，管理国家。人民代表会议，是破坏旧政权机构，组织人民政权的最好的组织形式，使劳动群众最容易地来管理国家，组织生产，发挥其积极性。各级人民代表会议及其所选出的政府委员会是其权力机关，我们把行政、立法、司法等权力都统一起来，各级政府需完全执行人民代表会议决定。政府委员会并且经常地定期地向人民代表会议报告工作，请求审查批准。各级人民代表会议与其选出的政府委员会是民主集中制的，所有行政、司法、立法都属于人民代表会议，一切重要问题都经过人民代表会议决定，由政府来执行。人民代表会议是便于人民掌握监督政权，不称职的可以罢免，各级政府必须真正为人民办事，才能树立威信与获得拥护。

关于选举工作，在明年春耕前，基本上要完成县、区、村三级人民代表会议和政府的选举。春耕后选举各省的人民代表会议及省政府。挂锄后选举人民代表会议与东北政府。今年秋收后，大批开办训练班，训练区村干部及广大学生，准备实行选举。明年阳历元旦前，完成选举准备工作。

十月末各县要开始区村试点，组织选举委员会。县选委会，县长、民政科长、教育科长、县委民运部长、宣传部长一定参加，县长为主任委员，有一个秘书。区选委会，区委、区长、民政助理参加，区长为主任委员。村选委会，村长、民政委员、支部书记一定参加，村长为主任委员。各级选委会副主任可推选。县府秘书，区村文书兼任选委会秘书。区村选委会一般五人至七人组成。城市要完成街政府的选举。

为了教育干部，每区需有一两个干部参加，经过三五天训练后，参加试选工作。试选工作要在十一月底完成，并做出总结。十二月份要训练干部，要配合征粮和群众副业生产进行选举。宣传和教育怎样进行选举？谁不能选？谁能选？试点结束后就挑选足够的干部，用半月到二十天时间教育干部，讲解选举与组织条例。十二月训练干部，将选举条例与政策要交待清楚，联系试选经验，十二月底办完，一月就可开始，村选一二月份完成，区县三月份完成。因此，事前要普遍了解鉴定村干，并做必要的调整。特别一些行政区有的大，有的小，按条例规定，联系实际重新调整一下。试选结束后，全县的选举经费报民政厅。区村会开三五天，吃的不管，不要造预算。县也只开几天，不划的县也得把选举选好。

县、区选举从一月到三月半。区代表会议三月二十号开始。县代表会议四月十五号开始。全省四月末做出总结。

三、关于开展民主运动问题

（一）各级党的组织必须加强民主运动的领导，加强政府工作，组织及动员全党参加。民主运动无党的领导是不堪设想的，选举谁到政府去？谁有选举权？谁没有？一定有很多斗争，党必须好好领导。被打倒的地富用很多办法来破坏，我们要善于领导群众与之进行斗争。阿城有一个例子，过去的民政厅长×××到我这里来谈，为什么不给他公民证？将来政权工作，是很重要的工作，是党领导的武器，要把好的干部调到政权部门去工作，政权工作是最负责任的工作。东北局高干会意见，党没有建好就进行选举工作，不很好。时间很紧凑，三月十五日要选举完，那时群众已开始种小麦，时间够不够？大家可以讨论。一月以前建党工作是否完成？如不完成经过农会怎么样？要求各县委注意民主运动。就现在看，全国政权恐怕也是明年的事情。

（二）广大群众和干部对掌握政权，建政重要性认识不够，甚至于有很多顾虑，所以要进行很大的教育工作。特别要发动落后，发动占人口半数以上的妇女参加选举，当选代表委员。农村妇女在东北一般说来很多，把妇女发动起来，那工作就做得差不多了。因为妇女在封建社会的最下层，比较最落后，那情况就不一样，选举时妇女与男子一起选，女的一定落选。黑龙江省有这样例子，那还是建党中的会议，工作做好的才能选上。选举时或是女的单独成立一个小组，各地可根据情形决定，妇女虽不能一定占百分之十五，但必须照顾，要把成年妇女选上（女娃娃不能办什么事）。

要宣传列宁所说的革命基本问题是政权问题。要宣传选举人民代表会议和政府是群众最重要的权利，是自己管理自己的生活。抗战时期政权里有几个民主人士，因此，有些同志认为政权是统一战线，往后就不是这样。政府工作不简单是财经工作，党一定要把自己的好干部送到政权里工作，否则政府工作是不健全的。哪个县政权不健全，哪个县党委要负责任。

（三）民主选举要达到贫雇中农大团结。特别要教育贫雇农必须团结中农，因为中农是贫雇农永久的同盟军。要使中农了解与贫雇农团结才能最后解放。平运中斗错的中农要补偿，补偿其生产的困难，全部照老样子是不可能的。

（四）在民主选举中的干部问题。原有干部都是经过三年工作中、斗争中培养出来的，基本上是好的。必须对干部、群众讲清楚，免得选举中发生恐慌。选举决不是"跳圈子"与"搬石头"，而是把真正给人民办事的积极分子选到政权中来，把他们提高一步。选举一定经过当地干部，选委会要积极活动。

（五）各级人民代表会议，需讨论生产问题。民主运动必须与生产运动结合起来，决不是选"二流子"，而是选劳动模范。劳动好的才能讨论如何发展生产，支援战争，民主教育，建立民主制度，选举政府委员会。

（六）原则上地主、旧封建富农不能有选举与被选举权，不能参加政权。只有在参加劳动三、五年以后才能改变成分。但为了分化瓦解地富，经过群众同意，只能给真正勤劳的没有反动行为的小地主与富农以选举权，但不能被选。仅仅确定其有无选举权，决不能再来一次斗争。选举条例上没写地富要经过三、五年才有选举权，这个由选委会来掌握。年满十八岁以上的为公民。不满十八岁年龄者无选举权。患重病者不行，经法院与军法处剥夺公民权者不行。无选举权者经过县的批准，因为这是一个大的问题。

四、组织机构与干部问题

政府组织机构与干部问题，行政委员会已公布县级机构，下面可以执行。县委需负责配置干部，把它充实起来。特等县一百零九名，甲等县九十九名，乙等县八十五名，丙等县七十五名，区十三名，村十一名。村里规定两名到四名半脱离生产，即两名脱离生产。街可以脱离生产两名到三名。

有一个问题需要解决，即卫生科问题。因过去有鼠疫，必要时可以设卫生科，或在民政科里设卫生股。

政府机构按三个原则调整：

（一）要精悍，不要人浮于事。按需要有重点，反对铺张浪费，反对形式主义与平均主义，勤杂人员不超过全县干部的五分之一。各企业确定编制，经主管部门批准，不得滥用与特殊。县、区政府机关为了自己工作人员的消费，可以进行农业生产，以减轻国家负担。特别要加强生产建设部门工作。编制条件要改变，须经党与上级的批准。

（二）党与政府关系问题。在实行民主以后，必须加强党对政府的领导，党是无产阶级的最高形式。在政府中，群众团体中工作的党员，一定要服从党的领导，服从党一元化的领导。但是党的领导一元化，不是个人包办，不是个人来解决重要问题，重要问题应由党委会来民主决定。政府与群众团体中的重大问题应由党组提到党委讨论决定。党组应保证党委决定在政府与群众中执行，但党委不能命令政府与群众团体，也不能干涉。党委只有经过党组来实现自己的领导，在组织上保证政府法令的执行。下级党委对上级政府的指示，要号召党员干部积极支持与执行，不能反对与消极怠工。党委应使党员成为执行与遵守政府法令的模范。一揽子形式已过时，今后工作要领导有组织有纪律，一定的秩序及位子，不要乱套，否则，易引起工作意见分歧。要使工作顺利完成，不能纠缠不清。特别是以后工作中，一些政策原则问题要很谨慎，如枪毙人一定要经过上级。一定要动员党员奉公守法。

（三）上下级关系问题。一定要按东北第二次行政会议决议执行，要统一领导，按级负责。上下级之间发生业务关系，应派人调查工作，提出意见。各级政府必须按级保证工作任务、工作计划各种规定之执行，不能随便改变。

（四）要建立工作制度，报告制度，提高工作上的计划性。把工作计划订出来，按计划严格地执行，并需把调查研究工作建立起来。报告制度要做，县政府要县长做。经过党委会批准才送到省里来。

（五）干部问题。干部须作必要的调整。县长应是县里最好的干部，或与县书有同等能力的干部。并应加强生产部门的工作，大量的训练干部。在编制条例上说，县委要与县府合办训练班，省办行政干部学校。各县对省办的农林学校不重视，不送学生来。行政干校训练区级干部，但送来村干部不少。农民学校开始有四百多，现在有二百多，这是不好的。省府以后还要注意多办行政干部学校。在职干部的政策思想、理论、业务学习必须加强，提倡每人要有专长。干部不能随便自由调动。

（六）为了保证政权干部作风的纯正，必须有党的领导，群众的监督。一定要开展批评与自我批评，才能把政权工作搞好[①]。

本月 薛雯任东北烈士纪念馆副馆长，李延禄兼任馆长。薛雯后继任馆长至一九五二年七月。

11月25日 在五常县视察。

12月24日 杨靖宇、陈翰章遗首从长春运到哈尔滨，停放于东北烈士纪念馆。

本年 在呼兰县城召开的全省群英会上为五常县八家子村劳动英雄刘云青（杨大嫂）赶车，请她坐在大车上，披红戴花沿街宣传她的事迹。

亲笔在五尺长、三尺宽的木质大匾上题写："奖给特级劳动英雄，勤劳生产，劳动先锋"的大字。

本年 家住哈尔滨铁岭街。

本年 《纪念"八一五"三周年》一文在《知识（哈尔滨）》一九四八年第八卷第三期第四至五页发表。

---

① 冯仲云自存档案，油印件。

1949 年　四十一岁

2 月 24 日　在《哈尔滨日报》发表《追悼杨靖宇陈翰章两同志》一文。

春　通河县人民政府副县长潘恩波去省城开会期间，冯仲云找到他，让他想办法找到高文良，查找唐瑶圃（姚新一）和张友梅烈士的女儿。潘恩波回来后，想起在祥顺区工作的时候，听说有一位叫高文良的农民，就请祥顺的同志帮助查找，经过几天的查找，终于打听到高文良搬到大林子村了，他们收养的高桂芝就是唐瑶圃和张友梅烈士的女儿——唐金珠。潘恩波找到高桂芝，告诉她生父生母都已在抗日战争中英勇地牺牲了。高桂芝听到噩耗，失声痛哭，哭的死来活去。时隔不久，潘恩波和区有关同志将高桂芝接到祥顺区，由政府供养读书。为了让她继承先烈遗志，潘恩波给她改名为唐继。后来唐继被接到哈尔滨东北烈士子弟学校读书[①]。

春　和周保中等提议，经过东北行政委员会的批准，在哈尔滨建立东北烈士纪念馆和东北烈士子弟学校。尽管政务繁忙，冯仲云每周总要到烈士子弟校去一、二次，看望孩子们。每逢年节，他都要和薛雯买些糖果、玩具、文具送给孩子们并和他们一起欢度节日。

3 月　兼任哈尔滨工业大学校长，成为一九四九年后哈工大第一任中国籍校长，成为解放后哈工大改建扩建的主要奠基人。

冯仲云兼任校长后，每星期固定一天到学校办公，非常守时，上班时间一到，他一定仪容整洁地出现在岗位上。当时学校有土木建筑、机械、电气工程、化工、采矿等系，教师、学生大部分为俄侨。冯仲云认为，要办好哈工大，首先要解决教师、干部队伍以中国人为主的问题。他给省委打报告，配齐了从党总支书记到各科室的干部。

4 月 21 日　为适应新的经济建设任务，便于城市领导乡村，东北行政委员会决定东北行政区重划为六个省四个直辖市。其中，原嫩江省和黑龙江省合并为黑龙江省，辖一市四十县二旗。省府设在齐齐哈尔市。原合江省和松江省合并为松江省，辖四市三十二县。省府设在哈尔滨市。各省、市、县（旗）、区、村政府即改称人民政府。东北行政委会还同时任命：于毅夫为黑龙江省人民政府主席，杨英杰、王梓木为副主席；冯仲云为松江省人民政府主席，李范五、李延禄为副主席。

---

①　王志民：《冯仲云与通河的抗日民众》，《世纪桥》2009 年第 2 期。

本月　出席松江省林务局冬季采伐总结大会并报告。

本月　认证汪雅臣遗首。二○○一年四月五日《哈尔滨日报》报道《汪雅臣烈士遗首发现经过》：一九四六年五常解放，一些和汪雅臣一起战斗过的抗联老首长十分关心汪雅臣烈士遗体的下落，多次派人来五常打听，但经五常县人民政府多次查找，没有任何线索。一九四八年夏一场大雨过后，当时已被人民政府接收的伪公署监狱房子南墙出现裂缝，需要把老房拆掉重新翻建。拆房工人掀开地板时，意外发现地板下面放着一个方形玻璃箱，上面盖着一个木板。掀开木板，里面竟放着一颗人头，肤色微红，双眼紧闭，一口洁白牙齿。监狱领导立即将此事汇报县政府，政府对此十分重视，将玻璃箱放在凉爽安全地方妥善保管。一九四九年四月，县政府派专人护送装遗首的玻璃箱到哈尔滨市的松江省政府，请抗联老首长冯仲云同志认证，冯一眼认出这颗头颅就是抗联烈士汪雅臣的遗首，并指示送到当时刚刚成立的东北烈士纪念馆，与陈翰章、杨靖宇烈士的遗首放在一起，供参观者拜谒。

5 月 4 日　出席哈尔滨市三万青年在兆麟公园举行的"五四"纪念大会并讲话。

5 月 10 日　中共中央东北局决定，合江省委与松江省委合并成立新的松江省委。张策、冯仲云、李范五、王伯谨、林诚、李建平、李常青为省委常委，张策任省委书记。

5 月至 1952 年 6 月　任中共松江省人民政府党组书记。

6 月 21 日　松江省成立东北人民代表选举筹备会，冯仲云为主任。

本月　携夫人薛雯、女儿冯忆罗到吉林探望周保中一家并参观小丰满水力发电厂。

7 月 1 日　东北烈士子弟学校开始接收学员。

7 月 4 日　松江省召开代表选举会，选出陈郁、张秀山、冯仲云、李延禄等二十三人为出席东北人民代表会议的代表。

本月　为佳木斯烈士纪念塔题词：为祖国独立人民解放而死难的烈士永世光辉。

8 月 1 日和 3 日　毛泽东、周恩来电告东北局，批准冯仲云、韩光等三十九人为东北人民政府委员。

8 月 12 日　新华社八月十七日报道："以东北松江省主席兼哈尔滨工业大学校长冯仲云为首的东北招聘团已于十二日到上海，将招聘大批大学教授和各种科学技术人才赴东北参加建设工作。"

8 月 15 日　《人民日报》上海八月十七日报道："八月十五号是东北解放四周年纪念日，上海市人民政府在当天晚上邀集各界代表二百多人，举行庆祝晚会，到会的有中共上海市委员会书记饶漱石、上海市人民政府陈毅市长、东北松江省主席冯仲云，以及各民主党派各人民团体代表。会上由潘汉年副市长致开会词。陈毅市长和刚从东北到上海的松江省主席冯仲云都在会上讲话，冯主席讲述了东北人民抗日军在十四年中艰苦斗争的历史，会后放映东北影片'桥'助兴。"

8 月 18 日　松江省出席东北人民代表会议代表团三十五人，由团长冯仲云率领赴沈阳参加会议。

8 月 22 日至 26 日　出席东北人民代表会议。

本月　在无锡与包厚昌见面。

本月　亲自带队到杭州、上海、南京和北京等地聘请学术造诣高深的教师。对从南方招聘来的教师，都一一把他们请到家里吃顿饭。学校住房比较紧张，为了安置聘来的教师，动员工作人员包括秘书，把当时条件较好的住房让出来，使南方来的教师深受感动，说哈尔滨虽然冰天雪地，但他们的心里却温暖如春，从而使他们"非常安心，干什么都觉得是分内的事"。

暑期　为了解决哈工大本科讲课用俄语、内地招来的学生听不懂、限制扩大招生的矛盾，学校扩大了预科，招收预科生八百人，包括从北京等地招收的和从延安接收的学生。

9 月 22 日　出席华北高教委员会、财经委员会、华北大学、全国社会科学工作者代表会议筹委会、自然科学工作者代表大会筹委会联合招待留学英美回国学生茶话会。先由吴玉章主席致词，继由钱俊瑞、冯仲云、范文澜等讲话。

同日　薛雯生冯江华。

10 月 1 日　中华人民共和国成立。

11 月 13 日　松江省人民法院组成临时法庭，在哈尔滨市东北电影院审判前穆棱县长韩屏杀妻案。审判长由省人民政府主席冯仲云担任。参加审判大会的有省和哈尔滨市直属各部门科级（县团）以上干部及参加省党代会的代表，共千余人。

下午　在哈尔滨火车站欢迎来华主持亚澳工会会议的世界工会联合会总书记路易·赛扬和世界工联会副主席——苏布卡（捷）、托列达诺（拉丁美洲）、勒里普（法）、勃罗克萨尔（荷兰）、皮尼亚（古巴）、阿勃杜拉

（非洲）等一行二十余人，专车抵达哈尔滨。副主席李范五、李延禄，中共松江省委书记张策，哈尔滨市总工会主席张修竹以及各机关、工厂、团体代表两万余人在车站欢迎。

11 月 21 日　周恩来电告东北局，拟调冯仲云到中央工作。

12 月 4 日　周恩来致电王稼祥，拟派冯仲云担任大使或公使。后因冯仲云坚辞而作罢。

12 月 25 日　在双鸭山参加矿务局召开的创新纪录总结大会。

12 月 31 日　同李范五、李延禄签发《松江省政府关于召开县各界人民代表会议及区村人民代表大会的指示》。

本年　新华书店印行的《没有弦的炸弹》一书收录了冯仲云的《抗联的父亲——老李头》一文。

本年　在北京受到朱德接见。据冯仲云后来回忆："一九四九年东北局组织部曾经又一次介绍我去北京见毛主席。这是我从一九二七年大革命入党后不久听到了毛泽东的名字起，多少年来真是渴望这一天的到来。兴奋地来到北京，可是由于安子文的阻挡，我只见到了朱德同志，谈到东北抗联情况时，他说他听过了。只好转到谈东北的生产问题。谈了两个钟头就结束了。"①

本年　薛雯回到江苏探亲。

本年　在上海与父亲冯德选合影。

---

① 《1966—1967 年冯仲云回忆录》（于保合复写稿）。

1950 年　四十二岁

年初　哈工大聘请苏联专家来校工作，帮助建设专业、培养教师和研究生，为哈工大第一代"八百壮士"①的成长打下了坚实的基础。

在中长铁路决定把哈工大移交中国政府管理之前，苏联铁路部门已不便直接选派教师来哈工大工作了，但他们向冯仲云转达了苏联政府方面的一份信息：如果中国政府向苏联政府提出聘请苏联教授来哈工大工作，苏方是会同意的。冯仲云得知这一消息后，立即和副校长高铁商量，决定由冯仲云发电聘请专家，还根据哈工大历史情况和国家工业化建设的整体布局，积极向中央建议把哈工大改建扩建成一个学习苏联的五年制理工科大学，并为全国理工科大学培养师资。东北局同意了学校的意见，报请中央批准。中央于一九五○年六月七日电告东北局，中长铁路决定将哈工大移交中国政府管理，并规定了哈工大的办学方针，完全同意学校提出的建议。以此为起点，学校步入了改建扩建，进入全国第一批重点大学行列的新的历史时期。

冯仲云经常到学生中去，同学生谈理想，谈学习，了解情况，征求意见。他给全校学生做过多次报告。从那时过来的哈工大人，都还记得戴着深度近视眼镜、身材魁梧、谈笑风生的冯校长以及他在台上不拿稿子一讲就是几个小时的风采。

1 月 31 日　谢逢我在《我的思想总结》中说："松江省主席冯仲云某次在清华讲'中苏关系'，深入浅出举了很多具体的例子，使我在思想上更推进一步，学习了毛主席的'论人民民主专政'中的'论一面倒'，才正式否定过去狭隘的国家观念，尤其最近几月，事实证明：苏联对中国人民的帮助真是无微不至，修铁路、派专家来；闹鼠疫、派专家来……不像美国人那样讲条件，论斤两，这样衷心地对待我们，苏联人委实够朋友！因此，我更坚信：唯有一面倒！"②

---

①　哈尔滨工业大学的前身是建于 1920 年的前苏联创办的中东铁路（1945 年改为中长铁路）学校。1950 年移交给中国政府时，学校仅有师生近 800 人，多数是前苏联侨民。当时苏联政府表示，如果中国政府提出要求，苏联愿意派出专家支援学校建设。时任松江省政府主席兼任哈工大校长的冯仲云立即把这一情况向中央汇报，建议接受苏方建议，很快得到首肯。20 世纪 50 年代，哈工大从苏联 26 所著名高校相继聘请了 80 多名专家来校工作。当初的哈工大像磁场一样，吸引着大批满怀理想的热血青年。来哈工大向前苏联专家学习，"相当于不出国留学苏联"！他们从祖国的四面八方踊跃报考、应聘来到哈工大求学和工作。

②　原载《观察》第六卷第八期。

2月2日　冯仲云兼任东北烈士事业管理处处长，李延禄兼任副处长，薛雯为管理处秘书主任兼烈士纪念馆馆长。

2月24日　松江省政府成立以冯仲云为主任委员的松江省生产建设公债推销动员委员会。

3月20日至23日　松江省人民政府召开全省识字运动奖励模范大会，会上冯仲云给全体模范授奖，并为五名特等模范戴光荣花。

3月24日　松江省举行首届各界人民代表会议第一次举行预备会议，通过了大会议程、大会议事规则；通过了由冯仲云、张昭、杜光预、张兆美等二十七人组成的大会主席团和执行主席名单；通过了由赵振华等七人组成的代表资格审查委员会和由饶斌、林诚等三十三人组成的提案审查委员会。会上全体代表一致通过了大会筹委会副主任张昭代表筹委会作的松江省首届各界人民代表会议筹备情况的报告。

3月25日至29日　松江省首届人民代表会议在哈尔滨召开。会议是根据《共同纲领》和中央人民政府《关于省各界人民代表会议组织通则》的规定召开的。省人民政府主席冯仲云作省政府三年半工作报告，饶斌作松江省一九五〇年工作任务报告。大会通过《关于冯仲云主席对三年半政府工作报告决议》《关于饶斌同志对今年工作任务报告决议》《关于加强合作社工作决议》《关于开展群众护林防火的决议》。会议选出省人民政府委员，成立省人民政府委员会。冯仲云为省政府主席，李范五、李延禄为副主席；张昭、林诚、陈元直、王辛、彭影、杜光预、罗恕、赵振华、陈德京、陈剑飞、李积成、田澍、关舟、赵去非、赵云鹏、李晓白、王景侠、张中民、王若平、骆时、白鹤悼、陈一凡、戈江、张柏岩、张世昌、庄林、张兆美、隋振东、黄永德、俞时模、彭镜松、刘佩芝、石增荣、马荣选为委员，董仙桥、刘思聪、叶方、沈先夫为候补委员。

3月至1952年6月　任松江省人民政府委员会主席。

本月　赴林区检查、督促木材生产。

4月15日　复信人民代表会议代表呼兰县城子区四井村村长杨殿升，信中说：

> 你的来信我接到了，从信里知道你回去以后马上切实的把大会的精神和决议，向群众进行了传达。同时你也亲身参加换工组里带头领导生产，并帮大家制订了你村一九五〇年生产计划。并说明你执行省人民代表会议的决议，响应了上级的号召。你这种对工作负责的精神是很好的。希望你今后在领导生产上更加努

力，再接再厉，把你的热情化为力量，把你们所制订的生产计划，变成群众的实际行动。为发展生产，多打粮食，把劳动人民的生活改善得更好而努力吧！

4月17日　省政治协商委员会举行第一次会议，通过冯仲云为主席，任职至一九五一年六月。

5月12日　任中国保卫世界和平大会委员会哈尔滨分会常委会主席。

5月20日　苏联青年代表团抵达哈尔滨市。中共松江省委书记张策、松江省人民政府主席冯仲云、哈尔滨市市长饶斌等到车站欢迎。

5月至1951年12月　任东北人民政府委员。

6月1日　在旅顺参观，并与苏联红军（太平洋舰队海军陆战队）战士、解放军海军文工团、海校工作人员合影。

7月21日　出席哈尔滨市四万余人参加的群众大会并讲话说：美国侵略者已遭受到朝鲜人民的严重打击，这充分显示了美国帝国主义的外强中干，并有力地证明了最后胜利一定是属于朝鲜人民的。

10月11日　到车站迎接松江省代表及东北铁路代表返抵哈尔滨。欢迎会上向代表们致欢迎词并鼓励他们今后在生产中起带头作用，以实际行动粉碎美帝国主义的侵略。

10月22日　陪同国家副主席宋庆龄、国务院秘书长林伯渠到呼兰县康金区永贵村视察。

本月　陪同宋庆龄和林伯渠及工作人员朱明、廖梦醒、沈粹镇、罗叔章等考察双城县农村。

11月25日　欢送司机黄润甲回朝鲜参战。

12月23日　出席松江省第一届各界人民协商委员会第三次会议，出席委员二十一人，并吸收各界人民代表会议代表、社会名流、各市协商委员会和县人代常委会负责人共五十七人列席会议。会议听取了冯仲云主席作的《形势报告》。

本年　全国展开镇压反革命运动，冯仲云来到尚志县，指示县委，要结合"镇反"运动，把杀害赵一曼的凶手挖出来。经过调查和杨桂兰等人的揭发，特务米振文和伪警察中队长张福兴于一九五一年六月被逮捕归案。

本年　在北京出差期间看望帅孟奇。据薛雯回忆：

帅大姐说她身边有一群从苏联回来的孩子，他们父母早回国参加解放战争了，这些孩子仍留在苏联伊万诺沃国际儿童院。毛主席去苏联访问见到这些孩子。他说，我们国家已经解放，成立了中华人民共和国，孩子们不应当要苏联负担了。后来这些孩子就回到国内，有三十多人。他们在北京由帅大姐负责，由从苏联回来的刘凤翔同志管理。但这些孩子语言不通，生活不习惯，小的仅有十一二岁。

仲云对帅大姐讲，这些孩子可以送到哈尔滨过渡一下。哈尔滨有面包、土豆、牛肉，生活上好解决。这样，就由刘凤翔同志把孩子们送到哈尔滨①。

本年　到尚志市回访时，建议为纪念王会桐（王惠桐）将长治村改为会桐村，为纪念赵一曼将侯林村改为一曼村②。

---

① 《白发回首》，第 173—174 页。
② 尚志市地名志编撰委员会编：《尚志地名志》，2011 年，第 43 页。

1951 年　四十三岁

1 月　亲率各界人民组成的慰问团，携带大批慰劳品前往各市县慰问荣誉军人和伤病员。

3 月 9 日　在《松江日报》（哈尔滨）发表《学习先烈热爱祖国精神》一文。

3 月 20 日至 25 日　松江省首届二次各界人民代表会议在哈尔滨市召开。省政府副主席李延禄致开幕词。省委第二书记强晓初作关于目前形势和我省的工作任务报告。省政府主席冯仲云作省人民政府一九五〇年工作总结报告。饶斌作关于松江省人民政府一九五一年工作计划草案的报告。会议讨论通过了一九五一年工作计划等决议案。选举冯仲云为松江省人民政府主席，饶斌、李延禄为副主席。补选了松江省政府委员与协商委员。选举了人民监察委员。

4 月 3 日至 20 日　海林、林口、鸡西、东宁、五常、勃利、汤原等二十五个林区县份，共发生山火荒火二百一十九次。

4 月 5 日　中共松江省委决定建立省一级报告员工作制度，确定张策、强晓初、冯仲云、饶斌、李延禄、李常青、于杰、王伯瑾、于林等四十七人为省一级报告员，以强晓初为组长，于林为副组长。规定每月至少作一次政治报告，并应尽可能地直接向人民群众作政治报告。

5 月 2 日至 16 日　海林、林口、鸡西、鹤岗、东宁、穆棱、勃利、尚志、宝清等县市发生山火。

5 月 3 日　冯仲云带病坐护林飞机观察火情，组织扑救。

5 月 30 日　松江省政府写出《关于松江省一九五一年春季林区火灾使国家财产受到严重损失的报告及检讨》，承认主要原因是"省在领导上麻痹疏忽"。

6 月 5 日　中共松江省委就森林火灾问题写出检讨。

6 月 15 日　《东北日报》报道，二十个县发生虫害，成立防虫指挥部，冯仲云任主任。

6 月 20 日　《东北日报》报道，松江省成立防汛指挥部，冯仲云任主任。

6 月 25 日　中央人总字第二百九十一号文件通知：冯仲云不再兼任哈尔滨工业大学校长。

6 月 30 日　《东北日报》报道，松江省委省政府抽调四百名干部下乡，冯仲云到双城村屯检查夏锄。

本月 布置支援抗美援朝事宜。

7月1日 在《东北日报》（沈阳）发表《中国共产党在东北十四年的苦斗》一文。

7月2日 松江省政府党组召开会议，检讨森林火灾问题。冯仲云在会上发言并交出书面检讨材料。

8月2日 经冯仲云批准，尚志县人民法院依法判处杀害赵一曼的凶手日伪特务张福兴、米振文死刑。冯仲云亲临现场。

8月19日 东北局致电辽东、吉林、松江、黑龙江省委"中央人民政府北方老根据地访问团抗联根据地分团已按中央指示组成，团长冯仲云，副团长张瑞麟、刘建平、赵振华"……访问团的主要任务是带去中央对老区的关怀和配合检查优抚工作，了解根据地人民生活情况及其要求。

8月22日至9月23日 按中央指示，东北人民政府组成北方老根据地访问团抗联根据地分团，任团长，带领松江访问组第一组访问尚志、汤原、依兰、方正、通河、宁安、密山、勃利、林口等九县抗联根据地。

8月22日 带领松江访问组中的第一组，携电影放映队、皮影队、文工团出发，第一个要访问的就是以抗日民族英雄赵尚志命名的尚志县。细雨中，尚志县城万人空巷，在从火车站到县政府的泥泞的道路两旁，挤满了欢迎的群众，其中有抗联吕老妈妈和十六位抗联老战士及烈军属代表。

8月24日 由于连日降雨，大、小亮珠河、蚂蜒河水上涨，部分地区遭受水灾。上午八点钟，冯仲云亲率一部分团员和县委、县政府负责人及所属干部，组成水患抢救小组，冒着大雨分头到一面坡、蚂蜒河、乌吉密河等地视察水情，抢救受灾居民。正在抢修蚂蜒河堤坝的农民们看到冯仲云来到情绪更加高涨。访问团团员宋殿选、董海环和女团员于宁等冒雨趟过没腰的深水，帮助蚂蜒河畔受灾居民抢救东西。

8月30日 《长春新报》发表《就美英非法对日媾和问题冯仲云将军发表谈话》。

9月1日 和中央访问团全体离开尚志县。

9月3日 毛泽东签署中央人民政府字第三七七八号任命书：兹经中央人民政府委员会第十二次会议通过任命冯仲云为松江省人民政府主席。

本月 在汤原香兰车站向随老根据地访问团采访的记者讲述汤原抗日斗争历史，并向记者介绍东北抗联老人。

本月 率老根据地访问团到密山访问。

10 月 2 日　同薛雯到清华大学探望冯忆罗，并合影留念。

10 月 9 日　《人民日报》第三版发表石联星《衷心的感谢——饰演影片〈赵一曼〉的一些微小的心得》，文章说："我又研读了抗联奋斗史册，听取了冯仲云同志关于抗联的报告，使我对角色的历史时代的特色有了了解，使我更明确了创造赵一曼同志形象的时代和生活的根据；使我理解到一些他们是怎样在斗争中历尽艰险，尝尽辛苦，在白山黑水之间，冰天雪地之中，直到吃树皮草根，仍旧坚贞英勇地与日寇战斗。英雄们站在祖国东北的山巅，眼看到阳光普照的祖国美丽的土地上，日寇在到处横行，村庄沦入火海，人民遭受残酷的屠杀，英雄们是多么愤怒啊！为了亲爱的同胞，为了神圣的祖国的土地，为了人类的生存，为了党的崇高正义的事业，英雄们坚强地战斗着！他们为祖国的生存流尽了最后一滴血！像杨靖宇、邓铁梅、赵尚志、赵一曼等英雄烈士们的爱国主义精神，是永远活在人民心中的！"

本月　和薛雯、冯忆罗与李升、梁树林在北京合影。薛雯是作为松江省参加国庆进京观礼团工作人员来北京的。

本年　致信人事厅厅长郭洪超推荐抗联老战士李思孝入呼兰工农干部中学学习。

本年　致信汤原金春花并寄一百元人民币。

年底　与薛雯、于毅夫、李延禄等参加东北烈士纪念馆为抗联老交通员李升举办的祝寿活动。

1952 年　四十四岁

年初　就中国人民志愿军归国代表团在哈尔滨瞻仰"东北烈士纪念馆"之后，提出"关于抗日联军主要活动地区修建杨靖宇将军墓"的建议，代拟报告，经东北人民政府批准并于同年六月二十四日用公函通知当时辽东省人民政府："决定在通化市修建靖宇墓。"

1 月 15 日至 21 日　松江省召开第二届农业劳动模范代表大会。与会代表六百二十七名。省委书记张策作了政治报告，号召劳模积极参加"三反"运动，纠正农村中正在生长的资本主义倾向。省人民政府主席冯仲云作了关于一九五一年爱国丰产运动总结及一九五二年农业方针的报告，要求每坰地增产一百二十五公斤粮食，全省必须完成三百五十万吨，争取达到三百八十万吨粮食。通过了关于增产节约，护林工作，参加反贪污、反浪费、反官僚主义运动等三项决议。

2 月 6 日　薛雯生二女儿冯丽雯。

3 月 4 日　毛泽东阅林业部二月二十二日关于一九五一年全国森林火灾情况的报告。报告说：一九五一年上半年全国共发生森林火灾四千二百七十次，森林被害面积达三千四百五十万亩，损失木材六百七十万立方米。这些火灾以东北为最严重，主要是松江和黑龙江两省。东北所损失的木材占全国森林火灾损失木材数的百分之九十九以上。毛泽东批示："应给松江、黑龙江两省党政负责人以处分，不知是否已有处分？"[①]

3 月 25 日　东北人民政府公布本府人民监察委员会《关于一九五一年春季松江省、黑龙江省森林火灾的处理意见》。《意见》指出，松江省、黑龙江省林区在一九五一年春季连续发生严重火灾，使国家森林资源受到巨大损失。产生山火的主要原因，是由于松江省人民政府、黑龙江省人民政府领导上的思想麻痹，对中央和东北人民政府的有关指示重视不够，没有认真贯彻执行；东北人民政府原农林部林政局对护林防火检查督促不够。为此决定：给松江省人民政府主席冯仲云以记大过处分，给黑龙江省人民政府主席于毅夫以记过处分，给原农林部林政局局长金树原以记大过处分。二十八日，黑龙江省人民政府发出通令，表扬护林防火有功人员。同时作出决定，给在一九五一年春森林火灾中的有关失职者，其中有农林厅

[①] 中共中央文献研究室编：《毛泽东年谱》（1949—1976）第一卷，中央文献出版社，2013 年，第 511 页。

厅长、副厅长、黑河专署前专员、副专员及有关县的县长等以行政处分。

4 月 23 日　《人民日报》第三版发表枚正的《一座新城市的诞生——林区伊春访问记》，文章中写道："去年来东北的老根据地参观团，根据松江省人民政府主席、前抗日联军将领冯仲云同志的介绍，曾访问了这里。在伊春的山林中，找到了成排营房、住宅、医院的痕迹，和几处残垣断壁。其中一处是抗日军政大学；一处是被服工厂（残留的缝衣机现存哈尔滨烈士纪念馆中）。"

5 月至 1953 年 1 月　任东北人民政府政法委员会副主任。

6 月 18 日　东北人民政府通知：免去冯仲云松江省人民政府主席职务。

6 月 30 日　松江鲁艺全体人员欢送冯仲云离开哈尔滨赴京工作。

7 月 7 日　在省政府俱乐部主持了最后一次政府委员会。在讨论完省政府第三季度计划纲要以后，宣布了东北人民政府免去冯仲云和饶斌职务，任命强晓初、于杰接任主席、副主席的通知。

7 月 12 日　东北烈士纪念馆全体工作人员欢送冯仲云、薛雯离开哈尔滨赴北京工作。

8 月 19 日　接到周保中的来信，摘要如下：

……上星期阅政务院公布人事任免令，知您已调动，但不知调何处？做何事？正要写信探问，您给我的信已到了……

您二十余年较我长期奋斗在东北，孩子们也生长在东北，东北的一滴水、一粒砂石、一草一木，东北的人民，伊春河的血痕涌现出伊春河的新城，的确，东北在我们的心坎上刻画太深了。这种刻画太深的爱，可能潜藏着太深的……因为一切都是变动和发展的。我们用新的适应把它冲淡吧！仲云同志，您说对吗？

9 月 13 日　接到周保中的来信，摘要如下：

远在游击战争时代，您虽常常胸部内脏某处有苦痛，那时经历的一切一切只集中于如何扳倒凶残的敌人，什么苦痛也付之烟云，而精神集中，健康简化，反而时时是愉快的。东北自卫战争期间，以我们应有忠心耿耿地为党事业驱使，也不听见您为自己的身体健康而有所计及……在斗争工作的转换期，一旦条件出现时，病的问题也就不能抵挡似地出现在我们面前……您的病应予以重视，利用这一机会认真地治疗，尤要者在于知道病之所在，到底是什么症候，以便在工作中亦可随时注意养护……

　　为工作提意［见］是应该的……在那干部表格上也规定得有一条"什么志愿"……我认为提的不是多少的问题，而是提的适当与否。即使是适当的，我想例如水和电或工学教育，对您来说应该是适当的。但最后决定是否如此，我们都应该接受，都应认为是适当。这也很自然了。一则是一个人在历史环境中的作用问题，［一则是］一个共产党员对组织自觉自愿地服从问题。因此我抱着矛盾的心情，一方面利用这时间治病要紧，另一方面也希望工作早有决定……

9 月 22 日至 27 日　在北京医院住院。

本月　薛雯入中共中央马列学院学习至一九五五年七月。

10 月　回访翠峦，察看当年"老营盘"和东北抗日联军政治军事学校校址。

12 月 6 日　《周恩来年谱》记载：周恩来批准安子文关于任命冯仲云为北京图书馆馆长的报告。

本年　妹妹冯咏莹任东北烈士子弟学校校长。

本年　在等待分配工作期间阅读和研究高等数学。

本年　在"三反"运动中因东北烈士纪念馆账目问题，薛雯被隔离审查，后澄清。

本年　家住北海公园内的静心斋。

1953 年　四十五岁

1 月　接到李敏在沈阳东北局党校写来的信。信中谈到张振华的儿子询问其父在抗联中是什么职务的问题，并请冯仲云告知。

2 月 9 日　阅电话公文，文化部社会文化事业管理局通知："北京图书馆拟在首都西郊文化区中心地方设立分馆的建议文化部同意我局意见暂缓设立。"

本月　与一九三〇年北平狱中难友郑眠石见面。

3 月 27 日　经政务院一百七十二次会议通过被任命为中央人民政府文化部北京图书馆馆长。

《我的自传》："在图书馆期间搞了政治挂帅性质的读者目录，当然还是好的，也搞了一些讲演会和展览，还颇受群众的欢迎。北京图书馆属文化部领导，我和他们没多大工作联系，他们也不注意图书馆工作，所以没有发生什么问题，但是为了东北有个歌剧叫《星星之火》，这个剧是在我和抗联同志帮助之下，由李劫夫创作起来，当时还是抗美援朝的时期，这个剧本鼓舞了人们的爱国主义、国际主义和革命乐观主义和对毛主席及毛泽东思想的伟大的崇敬，对当时的抗美援朝在群众中起了鼓舞作用（现在说起来，这个歌剧不无缺点，需要纠正，但无论如何不是修正主义的作品，还是可以肯定的），演出收入还募捐了两架飞机。"

本月　派遣干部到官厅水库工地了解职工的文化程度和阅读要求，并和官厅水库工会商议建立图书流通站。

4 月 23 日　文化部社会文化事业管理局（社人郑字第一二八三号）通知北图，政务院第一百七十二次会议通过任命冯仲云为图书馆馆长、张全新为副馆长。

5 月初　将馆内七千五百多册通俗读物、连环图画以及水利土木工程、机电原理、政治、文艺等各种图书运到工地。

5 月 5 日　马克思诞辰一百三十五周年，北京图书馆经过充分准备，举办了大型的纪念展览，文化部长沈雁冰（茅盾）、苏联驻华大使都参加了开幕式。随后，又用展览的图片编了《马克思画传》，由人民出版社出版。北京图书馆的声望一下子提高许多。除了这次，举办的大型展览还有《列宁逝世三十周年纪念展览》《斯大林逝世周年纪念展览》《世界文化名人屈原、哥白尼、拉伯雷、马蒂纪念展览》等。

北京图书馆的报告会，闪耀着新中国一代文化名人的光辉。冯仲云要求"到我们这个讲台上来，必须是第一流的"。他亲自请来郭沫若讲《伟大的爱国诗人屈原》，讲后由名演员赵丹、白杨朗诵屈原的诗篇。陆续登上这个讲台的有哲学家艾思奇，科学家王天木、王淦昌，历史学家荣孟源，音乐家时乐濛，作家更多一些，老舍、冯至、赵树理、阳翰笙、林庚、常任侠……讲题涉及文史哲科、古今中外。报告会固定在星期六傍晚举行，提前在报纸上发启示。图书馆的院子里拉起吊灯，迎接陆续来到的听众。讲演者就站在楼前的台阶上。灯光现出他的身姿，也照亮台阶下众多渴求知识的面孔。扩音设备把讲演者或幽默、或机智、或富于哲理的语言，送入人们的耳中。夜空的星光在头上闪烁，从相邻的北海不时吹来一阵舒爽的清风，被照得半明不明的古树的神秘气氛，使报告会更凭添一层魅力。报告会成了当时北京引人注目的文化生活。北京图书馆的人员下班也都不回家，等着听完演讲。和他们相熟的人见面也总要问："下次是谁讲？"远在朝鲜战场上的志愿军战士无法听到报告，也来信要讲稿。为读者考虑是够周到了，每次讲完都印小册子，不但有讲稿，还附上参考书目。连听讲的门票都费了一番心思，像讲屈原的那次，撕去副卷，剩下的恰好是一个书笺[1]。

夏 韩光到家中看望。韩光回忆：

> 这时他已在图书馆上班了。两人一见，又是谈个不完。他滔滔不绝地谈起对办好国家图书馆的宏伟设想。当时他住在从北海后门进去向西拐不太远的几间小平房，似乎是与公园相隔的一小小四合院，房屋已破旧不堪。可他对这些并不在意。老朋友、老战友们，都深深了解老冯是个淡泊名利的好同志，但对他新任图书馆长一职，则感到是降格使用了，然而他自己丝毫没有这种感觉流露[2]。

9月8日 父亲冯德选致信冯仲云、薛雯，信中谈及家中生活状况："衡一家四口人，每月要吃七斗米，柴要烧三百斤，加上油盐酱菜、灯油，每月总要三十万元。儿媳玉英在工厂做麻活，每月只收入二十几万元。"老人种了三亩田，还饲养小猪。虽有资助，也仍困难。上半年老人卖掉了准备作寿材的木板贴补家用，抽烟抽最次的，原先每天要吃一点点心，也有半年不吃了。"经济不宽，只好如此"。老人在信中感叹："我是知你一

---

① 《冯仲云传》，第 282—283 页。
② 韩光：《韩光党史工作文集》，中央文献出版社，1997 年，第 439 页。

家开支亦难，只有平日间俭省点以济我也。"

10 月 18 日　邀请郭沫若在北京图书馆主讲"伟大的爱国诗人——屈原"。

10 月 31 日　在一份关于申请购买外文科技书籍的请示上签字。

12 月 13 日　赴东北搜集图书的图书馆工作人员徐健国给冯仲云的信中报告，已装七箱，尚有一多半装箱工作在继续进行着……买到的书中，包括苏联以往所出的各种名著、俄文善本书、各科百科全书以及一九二〇年——一九四六年中间出版的各类书籍。

徐健国的东北之行还征集到日本印的《大藏经》一部。徐健国给冯仲云信中，简略地写了征集经过：

> 经辽东省文化局介绍，由通化市人民政府文教科同志陪同上玉皇山和庙中老道接洽大藏经问题。因起初老道有些思想不通，彼愿将该经保留在山上，经数日说服动员，最后结局始圆满，将此经调至我馆……据该道士云：该经系日皇送与伪满皇帝之物。"八一五"后，该经为我军辽东军区后勤部刘科长所得。我军第一次解放通化后作战略撤退时，刘科长委托庙中道士保管迄今。又据该道士云，在刘科长临走委托他们保管时，尚系完整之一部经，在土地改革时，被一姓王的土改工作队员拿去不少，流落街头，事后经该道士收回一些，现今该经残缺不全，仅余九十二册……据我详细观察，该经系明治年间编辑……昭和七年重印，有目录索引一册，全书精装。

12 月 31 日　经文化部批准，制定了《北京图书馆办理读者阅览证规则（草案）》。规定，凡是年满十六周岁的工人、农民、军人、科学工作者、工程师、文教工作者、机关企业干部等，只要持有足够证明其身份的证件；一般市民持有户口簿；高中及高中以上在校学生持有证明其年级和学系的文件，都可根据自己的需要和情况办理读者阅览证或临时阅览证。每年一月为集中办理读者阅览证登记期。读者登记制度从方便读者出发，简化了读者办证手续，向广大人民群众敞开大门，使更多的人能够利用图书馆资源，充分享受到图书馆的服务。

本年　在北海公园家中接待李永镐。于保合回忆：

> 一九五三年抗美援朝停战后，李永镐（朝鲜人民军代表团团

长）来冯仲云家作客，宿舍在北海公园北侧文史馆附近。冯仲云打电话让我和李在德去陪客。在冯仲云家遇到王一知和王效明，我们在院内散步，在假山上照相。王效明对冯仲云说："陈雷的党籍问题，我记得是'重新入党'的。"王一知补充说："是旅党批的重新入党的。"冯仲云犹豫一会说："好像是恢复党籍的，我记得是恢复党籍的。"冯与王一知作正面斗争，坚持原则，故未有定下来。拖到文化大革命，黑龙江省委派人来北京历史博物馆查周保中日记（档案）。一看是改的重新入党。再一查对备战时的胶片，原文写的是："经张寿篯提议，旅恢复陈雷之党籍，经中共旅党委讨论全体通过。"①

本年　冯仲云一生关心少年儿童，在北京图书馆工作，也没有忘记那些小读者。在冯仲云到馆以前，北京图书馆为了满足少年儿童阅读新书刊的要求，开辟了一个少年儿童阅览园。孩子们坐小马扎在院内的松树圈里看书。每年只能开放一百多天，冬天、雨天就没法开放了。冯仲云到馆后，积极创造条件，开辟了少年儿童阅览室，小读者可以进到室内阅览。

少年儿童阅览室还搞图片展览，组织诗歌朗诵会、故事会，英雄模范、作家、科学家与小读者见面会等。第一次见面会就是冯仲云开的头，他写信请来了抗美援助朝战争中牺牲的英雄黄继光的母亲邓芳芝。邓芳芝讲了黄继光幼年的故事和他的英雄事迹，使几百名小读者受到深刻的教育。以后还举办过吴运铎、高玉宝等作家和华罗庚、高士其等科学家和小读者见面会。冯仲云自己也给小读者讲抗日联军的故事②。

本年　冯仲云重视图书馆的基本建设工作，特别是在名人手稿的征集上他下了一番功夫。搜集的范围包括各革命根据地、解放区出版的书籍、报纸、刊物。他说："现在搜集不晚，再过几年就来不及了。"他还从研究外国图书馆经验中受到启发，倡议收藏名人手稿。他亲自领导了这两项工作。经过善本组同志的努力。当年搜集到的出版物就有几千种，同时还有一千多位名人的手稿，其中有章太炎、梁启超、郭沫若、茅盾、巴金、曹禺、夏衍、闻一多、朱自清、柔石、殷夫、丁玲、吴晗、冯雪峰、艾思奇等人。局面打开以后，有不少人主动把手稿送图书馆保管。冯仲云自己也去搜集。毛泽东著名的词作《蝶恋花·答李淑一》手稿，就是他征得李淑

---

①　根据于保合 1981 年 12 月 30 日手稿。
②　《冯仲云传》，第 282 页。

一同志同意，收进馆里来的（后来调给中央档案馆）。丁玲的小说《太阳照在桑干河上》的手稿，也是他搜集的。

革命文献和名人手稿，在北京图书馆（国家图书馆）被称为新善本。新善本的收藏，也许称得上是中国现代文化史上的一个贡献，如果联系后来发生的"文化大革命"使文化遗产大量遭到毁损，就更可以看出它的价值。如今，新善本已经成为北京图书馆的瑰宝。

藏书增加，读者增加，图书馆的楼房不够用了。冯仲云跑社会文化事业管理局，跑文化部，与各方面协商，接楼！把原来工字形建筑接成王字形，解决了一百多万册藏书的问题。后来，又加盖了三号楼，初步解决了办公室的拥挤现象[1]。

---

[1]　《冯仲云传》，第 279 页。

1954 年　四十六岁

1 月 7 日　潘城书致信冯仲云：

我是三十九中高二（一）班的学生，恰巧满十八岁，所以光荣地参加了普选。昨天我们小组提候选人。我们那么热爱您，但也不能隐瞒：对您还不够彻底了解。所以讨论结果，决定拜访您。回来了，那个去的女同学一边吃着饭一边谈访问的情况，我们也端着碗听直了眼。您是多么值得我们钦佩啊。我们现在进一步了解了您，尤其是我，恨不得马上去见见您。

现在，我大胆地要求您，和您做个朋友，可以吗？我希望能听您讲一些英雄故事，希望您经常指导我……当然我希望您能回信。

1 月 13 日　潘城书致信冯仲云：

接到您的信，高兴的我跳了好几圈，跑遍了院子，说不清把信给谁看看才好。

您说叫我做到"三好"，今后我将尽全力去做，惭愧地（的）是以往我做的（得）很不够。

我简单地自我介绍一下好吗？

我是住宿生，家在北戴河。父亲在邮局工作，哥哥是解放军。我没有固定的家，随父亲工作到处流动。一九五二年自己来京考了学，现在已经一年半了。我酷爱文学与艺术，语文先生认为我是个优等生，数学先生就认为不管理科（现在理科已能达到八十多分了）。我很直爽，最大的特点是非常热情，性情很躁，个性特强。总而言之，我是不够好，常因为自己是个团员而感到惭愧。

就这样吧，放假回家告诉我父母，等暑假请您去我家住。

您不知道我家多好啦，出门就是大海。

考完后，您时间允许的话，我就去看您。

本月　军委总参约请东北抗日联军原负责人冯仲云、王效明等到沈阳指导和搜集资料编写东北抗联斗争史。

本月　交给北京图书馆三份有关东北抗日联军的历史资料复制品，分

别是：《满洲省委关于执行反帝统一战线与争取无产阶级领导权的决议》
照相本十四张；《满洲省委关于执行反帝统一战线与争取无产阶级领导权
的决议》打印本一册九页；《东北抗日研究班关于抗联历史的讨论》复写
抄件一册十四页。指示作为密件保存，不供阅览。

3 月 6 日　在北京图书馆主持斯大林逝世一周年纪念展览会开幕式并
致开幕词。中央人民政府文化部副部长丁西林，中华全国总工会主席赖若
愚，各民主党派负责人，各界人士，苏联和各人民民主国家驻我国使馆的
外交官员以及苏联对外文化协会驻我国代表等参观了展览。

展览会的正中放置着斯大林巨大的塑像，室内充满了静穆、庄严的气
氛。全部展览分为八个单元，展出有关斯大林生平革命活动和著述的图片
二百多幅，涉及二十种文字的书刊一百五十多册，从第一个单元到第三个
单元的内容，叙述了斯大林的幼年时代、早期在高加索各地领导革命活动
以及和列宁一起领导十月革命起义的情景。

第四个单元到第六个单元，可看到斯大林领导苏联人民建设社会主义
社会和战胜法西斯德寇后，向共产主义胜利前进的动人图片和著述。会上
陈列着的斯大林的具有历史意义的著作《论列宁主义底几个问题》的各国
文字译本中，有一九二四年十二月出版的《新青年》季刊第四期上刊载的
蒋光赤译的《列宁主义之民族问题的原理》（即《论列宁主义基础》第六
章《民族问题》）和一九二五年四月出版的《新青年》月刊第一号发表瞿
秋白摘要译述的《列宁主义概论》一文。这是最早介绍到中国来的斯大林
理论著作的版本。

标写着"最伟大的友谊"的第七个单元里，首先展出的是斯大林同志
在一九一八年十一月三十四日发表的《不要忘记东方》著名论文的原文影
印部分。参观者看到"武汉英勇牺牲的苏联空军烈士墓"照片时，不禁使
人回忆起在抗日战争的艰苦年代里，斯大林派来了苏联优秀的儿女，帮助
中国人民反抗日寇的侵略，一百多位英勇的苏联飞行员把鲜血洒在中国土
地上的史迹。在这里，参观者又看到毛主席访问苏联会见斯大林、中苏友
好同盟互助条约签订仪式和苏联专家帮助我国建设鞍钢等的图片多幅。毛
主席在延安各界庆祝斯大林六十寿辰大会上的讲话和当时所写的《斯大林
是中国人民的朋友》一文以及《最伟大的友谊》一书也陈列在这里。

最后一个单元说明斯大林对全世界和平事业的伟大贡献，图片中反映
了在苏联帮助下，各人民民主国家积极建设的面貌，还有从一九五○年到
一九五三年"加强国际和平"斯大林国际奖金获得者世界各国杰出的和平

战士们的肖像[1]。

5月5日　在北京图书馆同张全新副馆长接待竺可桢并谈科学史等事。

5月6日　北京二十九中高二（二）、高二（三）班学生致信：

> 敬爱的冯老师：每当我们回忆起和您在一起的那幸福的时刻，您那和蔼可亲的面孔就出现在我们面前，就像老父亲一样和我们坐在一起……您教导我们，要有坚定的决心，努力学习，准备为祖国建设服务。您希望我们在祖国的建设中成为工程师、坦克手、拖拉机手、飞行员……这些话我们都深深地记住……您还教导我们要热爱劳动，我们遵循您的教导，已经把学校一块最脏的地方，改造成了一个小小的花园……

5月至1958年2月　任水利部副部长，期间兼华东大学水利学院院长。

夏　休假期间去苏州、无锡、莫干山等地。

夏　得知韩光被任命为黑龙江省人民政府主席后，立即提醒注意大、小兴安岭林区火灾。韩光回忆：他（冯仲云）说："小孟，你晓得，我做松江省主席时，曾因森林大火受到记大过处分。"他告诉我，特别是五月和九月要注意！此话果然被他言中，一九五五年五月，大兴安岭真的发生了火灾。老冯之言，犹在我耳。于是，我作为省长，一方面动员省内各方力量灭火，同时连夜写报告给周总理。除了报告火情和已采取的灭火。前后经过半月，火势控制下来。事后，我又向总理写了总结报告，讲了火因、救灾情况及教训等，并请求处分。报告上去之后，一直没有接到有关处分问题的批复。后来得知，上面认为，火灾发生后，省内灭火措施得当，又立即报告请示支援，火势未得蔓延，虽然林木有些损失，深刻总结经验教训就好，故不给处分了。我刚上任省长，老冯就给我下了这一场"及时雨"，警告我严防山火[2]。

6月21日　致信朝鲜族东北抗联战士李国振，请李到北京图书馆工作，整理朝鲜文图书。

本月　视察丹阳县珥陵灌区并带回了由丹阳书画家吕去疾所画的珥陵灌区的平面图的油画。此画带到北京后，一直挂在周恩来办公室，直到一九七六年周恩来逝世。

---

[1] 《人民日报》1954年3月7日第1版。
[2] 《韩光党史工作文集》，第439—440页。

7月7日　北京二十七中团支部致信：

> 敬爱的冯仲云同志，您所讲的每一个事迹都深深地印在我们的脑子里，每一个事例都打动了我们的心，使我们深深地体会到我们今天的幸福，是革命先辈们斗争、流血、牺牲换来的。从这我们更加体会到我们的责任……说真话，我们真热爱、尊敬您和所有革命的老同志，我们要永远向您们学习……

同日　收到东北抗联战士李国振七月一日所写请求帮助解决生活问题的信。

7月8日　就苏联送还中国《永乐大典》五十二册事致苏联国立列宁图书馆馆长一封感谢信。

7月17日　在北京医院治疗脚气。

9月1日　代表长春市被选举为中华人民共和国第一届全国人民代表大会代表。

9月8日　薛雯生冯丹芸。

9月15日至28日　作为人民代表参加了第一届全国人民代表大会，在这之前，国务院撤销了东北行政委员会给他的处分。

本月　在《中国青年》第十八期发表《胜利是从艰苦斗争中得来的》：

> 第一届全国人民代表大会第一次会议在九月十五日开幕了。我被长春市人民选为第一届全国人民代表大会的代表，将要出席这一次会议。这是多么伟大庄严的会议啊！在这次会议上。将要通过中国人民经过百多年的英勇奋斗、用无数烈士的鲜血写成的中华人民共和国的宪法，这个宪法巩固了我国人民革命的成果和中华人民共和国成立以来政治、经济上的新胜利。而且，在这次会议上，我将接受人民的委托，选举我们中国人民最敬爱的毛主席为中华人民共和国主席。我自己能很荣幸地参加这次全国人民代表大会会议。深深地感到无限兴奋，而曾不仅一次热泪盈眶。回想中国人民三十多年来，在中国共产党的领导下，经过第一次国内革命战争、第二次国内革命战争、抗日战争和第三次国内革命战争，终于在一九四九年建立了中华人民共和国。我自己也是亲自参加了这些伟大斗争中的一员。在我即将踏入全国人民代表大会会议庄严的会场时，无限的回忆使我激动起来。我想起了那些已经不在了的先烈们，想起了无数同志们亲切的音容笑貌。我

曾和他们在一起斗争过，我们曾那样机警和镇定地逃脱了敌特在街头上对我们的跟踪、追索；我曾和他们一起在敌人的苦刑之下，因为想起了祖国社会主义的明天而感到甜蜜和安慰；在阴暗潮湿的囚牢中，我曾和我的同志们一起高唱着国际歌，这些悲壮的歌声至今还在我耳际萦绕，然而很多的同志已经在刑场上慷慨就义了。我曾记得在东北抗日游击战争中我和抗日联军的同志们在荒原丛林、冰天雪地中和敌人血战肉搏，很多战士为了祖国的解放流了自己最后的一滴血，他们的血染红了白山黑水。如今，这些同志不在了，但是，他们的血没有白流，他们的理想今天实现了。第一届全国人民代表大会第一次会议的开幕是和无数革命先烈洒热血、抛头颅分不开的，是和抗美援朝的英勇斗争所取得的伟大胜利分不开的，是和全国人民辛勤的劳动所取得的成就分不开的啊！

今天我参加这次富有历史意义的会议。我一定要加强对人民的联系，效忠于人民民主制度，遵守宪法和法律，努力为人民服务。我一定要在周围群众中起模范作用，并在自己的工作中努力地贯彻宪法、法律和国家各项政策的实行。我将不愧于人民对我的信任和委托。同志们，我一定要对得起那些为争取人民大革命的胜利，为建设社会主义祖国，为人类的共产主义事业而献出了自己生命的我国无数先烈们。

青年同志们，我们的祖国前途是无限美好、光辉灿烂的。我们的人民是勤劳、勇敢和智慧的。我们有伟大的中国共产党及毛主席的英明领导，并将制定我们人民自己的宪法。我们一定能够胜利地完成我们国家的社会主义工业化和社会主义改造的任务，完成国家建设的第一个五年计划。我们一定能建成社会主义国家。

青年同志们！你们很幸运地生长在祖国这样伟大的时代里。你们应该怀抱着高尚的理想，为建成社会主义的祖国贡献出你们的毅力和智慧。你们应该很好地贯彻毛主席的"三好"的号召。到了将来，你们可以很骄傲地说："我们记得在我们的青年时代，那一些热烈的日子。一九五四年九月，首届全国人民代表大会第一次会议开幕了，在这一次会议上通过了祖国第一个宪法。我们贯彻了毛主席的'三好'号召，努力学习了马克思列宁主义和科学技术。我们曾经发挥了创造性的劳动。现在，社会主义的社会已经被我们光荣地建设成了！祖国还将在我们的努力下更加强盛、繁荣起来，从胜利走向胜利！"

10 月 5 日　北京二中初三（一）班团支部致信："自从跟您分别，我们时刻想着您，回忆您的嘱咐……我们还看了您写的《胜利是从艰苦斗争中得来的》（《中国青年》第十八期）……"

同日　在北京医院检查身体。

10 月 6 日　康生致信冯仲云、赵万里，摘要如下：

冯仲云、赵万里两同志：

　　送回冯仲云同志带来之补板赵本《聊斋志异》十六册，《聊斋拾遗》一册。原带来之乾隆板赵本《聊斋志异》十六册，《聊斋补遗》二册，尚存我处，用完后再送来。

　　……

康生

五四年十月六日①

10 月 31 日　周恩来签发第○一七三号任命书，任命冯仲云为中华人民共和国水利部副部长。

11 月 2 日　调任水利部副部长。消息在报纸上公布后，收到正在华东地区参观访问的十三名图书馆员工写的一封信，摘要如下：

---

①　这封信的写信日期是明确标出的。据资料，1954 年 10 月冯仲云由北京图书馆馆长调任水利电力部副部长，则调任之事当在此信寄出之后。此时赵万里也在北京图书馆任职，从事古籍的鉴定研究工作。

其他尚有八通康生致冯仲云、赵万里信札一同被拍卖（西泠印社 2011 年春拍），其中六通写给赵万里，一通写给冯仲云，一通并写给冯、赵两人。内容不外乎关于借还古籍或探讨问题等。康生信札字体不一，风格洋洒，蔚为大观。惟这些信札仅标月日，不标年份，很难准确系年，甚为遗憾。

1. 赵万里同志：收到《花部农谭》一册（焦手抄本），《二刻拍案惊奇》十二册。谢谢。近安！康生。二月十九日。

2. 赵万里同志：最近书店中送来一部宋刊明补的十行本《诗经注疏》，末有王艺孙的题跋。另有纂图互注元刊本庄荀、杨诸子及元刊本《列子》和《文子》，如有暇时，请来一看为盼！近安！康生。四月十五日。

3. 赵万里同志，退回《隋史遗文》三十二册，《易余钥录》三册，请查收。待查《蒲州府志》，谢谢。府志所据，不知是源出《画漫录》抑另有所本？明人所编书《龙图公案》，馆中存有何本？如有，除善成堂六卷本外，请另借一看，近安！康生。四月十九日。

4. 赵万里先生：《古本戏曲丛刊》三集至今未见出版，不知何故？不知图书馆有无收到，请便告，即颂近祺。康生。五月十一日。

我们敬爱的冯仲云馆长同志：

阅报得悉您被任命为水利部副部长职务，我们和在馆的同志一样都感到无比的欢欣与兴奋……但这是从整体来看，如从我馆着想，我们觉得除了工作会受到一定的影响外，同志们对您有很大的依恋。您目光远大，气宇宏达，同志们在工作中时刻受到您的支持与抚爱，不断地给予增强信心与力量。您从来没有什么抽象的教条与口号，或强人以不能，或责人而无已，使人可望而不可即，避之惟恐不远；而总是殷殷恳恳、老老实实，同志们无论思想上有毛病或工作中有缺点，都愿意毫无隐饰与顾虑来向您谈。因为同志们都知道您会像慈母对有过失子女一样，不仅不是"永矢弗谖"使同志欲改无从，甚至绝其自新之路，同时也不是仅予责备与训诲，而是给予更多慰藉与关切。有错误与缺点的同志，在您这样帮助与感召下，很快地会得到改正。因此，同志们常常会从您身上体现〔感受〕到党的伟大与党的温暖。现在当您调离我馆之际……敬爱的首长同志，您会接受我们对您最高的敬意。

（下面是十三个不同笔迹签名，时间是十一月二日。）

11月11日　在北京政法学院"中央党史专题报告会"上作题为《在东北抗日联军战斗生活的回忆》报告。报告中讲述了彭真说的中国革命"三大艰苦"，重点讲了抗日英雄黄有的故事：

有一个名叫黄有的老头儿，参加部队以后，被调到我部，于是我就差遣他到伊春去做后勤工作，可是黄有同志到了伊春就大兴土木，盖了一幢九间大房，准备给我们部队到了伊春休养用。这实在是一种愚蠢的做法，因为当时的作战情况，敌我双方朝来

---

5. 赵万里先生：多日不见，屠本《西厢记》一函（四册）已收到，谢谢！最近买到一本屠本董西厢抄本，书首有张凤翼、张羽二序。阅之始知所谓张羽本董西厢，也即是屠本，而所谓屠本，实际上是张本，更正确的说应该是周居易本。馆存屠本董西厢，可能是前面缺二张的序，所以想借来相互校证一下，是否如此，俟校后再谈。暇时请来看看这钞本。匆匆，再致！近安。康生。九月十五日。

6. 赵万里先生：多日未见，闻大小忽雷已购到，未知传奇钞本亦购得否？兹有数事请教：王静安先生遗书，久购未得，今书店送来一部，大概是三六年板本，印得还好，索价一百二十万，此书是否不易找到，价目是否贵些？记得似乎有一刊物说：陈寅恪先生对会真记之研究，曾著有专文，不知此文载于何书？近得一杨升庵评黄嘉惠校董西厢旧抄本，我想依黄嘉惠原刊本校对一下，不知何处存有此本？以上数事，如知盼告！有暇时请来一叙，此颂文祺。回示可寄北京医七号楼。康生。十月十九日。

7. 仲云同志：馆内存有一些甚么板本的《红楼梦》。请开一目录给我为盼。康生。十月七日。

8. 冯仲云、赵万里两同志：前奉一函，谅收到，今特派人来取书，望掷下为盼。康生。

幕去，游击队只有在群众中，也不会到深山休养的，同志们都批评这个老头儿劳民伤财，在此地盖房毫无用处，因此撤销了他的工作。这老头儿后来被敌人抓去了，敌人说：你是后勤部主任领我们到小兴安岭去抄袭共产党后方。黄有回答说：好吧！这时是十二月天气，气候很冷，雪下的很深。黄有将日本人领到了伊春，敌人看了有一座很大的房子，以为是抗联的营房（其实我们部队从未在这间房子驻扎过），便放火烧了，得意洋洋也信任了他。敌人将这间房子烧了以后，又要黄有领他们到小兴安岭深处去，黄有满口答应，敌人也很相信。敌人到了小兴安岭岭巅，此地是每时每刻都下着雪，被风刮倒的密林，横倒竖卧，寸步难行，雪地行踪也难辨别出来。敌人在巅上搭了帐篷，住在帐篷里，但黄有住在帐篷外，趁敌人不防，便溜之乎也！敌人失去了领路人，在巅上迷失了方向，不知去路，又因为天气寒冷，天天下雪，指南针方向又不准确，又无无线电，敌人在巅上到处乱撞，直到第二年春暖雪化，走了两三个月才跑出来，剩下的人不多了，数百人只剩下六、七十人了。

黄有同志从巅上私自跑下山以后，终于饥寒交迫，不能支持，又没有火柴，不能点燃篝火取暖，在某地便昏迷倒下，后来被我们的游击队员发现，把他背到一个老百姓家里，这时，他的两只手和两只脚都冻掉了，只剩下胸腹卧在床上，两年后被汉奸告密，终于被敌人杀害了[1]。

本月　关于工作调转和在水利部工作期间的分工：《我的自传》："一九五四年十一月，高饶事件发生后，中央决定我调水利部任副部长，那时安子文告诉我，好像是主席的意见。我来水利部时同时任命周骏鸣和何其沣。周骏鸣是部队上下来，我是东北抗联的，何其沣是起义将领。实际上是配合着傅作义来了三个部队上的人。周骏鸣排在我上面，他来就是管机关党委和政治工作的，我对水利部业务上不熟，要学习，所以我也一方面学习，一方面抓水利部的科研和教育，而何基沣是管农水的，这样过去两年，周骏鸣去学习（高级党校），我就代理他的机关党委书记。一直到一九五八年水利部和水电部合并后，我一直是管水利电力的科研与科委打交

---

[1]　关于黄有牺牲地和牺牲时间一直说法不一。根据冯仲云的叙述，黄有给日本人带路的时间应该是1936年12月。据中信出版社2016年9月版，史义军著《最危险的时刻》第332至333页记载：黄有1938年12月牺牲于黑龙江省鹤北林业局东格河双益林场部家店附近。

道的一些工作及教育。我是机关党委第一书记。其他如人民来信来访、外事、图书编辑等等虽然分工不是我管，但我也抓得比较多。"

冬　在辽宁鞍山看望李维民，同薛雯游览千山。

本年　北图在官厅水库、京西矿区、丰沙铁路线、南苑五里店农场、北京市建筑工会等处建立四十个图书流通站，大力开展图书流通。全年借阅图书的工农兵读者有十三万五千四百五十五人次，流通图书二万五千九百七十二册次①。

本年　妹妹冯咏莹任东北烈士纪念馆副馆长。

---

① 陈源蒸等：《中国图书馆百年纪事（1840—2000）》，北京图书馆出版社，2004 年，第 132 页。

1955 年　四十七岁

1 月 23 日至 30 日　在北京医院住院。

本月　任水利部党组成员。

2 月　春节期间水利部部长傅作义请部里各位副部长吃饭，共庆新春，这是傅作义任职期间的一个惯例。

3 月 3 日至 1958 年 3 月　国务院第六次全体会议通过冯仲云兼任华东水利学院院长。

4 月　主持召开了全国水利科学试验研究会议，提出了水利科学试验研究的方针、任务；确定为加强科学研究管理，加紧筹备建立北京水利科学研究院，以作为全国水利研究中心；提出了在水利科学研究上与高等学校合作的形式和范围；对培养高级科学研究干部的问题也提出了具体办法。这次会议成为我国水利科学研究工作走上有组织、有计划发展的开端。

9 月 25 日　周恩来签发请柬，请冯仲云、薛雯参加授衔、授勋酒会和晚会，请柬内容是："谨订于一九五五年九月二十七日下午七时在中南海怀仁堂举行庆祝授衔、授勋的酒会和晚会。敬请光临。周恩来。"

9 月 27 日　获"一级八一勋章"和"一级独立自由勋章"。在授勋仪式上是唯一的一个穿便服接受勋章的。回到家里见到妻子薛雯时，热泪盈眶地说："雯，这两枚勋章不只是给我个人的荣誉。在他们上面凝结了满洲地下党、东北抗联十四年苦斗中千万英烈的鲜血，也是他们的荣誉。"他还说毛主席在给他授勋时，紧握他的手说："你是冯仲云，东北抗联的。你们抗联比我们长征还要艰苦啊！"仲云的眼泪流出来了，他说："毛主席了解我们"。应中华人民共和国中央人民政府周恩来总理的邀请，当天下午七时，冯仲云夫妇到中南海怀仁堂参加了庆祝授衔，授勋的酒会和晚会。

本月　致信冯咏莹告知杨光华在苏联要求回国。

10 月 19 日晚　出席农业部部长廖鲁言举行的欢送以宋凤郁为首的朝鲜民主主义人民共和国农业考察团全体人员宴会。

本月　薛雯到中央革命博物馆筹备处工作。

11 月 12 日　赵一曼的儿子陈掖贤在写给赵一曼二姐李坤杰的信中提

到了冯仲云，信中说："直到今年，慈姑①碰到冯仲云同志，他和妈妈有过工作上的联系，才知道我妈妈就是赵一曼，接着您又给慈姑通信，这件事就进一步得到证实了。"

本年 提出召开泥沙研究工作座谈会的意见。当年十二月在北京举行的第一次座谈会上，交流了泥沙研究的初步成果，讨论了泥沙研究工作的方向，提出六方面研究题目并且作了分工，从美国回来的钱宁博士和从苏联回来的谢鉴衡两位科学家，分别介绍了美苏两国泥沙研究情况。这次会议虽然只有五十三个人参加，却是我国泥沙研究从自发分散到走向正规的开端。

---

① 陈琮英，赵一曼爱人陈达邦的妹妹，任弼时的夫人。

1956 年　四十八岁

1 月 9 日　参加由竺可桢主持的中科院黄河、长江规划座谈会，讨论黄河、长江水土保持工作。林一山也到会。

3 月 7 日　应竺可桢邀请同农业部杨显东、中央气象局涂长望、林业部梁希、七办李登瀛、卫生部薛恭绰等谈规划问题。

4 月 16 日　在北京医院检查身体。

本月　在杭州。

5 月 20 日　抗联人员赵才致信催问其回国手续问题。

本月　陪同水利部的苏联专家伯斯科宁等人赴海南考察。

6 月 1 日　新华社报道：来中国考察水利的苏联水利考察团将在我国各地对灌溉和水利工程作两个月的考察。考察团是五月二十九日抵达北京的。他们在北京受到水利部的热烈欢迎，水利部副部长冯仲云曾向他们介绍了中国水利建设的一般情况。

同日上午　出席李富春副总理在三里河主持召开的黑龙江中苏合作调查谈判问题的会议。李在听取中方谈判小组报告后做了重要指示：参加这项工作的人员，由各有关部门选派；组长、副组长人选，由竺可桢、张劲夫、何长工与各部商量后提出名单；关于组织问题，可在谈判组的基础上成立黑龙江流域综合研究委员会，以中科院为主，各部参加，委员会由竺可桢为主席，张劲夫、冯仲云、黑龙江省省长韩光为副主席①。

6 月 2 日下午　到北京饭店谈综合考察问题。

6 月 3 日　上午同张劲夫、竺可桢等在西郊宾馆谈综考问题。竺可桢询问海南岛情形，和竺可桢说海南岛灌溉存在问题。

6 月 8 日　下午两点半在北京饭店同张劲夫、竺可桢等谈综合考察问题。

6 月 11 日　在水利部参加黄河规划委员会会议，傅作义主持，参加者有梁希、王林、钱正英等。研究三门峡初步设计问题。

6 月 18 日　上午在科学院同张劲夫、竺可桢、朱济凡等谈黑龙江中苏合作综合调查与开发资源事。并同张劲夫、竺可桢联名向李富春并转周恩来呈报关于中苏谈判结果的请示报告。关于组织机构问题，报告建议黑龙江流域综合研究委员会，竺可桢任主席，冯仲云、杨易辰（黑龙江省副省

---

① 中国科学院：《院史资料与研究》2001 年第 6 期，第 28—29 页。

长）任副主席。在委员会领导下，组建黑龙江综合考察队及其办事机构，同时建立联合学术委员会，由竺可桢、冯仲云、朱济凡等十三人担任中方的学术委员①。

6月19日　在西长安街全聚德参加宴请苏联黑龙江综合考察代表团有关人员。宴会参加人员还有竺可桢、高原、田忠等。

6月23日　冯忆罗、韩定平结婚。韩定平在和平门附近一家小饭店摆了两桌酒席，冯仲云请高崇民和朱理治两家参加。此时，冯忆罗正在毕业考试期间。

本月　致信赵才，谈赵才回朝鲜等问题。

7月1日　赵才致信告知回国手续已办好。

7月9日　在水利部接待竺可桢。谈赴黑龙江事宜。

7月10日　晚上乘火车去哈尔滨。

7月15日　根据中苏双方协议组成黑龙江流域综合考察委员会②。中方由中科院直接领导。水利部、电力工业部、交通部、地质部及南京大学、北京地质学院、东北地质学院等单位参加。

同日　同北京水科院副院长谢家泽等前往黑龙江、额尔古纳河等地进行考察。

7月25日　中苏两国科学家乘坐三只汽船从海拉尔进入额尔古纳河，顺流行使。

赵亮、纪松在《冯仲云传》中写道：

> 七月二十五日，两国科学家乘坐三只汽船从海拉尔河进入额尔古纳河，顺流行驶，奔向黑龙江。这在额尔古纳河航运史上还是第一次。
>
> 额尔古纳河，蒙语是曲折的河，名副其实，河道弯弯曲曲，有的河段，汽车只需大半天的路程，坐船竟要走上十天！科学家

---

① 《院史资料与研究》2001年第6期，第29—30页。

② 黑龙江流域的综合考察研究，原出自苏联方面的倡议。1956年1月苏联科学院生产力委员会主席给郭沫若院长的信中提出，希望两国科学院合作研究黑龙江水能及航运的发展前景。经过中科院邀请政府有关部门及院属有关研究所负责人会商，决定与苏方合作进行为期四年的黑龙江流域综合考察研究。在上报国务院得到批准后，于5月下旬邀请苏联科学院代表5人来北京谈判，我方代表由竺可桢副院长担任组长，张劲夫副院长为副组长。谈判历时10天，达成合作协议。在竺可桢、张劲夫、冯仲云联名向国务院报告谈判结果并得到批准后，中方于6月建立以竺可桢为主席、冯仲云（水利部副部长）、杨易辰（黑龙江副省长）为副主席的黑龙江综合研究委员会，在其领导下组建了黑龙江流域综合考察队及其办事机构。考察队由冯仲云任队长，朱济凡、陈剑飞为副队长，当年夏考察队开始进行工作。

们在这里领略到自然界的富庶。珍贵的水獭成群地游过，水鸭子在汽船周围拍打着翅膀，鱼多到用两米长的麻绳拴个钩就能钓上来……

考察工作相当辛苦。蚊子多到成团，每个人手里一把树条，不停地拍打。吃饭的时候，嘴露在外面也会被叮得肿起来。夜间睡在帐篷里，不远就有黑熊和狼。冯仲云不怕蚊虫叮咬很快引起大家的注意。这是长期艰苦的野营生活带来的好处。当时帐篷笨重，支帐篷的时候，他和大家一起拖拽。开饭的时候，和大家一样蹲在地上吃。他的性格使他走到哪里，哪里的气氛就活跃起来。

汽船驶入吉拉林以后，进入了大兴安岭峡谷。专家们工作更忙碌了，每天差不多都要爬上几座陡峭的山峰，为选择未来的水电站坝址，进行测量和计算。冯仲云和五十多岁的克洛波夫爬起山来，比年轻的技术员还利落。有时下了汽船，转眼功夫，就背着照相机，爬上半山腰。

在额尔古纳河工作二十天，八月中旬两国专家乘船进入黑龙江。这以后，他们乘坐的船只由汽船换成了"长春"号拖轮。他们坐这条船，经过"中国的北极"漠河、呼玛、爱辉、逊克、嘉荫、萝北，一路考察，直到苏联的伯力。历时一个月，航程达三千公里，考察了在额尔古纳河和黑龙江上的水电站坝址，初步选定四级开发的方案，估计总装机容量八百多万千瓦。

苏联报刊对考察活动作了报道。署名彼得罗夫斯基的长篇通讯《电龙江》中写到了冯仲云：

考察活动是在一九五六年的这些特殊情况下进行的——在无数的雷雨中，在南方的灼热的阳光下，沿着汹涌的河流和罕无人迹的陡峭的山岭。考察人员都是些经验丰富的老手。其中有很多人对黑龙江流域是相当熟悉的。但是对冯仲云同志这样熟悉地形，能不止一次地帮助勘查队员摆脱困境，使他们感到惊讶不止。这位可敬的教授，中华人民共和国水利部副部长，怎么会知道这荒山僻野中的每一条羊肠小道呢？原来过去他是东北抗日联军中的一个指挥员，曾经在黑龙江平原，在紧靠黑龙江的大小兴安岭同日本侵略者斗争过十年多。难道他会忘记这些地方吗[1]？

---

[1] 《冯仲云传》，第 292—294 页。

本月 途经海拉尔时到呼盟水文管理站视察，深入坝后水文站了解基层测站情况。

8月18日 中苏两国政府在北京签署了"关于中华人民共和国和苏维埃社会主义共和国联盟共同进行调查黑龙江流域自然资源和生产力发展远景的科学研究工作及编制额尔古纳河和黑龙江上游综合利用规划的勘测设计工作的协定"，中国科学院竺可桢副院长代表我国政府在协定上签字。实际上，在协定签字之前，野外考察工作已经开始了。为了执行协定的各项任务，中方成立了黑龙江流域综合研究委员会（隶属国务院），由竺可桢副院长担任主任委员。该委员会下设黑龙江综合考察队，由水利部副部长冯仲云任队长。

8月21日至25日 中国黑龙江流域综合考察队和苏联黑龙江流域考察队分别抵达瑷珲县黑河镇，并交换了考察黑龙江情况。二十三日，中方人员应邀赴苏参观。二十五日，乘船继续考察黑龙江下游。

9月3日至21日 中、苏两国专家工作组踏勘黑龙江上游水利资源，并选定黑河、连釜（加林达）等五个坎段作为黑龙江上游梯级开发研究对象。

9月15日至27日 参加中国共产党第八次全国代表大会。

9月30日中午 出席水利部长傅作义欢迎以苏联农业部副部长兼水利总局局长阿斯科钦斯基为首的苏联水利代表团全体人员宴会。

10月4日 上午在科学院同张劲夫、竺可桢、谢鑫鹤谈黑龙江流域综合考察事。

10月11日晚 出席水利部长傅作义举行的欢迎以越南民主共和国水利和建筑部部长陈登科为首的越南水利代表团宴会。

10月16日早晨 到车站欢送来我国协助鉴定长江流域坝址地段地质工作的苏联地质专家谢苗诺夫、商采尔、索科洛夫、雅库舍娃等一行四人。

10月22日 作黑龙江流域资源报告，说中国方面希望三年内完成松花江开发规划，嫩、松二江防洪工作，大小兴安岭完成地质勘察等工作[①]。

12月11日 应竺可桢之约同赵锋、顾准到竺可桢办公室谈黑龙江流域资源研究事宜。

12月24日 应竺可桢之约与竺可桢、张劲夫、谢鑫鹤、顾准等谈黑龙江调查事。

---

① 《人民日报》1956年10月25日第2版。

本月　为启东并港建闸纪念题词：改善水利，为人民谋幸福。

本年　和水利科学院院长张子林等，依靠广大科技人员，在水利科学院建立了水功所、结构所、泥沙所、水文所、水利所和水利史研究室、技术处等十个科研机构，使水利科学院成为设备完善、人力雄厚的全国水利系统研究中心。

本年　在国务院的领导下参与组织制订了《水利科学技术一九五六——一九六七年规划》。

本年　到湖北长江水利学校视察指导工作。

1957 年　四十九岁

1 月 8 日　应竺可桢之约在西郊宾馆三号楼参加黑龙江流域综合研究委员会扩大会议。

1 月 10 日下午　同竺可桢等到军委会俱乐部,出席聂荣臻召集的各有关部负责人参加的讨论黑龙江流域考察方针的会议。冯仲云作汇报。

中旬　在全国水利会议期间,邀请广西、河北、贵州、云南、湖北、内蒙古等省区的代表举行座谈,交换目前水文工作的情况和意见。

3 月 12 日晚 8 时　参加文化部为欢迎西罗基总理为首的捷克斯洛伐克代表团在怀仁堂举行的京剧歌舞晚会。

3 月 18 日至 22 日　黑龙江综合考察联合学术委员会第一次学术会议在莫斯科举行,率领中方代表团参加。会后应苏方邀请,在苏方考察队长克洛勃夫博士陪同下,中方代表团到苏联各地参观学习访问,历时一个多月。组织召开国际性学术会议,是一项很繁重的任务。对冯仲云来说,他不仅是会议参加者,而且是组织领导者之一。在朱济凡副队长的协同下,统筹会议准备工作,并及时与苏方交流情况,保证会议顺利进行,所以他要付出更多的心血。白天开会时间很紧张,听报告,参加讨论,没有休息空隙。晚饭后要召开中方代表团的小会,听取大家的汇报,所以很晚才能睡觉。这种情况下,冯仲云不顾疲劳,和大家一起开展工作,表现出高度的责任感和身先士卒的榜样作用。根据上级领导的指示精神,这项科学考察主要目的是做到查清资源,学习经验,培养干部。会议期间他认真听取学术报告,多方交流,广泛收集相关信息。会后的参观学习访问活动中,对各地区科研和水利部门的情况介绍给予极大关注,尽可能多看一些水利工程,交流水利建设经验。

在莫斯科期间,冯仲云曾专门参观访问了一次列宁图书馆。到水利部之前,他曾担任过北京图书馆馆长职务。所以,借这次开会的便利条件,很想参观一下著名的列宁图书馆,把好的经验带给北京图书馆。

本月　画家礼默送给冯仲云一幅版画,题为《海河风光》。

4 月 11 日至 17 日　中国水利学会第一次全国会员代表大会在北京召开。选举张含英为理事长,冯仲云、须恺、李锐为副理事长,郝执斋为秘书长。

本月　到黑龙江省萝北县视察。

5 月 24 日　任全国水土保持委员会委员。

5月31日　致信张同嘉，全文如下：

同嘉侄：

你于四月二日寄给我的信是寄到我处的，我最近由苏联回来，才读到，所以到现在才回信请原谅。

为什么五五年你到北京来阅兵不到我处来，在你觉得怕增加我的麻烦不来我处，在我则见怪。

你为什么不到我处来，以后到北京请必到我处来。

关于你父亲张适，我记得一九三二年以前他是在呼海路（现哈尔滨——北安）四方台等地教书，当时胡起（现任锦州铁路局副局长）做了一些党的和群众的工作，张适即参加，后来与党的组织发生了关系入了党。

呼海路党的组织和工人运动是在哈尔滨市委书记杨靖宇同志领导下发展起来，你父亲是杨领导下的呼海路工作的有力干部。后你父亲张适即参加中共哈尔滨市委工作，任过哈尔滨市道外区委书记。一九三三年被派到沈阳任中共沈阳市委书记。到沈阳不久被捕，用张有才假名，在狱中惨受酷刑，但未屈服吐实。你父在狱中共产党人大义不辱的英雄气概，为狱外同志所敬佩的。被判刑八年。听说约七、八年你父亲出狱，回甘南拟找我党领导下的抗联部队，因环境严重无法投入游击队。传闻"八一五"东北光复后，他到哈尔滨找党的关系误入当时哈尔滨道外国民党机关后失踪无闻。估计已被害。你父在地下工作时是有名的"黑张"，我所知道的就是这些。

　　此致
敬礼

冯仲云
五月三十一日①

6月6日下午3点　至农村工作部参加第一次水土保持会议。

6月8日下午2点　在北京参加黑龙江调查队（综合队）会议，研究萝北县太平沟水库问题。参加会议的有：唐季友、吴传钧、冯景兰、王守礼、顾准、杨宣仁等。

———————————————————

① 张同嘉提供抄件打印稿。

6月12日　任国务院科学规划委员会委员。

6月16日下午　到熊庆来家看望老师。

6月27日晚　在科学院同竺可桢、顾准等谈赴黑龙江考察事宜。

6月28日　在中南海科学规划委员会同范长江、吴传钧、顾准等谈黑龙江综合考察事。

6月30日上午6点半　在西郊机场送客人。

7月26日　接在哈尔滨的竺可桢打来的电话谈黑龙江流域综合考察事。

本月　被国务院科学规划委员会聘为水工组组长、水利组组长、三峡水利枢纽组副组长、西北防旱组副组长、综合考察组副组长。

8月1日　在八一建军节庆祝大会上讲话。

8月15日晚7时　应朝鲜大使李永镐之约，在北京饭店参加纪念朝鲜解放十二周年酒会。

8月27日下午3点　在科学院同竺可桢、熊毅、席承藩、谢鑫鹤、顾准等谈土壤调查事。

9月7日　致信山东省昌乐县委组织部，谈张适的历史问题。信中说：

关于张适的历史情况和中央城市服务部长杨一辰同志（杨一辰同志一九三三年后在沈阳与张适同志同狱知之甚详）研究互谈后，大致可以如下作证：

张适同志原字张适斋，一九二六年入党，当时他在上海某医院，后去武汉，正当大革命前他参加了当时的张发奎教导团，他当时和徐向前在一起。但徐是否尚记忆起来，不敢说。后参加广州暴动，暴动失败后与党断绝了关系回家。后来去东北，在东北山地作采木工人，后到四方台车站乡村中教书。一九三二年又与中共满洲省委接上关系，任中共哈尔滨市委委员及区委书记，一九三三年调沈阳市任市委书记，在他去以前沈阳市委书记是杨一辰同志，因被捕所以派张去恢复当地党工作的，但到沈不久又被捕，在狱中备受酷刑，但坚贞不屈（杨一辰同志与之同狱知之甚详），后到沈阳狱和长春狱。出狱后即去黑龙江省北部拟找东北抗日联军，同时杨亦出狱，与之互通音信，杨本想让他回山东工作（杨当时正在山东工作），但因张有可能找到抗日联军，故未去山东。传闻"八一五"后，他到哈尔滨找组织，误入国民党机关，即失踪估计被国民党所暗害。据他在狱中告诉他认识山东省副省长李宇超及康生（赵庸）同志的，但现在他们是否尚记得起来那是问题。胡起同志知他并不多，所以不需要再去打听他了。

冯仲云

九月七日①

本月　朴静淑（张静淑）致信冯仲云：

你给我信收到了，信中没有写你们家庭的消息，可是都很好吧！

我和孩子们都好。我不在平壤市党工作，今年九月二日中央党校学习，三年班。

金英淑同志她回朝鲜后入院一个多月，最近出院，在科学院工作。我还没有代你问她。你要我的美好的照片，没有那样的，可以给你一个。我现在中文都忘了，信写得不好。

10 月初　在中共八届三中全会分组讨论时认为"应该全面地计算投资的经济效益，不能因为人多就不用机械，如盐业、农业等方面该用机械的还是要用机械"②。

本月　致信在朝鲜的东北抗日联军战士朴静淑：

静淑同志：

不久前曾给你一信，谅你已收到了，大概你还如去年我见到你的时候一样忙吧！因为没有接到你的复信，你近来情形如何，甚念。请你给我来信，即使简短的几句话也好。

佳木斯方面经黑龙江给我来信，在佳木斯找遍了所有朝鲜人，没有找到你的哥哥。至于张家龙的孩子，张喜淑的家属，还有你的孩子还在觅找中，有消息我会告诉你们的。你那面同志们还有要找亲人的，可给我来信，我当设法找寻。

给李素贞的信，是给到平壤市委转交的，信没有寄到，现在附在给你的信里，托你转交。

冯

---

① 张同嘉提供抄件打印稿。

② 中共中央办公厅编：《八届三中全会各小组活动情况：情况简报》，1957 年 10 月 4 日，第 339 号。

11月5日　就黑龙江流域考察在《光明日报》上撰文写道："中苏科学家国际主义的友谊团结，共同工作的结果，必将使黑龙江上的中苏人民在不久的将来共同合作劳动，建立起巨大的水电站和冶金基地。中苏人民共同合作开发黑龙江的富源，将使黑龙江流域成为中苏两国人民的富饶和美丽的家乡。黑龙江的水将灌溉中苏双方的田野，长出金黄色的稻麦。黑龙江奔腾的急流将发出光和热，黑龙江将成为电龙江，使中苏两国的友谊更加深厚和永远久长。"

本月　在河南视察引黄灌区。

12月20日上午9点　在西郊宾馆参加全国第二次水土保持会议并做报告。

12月24日上午　在西郊宾馆参加一九五七年黑龙江资源考察总结会议。

本月　收到原东北抗日联军第三军二十五团团长王保钧自新疆伊犁写来的信。

本年　中国青年出版社出版的《红旗飘飘》第八集收录了冯仲云的《芦家窝棚遇敌记》一文。

本年　在和平门家中宴请苏联专家。

本年　一位刚从美国回来的工程师，因为所谓"资产阶级生活方式"问题，受到批判。得知此事后，说：这样的知识分子，从美国回来，就是爱国，就是进步，应该给予鼓励。对他们的生活方式不能苛求，不能强求一致。有缺点要热情帮助，不能当"白旗"拔，更不能用大字报围攻。

1958 年　五十岁

1 月 2 日下午 7 时　在怀仁堂参加新年晚会。

1 月 23 日　任松花江流域规划委员会委员。

2 月 23 日　在杨靖宇殉国十八周年之际，参加党和国家在通化市杨靖宇烈士陵园举行的"杨靖宇将军公祭安葬大会"。

在杨靖宇将军的灵堂上，烈士的遗体覆盖着鲜红的五星红旗。灵堂前悬挂着烈士的巨幅遗像，两旁放着中共中央、国务院、党和国家领导人毛泽东、朱德、刘少奇、周恩来、朝鲜民主主义人民共和国领导人金日成、崔庸健、杨靖宇的家乡河南省政府、确山县政府和国家有关部门及东北各省、市以及杨靖宇的生前战友、家属等送来的铁质花圈四十二个、纸质花圈一百二十二个，挽联六十六幅。

在安葬之前，举行了万人参加的公祭仪式。中共中央派代表参加了公祭大会，并代表中共中央在公祭大会上致悼词。参加公祭仪式并讲话的还有国防部代表邓华、吉林省代表栗又文省长、黑龙江省代表于天放副省长、辽宁省代表张雪轩副省长、河南省代表邢肇棠副省长、杨靖宇将军生前好友代表伊俊山同志，杨靖宇的儿子马从云致谢词。

公祭仪式结束后，各地代表瞻仰杨靖宇将军遗容，举行杨靖宇遗体安葬仪式。在庄严的国际歌声中，将杨靖宇的遗首与遗骨合葬于青松翠柏的陵墓之中。杨靖宇将军的生前战友、抗联老战士周保中、冯仲云、于天放、伊俊山等为烈士棺椁封墓。

同日　在《吉林日报》发表《悼念杨靖宇同志》一文。

2 月 24 日　《吉林日报》发表冯仲云为杨靖宇将军公祭大会的题字："满腹棉絮枯草战斗到最后一人，共产党员以身报国永示典范。"

2 月 27 日下午　到南郊机场迎接中苏两国为共同勘测和利用黑龙江水利资源的苏联科学代表团的苏联专家。

3 月 4 日　下午在北京饭店七楼会议室开黑龙江流域中苏两国资源考察研究学术委员会扩大会议并做报告。晚七点在北京饭店用餐。

3 月 5 日　出席国务院科学规划委员会第五次会议并作重点发言。

3 月 7 日　国务院全体会议第七十二次会议通过任命严恺为华东水利学院院长，免去冯仲云的华东水利学院院长的职务和严恺、汪大年的副院长职务。

同日　在北京饭店参加黑龙江资源考察学术会议。

　　3月8日上午10点　在北京饭店参加黑龙江综合考察联合学术委员会第二次学术会议。涅姆钦诺夫院士和克洛勃夫队长率领苏方代表团来京参加会议。竺可桢副院长和冯仲云率领中方代表团出席会议。冯仲云协同竺可桢统筹安排，并与苏方密切配合，总结了过去两年的考察成果，制订了一九五八年度双方共同工作计划大纲，使会议于下午二点圆满结束。会议结束时，聂荣臻副总理接见了双方代表团成员。

　　3月26日　清华大学水利系教授李丕济在《向党交心，向党请罪》一文中说："关于兼任泥沙所职务的事，一九五六年放暑假前，有一天下午水利部北京水利科学研究院谢家泽副院长在电话中征求邀我任泥沙研究所所长，他急如星火，就要我说'可'或'否'。我说这事也得和组织说一下，他说冯仲云部长在人代会上和蒋校长说好了，现在就看你的意见如何，就要发表了。说心里话，我对这个邀请并不感到十分兴趣。一因这时已着眼于非恒定流的研究，二因自己不善于技术行政。可是后来学校不同意这办法时，我心中并未怎样，只觉得未征求组织意见，因而就通不过，通不过我也不在乎。在一次和系主任说起这事时，我却带着情绪说，组织有事不和我说，我有事也不去找组织。我的资产阶级个人主义意识已狂妄到目无基层党的地步了，这也是应在这次运动中向党请罪之一点。"①

　　本月至1966年5月　任水利电力部副部长。任职期间，十分注意科研机构的建立，依靠广大科技人员在水利科学院建立了十几个科研机构，着重抓关键性的重大科研课题。

　　4月30日　郭革一致信请求帮助解决党籍问题。

　　5月7日　到科学院同竺可桢谈呈请聂荣臻副总理改回黑龙江资源考察委员会名称事宜。

　　6月4日至6日　根据周恩来总理指示，中央有关部委和中共湖北、河南省委等有关部门，在武汉洪山宾馆召开丹江口水利枢纽工程鉴定会议，审查《丹江口水利枢纽初步设计要点报告》。会议由湖北省委书记王任重、水电部副部长冯仲云、湖北省长兼丹江口水利枢纽工程委员会主任张体学主持。参加会议的有国家计委、国家经委、水电部、铁道部、地质部有关领导和河南省副省长彭笑千、水电部勘测设计总局局长李化一、总工程师严恺、水电部水工建设总局局长黄宇齐、副局长朱国华、总工程师黄育贤、水电部技术委员会副主任高镜莹、三门峡工程局总工程师汪胡桢、清华大学教授张光斗、湖北水利厅长陶述曾、即将成立的丹江口工程

---

　　①　《清华大学双反运动大字报选辑（第十辑）》，中共清华大学委员会办公室，1958年6月3日。

局局长任士舜、长办主任林一山、总工程师李镇南、枢纽设计师魏廷琤及有关专家和工程技术人员。会上由魏廷琤就丹江口水利枢纽的防洪、发电、灌溉、航运等综合效益、正常高水位和死水位的选择、坝轴线选择、建筑物型式和枢纽布置以及施工方案等做了汇报。根据会议讨论确定，将审查意见写成《丹江口工程鉴定会议的报告》。会后由湖北省委、省人委和长办联名于同年六月十六日以（五十八）鄂农办字第○三八五号文上报中央、国务院。会议主要审查意见如下：

一、丹江口水库正常高水位一百七十米，死水位一百五十米，选定第一坝轴线。

二、枢纽布置为河床混凝土溢流坝和坝后式电站，两岸土石坝，河床混凝土坝与两岸土石，坝之间采用插入式联接。溢流坝布置在河床右部和中部，包括大孔口溢流坝段及开敞式溢洪坝段，总长四百六十四。电站布置于河床左部，坝式引水，坝后式厂房：装机五台，总容量七十三点五万千瓦。

三、混凝土坝采用双墩大头坝。

四、通航建筑物在右岸预留位置、暂不兴建。

五、施工采用分期导流。第一期先围右部河床①。

6月5日至16日　出席并主持在汉口举行的长江三峡水利枢纽科学技术研究会议，在开幕时讲了话。他说：三峡水利枢纽的科学技术问题是很高深复杂的，在前进途中一定会遇到一些困难，但只要解放思想、政治挂帅，在党的领导下敢想敢干，任何困难都是可以克服的，毛主席的诗句"三峡出平湖"是肯定要实现的。

7月3日至12日　吉林省举行第二届人民代表大会第一次会议，会议选冯仲云为第二届全国人民代表大会代表。

7月上旬至8月中旬　和朱济凡副队长率领水能、土壤、植物、森林等专业人员，与克洛勃夫队长和柯列茨卡娅副队长率领的苏方考察人员一起，对黑龙江进行了第三次联合考察。由黑河出发，首先到达黑龙江上游苏霍金坝址，对水能资源开发利用条件进行了定点考察。随后返回黑河，搭乘"拉佐轮"顺流而下，对黑龙江中游和下游河段的水利水能资源开发条件和沿江两岸地区的自然条件进行了考察。这次考察活动正值黑龙江发生洪水，黑河附近水位上涨八九米。中方考察队员抵达黑河后，在冯仲云率领下，立即参加了当地抗洪救险活动。数日之后，险情有所减缓，才开

---

① 1981年编《丹江口水利枢纽混凝土坝设计概况》。

始科学考察工作。冯仲云挖土、打夯，与群众一起战斗在抗洪第一线。考察黑龙江下游河段，冯仲云是故地重游。经过与苏方沟通，特意安排时间，在菲亚斯科村抗联教导旅营地墓地扫墓并举行了一个"追思会"。冯仲云概要地讲述了当年抗日斗争的艰苦生活和受到苏联帮助的情况。

8月30日下午　率领中国水利电力部代表团参加朝鲜鸭绿江水丰发电站竣工仪式并讲话。他说，几年来水丰发电站输送了大量的电力支援中国东北地区的工业生产用电。这座发电站的恢复改建工程的全部竣工，对于发展中朝两国的经济建设必将起更大的作用。

访问期间受到金日成、崔庸健的热情欢迎。期间和抗联老战士见面并到崔庸健家做客。

金日成在《与世纪同行——金日成回忆录》续编中说：一九五八年九月，冯仲云率中国水利电力部代表团来朝鲜的时候，我在水丰发电站见了他。我们先看了电站的设备，然后一同走到大坝上，俯瞰着水丰湖的美丽风光，讨论了在鸭绿江共同建设新的发电站，在水力发电领域进一步加强两国合作的问题①。

9月25日　到机场迎接应邀来我国访问的越南民主共和国水利规划考察团团长、越南民主共和国水利部部长陈登科。

10月30日　同竺可桢联名就黑龙江考察队于九月末在北京举行的中苏双方大队长会议情况，向中科院党组并聂荣臻提出报告。

11月7日晚　应苏联大使尤金的邀请在北京饭店参加十月革命四十一周年招待会。

11月23日　《人民日报》报道《欢迎您，敬爱的金日成首相》文中说："北京，举城在欢迎中国人民最敬爱的朋友。悠扬的迎宾乐曲响起来了。金日成首相迈着英雄的健步走出列车，周总理含笑上前同他热烈地握手，亲切地互相问候……当年抗日联军的领导者之一、现在的水利电力部副部长冯仲云同志向我们追述了中朝人民反抗日本帝国主义的艰苦斗争，追述了在这一斗争中金日成同志的光辉的战绩。他兴奋地说道：'我们过去曾经为了反对我们共同的敌人而并肩战斗过，今天我们又在建设社会主义的事业中互相关怀和支持，我们永远在一起！'"

11月29日晚　在北京饭店参加庆祝阿尔巴尼亚解放十四周年纪念招待会。

12月5日　参加由中苏两国联合召开并有朝鲜、蒙古代表团参加的水

---

① 《与世纪同行——金日成回忆录》，第231页。

利科学技术交流会议第二次会议。

12 月 8 日下午 7 时半 接受金日成邀请在北京饭店参加朝鲜民主主义人民共和国政府代表团友好访问中华人民共和国举行的宴会。

本月 陪同苏联专家组组长沃洛宁、专家儒可夫在广东视察松涛水库工地。

本年 家住西单手帕胡同。

本年 与朱济凡联名在第三期《科学通报》上发表《黑龙江流域综合考察队一九五七年工作初步总结》。

1959 年　五十一岁

1 月 20 日晚　出席中国人民保卫世界和平委员会主席郭沫若举行的欢迎以墨西哥前总统、世界和平理事会副主席卡德纳斯将军为首的墨西哥朋友们的宴会。

2 月 16 日　在水利电力部参加南水北调会议。

2 月 21 日　南水北调会议闭幕，在会上作了总结。

4 月 18 日　在北京展览馆出席德意志民主共和国精密光学仪器和电工器材展览会开幕仪式。

4 月 28 日　致信尚志县粮食局局长孙万芝谈梁树林的历史问题及其抗联历史有关事宜。全文如下：

孙万芝同志：

你的来信收到了，对于老吕太太的问题，应该慎重研究调查。据我们知道（在抗日斗争时期）她是不信神佛，表现较好，故曾入党，并做过道北区委委员的工作（当时是和赵一曼、李秋岳——小黑李）一起，如果是仅仅听一些人说，贴大字报，那当然还不能证明，应当调查是否有真凭实据，和具体情况。她是比较出名的人，因此更得慎重。

到老根据地调查东西，在我的记忆中，在东蜜蜂园子，离三股流很近某山坡上插有无线电器材，在十三保及大荒顶子山里可能插些东西。特别是在十三保东张家湾一个高而尖的山头下面，我记得干姜插了一个坛子，装了一坛子文件。坛子有比冬瓜小一些那么大。可以找找，如果好好找找，在尚志县确实可以找到不少革命文化的。

尚志县要接高压线，主要还是向专署及电业局要，我们这中央的部是管不到这样的问题，一切都有制度。而且我也不管材料供应，所以我无法答复。而且我不常在家，最近，即四月三十日我出国去苏联开会，所以你为了高压线，千万还是不要来。

此致

敬礼

冯仲云

四月二十八日

4 月 30 日　同竺可桢等抵达莫斯科出席中苏黑龙江流域联合学术委员会第三次学术会议。早六点三十分在机场登机，机号 CCCP 四二三六，六点五十飞机起飞，由北京飞往莫斯科，十七点四十六分到莫斯科。

5 月 1 日早 8 点　在莫斯科同竺可桢、袁子恭、朱济凡等吃早餐。上午在红场参加庆祝"五一"观礼活动。

5 月 2 日上午　到莫斯科郊外苏联国家科学院疗养院，和竺可桢住五号别墅。疗养院医生为冯仲云和竺可桢诊病。冯仲云患高血压，不能安睡。晚上九点看电影《宝石花》。

5 月 4 日　同竺可桢等返回莫斯科。中午王淦昌约在莫斯科北京饭店就餐。有竺可桢、林镕等。晚同竺可桢、陈剑飞等看电影《我们伟大的祖国》。

5 月 5 日　在莫斯科北京饭店谈七号开会程序及日程安排。晚黑龙江考察全体人员开会，由朱济凡讲了第三次学术会议日程计划和应注意的事项。冯仲云和竺可桢也谈了各人应注意的事情。

5 月 7 日至 5 月 14 日　中苏黑龙江考察联合学术委员第三次学术会议在莫斯科苏联科学院举行。在大会上做了"中国科学院黑龙江综合考察队三年来的工作报告"。报告阐述了关于选择黑龙江干流第一期水能资源开发工程目标的基本观点。原来在以往的学术讨论过程中，中苏双方考察人员曾经有过不同意见。有的苏联专家主张选择上游的阿玛扎尔（漠河）水电站，而有的中方专家则认为应选择中游的太平沟（兴安）水电站。这两种意见都是以距离本国用电地区较近为出发点而考虑问题的，不免带有一定的片面性。冯仲云在报告中，推荐苏霍金（呼玛）水电站为第一期开发工程目标，相对中苏双方的供电地区来说，基本上处于中间位置，而且水库库容较大，具有其他水电站不可代替的防洪作用。苏方考察队长克洛勃夫博士在报告中也提到了苏霍金水库的防洪效益最大，适宜作为黑龙江的第一期工程。这表明冯仲云报告中的观点是科学的、合理的，所以双方都能接受。

5 月 15 日上午 8 点　同竺可桢等十四人由莫斯科至杜布纳[①]参观苏联原子能研究所。

5 月 16 日下午　到克里姆林宫参观。晚八点二十分同行十五人由莫斯科机场飞往斯大林格勒，莫斯科时间十一点五十五分到斯大林格勒。

5 月 17 日上午　在斯大林格勒参观水电站。

----

① 杜布纳是俄罗斯莫斯科州的一个城市，位于莫斯科北方，伏尔加河畔。

5月18日　考察伏尔加河水闸工程。

5月19日　同竺可桢、陈剑飞等参观农学研究院的林业防止土壤流失研究所并参观葡萄园。

5月20日　乘飞机由斯大林格勒飞埃里温，中途在巴库机场做停留时，得知埃里温有雨，遂在巴库停留。

5月21日　在巴库机场乘飞机到埃里温，并参观植物园。

5月22日　参观西凡湖水电工程。

5月23日　由埃里温乘火车至第比利斯。

5月24日　由苏呼米至索契。

5月25日　在索契参观。

5月26日　在索契参观防波堤工程。

5月27日　去理查湖游览，在黑海中游泳。

5月28日　乘船在黑海上游览。

5月29日　在索契参观。

5月30日　上午在黑海游泳。晚上飞回莫斯科，住北京饭店。

5月31日　在莫斯科参观。

6月1日　应苏中友好协会的邀请在对外文化科学联络会大厦发表演讲。

6月2日　商谈中苏学术会议的决议案。

6月4日　在莫斯科参观。

6月5日　在莫斯科机场起飞，到达伊尔库茨克。

7月10日　到科学院参加中苏黑龙江考察联合学术委员第三次学术会议，因临时改变会议时间没接到通知，返回。

夏　在长江水利委员会主任林一山等陪同下，沿丹江口南水北调工程线路进行实地查勘。

8月23日　在罗马尼亚大使馆出席庆祝罗马尼亚解放十五周年酒会，周恩来、陈毅到会。

8月25日　周恩来签发任命冯仲云为水利电力部副部长任命书。

9月7日　出席黄河流域七省区水土保持电话会议并讲话。

9月29日下午2时半　在人民大会堂参加庆祝中华人民共和国成立十周年大会。

10月1日上午　出席国庆十周年阅兵和群众庆祝游行观礼活动。

10月5日至7日　出席农业部、林业部、水利电力部、农垦部、农业机械部、水产部等联合举办的，邀请各地来京参加建国十周年庆祝典礼的一千三百多名农业战线上的先进单位代表和劳动模范代表座谈会，并作题为《一定要把祖国丰富的水利资源都用来为社会主义和共产主义建设服务！》的讲话。

10 月 23 日　参加长江三峡第二次科学技术研究会议。

11 月 17 日　在哈尔滨参加黑龙江流域考察会议，黑龙江省委书记欧阳钦到会。

11 月 19 日　在哈尔滨接待黑龙江省党史研究所人员，对开展东北党史研究提出意见。冯仲云说："我想搞东北党史应该考虑一下三省的协作问题。军区可以搞军史，再把博物馆、烈士馆、大学历史系等组织起来，这样我们就有了人力，有了人力与学生就可以搞许多的材料，从而也就搞清了不少问题。像吉林大学不是在尚志搞了一本斗争史吗？你们黑龙江大学的历史系怎么不去搞呢？延边大学还可以搞朝鲜同志斗争的一些历史。应该组织一个研究东北党历史的领导机构，通盘的考虑研究工作。"

此谈话一九七九年以题为《访问冯仲云同志记录——对开展东北党史研究的意见》，收入《中共东北地方党史资料访问录选（编冯仲云同志专辑）》。

11 月 22 日　在黄河、永定河流域中上游地区水土保持广播大会上讲话。

11 月 25 日至 29 日　出席水利电力部在北京召开的全国水利水电科学技术工作会议。在会上作《反透右倾、鼓足干劲，为迎接水利高潮和争取水利水电科学技术工作的更大跃进而奋斗！》的报告。

12 月 26 日　出席汉江丹江口水利枢纽工程截流庆典活动。

12 月 28 日　任水电部党组成员。

本年接待中共吉林省委地方党史编委会人员，谈满洲特点、满洲党的路线方针、北方会议、"一·二六"指示信、东北抗联的后期形势及对东北抗联的估量等问题。此谈话一九七九年收入《中共东北地方党史资料访问录选编（冯仲云同志专辑）》。

本年　致信张静淑：

你的来信收到了，很高兴。

去年我曾给你写去了两次信，又给你寄去相片（我在朝鲜时为你们拍的），经金京石的信转给你的，却没接到你的回信。不知道收到没有？

我为你发信到东北各县去打听你的哥哥，也接到许多县的回信，到处都没有打听得着你的哥哥。

很高兴知道你的儿子现在已经是万景台学院的高中一年的学生，女儿进了舞蹈学校。我呢，我的大女儿已经结婚了，并有了儿子的，她去年曾到朝鲜，并且见到了首相夫妇及崔委员长夫妇。另外四个小的，二个男孩一个女孩已进小学，一个最小的五岁女儿还在幼儿园。很高兴知道你在校学习成绩优秀，从你写的信看来知道你的中文程度确实有了进步。

你毕业后做什么工作，一定要给我写信告诉我你的通信处（要中文的和朝鲜文通信处）。你如果到中国来，一定事先给我来信，我很希望在北京能见到你。来信请寄水利电力部或水电部。

本年　东北烈士纪念馆郭肇庆经过多年搜集整理出一本《东北人民抗日诗词选》，书稿编完后，由出版单位听取了抗联老战士李延禄、冯仲云、韩光、伊俊山、于天放、陈雷、王明贵、王钧、张瑞麟等的意见，据冯仲云回忆，《露营之歌》除了李兆麟、于天放、陈雷同志外，还有高禹民同志参加了写作。这首歌词的形成过程是：先是一人写了初稿，大家看了觉得很好，李兆麟同志便约集上述的同志集体修改，几经推敲后而形成的①。

1959 年或 1960 年　致信崔尚志：

崔尚志同志：

你去双鸭山煤矿工作，不久我又来北京，这样我们音信就断了，已是多少年了，我们只知你在双鸭山，不知你在那儿，没有法给你去信，接得你的来信，该使我多么高兴。

来信中说到了你有胃病这是意想到的事，多年的游击战争，忍饥挨饿的生活，哪能没有胃病呢，但是胃病是可以病（治）得好，一般慢性的气功疗法是最有效，你不妨耐心做一下。如果严重的话，胃也可以动手术，在北京常常有人因为有严重的胃病，把胃切除了四分之三，还是好了的，必要时你也可以经过矿上医疗机关转到北京医疗也可。

关于抗联，政府却有些照顾，双鸭山是企业当然有困难，你可以找哈尔滨黑龙江省民政厅老根据地办事处季青（就是野营的季青）。为了使你易于解决这一类问题，你可先找一下佳木斯糖

---

①　郭肇庆：《关于露营之歌作者问题的说明》，1987 年 4 月 20 日，手写稿复印件。

厂副厂长或党委副书记夏凤林、佳木斯造纸厂副厂长单立志以及王铁匠，他们都在佳木斯，都是抗联同志，你很容易找他们，也可以找黑龙江军区副司令王明贵、体委主任王钧、省委统战部长张瑞麟、轻工业厅副厅长武长文以及陈雷等，总之你按照抗联老同志是可以得到政府一定的照顾的。

　　对陈德山等同志请代为致意。

　　此致

敬礼

冯仲云
六月十三日 ①

---

① 根据侯昕提供手稿复印件。

1960 年　五十二岁

年初　听取水电总局黄宇齐局长汇报丹江口大坝施工质量问题。

2 月 9 日　被选为全国教育和文化、卫生、体育等方面社会主义建设先进单位和先进工作者代表大会筹备委员会委员。

2 月 13 日　在三里河二楼三十四室参加科学规划委员会会议。朱济凡、高原向韩光汇报黑龙江考察事。

2 月 23 日　在《吉林日报》发表《忠贞不屈的革命战士——纪念杨靖宇同志光荣殉国二十周年》一文。

3 月至 7 月　黑龙江考察队进行了室内总结工作，相关人员集中在北京和平宾馆编写学术报告。期间曾多次来到和平宾馆，细心询问总结工作进展情况，对大家给予了极大的关怀和鼓励。

3 月 2 日上午　（西部）南水北调科学技术工作会议在水电部礼堂开幕。致开幕词。

同日　汉江丹江口水利枢纽工程右部河床大坝混凝土受寒潮冲击及降温影响，出现不少裂缝，最严重的是九至十一坝段基础处理混凝土楔形梁的裂缝和第十八坝段的贯穿裂缝，本办多次提出裂缝检查分析报告及处理补强方案。年初，水电部派出检查科研组来工地，温度应力专家朱伯芳等在现场工作了较长时间，但三方面的认识不能一致，后经水电总局局长黄宇齐向冯仲云副部长请示，水电部于三月二日以（六〇）水电水设冯字第三十号文，基本上确定了九至十一坝段楔形梁裂缝的补强方案，同意按苏联专家建议进行处理，希遵照以下意见办理：一、经分析楔形梁产生裂缝的原因，是受气温骤降，温度冲击所引起，属表面性，为保证大坝安全，务使基础部分保持整体性及必要的刚度。九至十一坝块继续浇筑上升的措施，除注意浇筑质量和温控外，预埋裂缝灌浆管，并在九十五米高程铺设钢筋网。二、为增加楔形梁刚度，取消原设计第十坝块两侧高程一百一十米（或一百一十五米）以下的宽缝。但分缝间设键槽和预埋接触灌浆管，使九至十一坝块联成整体。三、控制浇筑温度。四、楔形梁上部混凝土浇筑层厚仍按 3m 控制。经这次混凝土的裂缝处理，对混凝土的温控标准，浇薄层、浇高块的利弊，裂缝危害性等重大技术问题的认识，仍未取得一致意见[1]。

---

[1] 《长江志季刊》总 22 期 1960 枢纽处 1—7。

4 月 29 日　江西省在焦石工地举行竣工典礼。冯仲云同省委第一书记杨尚奎、省委书记刘俊秀参加大会。杨尚奎、冯仲云分别为总干渠通航、总干渠进水闸私船闸剪彩。五月一日《江西日报》在第一版发表长篇报导。

5 月 28 日　同张含英与水利水电科学院院长张子林，由浙江省水利电力厅厅长王醒陪同，视察青山水库工程。

本月　出席国家科委和水电部在杭州召开的钱塘江河口综合治理开发科学技术会议。参加会议的有来自全国七十七个有关单位二〇三名代表，会议由浙江省省长周建人致开幕词，冯仲云做报告。会议着重讨论和修正钱塘江河口开发问题，共计一百六十八个研究项目，签订了一百六十三份协议书。会议还建议在国家科委水利组下成立钱塘江河口综合治理开发科学技术分组（简称钱塘江分组），由冯仲云任组长。

6 月 1 日　被选为全国教育和文化、卫生、体育、新闻方面社会主义建设先进单位和先进工作者代表大会主席团成员。

6 月 6 日　在人民大会堂出席周恩来主持的招待出席世界工联第十一次理事会会议代表和特邀代表的宴会。

8 月 15 日下午 6 时至 7 时半　在北京饭店参加朝鲜特命全权大使李永镐及夫人举行的为庆祝"八·一五"朝鲜人民依靠伟大苏联军队获得解放十五周年招待会。

9 月 8 日　致信黑龙江省方正县的宋淑奎、杨春，谈范景海是否任过县委书记等问题。全文如下：

宋淑奎、杨春同志：

　　你们在一年前寄给我的信和关于方正、延寿过去党的史料数纸，我是收到了的，当然因为很忙，阅后就压到我保存的抗联史料堆里去了。但是心里老觉得有件事没有完似的，总抽不出时间来复你。实在对老同志不起。今年现在我在北戴河疗养，顺便整理一下抗联旧文件，又清出你们的来信来了，所以决定再复你们。可能你们已调离了工作岗位，但估计一定可以转到你们手中的。

　　宋淑奎同志我记得好像你已离开方正县工作，在商业部门工作似的。你什么时候回方正的，现在又做什么工作。杨春同志你回方正后，一向就在方正工作么？现在又做什么工作？情况如何？我很想念你们。

你们寄来的方正地方党史资料，当然是确实的。你们所知道的当然比我知道的确实得多。希你们将许多情况反映给当地党组织，尤其是许多老同志的历史问题要慎重给予处理。光荣牺牲的烈士要给予表扬和纪念，坚贞不屈坚持斗争的同志要给予提拔照顾，对即使有些问题的同志也要把问题弄清给予安置，有血案的叛徒要给予处罚，如前些时候方正县委和法院通知我将蓝志渊处以极刑，这是大快人心的事。如果有可能请你将方正县老同志的现在情况告诉我。

关于范景海同志是否任县委书记问题，我记得是这样的。一九三八年范景海同志到北满省委去，当时省委听说范任宣传委员，省委会议的意见是要范景海同志任书记，刘兴亚任宣传委员的，要范回去传达，所以省委当时所了解的是范景海任方正县委书记。我想我的关于范景海同志的纪念文章，此事并不重要，所以也不另行更正了。

方正县内的一些老同志请你代我问好。例如谭振久同志给我来信并寄给我照片，我给他回信了，但我的相片始终没寄去，请代致歉意。如佟德山现在不知是否还活着。金鸣岐好像解放后见过他，现在在哪儿。任福德现在情况如何？何德奎、卢占山请代致意。

我所知道的齐大虎不是恐怖逃跑的，我在一九三六年从宾县到木兰，他和韩玉春同志一起，韩任旅长、齐任政治部主任，在蒙古山一带活动，并打伪满军缴获大炮一门。后来窝火周当时张寿錢曾派他到化民队做政治工作。化民投降周也跟着后来就离开了，现在周恢复杨××大约在吉林工作，曾任范家屯糖厂副厂长，齐可能在那时候脱离的队伍。黑李子真名是李秋岳，她的爱人在老红军里任师长（补充师）。毕××（名字我忘记了，假名杨林，现在的老红军干部都知道他），随毛主席长征到黄河岸上病死。秋岳同志有病，后来去通河祥顺山、二道河子一带工作，被敌捕去。听说她被敌枪毙在方正县城西门外。

我认为，你们写过去的历史资料，除了地方党组织情况外，还应该写当时政策方针，队伍的情况，战斗情况，群众组织及拥军，群众斗争的情况，烈士们如刘世武的光荣殉难事迹等。如果必要的请你们可以找黑龙江大学或吉林大学历史系的同学帮你们写。

　　此致
敬礼!

冯仲云

一九六〇年九月八日

　　本月　从武汉和华东两个水利学院调进三十五名大学毕业生,首先学习核电技术。赶上三年困难时期,不但实验设备得不到拨款,教学人员的生活也遇到很大困难。他们学习的是尖端科学技术,吃的是最粗劣的代食品。不久将要解散的风也传出来。这时,冯仲云来到同学们中间。他告诉大家,国家需要发展核电,不能解散,鼓励大家在困难时期作个饱学之士,以便将来经济形势好转时大显身手。他甚至讲要有这样的雄心,不但在自己的国家搞核电,还要支持别的国家。一九六三年学生毕业答辩时,他从开始,一直听到结束。这批学生毕业后,全部留在热工二室从事核电研究[①]。

11 月 19 日　致信山东省民政厅:

　　关于张适同志我是知道的,但不太熟悉他。他在一九三二年以前,在呼海路四方台附近教书,他酷爱文艺书籍,与当时铁路职员相识,如胡起(现牡丹江铁路局局长)、罗烽等,他们组织团体进行革命工作(张适可能在此以前就是共产党员)。一九三二年呼海路上发展了组织,张适同志调到哈尔滨工作,历任哈尔滨市的区委书记,可能也任过市委书记。在满洲党内有名的"黑张"就是他。一九三三年我到吉林市他正在去吉林市任省委巡视员,检查和领导工作。在哈市和吉林张的情况,现任鞍山市市长的李维民同志可能知道。一九三三年夏后他到沈阳担任沈阳市委书记(可能是奉天特委书记),几个月后被捕入狱,在狱中先用张功的名字,备受敌人酷刑,顽强不屈,敌人无可如何他。当时在党内流传他顽强英勇抗争的故事。后被判十二年徒刑,他的被捕情况,在狱情况,青海商业厅厅长杨一辰(原中央商业部部

---

① 《冯仲云传》,第 297 页。

长）知道。

黑龙江省整理的档案中亦整理了张功的案，案件证明张适同志是顽强抗争。由于日皇生子而得早期解放。回到齐齐哈尔甘南一带，打算找抗联部队没有找到（这是他儿子来信里谈到的），八·一五苏联红军出兵东北，他到哈尔滨找党误入国民党机关，被暗害（这是当时估计的）。

冯仲云

十一月十九日①

12月10日　在西单手帕胡同丙三十三号家中接待邱陀，谈一九三〇年至一九三二年哈尔滨市党的组织和活动情况。此谈话一九七九年收入《中共东北地方党史资料访问录选编（冯仲云同志专辑）》。

12月14日　接待邱陀，谈一九三二年后满洲省委哈尔滨党组织情况和抗联各军在该地区的活动。此谈话一九七九年收入《中共东北地方党史资料访问录选编（冯仲云同志专辑）》。

12月30日　接到布勒索夫斯基赫于十二月十七日在苏联塔什干市写的贺年卡。

本年　接待黑龙江省委党史研究所人员访问，谈一九三三年前满洲省委党的组织和领导群众开展武装斗争的情况。此谈话一九七九年收入《中共东北地方党史资料访问录选编（冯仲云同志专辑）》。

本年　接待黑龙江省委党史研究所人员访问，谈一九三三年后满洲省委党团组织方针路线情况和抗联各军成立活动情况。此谈话一九七九年收入《中共东北地方党史资料访问录选编（冯仲云同志专辑）》。

本年　在视察华北水利水电学院时指出："学院今后要将施工机械专业作为学院重点专业来办……这个专业培养出来的学生不仅会使用维修机器，还要会设计制造机器。"此后学院修改了教学计划，加强了设计制造内容，并在培养目标上将设计制造写在了前面。

本年　接待黑龙江省委党史研究所人员访问，谈对撤销吉东局、珠汤联席会议等问题的看法。此谈话一九七九年收入《中共东北地方党史资料访问录选编（冯仲云同志专辑）》。

---

①　此信年份系根据杨一辰任职情况判断。

1961 年　五十三岁

2 月 13 日　出席水利电力部党组会专题讨论四川省鱼嘴电站工程问题。

3 月 10 日至 15 日　在上海仁济医院检查身体。

4 月 12 日　接待黑龙江省安达县有关人员，谈一九三一年至一九三四年安达县地下党的组织情况。此谈话一九七九年收入《中共东北地方党史资料访问录选编（冯仲云同志专辑）》。

本月　在三门峡。

5 月 9 日　在《北京日报》发表《评影片〈林海雪原〉和同名小说》一文。全文如下：

一

看了影片《林海雪原》，深深地感到这是一部不够成功的影片，觉得非常可惜。

影片中出现了牡丹江地区风雪交加的森林，白茫茫的原野，使我这个东北抗日时期的抗联战士，好像重新回到了当年的艰苦奋斗的现场，感到祖国的山河是何等的壮丽！我们千千万万的抗联战士在日本帝国主义占领东北的十余年间，曾经为祖国这般壮丽的山河，为勤劳的人民而艰苦战斗，把殷红的鲜血抛洒在洁白的冰雪上。我感谢摄影的同志跋涉白山黑水，在零下数十度的严寒下摄取了东北林海雪原的景色，演映在全国电影观众的面前。

我说影片不够成功，主要是指：影片究竟给了我们什么教育和印象？观众在这部影片里看到我们人民军队的一支小部队，运用了一些机智，歼灭了一帮丑恶的强盗，其中有些人表现得英勇、大胆、机警。但是所有这些，都处理得比较勉强，不大合乎情理。

影片里的正面人物的形象，除了杨子荣以外，都不够鲜明，不足以表现出人物的个性来。而杨子荣的勇敢、大胆、机智也表现得有点勉强，因为杨子荣是活动在一堆破破烂烂，烂醉如泥，湖里糊涂的土匪毛贼里，如何能显出他的英勇、机智和大胆呢？甚至于小炉匠这样恶毒凶狠的惯匪和伪满的警尉，在威虎厅里表现得那样软弱，很难使人置信，这样也就不可能显出杨子荣的英勇、机智和大胆。

至于其他正面人物，例如影片的意图是要写出少剑波的足智多谋，但是，我除了见到少剑波皱皱眉头以外，就看不到什么别的，看不出来他的机智究竟在什么地方。再如小说中写到高波的忘我战斗，直到最后英勇牺牲；写到孙达得经过艰难困苦，忍受饥饿寒冻去取威虎山的敌情图。然而影片并没有肯让高波牺牲；孙达得只是当送回敌情图的时候，昏倒一下，给人们的印象也不深刻。

当这支小部队到达夹皮沟的时候，电影虽然表现了部队的纪律严明，同群众的关系良好，但是在这方面也是一般化的，没有更深刻地写出来部队和群众血肉相连的关系。

另一方面，影片太多和庸俗地描写了反面人物。无论是定河道人、座山雕、八大金刚，都是夸张得过火了，都是脸谱式的强盗，都是些古里古怪的鬼怪。我不知道影片把他们写得那么多那么突出，对观众会有什么好处，会留给青少年什么印象。影片对这些人物的描写都是外表的，不合乎生活的逻辑。

如果是对付这样一群小毛贼，用不着小题大作，很难表现出人民解放军英勇、机智，也就不能对人们有多少深刻的教育意义。

这部影片是采取了同名小说《林海雪原》中最精彩的一段。我们的电影工作人员是能够摄制更多更好的影片的。在这部影片里，有些地方没有充分表达原作的精彩之处，也有些地方弥补了原作的一些缺陷，但这些都不是最主要的。我认为影片《林海雪原》之所以不够成功，最关键之处在于没有表现出当时的时代的特点，没有表现出党的领导作用。而这些，主要还是由于同名小说而来的。

二

现在来谈谈《林海雪原》这本小说。

什么是革命现实主义的作品？革命的现实主义作品应该反映出时代的气息和脉搏，时代的感情和精神，时代的斗争和动力。应当概括地描写时代和人物，使人们看了以后，深受感动，受到教育。但是《林海雪原》就不是这样，它很难称为是一部革命现实主义的作品。

据我所知，一九四六年到一九四七年在牡丹江地区歼灭谢文东等国民党土匪，主要是三五九旅配合牡丹江军区和合江地区的广大军民，不怕冰天雪地，冒着严寒，深入到深山密林，艰苦战斗的结果。当时东北电影制片厂（即现在的长春电影制片厂）曾摄有歼灭谢文东匪团的纪录电影。现在牡丹江地区的群众也有很多参加过当时的战斗。那时，的确曾派出一些小部队去剿匪，但是，歼灭以谢文东为首的国民党残余土匪这个历史事实，却不是像《林海雪原》所描写的，只是在少剑波领导下的少数部队，脱离了党的领导，凭着少剑波的机智、多谋和杨子荣的英勇、果敢就能解决的。

过分夸大了小分队及其领导者的作用，将何以告慰三五九旅在歼灭谢文东国民党残匪战斗中伤亡的指战员？我为之感到不平！

在这样的前提之下，小说《林海雪原》的思想性和艺术性，确实像有些同志所评论的，是不高的。在小说《林海雪原》中，我们没有看到党如何在其中起着坚强的领导作用。其中主要人物的党性是不高的，很多同志对少剑波和白茹的不满不是偶然的。小说把少剑波写得过分的个人突出，正如何其芳同志在《谈林海雪原》一文中说的：该书第二十二章的"少剑波雪乡萌情心"的诗里，少剑波几次自称为"少帅"，以及白茹认为少剑波常说"一切归功于党，一切归功于群众"是少剑波的"谦虚"等都是缺乏党性的。然而作者无批判地欣赏这些。我不能同意作者自己说"在这里，我必须交代一句：少剑波的事情虽然就是按我的经历写的，但是我绝不是少剑波，因为少剑波这个人物，作为这样一部小说的主人翁，我是按照一个更完整的人民解放军的指挥员的形象来刻画的"。我们应该说，这不是什么完整的人民解放军的指挥员的形象，而是个人英雄主义气息很浓的形象。除了少剑波以外，在正面人物中，小说和电影都集中刻画了侦察英雄杨子荣。应当肯定，这的确是一个描写得比较好的形象。但是，我们决不能因此而忽视整部书中党性不强这个严重缺点。

小说里写道：这个部队是活动于牡丹江老爷岭一带。这个地区我很熟悉，这里曾经是抗联五军进行游击战争的根据地，当地的群众曾经反复地与日寇斗争，是富有老革命根据地的战斗传统的。但是这本书里面很少提到过去抗联斗争的影响和群众的革命传统，这也是不符合于当地情况的。

《林海雪原》里的斗争，据小说写是发生在牡丹江地区，但是书中写的地理形势完全不符合当地情况。牡丹江当地的人们会奇怪地问：《林海雪原》的地图是怎样画的？绥芬大甸子怎么会在哈绥线山市站的北面呢？奶头山、威虎山在什么地点？过了山市站往南去，怎么到了长白山呢？据我所知，东北的山形也不像书中所说那样险要。本书对地理和地形的描写夸张到脱离了现实，这是不应该的。

小说里面的敌人，也写得过分夸张，一个个古怪离奇，像神话里的妖魔。小说虚构的所谓"八大金刚"等等，据我所知道的，也不合乎当时当地的情况。

在《林海雪原》的战斗生活中，敌人常常被描写得太愚蠢了。小分队并没有经过复杂艰苦的斗争，只是克服了天险，就歼灭了敌人，而我们的损失也很小，胜利的取得好像是很容易的。说起来，作者认为这部小说"是按照我的经历写的"。但实际上情况并不这样。《林海雪原》整个故事是虚构的，并且脱离了当时的现实情况，在军事上也是传奇性，武侠式，不真实的。

三

历史是不能捏造的。文学上的夸张，不允许歪曲历史。历史性的小说，或者根据真人真事来写小说，如果是革命的现实主义的作品，首先它的历史的主要部分应当是真实的，应当反映出时代的气息和脉搏，概括时代和人物的特点。

影片《中华女儿》，描述了流传于牡丹江上的抗联女战士的诗一般的传奇性的故事。虽然影片中个别的情节写法是夸张的，不完全真实的，这是容许的，因为它的历史情节中的主要部分八女投江，以及其中的主要人物如冷云、杨贵珍等同志都是其实的（见徐云卿的革命回忆录《英雄的姐妹》——吉林人民出版社出版）。影片《赵一曼》的情节和人物也都是真实的，但是为了写成一部艺术性的故事影片，把许多反面人物集中了起来。影片《董存瑞》颂扬了董存瑞自我献身手托炸药去轰炸敌人碉堡的伟大精神，整个影片是以这个主要的历史事实作引导写出来的。八女、赵一曼、董存瑞都是列入东北烈士馆中的烈士，这些影片也都是有革命现实意义的作品。它们反映了时代的精神，概括地写出了时代和人物，反映了历史真实。这类影片和作品，都可以对青年一代起着巨大的教育作用。应该说，《林海雪原》虽然半明半隐地用了真的人名和真的地名，但是它绝不是这样的作品。当然，文艺作品不一定都要写真人真事，但是却必需写出时代的气息和脉搏，时代的感情和精神，时代的斗争和动力，概括时代和人物，才能成为革命的现实主义的作品。我读了《苦菜花》，深深地感到它可以被称为是这样的作品。冯德英所写的母亲很典型，她是我们抗日斗争中根据地里的伟大的母亲，这个形象是值得歌颂、敬仰和学习的。我很爱这样的母亲，很爱读《苦菜花》这本书。但是《林海雪原》就差得很远。例如前面已经谈过，少剑波这个人物，我们就很难承认他是一个"更完整的人民解放军指挥员的形象"，白茹更不能代表我们部队中的革命女战士。所以，即使不作为是写真人真事的小说，《林海雪原》的思想性也不强，教育意义也不大。

尤其值得提出的是，当人们读到写过去革命斗争的小说的时候，常常愿意猜想小说里的什么人物。例如，当人们读到《青春之歌》的时候，爱猜想林道静是写的谁，读了《林海雪原》就猜想其中的少剑波是否曲波。在这个时候，作者不要沾沾自喜。近几年来，在广大读者中已经造成这样一种印象：《林海雪原》是描写真人真事的小说，甚至少年儿童也谈论谁是少剑波、白茹，谁是孙达得、刘勋苍，我觉得这很不好，应该加以澄清。

同日　中共东北地方史编委会办公室致信冯仲云欲将冯一九六○年和黑龙江党史所工作人员的谈话记录打印出来。

5 月 15 日　出席农业部部长廖鲁言举行的欢迎古巴土改委员会代表团全体人员宴会。

7 月 7 日至 7 月 12 日　三门峡水能发电机组的转子是个庞然大物，当时无法整体运输，只能切割成零部件，运到工地在焊接，本应由苏联专家指导焊接，苏联专家全部撤离后，就需要自己的工程技术人员来解决这一难题，水利电力部将这一任务交给冯仲云来负责。为解决三门峡分瓣水轮机转子的焊接问题，周恩来两次同沈鸿、李强、冯仲云等研究具体办法，并指示把全国各地具有丰富焊接经验的老工人和专家集中起来解决这个问题。冯仲云和一机部副部长沈鸿调动大批工程技术人员，深入现场，亲自动手，和工程技术人员同吃同住同研究，克服了各种技术难关，成功完成了焊接任务。

本月 谈汤原、依兰县委、下江特委的组织情况和群众武装斗争情况。

本月 在《解放军文艺》七月号发表《祁老虎》一文。

8月3日 谈有关宝清、富锦、绥滨等县党的组织情况和抗联各军的活动片段情况。

8月4日 谈有关佳木斯党组织、汤原县委、下江特委和组织群众开展武装斗争的情况。

8月6日 谈有关依兰县党组织和抗联三、六、八、九、十、十一军的片断情况。

8月8日 谈有关王康指示信和三、四、六军的一些情况。

8月12日 谈有关汤原党、团县委和下江特委等情况。

本月 在《北方文学》一九六一年七月、八月合刊号发表《四〇年与克山奇袭》一文。

9月23日 为陈翰章烈士题词："镜泊平静，飞瀑奔腾，湖山永好，英烈长存。游览镜泊湖，追怀陈翰章将军及抗联同志在湖上壮烈殉国有感书此留念。"

9月26日 在北京医院做心电图。

10月8日 周恩来、陈毅陪同马亨德拉和王后参观三门峡水利枢纽工程，期间周恩来、陈毅接见冯仲云、沈鸿等。

本月 在北方文艺出版《艰险的途程》。

11月1日至19日 水电部和湖北省委共同组织的"丹江口工程质量检查组"到工地检查。组长朱国华、副组长湖北省人委刘天明，水电部副部长冯仲云也参加。检查组于十一月一日至十九日对丹江口大坝质量问题进行了全面的检查。检查组分四个工作小组，分别负责检查质量、施工管理、政治工作、财务工作，检查组总人数七十人，其中有高镜莹、李维悌、黄育贤、覃修典、杨贤溢、曹乐安等全国著名水利水电专家。检查组经过认真查阅资料、组织座谈、充分讨论，提出了《关于丹江口工程大坝质量的检查报告》和两个附件（附件一包括《丹江口大坝河床段基础处理中存在的问题》《关于坝体裂缝的检查及对裂缝处理和防止措施的意见》《关于坝体混凝土质量事故的检查》；附件二《关于丹江口工程大坝混凝土质量控制工作的改进意见》）。质量检查报告认为：目前丹江口大坝的质量问题是不够好的，质量问题的性质是严重的，由于坝体存在大量的裂缝、冷缝、架空、与基岩结合不良等弱点与强度不足等问题，就破坏了大坝的整体性，降低了大坝的抗渗抗滑能力，影响到坝体的稳定。更由于发生这些质量问题的已浇混凝土在大坝河床部分的基础部位，是承受水压力最大的地方，使问题的性质更为复杂和严重，必须进行妥善处理，才能保证大坝的安全。这次检查组的主要收获是：对丹江口大坝存在严重质量事故，必须认真加以处理，基本上取得了一致意见[①]。

11 月 1 日　同丹江口大坝检查组组长朱国华、副组长刘天明到达丹江口大坝工地视察。

11 月 3 日　在丹江口大坝工地四级干部大会上做了报告，讲明大坝的重要性，已发生的事故一定要处理好，坚决防止再发生质量事故。要尊重科学，加强技术管理，蛮干是不行的。检查组认真查阅资料，组织技术人员、工人座谈，夜以继日地工作了二十天，提出了书面报告。

12 月 27 日　收到布勒索夫斯基赫的贺年卡。

本月　北京出版社出版《笔谈〈林海雪原〉》，书中第一篇文章就是冯仲云的《评影片〈林海雪原〉和同名小说》。《笔谈〈林海雪原〉》编辑说明说："《北京日报》自一九六一年五月上旬起对小说《林海雪原》和同名影片开展了讨论，三个月来发表了二十多篇文章。这是一次群众性的讨论。"这次讨论可以说就是冯仲云一九六一年五月九日在《北京日报》发表《评影片〈林海雪原〉和同名小说》一文而引起的。

---

①　《长江志季刊》总 22 期。

1962 年 五十四岁

1 月 11 日 参加扩大的中共中央工作会议。参加会议的有中央、各中央局、各省、市、自治区党委及地委、县委、重要厂矿企业和部队的负责干部七千多人（因此又称"七千人大会"）。

1 月 12 日 抗联老交通员、黑龙江省政协常委李升在哈尔滨病逝，享年九十六岁。

1 月 26 日、28 日 同尚志县隋祯谈一九三四年前珠河党组织情况和赵尚志创建游击队、领导三军的活动情况。谈话中还提到："尚志县改名，烈士馆撤掉赵尚志的像，是周保中向高岗提过意见。黑龙江三、六军的同志较多，还是拥护赵尚志是抗日民族英雄的。最近周保中同志反对珠汤联席会议的问题的意见也有所变动，说赵尚志是民族英雄他也同意了。尚志县是否还有必要叫尚志县，我看叫尚志县也未尝不可，这是群众的意见。将来赵尚志的像还是要挂的，赵尚志的事迹展览都可以。你们尚志县还有好多人要纪念。"①

1 月 29 日 同隋祯谈有关一九三四年后珠河党团组织、根据地、统一战线等情况。此谈话一九七九年收入《中共东北地方党史资料访问录选编（冯仲云同志专辑）》。

2 月 8 日 周恩来主持于二月八日（即中共中央召开七千人大会闭幕的次日）在北京总理办公室召开的丹江口工程质量处理会议。出席会议的有李先念、邓子恢、谭震林副总理、国家计委王光伟副主任、李岩、顾旺、刘澜波部长、钱正英、冯仲云副部长、朱国华局长、张体学省长、工程局任士舜、夏克、长办林一山主任和文伏波。会议由林一山主任汇报了如下三个问题：一、丹江口工程的设计方案和施工中的工程质量事故问题；二、改善施工队伍的作风，教育职工重视质量，尽最大可能作好机械化施工的配套和人员的训练工作；三、拟定事故处理设计方案和目前对质量事故处理的设想方案。

会议最后总理作如下指示：一、丹江口工程成绩还是主要的，工程上有了毛病，是可以医治和医治得好的，今天只能有这样一个态度、一个方针；二、要深入实际，加强调查研究，尊重科学，不怕有对立面，应当欢迎争论；三、把丹江口质量搞好，这是一件大事，现在工程质量很不好，

---

① 《中共东北地方党史资料访问录选编（冯仲云同志专辑）》，第 123 页。

应停下来，认真研究进行处理；四、是否原班人马可以搞好，可以看一看，一看二帮，相信现有人马有决心可以搞好；五、长办负责设计，施工要服从设计，长办可以邀请全国有关单位和工程技术人员进行研究讨论，设计要监督施工，施工一定要按照设计进行，处理质量事故的设计弄好了，要水电部批准，那时我也到工地去看看，并且讲一讲；六、水电部在物力上要大力支持，施工队伍要精简；七、防汛要加强，二期围堰要确保安全挡御洪水。从此以后，遵照周总理指示，设计施工通力合作，设计方面抓紧科研设计工作，加强机械化施工的附属企业设计和施工组织设计，施工方面抓紧精简整顿队伍，双方合力搞好质量事故检查处理及机械化施工准备。水电部也派出科研组来工地共同研究原材料、混凝土拌和、浇筑、养护等一系列工艺流程，修订制度规范[①]。

2 月　来到丹江口大坝施工工地召开干部大会，宣读国务院决定主体工程停止施工的通知，要求一定要把事故处理好，才能复工。

3 月 2 日　周恩来总理在国家科委召开的全国科学工作会议和文化部、中国剧协召开的全国戏剧创作座谈会联席会议上，作题为《论知识分子问题》的报告。冯仲云听了报告后非常拥护。他逢会必讲：革命需要知识分子，建设需要知识分子，要很好的使用和改造知识分子，使他们更好地为社会主义事业服务。

3 月 9 日　在广州参加综合考察小组会议，会上提出计委只注重指标而不注重调查研究等问题。

4 月 4 日　在北京饭店同竺可桢、朱济凡等谈如何安排苏联中苏黑龙江资源考察学术委员会议代表事。

4 月 5 日　中苏黑龙江考察联合学术委员会第四次学术会议在北京举行开幕式，竺可桢副院长和冯仲云部长率领中方代表团参加会议。开幕式上由冯仲云和克洛勃夫队长分别作了一九五六——一九六○年黑龙江合作科学考察的总结报告。

4 月 14 日　同竺可桢联名提出报告，报国家科委聂荣臻、外办陈毅并报周恩来，请示关于中苏研究黑龙江流域生产力问题联合学术委员会第四次会议的有关问题。

4 月 17 日　中苏黑龙江考察联合学术委员会第四次学术会议在中国科学院院部举行闭幕式。会议通过决议，认为中苏两国协定中规定的综合科学考察已顺利完成，有助于中国科学院和苏联科学院之间学术联系的巩

---

①　《长江志季刊》总 22 期。

固，并且是对中苏科学和技术合作事业的新贡献。中苏双方代表团团长竺可桢和瓦西里耶夫、副团长冯仲云和克洛勃夫在决议上签字，并进行了换文仪式。中午，郭沫若院长宴请苏方代表团和苏联驻华大使，中国代表团参加作陪。午宴后，在人民大会堂安徽厅，周恩来总理接见了苏联驻华大使及中苏双方代表团成员。周恩来总理和苏联科学家进行了亲切友好的谈话，并与双方代表团成员合影留念。

4月25日　出席朝鲜民主主义人民共和国驻中国大使韩益洙举行的纪念朝鲜人民抗日游击队创建三十周年招待会。

4月27日　中科院召开院务会议。通过由竺可桢、冯仲云等十二人组成的黑龙江考察中苏共同学术报告编辑组名单。

4月29日　主持由水电部、地质部和中国科学院地质所、地球物理所有关人员参加的广东新丰江河源水库三月十九日地震有关问题的座谈会。

5月4日　晚上和韩光等在北京体育馆游泳池游泳。

5月8日、10月21日　鹤岗市抗联战士李亚洲两次致信冯仲云要求证明、恢复组织关系。鹤岗市委组织部也给冯仲云发了函调。冯仲云回函予以证实①。

5月16日　同竺可桢联名提出关于中苏研究黑龙江流域生产力问题联合学术委员会第四次学术会议情况的报告，报聂荣臻、陈毅并转呈周恩来。

本月　在《科学通报》上发表《一九五六年——一九六○年中苏合作黑龙江流域综合考察总结报告》，后此文被《新华月报》本年第六期选登。

7月中旬　出席水电部在北京召开的水库泥沙测验座谈会并发言。

7月30日　在民族饭店参加黑龙江流域综合考察大会并发言。他说："综合考察是科学院领导的，有关部门参加，但并不代替各部的工作；综合考察主要是在各部工作之前走第一步。综合考察还是要以经济为纲，主要搞大的布局，规划的初步，为计委提供第一手资料，哪里有资源，如何布局，使计划工作者有一个概念。计委搞规划必须有科学眼光，决策如果没有基础资料，就会造成瞎指挥；但至今搞计划的同志对科学工作注意很少。今后计委必须好好抓综合考察，综合考察应由国家计委和科学院两家来管。目前我国经济调整，相信两三年可以恢复，国家还是准备搞长期计划的。科学上不反对唱对台戏，科学就要在唱对台戏中进步。综合考察的结论不能为时论所左右，要有独到之见；当然也要求科学家有点经济头

---

①　根据中共鹤岗市城建局委员会1982年7月10日文件。

脑。在计委指导下，有经济专家参加综合考察，搞出成果来供决策参考，哪怕只采用了我们一部分的意见，也就对得起国家了。"[1]

8 月 1 日　在民族饭店参加综合考察领导小组会议。谈到第二个五年计划的失败是缺少调查研究，以后必须作好调查研究工作。

本月　被国家科学技术委员会聘请为三峡水利枢纽组副组长、电工组副组长。

9 月 5 日　谈有关朝鲜同志在东北的早期革命活动情况和抗联性质等问题。

9 月 19 日　谈关于王明康生指示信和满洲省委组织问题。

本月　在黑龙江省尚志县考察。

10 月　收到布勒索夫斯基赫寄来的祝贺中华人民共和国成立十三周年贺卡。

12 月 5 日　致信李范五：

范五省长：

崔尚志同志是我抗联同志，不幸于今年八月病故，留下妻子廖志明及一个五岁的男孩崔广武。

尚志同志生前由于多年在抗联艰苦生活，患有严重的胃病，以后到双鸭山市任矿务局副矿长、面包厂厂长等职。每月工资八十多元。严格说，对这样一个一九三四年参加革命，对党忠诚的老革命同志，如此安排使用是不恰当的，照顾治疗不够。

如今，双鸭山市对他的遗属——妻子和孤儿在生活上照顾，除了给予一次性的抚恤以外，并未给予经常的生活补助。当地有些同志有一种不通情理的想法，认为他的孩子是养子，不是亲生的，因此可以不管。据说，市里某负责同志，竟然在尚志同志病故后不久，就很简单生硬地向廖志明提出，要她改嫁，以便解决今后的生活问题，这就使她——作为崔尚志同志的女人，感觉格外伤心。这确是不近情理和不妥当的。

以上情况，我在北京已经当面告知陈雷同志，并且介绍廖母子见过他，请他回省后给予帮助。现在特函给你考虑给予帮助，最好你亲自批示双鸭山或其他有关方面，一定热情帮助廖志明母

---

① 中国科学院编：《踏遍神州情未了——中国科学院自然资源综合考察委员会科学考察回忆录》，科学出版社，2016 年，第 46 页。

子解决长期生活问题。廖是有条件参加工作的，应适当安排工作，使之有稳当的工资收入。这个孩子是尚志同志的养子，我们应当负责照顾，抚养长大。如果双鸭山市安排有所不便，也可以帮助母子两人前去佳木斯或其他适当地点。

总之，崔尚志同志是老革命同志，是个好同志，我们无论如何不能让他的遗属——廖母子两人的生活颠沛潦倒。双鸭山未能认真解决问题，使人颇感不安。好多双鸭山转业军人都看着她的问题的解决，这对于煤矿的生产是有关系的，务请黑省领导上过问一下此事，并盼给我一个回信。

廖本拟到国务院去申诉，估计黑省可以解决问题，因此没叫廖去国务院。

此致

敬礼！

冯仲云

一九六二年十二月五日

抄送：黑龙江省民政厅季青同志、黑龙江省双鸭山市人委会。

12 月下旬　在重庆南温泉。

本年　出访朝鲜。

1963 年　五十五岁

1 月至 2 月　在四川、云南考察。

1 月 2 日　在峨眉山龙池电站考察。

1 月 15 日　在四川白鹤滩考察。

2 月 5 日　在澜沧江考察。

2 月 10 日　在怒江考察。

2 月 21 日　在云南中甸考察。

5 月　王保钧自新疆来到北京，冯仲云亲自把他接到家，开怀共饮，畅谈别情。在离开时，冯仲云让薛雯送到车站。

6 月 9 日　和薛雯出席国务院总理、中共中央副主席周恩来招待朝鲜民主主义人民共和国最高人民会议常任委员会委员长、朝鲜劳动党中央委员会政治委员会委员、朝鲜劳动党中央委员会副委员长崔庸健的便宴。

7 月 2 日　李英根致信，全文如下：

冯仲云同志：您好！

您的来信已经接到了。多谢您对武雄的关怀。他现在的工作学习都好，请首长不用挂念。想您的家中孩子、爱人都很好吧。您的身体还很健康吧！希望多加保重。我的身体比去年还不见好。政府经常给治疗，因无好药也不见强。所以对社里的劳动也不能积极参加了。关于我的组织问题，我曾到县组织部打听，组织部答复还未调查好。关于李忠玉同志之事，她是在我被捕五、六天之前被捕的。关于她被捕后的情况我了解，因为我们未在一起，也未听到她的信。仅听到看守说：今天带走三个妇女，两个姓李的，一个姓金的。其中一个是李忠玉，一个是北满省交通员大老金的爱人。和我一起被捕的有李英花，她和我一起出狱后，就不知她的下落了。

别不多禀了，请首长注重健康，精神愉快。

此致

敬礼

李英根

一九六三年七月二日

9 月 21 日　谈有关东北抗日联军第三军的几个问题。此谈话一九七九年收入《中共东北地方党史资料访问录选编（冯仲云同志专辑）》。

本月　谈东北抗日联军第三军里朝鲜同志的情况。此谈话一九七九年收入《中共东北地方党史资料访问录选编（冯仲云同志专辑）》。

10 月 1 日　在天津海河中心广场参加庆祝国庆和抗洪胜利各界群众游行。

本月　中国水利学会第二次全国会员代表大会暨学术讨论会在北京召开。选举张含英为理事长，冯仲云、何基沣等为副理事长，袁子钧为秘书长。

12 月 27 日　收到布勒索夫斯基赫寄来的贺年卡。

本年　写《自我检查》，摘要如下：

　　"五反"运动第二阶段开始钱正英同志作动员报告时，代读了我的初步检查。那次检查是这样写的：自己在党组分工主管干部、科研、教育、农副业生产和部机关党委工作中有事务主义、官僚主义现象。对于农副业虽然负有管理责任，但在实际上没有担负起自己的责任。自己在日常工作中，往往忙于事务，对政治思想工作抓得不够，工作作风上粗枝大叶。工作马虎不够深入。轻诺，说话容易露"走火"。如处理人民来信时，有时批了给下边同志造成工作中的困难。有时没有很好准备就作报告，讲得较乱。家乡搞农田排灌，虽已列入国家计划，但缺少器材，几次来人要求支援电缆和其他一些器材，也批交供应司给予帮助办理。自己也有铺张浪费现象，如去年夏天到商都农场慰问劳动的同志时，把小孩子也带去了，在那里吃得比一般同志好了。回来的时候在市场上还买回两只鸡，影响是不好的。

　　在运动中群众对我提了七八十条意见，党组扩大会上也提了些意见。这些意见对我很有启发，思想上有所提高。我认为，一方面上次的检查仍然有效，另一方面需要进一步作检查，并且在思想上进一步提高。今天上午钱正英同志代表党组所作的集体检查，我完全同意，许多问题我负有责任，其中有些问题我有份。有的问题我虽然没有份，但在党组研究时，有的问题自己也不明确。有的问题有明确的意见，但也没有说话。我要负责任。有些问题，我在党组没有更多地争取，例如科研规划、教育工作等，我没有争取快一点讨论或没有争取更深入的讨论。

一、我分工主管的工作不深不透

我分工主管的工作主要是科研、教育、干部、党委、农副业生产等工作。但抓的不深不透。有些问题决定的很主观，没有和更多的同志商量。党组集体检查了对科研抓的不够，实际是我负责，一方面自己没有很好的去领导，一方面也没有很好的争取。技委会是我主管（电力方面和程部长一起管，水利方面和张部长一起管），科研计划是抓了，给任务也很多。但是抓措施、给条件都不够，作了布置也很少检查。特别是电力方面，在电力方面，几十年前我学过一点理论知识，但没有学过电工学和热工学。水利部与电力部合并后，虽然找了一些电工热工方面的书，但系统的很少。水利方面的书还是合部以前看的，这几年水利方面的书看得更少。业务知识不够，指导工作确实有问题。在电力方面，技术改进局再三说任务不明确，但我没有争取，没有很好地加以解决，只是提出科研与生产三七开，至于具体怎么办，没有解决。在电力工业中，在热工电工方面有许多系统的基础性的研究是很需要的，结合生产过程，本身有一套系统理论要进行研究。例如腐蚀问题，就需要做理论研究，但过去没有明确。因此技术改进局就没有很系统很好抓这方面的工作。我几天前去看了一下水科院结构研究所，他们在这方面的工作做的还多一些。而技术改进局没有能很好抓。水利方面的科研抓得多一些，最大的问题也是抓措施、给条件少。水科院对我的意见，主要是这方面的。也有些问题，过去没有很好的抓，例如水电问题，管水电的同志说部对水电重视不够。水电的科研也没有很好抓，事实确实如此。再一个问题就是抓黄河的研究不够。我到水利部八九年了，总觉得黄河有了规划，张部长也在抓黄河，因此我对黄河的系统性研究抓的很不够。泥沙问题抓了一下，但有始无终。对黄河的研究很重要，规划还要重新搞。过去我对黄河规划认为有原则性的错误。再一个问题是盐碱化和灌溉问题虽然开始时抓了一下，但自农水局分归农业部后就没有再抓，总觉得晋冀鲁豫的水利纠纷使人头昏脑涨，钱部长管了，我也就没有抓这方面的科研工作。水科院水利所，有一部分分到农业部去了，剩下的一部分我答应要扩大，但没有下文了。水利水电施工研究所，虽然我从苏联参观回来以后坚持要搞这样一个研究所，成立了好几年了，同志们也做了些工作，精简时一度只剩下二十个人，最近才增加了一点人。施工研究工作今后一定要搞得比较好，特别是机械化施工问题，无论电力或水利的机械化施工，一定要很好的抓。再一个问题就是电力和水利的技术经济研究都没有很好的抓。不研究经济问题，摸不到技术经济的规律，就没有办法把工作搞好。电力方面的动能经济研究和系统规划问题，吵了几年了，现在才配备了一些人。水利方面问题很多，规划、水利调度工程、移民都有经济问题，没有很好地进行研究，因此水利工作就得不到这方面的帮助。再一个问题是技术情报问题，别的部这方面都搞得很好，而我们这方面的工作很差。大家提了不少意见。还有，关于大坝的施工质量问题，事先没有及早注意到，丹江口发现质量有问题，已是"马后炮"了，还有规章制度问题，技委会也没有很好的抓。出版编辑问题，一向是我管，最近也没有明确我管，出版社合并后，确实问题很多。再一点是科研规划标准太低了，去年搞的科研规划确实有些情况，以后要更好的抓起来，要更多地争取，把科研工作做好一些。把科学技术工作摆的恰当，对水利电力事业会有巨大的好处。

其次，在科研工作中，也有些是不大现实的。在江西开的新技术会议上，提出设计工厂化我也点头了，王雅波同志到东北去推广，应当由我负责。党委接受献礼，大部分是我搞的，是礼不是礼也没有过问。搞了就完了。这也鼓励了浮夸。两三年实现河网化，安徽省说完成了二百亿土方，也就相信了。这也是把事情看的太简单了。

教育工作：我同意张季农同志的意见，抓的不深不透。工作不细致。我们的高等学校有好几个，对教育中的问题，却了解不够。如北京的电力学院、水利水电学院都有些问题。对中等技术学校的规划、方针等重大问题，作为主管部长就没有争取在党组早日讨论。最近要开中技学校会议，准备事先同各司好好商量一下。关于业余教育，刘部长抓得很紧，使业余教育有些成绩，我则未很好地抓。

干部工作：关于干部工作起初分工是由刘部长和我共管，但自己有点推。今后应主动地同干部司联系，多做工作。关于干校，刘部长很重视，我的确不大去，今后应当抓一抓这个工作。

农副业工作：党组的决议是叫我来管。但我自己脑子里是刘部长、郝部长和我三人共管。自己觉得是个"书生"，有点"书生气"，管不了农副业，所以就没有管，这是应当检讨的。

机关党委工作：许多年来，一直担任机关党委书记，检查起来，这项工作没有担任好。最重要的一条是政治思想教育工作没有抓紧。在这项工作中，还有一个倾向，一些重要问题，虽然党委能够解决，但也要推到党组去。

工作中的远近结合问题：如科研工作，要多注意远的，但近的也不能够放松。我是远的没有抓好，近的更没有抓好。

二、作风问题

工作马虎，粗枝大叶，不深入，轻诺，说话容易走火。这是多年的老毛病了，每次检讨也没有改。是个老问题。有时答应人家的事情，不能兑现。说话时，不注意场合。这主要是自己不够稳重，不够谨慎的缘故。特别是政治上不严肃造成的。如在水利电力大型工程勘测设计施工会议上讲话，事先没有准备好，讲了很多与会议无关的话。也有走火的地方。反修学习动员也走火（说到党内叶尔绍夫话剧，和中苏关系问题提纲上一些当时尚未规定可以传达的话）。再如批人民来信，本来人民来信并不是我管的。给我送来我就管。其中有些批得太肯定，使下边的同志为难。同时，批了后也没有很好检查执行情况。

关于家乡办电问题：一九六○年二月，家乡附近有广播电站有电可供农村用。但是必须有电缆才不致于干扰，那面的人没法弄到不长一段电缆，因此就帮助了他们批供应司办理。另一次，县里冒我们那个公社的名（就是武进新桥有名的农村办电模范区）来要器材。工程已经列入国家计划，只是器材不够。那时候正当一九六○年二月城乡挂钩盛行时，我就批给供应司办。第三次那就是真正我的家乡了。正是一九六二年开中央扩大会议时，家乡以我父亲名义来和我商量办电灌站，家乡利用我的关系而委任我八十二岁的父亲任电灌站副主任，他也为此奔走而染重病，后来病逝。的确，我为此找到了江苏省计委主任，当时了解到他们已列入计划，但是我确是为此而奔走。几个部长比起来，我批给的这类物资的价钱是最多的。我虽然对家乡的观念是淡薄的，但终究还受着影响的。总理讲的"家属关"和"社会关"，我没有过好。是个家乡观念，实际上是个封建观念，也是个分散主义。

铺张浪费问题：从个人来说，做地下工作时候是忘我地斗争和工作，打游击的时候，也受过艰苦的锻炼，那时困难得很。当时有很多同志都牺牲了。像我这样是在大家爱护之下还能够生存。很重要的一条就是：大家同甘共苦，同吃同住。但是在解放以后，我们党成了执政党。自己当了省主席，到北京来，也是个负责同志，逐渐忘记了过去的艰苦。自己有些昏昏然了，骄傲自满，这次运动，警惕了一下，很好。

党组集体检查中的多吃多占，都有我一份。去商都农场时，比那里劳动的同志吃得好，为了看看祖国辽阔的草原带了孩子去的，还买了两只鸡，农场后来送来了。三门峡转子焊接成功，工程局大摆筵席请客，我没有制止他们，回来时还买了些灵宝的枣子。有时还坐汽车出去打猎。这些都说明自己的优越感、特殊化。

我的确是个老党员也做过地下工作，坐过牢打过游击。几次负过伤，受过艰苦。只因为老而自己就倚老卖老，居功自傲。钱正英同志说她年轻要同志抓小辫子，那末同志们应该抓我这老的小辫子。如果我的毛病犯时，就抓住这条辫子狠狠批评。

产生这些问题的根源：虽然过去也受过一些艰苦。但从一九四五年以来，这十八年中，有些优越感，有点骄傲自满。总的来说，自己政治学习、业务学习都不够，忙于事务，忙于批文电，忙于开会。没有很深的研究，特别是对主席的著作学习的不够，主席在杭州会议上讲的认识论的问题是很重要的。掌握了它才能把工作做好。我是没有掌握主席不断教导我们的无产阶级的辩证唯物论的认识论的。

三、今后整改方向

1. 要加强学习，学习毛泽东思想。要加强业务学习，特别是科学技术方面，要系统地学。

2. 对一个问题要抓深抓透，要深入下去。

总理讲的官僚主义二十例，很多条的例子与我相像。其中有几条很像，如事务主义、特殊化等。

今后应当更加稳重、细心谨慎、戒骄戒躁，不断加强党性的修养、锻炼。

1964 年　五十六岁

1 月 27 日　出席中国科学院院长郭沫若举行的欢迎以国家科学委员会副主任黎克为首的越南民主共和国国家科学委员会代表团宴会。

本月　在全国水文工作会议总结报告中指出：一九六二年制定的水文工作方针是正确的，应继续贯彻执行，当前的水文工作任务是：进一步整顿和恢复老站和重点建设新站，继续整顿测站基本设施，进一步加强测验和资料整编，做好水文情报和预报，重点开展测验、预报、仪器和实验研究工作。

本月　收到苏联专家布勒索夫斯基赫的新年贺卡。

2 月 3 日　谈关于满洲省委、东北抗日联军的一些情况。此谈话一九七九年收入《中共东北地方党史资料访问录选编（冯仲云同志专辑）》。

2 月 6 日　应中国科学院邀请，晚五点在中国科学院参加中国和越南一九六四年科学协定签字仪式。

2 月 7 日午时　出席越南民主共和国驻华大使馆临时代办黄北举行的庆祝中国科学院和越南民主共和国国家科学委员会科学合作协议和一九六四年合作计划的签订宴会。

2 月 22 日　中共中央候补委员、全国政协常委、国防委员会委员、全国人大民族委员会委员、原东北抗日联军第二路军总指挥、抗联教导旅旅长周保中在北京病逝，享年六十二岁。杨尚昆、冯仲云及国务院机关事务管理局局长高登榜会商周保中治丧事宜。

2 月 23 日　向周保中遗体告别。

2 月 24 日　在科学会堂参加第一次农业科学技术工作协调委员会会议。

2 月 25 日　参加中共中央在中山公园举行的周保中吊唁活动。

2 月 26 日　参加周保中公祭仪式。

3 月 25 日　经中共中央批准任中央防治血吸虫病九人小组成员。

本月　谈王明康生指示信问题。说保中同志死前我和他谈妥两个问题：一、王康指示信，他同意是错误的，理由就是以前谈的那些（统战问题、根据地问题、消极和积极的问题）。二、赵尚志不能称为反革命，是抗日的，当然恢复党籍问题没有和他谈。对于历史问题，要由组织上下结论，个人是不能做结论的①。

4月21日　在桓仁水电站工地。

5月1日　在天安门广场参加庆祝"五一"国际劳动节晚会。

5月10日　出席肯尼亚驻中国大使亨利·穆利为肯尼亚政府代表团访问中国举行的宴会。周恩来总理和陈毅副总理兼外交部长等应邀出席宴会。

6月16日　上午在科学会堂参加综合考察委员会和科委综合考察专业组会议。

6月17日　在科学会堂参加综合考察组会议并发言说：近来党中央工作会议决定在第三个五年计划把第三线建设起来，京广线以东为第一线，包兰为第二线，西南为第三线。

6月19日　因四天内连续心绞痛发作入北京医院抢救。此系第五次入院治疗。

6月20日　钱正英等水电部领导到医院探望。

6月30日　竺可桢到北京医院看望。

10月8日　竺可桢到北京医院看望。

11月7日　出院。

在病休期间，系统地学习了《高等数学》《原子核反应堆工程原理》《高等数学教程》《流体力学和材料力学》《原子核理论》《高等数学引论》等十一本书。期间还让冯忆罗给他读李维民创作的反映满洲省委地下工作的小说。

本年　在心脏病很严重的情况下，还坚持招收核电科学技术研究生三十名。并请蒋南翔、钱学森等给予具体指导。

本年　家住西城区二里沟列车管理局侧楼。

---

① 《中共东北地方党史资料访问录选编（冯仲云同志专辑）》，第211页。

1965 年　五十七岁

5 月 4 日　收到布勒索夫斯基赫的五一节贺卡。

夏　在青岛休养。

11 月 2 日至 4 日　在北京医院门诊观察。

12 月 5 日　致信尚志县干部孙万芝，全文如下：

孙万芝同志：

　　你的来信收到了，我很高兴，并且听说你已退休。至于来信中谈到你在一九四二年至一九四五年同三军中断了关系的三年，应不应计算工龄的问题？我记得，当时部队离开以后，我们在蜜蜂是有一个秘密支部，虽然做的工作不多，但总还是保存了这个支部，一直到最后。所以，按例说这一段时间还是应当作工龄计算的。这个问题，我希望你可以再同有关部门谈一下，请他们再给以研究和解决。

　　我的病比过去好了一些，最近才由青岛养病回来，现在还在休养中，看来，还需要养一段时间，才可以恢复工作，请勿惦念。

　　　　此致

安祺

　　　　　　　　　　　　　　　　　　　冯仲云

　　　　　　　　　　　　　　　　一九六五年十二月五日

12 月 16 日　谈赵尚志、张甲洲问题。此谈话一九七九年收入《中共东北地方党史资料访问录选编（冯仲云同志专辑）》。

冬　和薛雯到湖南韶山参观。

本年　在黑龙江省副省长于天放陪同下参观哈尔滨轴承厂。

1966 年　五十八岁

3 月　同薛雯在广州休养，住李宗仁住宅改建的宾馆内。在此疗养的还有吉林省省长于毅夫、中共黑龙江省委统战部部长张瑞麟等。

4 月 8 日　董仙桥致信冯仲云谈一九三七年佳木斯市委工作情况。全文如下：

冯仲云同志：

你和薛雯同志的身体状况如何？时在念中。过去中共佳木斯市委在中共北满省委和下江特委直接领导下发展壮大起来的，特别是你于三七年秋末曾到佳市住在我家亲身作过重要指示。我记忆你当时指示的内容大致是："敌人集聚佳木斯地区的兵力，大约不下三万左右，可能在野外要进行坚壁清野的大围剿和在城市进行大检举，省委决定军队要远征，上下的关系可能要出现一定时间的断绝，你们在城市的工作，应暂时以隐蔽目标保全现在的实力的前提下，提高警惕慎重的进行活动，加强现在党员的警惕教育，暂时不发展新党员……"当时我向你请示："由于我在佳市领导工作时间较长，接触同志较多，敌人已将我列入要事察人之列，我可否到武装队伍去。"你当时指示是："可暂缓一时，你们研究换一位同志作市委书记，你可作为省委特派员，不直接接触一般党员，在背后指导市委工作，待明春你再到队上去……"我和张耕野、李晋三、李谢云等同志，提出姜士元同志接市委书记，你没什么意见。在你走后，我叫张耕野同志向姜士元转达了这一决定，但由于姜士元出勤在外，长时没有转达下去。不久三一五事件即发生了。这段历史情况写给你作为记忆参考。

这次在将佳市党的发展历史概要写给你作为你对佳市党发展情况的了解，由于年湮代远和佳市直接关系最多的下特领导人死亡殆尽，又以当时地下党的活动纪律太严，不是亲身经历的市委核心工作的同志，他们是不了解这段历史的。所以我要把它概要写给你。为帮助你的回忆和有人到你处调查时作参考。因为上级领导现在只有你一人，不能不写给你，我打算最近抽出点时间，把过去佳市党的历史写一系统材料，和陈雷、姚建中、白云龙、李晋三、李谢云等同志核对后，寄给现佳市委（他们时常因了解某同志的历史来我这取证）和你。

　　此致
敬礼

董仙桥

一九六六年四月八日

5 月至 1966 年　任水利电力部副部长。

5 月 16 日　中共中央政治局扩大会议通过《中国共产党中央委员会通知》。《通知》宣告无产阶级文化大革命在全国范围开始。

本月　中旬同薛雯从广州到苏州，并在无锡休养。在家乡参观余巷民办初中并捐款四百元。

9 月 15 日　到北京医院复查。

9 月 16 日　在于保合送来的《关于赵尚志处理祁致中的经过》一文的第一页空白处写：

　　关于赵尚志政治上问题，另有专文，容日后寄去。

冯仲云

一九六六年九月十六日

10 月　对家里人说："再过几个月我入党四十年了，我一生无愧于党，还会有问题？"冯仲云对水电部造反派给他贴大字报很反感，认为是对他无中生有，无事生非。

1967 年　　五十九岁

2 月至 3 月　两次到北京医院复查。

4 月　于天放被造反派揪斗。于天放长子于绍华找到冯仲云请其为于天放作证，冯仲云毫不犹豫地担保于天放不是叛徒，"牢门脱险"是真实的。

5 月 13 日　为于保合出具证明。全文如下：

关于于保合问题的证明材料

　　一九三三年五月于保合（又名万内）在吉林一中被日本宪兵队当作嫌疑犯逮捕。当时他既不是党员、团员，也不是群众组织中的人，没有参加什么组织，也没有参加什么活动，由于金景先被捕，他当了叛徒，说出了很多关系，宪兵队到处抓人，由于于和金同住在一个学生宿舍一个房间，而把于保合作为嫌疑犯抓去了。当时于保合有个叔叔在哈尔滨当伪外交公署［署］的一个处长，据我所了解于保合给宪兵队写了一个条子，说他是伪外交公署［署］处长的姪［侄］子，就这样，利用他叔叔的关系，把他从宪兵队放出来了。

　　在暑假中，于保合跑到了哈尔滨，他的叔叔家住在江边一个小房子里。我们（冯仲云、李维民、李世超）向他作了详细的了解，他讲了金景叛变、于克等人被捕的情况，在一九三三年七月由我（满洲省委秘书长）、李维民（吉林特委书记）、李世超（支部负责人）介绍他入了共青团。我们认为他在被捕中没有什么问题。以后又把于保合派到吉林一中学习并做团的工作。一九三四年经过哈尔滨党组织派往苏联学习了三～四个月无线电技术，同年回国被派往上海，由于没找到"关系"，钱也用完了，于就又回到哈尔滨，找到省委，经过省委了介［解］，他在上海及国外都没有问题。在一九三三年～一九四五年于保合只被捕过一次。

　　一九三五年～一九三六年于保合先后被派到松花江下游，当通讯学校校长，一九三六年九月［一九三五年三月］被分配到省委作秘书及印刷工作。一九三六年由我介绍，经过珠河县委讨论，于保合入了党。

　　一九三七年决定于保合作三军四师的政治部代理主任，他先后到勃利、宝清、密山等地，后在李铭顺的团里当了代理政治部主任［政委］。

一九三八年于保合与李铭顺带着三十多人过境去苏联，找赵尚志，后来组织上知道他们过去了，没有追究和处理，当时去苏的人比较多，都不作处理，他们过境不算逃跑。

一九三九年于保合跟赵尚志回东北，经过乌拉嘎河，暴露了目标，他们攻打金矿，分兵二路，当时赵尚志指挥祁致中带领一路军队冲上去，祁不执行命令，在紧急情况下，赵亲率部队冲上，取得胜利，缴了枪支，扩大了队伍。杀祁致中，按军事上说应该的，但在政治上是犯了错误的，祁致中被杀的主要原因是：1. 攻打金矿祁不执行命令，同时他在部队中嘀嘀咕咕，作秘密串联，这是非常危险的。2. 赵尚志知道祁曾当过土匪头目，赵对祁存有戒心。3. 以前曾经叫祁致中在赵尚志的部下工作，祁不干，自己干了一段时间，后来才又划归赵尚志指挥，赵与祁之间有矛盾。因此赵尚志向支委会提出要求讨论枪毙祁致中，经过支委们（陈雷、于保合、李在德、代洪［戴鸿］宾、刘凤阳、韩香［相］根）的议论，赵尚志作了决定，并向全体战士宣布，杀了祁致中。北满省委认为，赵尚志杀了祁致中未曾表态并由于奸细、叛徒误传的消息对赵的错误作了开除党籍的决议。由于陈雷、于保合、李在德、代洪［戴鸿］宾、刘凤阳、韩香［相］根拥护赵尚志，也被开除了党籍，省委另外发了一份决议。

我认为赵尚志和于保合等人开除党籍是不合理的，也是不合法的。因为：1. 省委三个常委，只有两人（李兆林［麟］、金策）在，我不在，我不同意开除党籍。2. 开除赵尚志党籍时，由于他是党、军方面的主要负责人之一，按党章他应该到会参加申辩，而他们没有到会并没有提出申辩的材料，自己也不同意。3. 李兆林［麟］、金策执行的是王明路线，赵尚志是反对的。所以赵尚志的党籍我仍然认为不该开除。至于，于保合等六人为了拥护赵尚志而被开除党籍，更是不合理和不应该的了。

根据我了解的情况，于保合在一九四二年春又恢复了党籍。

冯仲云

冯仲云系中共党员，现任水电部副部长，所写材料供参考。

（中国共产党水利电力部机关委员会章）

6月28日　中共中央下发《关于"抓叛徒"问题的通知》。之后，黑龙江省各地先后成立了上千个深挖"叛徒""特务"的专案组。

11 月　致信家乡亲人说："有人调查我，连我以前的审讯记录稿都找出来了，一根稻草也没捞到，我不是叛徒，不是特务，我入党四十年了，我无愧于党。""我身体不太好，医生不让我上班……即使三结合，我也不想干了，要退休了。"

12 月　曾在满洲省委从事过地下工作的侯志来到北京。她是薛雯的入党介绍人。她的丈夫吴福敬（武胡景）早年在苏联失踪，她认为与康生有关。康生当年是中共驻共产国际代表团成员、王明的助手。她写了信要转交中央。这是一件不容易的事情。因为中央，当时行使权力的是"中央文革小组"，康生是它的顾问。没有可靠的人，很难保证信不落到"中央文革小组"手里。一向乐于助人的冯仲云又表现出热情。自然，按照党章，这是党员应有的民主权利。他又忘掉了这是非常时期吧！

不久，青岛街头的大字报海洋中出现一张新大字报"康生、江青谈侯志问题"。那里面说，侯志是国际间谍。此后侯志就被关进监狱。在困难的情况下，冯仲云还找了一些地方，试图救助这位无辜的同志①。

---

① 《冯仲云传》，第 316 页。

1968 年　六十岁

1 月 25 日　黑龙江省革命委员会向中央上报《关于深挖叛徒工作情况的报告》。《报告》中说，黑龙江省深挖"叛徒"取得了"显著成效"，"发现叛徒七千二百七十三名"，其中包括一些革命多年的老干部。

本月　被列为审查对象。

2 月 14 日　被来车来人接走，来人表现得很客气，说是去部里核实材料，从此没有回来。薛雯回忆：

> 仲云心怀坦白，当时还挺高兴的，以为核实材料后可以解放他了。他换上了一件呢子上衣，穿的整整齐齐地去了，他万没想到，把他哄去是要把他关到部里，从此他再也没有回来。随后部里来了两个人，说仲云要住在部里，取走他的被褥。

2 月 27 日　水电部军管会召集水电部群众开紧急批斗冯仲云大会。宣布冯仲云是"苏修特务"。

同日　致信冯忆罗，全文如下：

忆罗：

> 今天下午在部开我斗争会后，我已被扭送卫戍区，这样很好，你把粮票送来。我此地无粮票。另送瓶蓝黑墨水来。另送一被来可作填（垫）褥。枕头一个，主席的纪念章也请送来。我现在一个也没有了。你要把妈妈照顾好，弟妹们打发好。

冯仲云

二月二十七日下午①

同日　黑龙江省方正县伊汉通公社农民薛治斌致信冯仲云：

仲云同志：

> 现在文化大革命已进行一年之久，你在此一年以来工作学习都怎么样，是否很好……我又病了两年，只在今年身体才有好转，才能给你写信……仲云同志，我们一别数年，你可知道我多

---

① 冯仲云去世后的 1977 年，冯仲云家属从专案组退回的文件中，发现了冯仲云在狱中给女儿冯忆罗的五封信。

么想念你……①

2月28日 致信冯忆罗，全文如下：

忆罗儿：

我在这过了一夜，很好！战士们严肃，认真而又可爱。不愧为毛泽东思想哺育出来的战士。你去买一本日记本（大号的），丹芸给我的没从部里拿来，也要那么大的。前些日子，我没有可能写，现在我真想写，墨水铅笔红蓝的也要。面盆，稍稍大一点，送来以便可以洗衣服，洗衣胰子。准备一套衬衫裤帽子（今天拉赃了一条裤，几乎没办法）过些日子送来。爸爸是有信心，困难是有的，没有事。妈妈处境困难，也是有信心过去。最终问题能解决的。你们最好搬家，能搬你单位就好，房子紧缩，有些书可以卖了。不要和姜叔叔一起住，他会有麻烦的。弟妹们快安排走。你的电话与卫戍区方面要联系。自己多读毛选，小心谨慎。另买一些好的信封，要节约过日子。

父 冯仲云 二十八/二——六八

本月 被有关方面列为专案审查对象，关押在狱中。

3月1日 致信冯忆罗，全文如下：

亲爱的忆罗儿：

已经给你去了两张纸条，但是没有见你送来东西。不知是怎么回事。可能？地远一些。但是要弟妹来一趟也可以。如弟弟们已走，那么要两个妹妹骑自行车一起来也可以。来时一定要带三四刀稿纸来。以便可以写东西。来要早一些来，以免回去晚了，墨水一定要送来。

罗儿，你要自己注意，现在全家只有你管事了。也可以这样，两个弟弟走后，丽雯到娘娘家去住，你带着小平、毛毛和丹芸一起搬机关住。自己的健康要特别注意。

我在这很平静，对前途很乐观，比前些日子好多了。妈妈如何。

父 冯仲云 一/三——六八

---

① 《冯仲云传》，第331页。

同日　在连续给冯忆罗写了三封信未得到回音后，向卫戍区提出了责问。全文如下：

卫戍区负责同志：

　　请你答复我如下的问题。

　　a）是否可以看看报纸？要不然，一点政治消息也得不到了，或者由我自己订北京日报一份也可。

　　b）我送给家里联系人的纸条是否直接送我家里联系的本人，还是要经过水电部的。我希望送我家里联系的本人，即我的女儿冯忆罗，不要再转手送给别人。

　　c）此地离北京动物园多远，要东西的纸条送出去好几天了，为什么还不送来，是否因为太远，他们来不了，还是没联系上，最好你们打个电话给外国专家局找女儿冯忆罗联系一下，她的电话是容易联系的。

　　d）我这是送卫戍区代看管，还是就是送卫戍区了。我们那水电部还会把我弄回去，再送回来么，这个我要精神上有所准备，请你们告诉我。

冯仲云　一/三——六八

3 月 4 日　致信冯忆罗，全文如下：

忆罗：

　　前几天给你几张条子，你收到没有？我这儿棉鞋已经够勉强了，脚有点浮肿，你要把我的新棉鞋，还有新的一双单鞋找到给送来。要一个大一点的面盆，又能洗脸，又能洗衣服，另外要一块洗衣服胰子。最好还有一套衬衣裤（如果没有也行），另买四刀方格稿纸。另外在玻璃匣子里找一本固体物理学来，以便和毛选交换看看，生活有所调节，这不同以前一样，可以看书了。因为心情愉畅了。家里的破旧都卖出去，房子缩小起来，最好整个搬了。乱七八糟东西不要了，有的可烧了，有的可出卖，生活简单些。弟弟们走了，丽可以到娘娘那，丹可以和你一起。此致

父　冯仲云

3月11日　致信冯忆罗，全文如下：

忆罗：

　　爸爸到卫戍区来，心情是比较安静、乐观、光明，爸爸深信在此次烈火中可以把我炼成真金，不久我们能再相见。来此多少天了，都想经联系人（我写的你）要些东西，但是没有回音，不知什么原因，真使我焦急万分。你那面有不便处，我将联系人转换到李在德阿姨处去，请告诉她。例如棉鞋破得快不能用了，我去年买的单鞋在家，送来就好。你们要注意妈妈，妈妈在上海的被捕，是没有任何问题的，主要在苏中学校党校，一方面被重新入党所诱，一方面自己的软弱，所以造成多少年来的痛苦，尤其这一次。但我们相信群众、相信党会把问题正确解决的。要把二位弟弟迅速安排好。二里沟的房子要大量缩减到只有三间就可，必要和可能时可以搬家，家具大量退了，以此来节省开支。书橱玻璃柜三个不要卖出，百科全书架上暂不卖，以后也可卖出，有些就可烧掉，弄得干干净净。薪水和钱阿姨及革博刘阿姨联系一下，开支当然好，不开支也就算了，过苦日子吧！告诉二位弟弟妹妹，暂时把爸爸妈妈忘了，不要想。相信群众、相信党、相信毛主席、林副主席的党中央一定会妥善处理，听他们的声音。那时，爸爸妈妈会告诉你们还是光荣的爸爸、光荣的妈妈。松光、江华好好工作和劳动，丽雯、丹芸好好上学，都要热爱毛主席，听毛主席的话。

爸爸　冯仲云

3月14日　致信林彪，请求特释，信中说：

　　我被囚已两个多月了，在这两个多月中，使我陈旧性的心肌梗死的心脏受到了严重的打击，心脏的情况是转坏了。身体健康虚弱得多了。每一举动后，都引起长期喘息不已。平时不举动，也由于心脏供血不足，需要定期用力紧促呼吸。现在又有胃病，这样长此下去，不单是我不能再为党为人民工作若干年了，即使审查也无法继续下去了。不这样也生存不下去了，因此我紧急地呼吁林副主席……特释我出去。出去后，可以回家自由休息几天，必要入院住几天，以后自己掌握自己的病和健康情况，去接

受审查。无论群众审查，卫戍区审查及水电部军管会审查，我都
保证好好地接受……随叫随到。审查完了如无问题，你或中央一
下，我回水电部毛泽东思想学习班学习检讨……这是关键的时
候，又老又病的我唯 [一] 的办法就是恳求你的特释。

3 月 16 日下午　在地安门原国际情报部的招待所跪凳子上挨斗，从上
面摔下来，头摔破了，一只手也破了，陷入昏迷。

3 月 17 日下午 3 时　被迫害致死，终年六十岁。

3 月 18 日　薛雯和冯忆罗得到水电部军管会通知，来到部里。冯忆罗
回忆：在去部里的路上，妈妈还抱着希望，以为是找我们核实情况，把人
放回来。爸爸被关押后，她给军管会写过信，要求允许住在家里接受审
查。我们到军管会后，他们很热情，要我们坐一会儿，说是领导在开会。
后来，领导开会回来说，爸爸已经死了。

谱　后

1968 年

3 月 19 日　薛雯、冯忆罗及全家到三〇一医院太平间瞻仰冯仲云遗容，冯仲云头缠纱布。冯忆罗带领全家人朗读"老三篇"之一《为人民服务》。

3 月 20 日　曹轶欧在给武葆华、智纯的信中说：冯仲云不仅在历史上是苏修情报人员，并且在建国后还与苏修保持密切联系。

5 月 10 日　齐齐哈尔市富拉尔基热电厂锅炉检修班周井桂致信询问冯仲云的情况："冯部长你好！我是周正（冯仲云一九四五年在沈阳时参加中国事务部的一个学生——编者注）弟弟……周正我哥哥他很关心你的病。周正我哥哥和我讲，工厂有到部里办事的，请给打听一下冯部长的病好了没有。我厂目前没有人到部里办事，所以我才写信问问……希回信时说明，免去周正挂念。"①

5 月 11 日晚　冯忆罗被三办专案人员带走，当天关进秦城监狱，一直关押了十五个月。

5 月 20 日　康生在吉林省党校"革命造反大军"《关于毛诚问题调查报告》上写冯仲云是"苏修特务"。

5 月　于保合、李在德的长子于英从内蒙古回到北京，准备到学校办理去内蒙古兵团的手续。这时薛雯、冯忆罗已经被关押，于保合、李在德也被群众专政，两家孩子都无经济来源。于英想办法买了一些菜送到水电部宿舍，看望冯忆罗的孩子，发现冯忆罗的小儿子韩晓罗正在发烧，面色焦黄，赶紧和冯松光背着韩晓罗到医院，查出是急性黄疸性肝炎，必须住院。当时两家孩子都是两手空空，于英回家把家里的大衣柜卖掉，才给韩

---

① 《冯仲云传》，第 331 页。

晓罗交了住院费。

10 月 9 日　烈士马良的孙子致信冯仲云："亲爱的冯公公，您好，向您致以最崇高的敬礼！我给你去了好几封信，至现在还不知您收到没有？很使全家挂念。您的病如何了？是否已经参加工作了？我们多么希望您能来一封信告诉我们啊！"①

1969 年

1 月 20 日　尚志县的老战友沙永振致信冯仲云："仲云同志，你好！提到你，真是想念之甚……以前身体好时，还可以走动一下，现在眼睛失明，走路需人领……远隔千山万水，哪里能到一起同欢共饮呢……"②

1970 年

1970 年至 1972 年　薛雯在湖北咸宁干校劳动。

1974 年

4 月 23 日　康生在写给江青、纪登奎的信上说："侯志、冯仲云是苏联训练的老特务。"

1977 年

11 月 23 日下午 3 时半　八宝山革命公墓礼堂隆重举行了冯仲云同志骨灰安放仪式。《人民日报》发表文章进行报道。原文如下：

　　冯仲云同志骨灰安放仪式在京举行
　　李先念聂荣臻陈云王震谷牧罗瑞卿送了花圈
　　陈云王震谷牧等参加了骨灰安放仪式
　　新华社一九七七年十一月二十三日讯　原水利电力部副部长冯仲云同志骨灰安放仪式今天下午在北京八宝山革命公墓礼堂举行。
　　冯仲云同志是因病于一九六八年三月十七日逝世的，终年六十岁。

---

① 　《冯仲云传》，第 331 页。
② 　同上。

中共中央副主席、国务院副总理李先念，中共中央政治局委员、中央军委副主席聂荣臻，人大常委会副委员长陈云，国务院副总理王震、谷牧，中央军委负责人罗瑞卿送了花圈。国务院也送了花圈。

陈云副委员长、王震副总理、谷牧副总理参加了骨灰安放仪式。

骨灰安放仪式由水利电力部部长钱正英主持，水利电力部副部长杜星垣致词。

杜星垣同志说："冯仲云同志，江苏省武进县人。一九二七年四月在清华大学读书时参加中国共产党。此后，在党的领导下，积极从事革命活动，历任东北反日总会党组书记，中共满洲省委南满巡视员、省委秘书长，东北抗日联军第三军政治部主任，中共北满省委书记，东北抗日联军第六军政治部主任、第三路军政委，东北松江省人民政府主席兼任哈尔滨工业大学校长，北京图书馆馆长，水利部副部长兼任华东水利学院院长，水利电力部副部长。冯仲云同志曾被选为党的八大代表和第一、二、三届全国人民代表大会代表。"

杜星垣同志说："冯仲云是我党的一位老党员、好同志。几十年来，他忠于党，忠于人民，认真贯彻执行毛主席的无产阶级革命路线，为中国革命事业的胜利，贡献了自己的一生。"

杜星垣同志说："冯仲云同志虽然离开我们已经九年了，但是我们一直在怀念着他。我们要学习他的革命精神，学习他全心全意为人民服务的高贵品质，学习他谦虚谨慎，艰苦朴素，平易近人，密切联系群众的优良作风。"

杜星垣同志说："我们悼念冯仲云同志，要化悲痛为力量，在英明领袖华主席为首的党中央领导下，高举毛主席的伟大旗帜，继承毛主席的遗志，坚持无产阶级专政下的继续革命，贯彻执行党的十一大的路线，深入开展揭批'四人帮'的伟大斗争，为在本世纪内把我国建设成为社会主义现代化强国而努力奋斗。"

参加骨灰安放仪式的有关部门的负责人和冯仲云同志生前好友有：张平化、肖克、李葆华、吕正操、宋任穷、冯铉、韩光、杨易辰、高文华、郭维城、朱理治、钟子云、武衡、刘达、张彬、刘向三、张季农等同志。

冯仲云同志爱人薛雯同志及其子女，有关单位的干部和群众代表也参加了骨灰安放仪式①。

1978 年

12 月　薛雯为冯仲云冤案平反给中央的申诉书，全文如下：

中央组织部并中央纪律检查委员会：

原水电部副部长冯仲云同志在文化大革命期间，受林彪、"四人帮"、康生、谢富治的迫害，于一九六八年三月十七日含冤死去。

粉碎"四人帮"后，以华主席为首的党中央批准为冯仲云同志平了反，并于一九七七年十二月二十一日举行了骨灰安放仪式②。作为冯仲云同志的家属确实万分感激。但由于当时康生、谢富治的问题尚未揭开，原中央专案小组"三办"为冯仲云同志所做的"按病故的党员干部对待"的结论，还留了一个"犯有严重的政治错误"的尾巴。对此我保留了意见。最近党的三中全会揭开了康生、谢富治残酷迫害老干部的盖子，为党内一些重大冤案昭了雪，恢复了历史原来的面目，也促使我对"三办"为冯仲云同志所作的结论提出下述意见，供中央重新研究冯仲云同志的结论和审查康生的问题作参考。

一九三五年，正是东北党和东北抗日联军发展壮大的时候，党中央和红军正在长征途中，东北党组织和中央失去了联系，这时在莫斯科的王明、康生插手了东北党的工作，他们以满洲省委有"奸细"为名，撤销了满洲省委，将省委全体领导同志调往苏联，一部分被他们杀害了，一部分被他们送往集中营劳改，使东北地区的党和抗日联军失去了党的统一领导，接着王明、康生发来指示信和几封补充材料，主要内容是"反满抗日不并提""不要固守根据地""动员群众加入集团部落""一切通过统一战线"等等的右倾机会主义主张。当时仲云同志任北满［临时］省委书记，他与赵尚志等同志不同意王康的政治主张，并于一九三六年九月召开的珠汤联席会议上做出了反对王康的政治决议。

---

① 《人民日报》1977 年 11 月 24 日第 4 版。
② 此处日期有误。

仲云同志却因此被扣上了"反对中央""'左'倾关门主义"的帽子，在党内给予严重的政治处分，并撤掉了他北满［临时］省委书记的职务。由于王康指示信的恶劣影响，使东北地区的党和抗日联军，在思想上产生了混乱，在组织上产生了分裂，造成东北地区的建党工作及抗日武装斗争受到严重的破坏。对于王明、康生历史上这一严重罪行，必须加以清算。

全国解放以后，对于亲身经历过当年艰苦斗争的冯仲云同志，为了澄清历史上的重大是非，曾多次想将这段历史教训加以总结报告中央，由于种种原因，其中主要是怕康生打击未能实现。

文化大革命初期，东北"造反派"组织在了解东北地区党的历史和抗日联军的情况时，由于抗联干部李敏同志（现为黑龙江省工会副主席）揭露了王康指示信，也将保存的这份材料打印了，并寄给冯仲云同志两份。这就成了"冯仲云攻击康生，攻击中央文革"的罪状。这也是我们被没完没了地抄家的实质原因所在。仲云同志被康生点名，被诬陷为"坏人""苏修特务""朝修特务"，这份王康指示信成了重要的罪证。仲云同志被迫［害］死去后，他们仍不放心，于一九六八年五月又将我的大女儿冯忆罗逮捕关进了秦城监狱，至今尚未给她做出平反结论。

同时我也遭到隔离，继续追查王康指示信的问题。不难看出康生理亏心虚，害怕人揭露他伙同王明所犯下的罪行。仲云同志是抗联的主要负责人之一（三路军政委，北满［临时］省委书记）。文化大革命初期他是唯一活着的主要负责人，这就成了康生的眼中钉、肉中刺，必欲整死冯，康才能安心。

仲云同志在文化大革命前（一九六四年）因心脏病在家休养。他被康生点名后即于一九六八年一月十四日至二月十三日扣押在水电部，实行"群众专政"，秘密批斗，百般折磨，后又假借群众名义，扭送卫戌区德胜门监狱，由于对冯仲云同志的折磨和恶劣的生活条件，使他身体受到严重创伤，健康状况急剧恶化，到了三月十四日，他已难以支持，写信要求组织让他活下去以便审查，从此不但不给治病，反而于三月十六日下午又斗了半天，直至昏迷摔倒，延迟到三月十七日下午二时含冤而死，冯仲云同志死后，全身缠满纱布，不让我们家属查看遗体，这能说是正常死亡吗？我们要求对仲云同志之死做出结论并报告中央，谢富治说是"正常死亡"，这只能说明谢富治同康生一伙，是迫害仲云同志的凶手。

"三办"给仲云同志的结论材料中说一九五六年仲云同志表示同情侯志向刘少奇"诬告中央负责同志"，一九六七年十二月冯答应侯志转信，所以"犯有严重政治错误"。据我了解，一九五六年，仲云同志对侯志爱人武富锦同志在莫斯科被王明、康生杀害表示同情，对中央为她爱人平反表示高兴，我认为这是正当的。至于在文化大革命当中，像侯志这样一个老党员向中央反映情况是党章所允许的，据我所知，侯志主要是对康生有意见，冯为她转信，怎能构成"严重政治错误"呢？因此我认为"三办"关于这段结论是不正确的，应予修改，同时应在结论中写明冯仲云同志是被康生迫害致死，予以彻底平反昭雪。

以上报告，当否？请批示。

冯仲云的爱人　薛雯
一九七八年十二月①

1979 年

10 月 3 日　薛雯为黑龙江省社科院地方党史研究所写证明：有关东北抗联时的历史中的《露营之歌》过去曾听仲云同志讲过，在李兆麟同志领导下有于天放、陈雷等同志集体写作的。这是过去的历史，有些同志都先后去世了，不要在这个非原则的问题上纠缠了。我们抗联同志应该团结起来，共度幸福的晚年。

本年　上海教育出版社出版的《散文选》第四集收录了冯仲云的《抗联的父亲——老李头》一文。

1980 年

1 月 17 日　水利部党组作出《关于冯仲云同志问题复查情况的报告》，全文如下：

党中央：

遵照中央组织部的指示，我们对原水利电力部副部长冯仲云

---

① 《白发回首》，第 284—286 页。

同志的问题进行了复查。现将《关于冯仲云同志问题的复查结论》送上，请备案。

原中央专案组三办对冯仲云同志作出的审查结论有四个问题，其中关于冯仲云向苏联泄露中央负责同志指示，向苏联提供我国电力机密资料，以及同苏籍中国人刘永安及延志宁的关系，已审查清楚，没有问题，复查结论只在文字上略有修改。关于冯仲云替侯志转信给林彪的问题，据了解，侯志同志写的呈毛主席和给林彪的两封信，是封好后送到冯家、由冯妻薛雯同志一并转出的（未转到林手）；在中共沈阳市委对侯志同志的复查结论中并未涉及转信问题。因此，我们认为构不成冯仲云的问题，没有写入复查结论。

附件：《关于冯仲云同志问题的复查结论》

冯仲云，男，一九〇八年生，江苏省武进县人，家庭出身商人，本人成分学生，一九二七年四月入党并参加革命工作，原水利电力部副部长，行政七级。

文化大革命中，冯仲云同志因苏修特务嫌疑问题，经中央批准于一九六七年十二月立案审查，一九六八年二月监护，同年三月十七日去世。经复查，结论如下：

一、关于冯仲云向苏联泄露中央负责同志指示的问题

一九五七年三月，冯仲云同志以中苏黑龙江科学综合考察中方代表团团长的身份，在莫斯科中苏会谈中，按照中央负责同志的指示向苏方讲了我方意见，事后将会谈结果向国家科委作了报告。不属于向苏方泄露中央负责同志指示的问题。

二、关于冯仲云向苏修提供我国电力机密资料的问题

根据一九六〇年初中苏签订的一二二项科技合作协定，水电部在当年第二季度应向苏方提交《一九五九年全国电力系统现况图汇编》等三项资料。同年八月二十日国家科委来文，要求"迅速采取积极措施，完成到期协议"。冯主管水电部科研工作，同意将上述三项资料报送国家科委，转给苏联驻华经济代表处。因此，并非向苏修提供机密情报。

三、关于冯仲云同苏籍中国人刘永安及延志宁的关系问题

冯仲云同志一九三一年在中共满洲省委工作时，同在哈尔滨

为苏联做情报工作的刘永安相识，以后刘在苏联研究中国近代史。一九五八年根据中苏科学合作协议，刘来华访问时，冯让其妻薛雯同志陪同刘参观了正在筹备的中央革命博物馆，刘提出要复制毛主席题词手稿和东北抗联的布告、宣言等几件历史资料，经革命博物馆领导同意给了刘。不存在冯仲云同志向刘永安提供情报的问题。

一九四○年冯随东北抗联去苏联远东野营学习时，同在苏远东红旗军当翻译的延志宁相识。延于一九五五年五月从苏联回国，后借口其苏联老婆不习惯中国生活，于一九六三年九月返回苏联。冯仲云与延志宁的关系没有问题。

根据上述复查情况，冯仲云同志为历史清楚，没有问题。其苏修特务嫌疑问题应予否定。

中共水利部党组

一九七九年十二月十四日

薛雯　同意

一九八○年一月十四日

2月23日、24日　薛雯应邀参加吉林省暨靖宇县举行的纪念杨靖宇将军殉国四十周年大会。二十四日，抗联老战士张瑞麟、王一知、薛雯、庄凤在杨靖宇将军事迹报告会上做报告。薛雯报告的题目是《我所认识的杨靖宇》。

11月　解放军出版社出版的《星火燎原》第四集收录了冯仲云的《祁老虎》一文。

12月1日　作家舒群写《早年的影——忆天飞，念抗联烈士》一文，文章中提到傅天飞同冯仲云的关系，也提到了作者自己同冯仲云一家的关系。

1982 年

6月　第三期《图书馆通讯》发表冯宝琳的文章《回忆五十年代创建新善本手稿特藏库的经过》，文章回忆了一九五二年底，冯仲云来到北图后，对北京图书馆进行了大力的整顿与建设，在抓馆内的政治思想建设和组织建设的同时，大力抓了图书馆的业务建设，新善本与手稿的征集特藏，就是冯仲云首先提出并直接过问而创建的。

7月15日、16日　薛雯两次接受吉林省靖宇县史志办主任封志全、编辑刘贤采访。

12 月　薛雯离休。

1988 年

3月17日　《黑龙江日报》第四版发表署名金宇钟、祁瑞清的文章《从教授到将军——纪念冯仲云逝世二十周年》。

1992 年

4 月中旬　薛雯应邀访问朝鲜出席金日成主席八十寿辰庆典活动。

4 月 19 日　朝鲜党史所安排薛雯、李在德、陈雷、李敏等同抗联老战友王玉环、金玉姬、李淑贞、朴京淑、全顺姬、黄顺姬、许昌淑等见面。

4 月 20 日　薛雯等参观朝鲜平壤一个少年宫。

4 月 22 日　金日成特别宴请薛雯、陈雷、李敏、李在德等抗联战友和子女。席间金日成同薛雯谈到和冯仲云的战斗友谊，赞扬冯仲云在漫长岁月中苦等薛雯十二年终于团聚的高尚情操。

1994 年

10 月　黑龙江人民出版社出版《冯仲云传》，作者：赵亮、纪松。

1998 年

2 月　薛雯应邀访问朝鲜。

12 月　薛雯为自己即将出版的回忆录《白发回首》一书写《序》，全文如下：

序

仲云是我的战友，我的伴侣，是我心中永远敬重的师长和兄长。

今年是他九十诞辰和逝世三十周年。

临近世纪尾声，提起他的名字，话题的分量自然缀上几许凝重。白发苍苍，回首往事，心情格外显得不能平静。我不愿也不忍将一连串的问号留给子孙，我认为有责任将本世纪我们这一代人奋斗的历史，走过的路程，经受的风雨留给孩子们。能够让后来人追述我们一家的遭遇与变化。从一个侧面了解祖国从屈辱走向振兴的历程，从细致之处感悟到人生的真谛，都是一件有意义的事情。

人生之旅，可长可短。仲云是一个有才华、有理想、有作为的人，刚届花甲之岁就在风雨如磐的动乱年月里蒙冤而逝。一个在青年时代就立志报国，在"水木清华"走上革命道路的莘莘学子；一个在民族危亡关头奋战在白山黑水之间的东北抗日联军将领；一个曾任松江省省长、北京图书馆馆长、水利部副部长等职务国家栋梁之材竟无端的蒙屈受难，这于国于家，于公于私都是不应该有的损失。它留下的除了惋惜和思念，更多的是思索和教训。

人生立世，贵在真情与操守。古往今来，不知有多少传世爱情佳话。在抗日战争年代，我和仲云分别十二年。在重逢前我千里迢迢收到的他的第一封信是："雯，我是在东北苦斗了十四年。曾经身经百战，血染战袍；曾经弹尽粮绝，用草根、树皮、马皮等充饥；曾经在零下四十度的朔风中露天度过漫漫的长夜；曾经负过重伤，曾经在枪林弹雨、血肉横飞中冲杀，艰苦卓绝地战斗，矢志忠贞祖国人民……只要雯没有违反往日的志愿，没有对不起祖国和组织，那么还是我的妻。我是这样地等待了十二年，我相信我对雯的忠诚是能得到结果的。"这篇赤诚忠烈的爱情宣言是我们终生不渝的爱情金链，是我后半生的精神支柱。

我在垂暮之年除了撰写这篇回忆录外，还有两件事告慰于仲云：

今年，几乎每个中国人都为他人为我们国家奉献了自己的爱心。那场涉及南北的大洪水以及我们在洪水面前空前团结的故事，足以成为未来一个永久的话题。我代表全家将多年的积蓄三万元左右献给了灾区人民，我想这也是曾经从事水利事业的仲云可以宽慰的事吧！

仲云对于子女期望之重，教育之严，作为孩子母亲的我是体会弥深的。尽我心力已将两个儿子、三个女儿培养成人，教育成材，有的在国内重要科研单位供职，有的在美国攻读学位，让他们为造福人类，报效祖国做贡献。仲云未酬壮志由下一代实现，亦可以放心了吧！

　　谨以此文献给仲云，留给孩子们，奉给热心的读者。

薛　雯

一九九八年十二月

2000 年

　　1 月　薛雯在北京图书馆出版社出版《白发回首》，全书二十一万字。

2003 年

　　6 月 6 日　薛雯在北京安详辞世，享年九十岁。

2005 年

　　9 月 2 日　冯忆罗在北京新闻大厦宴请冯仲云在八十八旅的老战友。

　　9 月 11 日　冯忆罗组织"六十载东北抗联、满洲省委老战士及亲属联谊会"。

2006 年

　　8 月 8 日　冯仲云和薛雯的骨灰合葬在北京八宝山革命公墓中。

2007 年

　　7 月 16 日　冯忆罗就《东北抗日联军十四年苦斗简史》出版问题致信中共中央文献研究室、中共中央文献出版社，全文如下：

中共中央文献研究室、中共中央文献出版社：

　　我父亲冯仲云原任东北抗联第三路军政治委员，一九四五年底根据原东北局委员陈云同志指示，亲自撰写了《东北抗日联军十四年苦斗简史》，作为向中共中央的汇报文件。尽管战时的写作条件很差，辽东建国书社还是于一九四六年公开出版了此书。使之成为第一本同时也是第一次比较全面系统的向党中央和全国人民介绍了在中国共产党领导下的东北抗日联军自创建到发展壮大，领导东北人民经过艰苦卓绝的抗日战争，终于获得祖国光复的史实，以及这十四年苦斗中那些可感天地泣鬼神的英勇事迹。

　　东北抗日联军是中国共产党创建和领导下的最早对日作战、条件最艰苦、历时最长的一支抗日武装。它在中华民族危亡的时刻，奋起自卫，在长达十四年之久极其艰难困苦的岁月里，同日本帝国主义侵略者进行艰苦卓绝、不屈不挠的浴血奋战，歼灭和牵制了大量敌人，有力地支援了全国的抗日斗争，为东北和全国抗日战争的胜利做出了重要贡献；在中国革命史上有着不可磨灭的伟大功绩。一九四八年一月一日中共中央东北局决定中指出："前东北地下党组织之党员与抗联干部同志们，在党中央领导与抗日救国的总的政策之下，曾在极艰难复杂环境中对日本帝国主义和伪满洲国进行了长期的残酷的英勇斗争，曾得到东北人民的爱戴。'八一五'东北光复初期，又协同苏联红军及八路军、新四军，最后击败日寇，解放了东北。是中国党光荣历史不可分的一部分。"抗战胜利后，中央决定将东北抗联与挺进东北的八路军、新四军合并，改编为东北人民自治军，一九四六年一月，又改称为东北民主联军——即中国人民解放军第四野战军。至此，东北抗日联军胜利地完成了它的历史使命，进入新的历史时期。

　　东北抗日联军的历史，是东北人民抗击日本侵略者、拯救中华民族的一部鲜血写就的历史。是中国共产党领导的人民民主革命历史不可分割的组成部分。他们可歌可泣、英勇无畏的牺牲精神，是中华民族争取独立宁死不屈精神的集中体现。中国人民尤其是东北人民将永远铭记东北抗日联军在祖国危亡的年代里为民族解放所建树的丰功伟绩，永远不会忘记在抗击日本侵略者的斗争中牺牲的革命先烈、共产党员和爱国志士。

　　在纪念中国人民解放军建军八十周年之际，作为我军军史的一部分，我们在充分保留原作的全部内容与风格的基础上，加入了我们能够找到的六十多幅相关的照片，并委托中国国家博物馆研究员逐个加以说明及批注。希望能得到中央文献出版社的鼎力支持，列入出版计划，借此之际从新印刷出版《东北抗日联军十四年苦斗简史》。

　　此致
敬礼

　　　　　　　　　　　　　　冯仲云之长女：冯忆罗
　　　　　　　　　二〇〇七年　七月十六日　　北京

2008 年

3 月 10 日　冯忆罗到抗联老战士彭施鲁家请其参加冯仲云诞辰一百周年座谈会。

3 月 21 日　中共黑龙江省委党史研究室以中共黑龙江省委的名义在哈尔滨召开纪念冯仲云诞辰一百周年座谈会，省委常委、省委秘书长刘国中出席会议并做了讲话。

3 月 23 日　由中国水利学会举办的纪念冯仲云诞辰一百周年座谈会在北京举行。全国政协原副主席、中国工程院院士钱正英出席会议并讲话，水利部部长陈雷出席会议并致辞，全国人大财经委员会副主任委员汪恕诚、水利部副部长周英等出席会议，水利部副部长胡四一主持会议。纪念会上放映了文献专题片《忠诚》。

本月　中央文献出版社出版《东北抗日联军十四年苦斗简史》。

10 月 25 日、26 日　冯忆罗在辽宁省朝阳市参加抗日民族英雄赵尚志将军诞辰一百周年纪念诞辰暨颅骨安葬仪式活动。

2009 年

4 月 3 日　常州市北郊中学组织部分学生干部参观冯仲云故居。

5 月 4 日　杭州二中在校音乐厅隆重召开"冯仲云团支部"命名大会。杭州二中党总支、校团委在高一各团支部深入开展争创"冯仲云团支部"活动。

2010 年

11 月 10 日　李在德为《冯仲云画传》作序。

2011 年

7 月　北方文艺出版社出版《白山黑水写忠魂：冯仲云传略》，编者李向清，全书二十二万字。

9 月 16 日　国家图书馆举办"白山黑水铸忠魂——纪念九一八事变八十周年　馆藏东北抗日联军珍贵文献暨冯仲云手稿展"。本次展览以冯仲云所著《东北抗日联军十四年苦斗简史》为线索，以"东北硝烟""联军抗日""雪冷血热""光复东北"四个部分，表现东北抗日联军十四年艰苦卓绝、可歌可泣的抗日史实。展览共展出手稿、书刊、报纸、照片、回忆录、家书等珍贵历史文献近二百种，东北抗联的相关研究文章近五百篇。还展出了包括抗日联军布告，抗联战士使用过的火药壶、木碗、马鞍、马灯、铜军锅、单连发手枪和毛瑟枪等多件东北抗联文物。开幕式上，冯仲云之女冯忆罗向国家图书馆捐赠了一批珍贵历史资料。

10 月 20 日　冯忆罗在国家图书馆讲"父亲母亲和我"。

11 月 1 日　辽宁少儿出版社出版《冯仲云传奇》，作者：白小易。

2013 年

12 月　薛雯著《白发回首》在中信出版社再版。

本年　冯明岐编著了《忠诚——冯仲云画传》。

2014 年

1 月　《奋斗》杂志第一期发表哈尔滨工业大学高等教育研究所副教授黄超的文章《冯仲云点燃哈工大的"中国梦"》。

10 月　常州市东安实验学校少年军校举行"冯仲云英雄中队授旗仪式暨新队员入队仪式"。

2015 年

4 月　河海大学出版社出版冯明岐编的《冯仲云故事集》。

6 月 12 日　冯忆罗、冯松光接受新华网采访。

7 月 27 日　《北京日报》发表署名张尚金的文章《清华园走出来的抗日将军》。

8 月 18 日　国家图书馆与黑龙江省兴隆林业局共同策划主办的冯仲云图书馆揭牌暨捐赠仪式在兴隆林业局图书馆举行。揭牌仪式上，国家图书馆向冯仲云图书馆赠送"民国时期文献保护计划"的重要出版成果八十册《远东国际军事法庭庭审记录》、中国记忆项目东北抗日联军专题口述史料视频资源和"中国记忆丛书"：《我的抗联岁月——东北抗日联军战士口述史》《最危险的时刻——东北抗联史事考》等抗战主题图书，以支持其东北抗战文献的专题收藏。冯仲云长女冯忆罗向冯仲云图书馆赠送了冯仲云著《东北抗日联军十四年奋斗简史》的抄本复制件。

冯仲云图书馆是我国第一个以东北抗日联军将领命名的图书馆，馆址所在地兴隆林业局是抗日战争期间中共北满省委机关所在地，也是东北抗联常年驻扎并战斗的地方。国家图书馆馆长韩永进表示，该馆的成立不仅对缅怀抗战先烈、继承抗战精神有着标志性纪念意义，同时也对研究中国共产党在抗日战争中的中流砥柱作用，东北抗日军民十四年的浴血奋战以及中、苏、朝在东北亚地区联合抗日史实等具有重要意义。

附　录

风关于中共汤原中心县委半年来工作报告
——关于地理、经济、政治、党的工作及游击队、工农运动等问题
（一九三三年五月）

注：丁甘平同志是参加汤原县中心县委的，因为种种倾向的不正确（报告中详述），在县委第三次执行委员会改组县组时，被撤销工作。县委方面，是〔因〕为他是参加常委的，知道的比较多些，同时在屯子里时来兵匪，再加以路途携带不便，所以没有写书面报告，希望他到省委后，以布尔什维克忠实的态度，作详尽的报告。然而，他来省委以后，我读了他的报告，觉得完全不是县委的报告，该报告是带有浓厚的派争倾向的色彩，抹杀了汤原党半年来进步的事实，以致省委不能详细地讨论，不能很快地去领导。这一耽误，甘平同志是要负责的，县委特别是我，当然更要负责，还相信这样派争倾向浓厚的分子能有布尔什维克的真实吗？

因为汤原县委所管辖的区域很大，政治系统、经济情形各区不同，同时又是这样长的时间，各种变动非常之多，工作也非常复杂，所以，我的这一报告是写得非常复杂、零乱、琐碎。这当然是不妥当的，我希望自己在学习过程中，以后能改正过来。——（风）

报告的目次：

Ⅰ、地图；

Ⅱ、地理和经济的一般概况；

Ⅲ、政治情形之一般；

Ⅳ、党的工作和一般组织的状况；

Ⅴ、汤原游击队问题；

Ⅵ、工人运动问题；

Ⅶ、秋收斗争的胜利和农民运动问题；

Ⅷ、各区工作以及其他工作；

　　Ⅸ、　关于群众团体的领导问题；

　　Ⅹ、　关于青年团的领导；

　　Ⅺ、　组织问题、党内斗争问题及其他。

　　Ⅰ、　地图（略）

　　Ⅱ、　地理和经济的一般状况

　　（a）松花江是日本帝国主义进攻苏联最主要的路线，所以日本帝国主义去年占领哈尔滨以后，即派大批军队，去征服下江，经过长期的苦战和努力，仍然没有把下江征服。在去年快要封江的时候，日本帝国主义即派了五百多名军队，名义上是屯垦和移民长期地驻扎在松花江下游的重镇——佳木斯。今年又计划着用帝国集体农庄的欺骗，来输送大批的韩国人到下江去。在海军方面，日本帝国主义去年捞起了中俄战时，被苏联击沉的最大的中国军舰——江亨拉回到哈尔滨修理，同时，据报载又新修了两只军舰，并派了大批日本帝国主义自己的海军来松花江，报纸上也载着要在黑龙江、乌苏里江行驶满洲国的军舰。为了进攻苏联，日本帝国主义是不遗余力，而且必然的以后更积极的来进攻和加强松花江下游的统治的。

　　从哈尔滨到同江有一千多里，地域是非常广大，出产特别是大豆非常丰富，下江在满洲经济方面是占着首要的权威，可以左右着哈尔滨的市场。同时，未开发的土地是非常多，从通河县以下，往往有数十里一片未开发的荒原，在江北如五佛郎、拜伦河、大古洞一带，肥沃的土地荒无人烟。这还是沿江一带，山沟里更不用说了，例如汤旺河沟里，纵横六七百里的平原，除了极少极少的木营（伐木）和队房①（打猎）外，再加上少数流动的"达子"以外，没有人迹。

　　江南人烟比较稠密，然而，汤原的党大部分集中在江北，江南的工作，是非常微弱。江南的几个中心城市——三姓②、佳木斯、富锦，因为实际上的问题解决不了，至今还只能停留在空喊城市工作。

　　从这一次走路所观察得来的结果，我觉得，从通河的罗罗河③以下，可以划归汤原中心县委管理（本来管到岔林河④——通河县街）罗罗河以上，仍当重立一中心县委，该县委的中心地点应当建立在巴彦，所以，加

---

　　① 队房，也叫对房、碓房，是东北猎人临时居住的小屋。

　　② 现在的依兰镇。

　　③ 现名浓浓河。

　　④ 发源于小兴安岭平顶山（白石砬子），向南注入松花江。

强巴彦工作的领导，在这一观点上是非常必要。因为罗罗河以下，在政治系统上、经济上、社会风俗习惯上，都有不同。以下是比较塞外的风味来得浓厚，荒凉，生活艰苦，工人、雇农极多。以上是稠密，屯子也多，乡村里封建势力来得大。

（b）1、佳木斯是松花江下游最重要的城市，日本帝国主义非常重视这一城市，因为这一城市，是由松花江进攻苏联最重要的后方。从佳木斯进攻苏联，可以分三条路线：第一是由松花江用海军攻击三江口，并且从佳木斯往下一百里光景，有重要的江险和用兵的地点。第二，从佳木斯可以到宝清、虎林、饶河来进攻苏联的伊马河。第三，可以从鹤岗轻便铁道到炭矿经过川房子^①、鸭蛋河、萝北县城^②××来进攻苏联的米高斯克。同时，在经济上西有八胡里、七胡里、孟家岗、土龙山^③，东有安邦河、集贤镇、宝清以及江北的汤原县一带肥沃的平原的农产物；在矿产上，有孟家岗一带的煤、金，安邦河、双阳山^④一带的无烟煤、铁、银，江北鹤岗一带的煤全向佳木斯集中；在政治上，可西顾三姓、通河，东顾富锦以及江北的鹤岗、江南的宝清，交通是非常便利和集中，所以日本帝国主义经常的驻着军队，东征西伐，作为统治下江的根据地。佳木斯是在平原，但是地势非常高，去年没有遭受水灾。但是经过日本帝国主义的蹂躏，以及四外的纷乱，市内的景象是非常萧条、凄凉，商店特别是小的关闭了一大半，比较漂亮一点的房屋和店面，都被日本帝国占用了，苛捐杂税是非常厉害。日军的纪律并不见得高明，买东西不给钱是常有的事，甚至也有当小偷拦路行劫的。每当日军在外受损失时，日本帝国主义回佳的暴行是空前的残酷，往往有圈街的行为，即将街上的行人一齐逮捕，须有铺保才可放出，无则非常危险。东门外的刑场，冻尸堆得如柴火一样，也有活埋的×塞入江眼的。除日军［方］面外，还有几团的于军。士兵的反日情绪非常高涨，甚至公开的说："现在只有共产了，共产才有办法。"为虎作伥的全是韩国走狗，在佳的韩国人没有几家好的（大半都是鹤岗搬去的），公安局长以及局内人员很多是韩人（党内叛徒居多），专门以捕中国人为

---

① 川房子，应为船房子，现萝北县尚志村西。

② 萝北，自清光绪三十四年（1908）建立萝北直隶厅开始，县治几经易地，直到1954年最后定治于凤翔。期间1908年县治在兴东，1933年8月将县治迁至肇兴，1941年将县治迁至凤翔，1946年2月20日萝北县民主政府在肇兴成立，7月1日县治迁至凤翔，因闹匪患又迁至肇兴，1954年8月县治由肇兴迁移至凤翔至今。

③ 八胡里、七胡里、孟家岗、土龙山：均为现在的黑龙江省桦南县地名。

④ 现双鸭山。

能事，所以佳木斯的群众恨韩人非常入骨。城内烟赌非常盛行，会局、宝局、牌九局、烟馆非常多，这些多受着韩国走狗的统治。全市人口过去有六、七万，现在大概有五万多人，有二家火磨、电灯以及小的油房和烧锅，工人不多，在开江时，码头工人是比较多，现在他们都受着失业的痛苦，学校到现在还没有开学。

2、鹤岗包括鹤括［岗］煤矿轻便铁道附近一带，有三个街基，第一是矿山，在交通上是出入萝北县城、乌云、太平沟①一带的咽喉，在军事上也非常重要。不过，在结冻以后，到鸭蛋河一带去可以从梧桐河东去。矿山出外不到六十里地就是青山，所以也是胡匪出没的地方。矿山周围七十里，方圆都有石炭，据说照现在的开采法，至少可以开采三百余年，开采法一概是新式的科学方法。有四个矿沟，去年因为没有开采，所以漕中皆水，结成数尺厚的坚冰，据说要等到开冻后始可开工。一切的机器都已修理完全，矿山公司附近，修有很坚固的炮台，形势较险要，但是去年也曾被胡匪（约二百余人）攻入一次，但是保矿队的武器没被缴去。矿工早先是非常多，最多时，到过五千多人。矿工个人自己有武器的，早先据说有五百，他们很多与胡匪有关系，有些甚至半是胡匪、半是矿工的性质。现在鹤岗一带胡匪军队农村中［的］矿工是非常多，有名的黑山溜［绺］子五十多名，一色儿是煤矿工人，后降五团，又随着陶团投降日本，不到两月，又全队哗变出去了。我们的同志间和他们有私人的关系，他们对我们也非常同情，可惜因为干部以及时间的关系，不能抓紧这一队伍的工作。矿工的斗争情绪是非常好，曾经经过许多次的自发的罢工，工人阶级意识是非常强，经过少许的工作，我觉得鹤岗的矿工工作，比别的地方的工人工作还容易做，他们是很容易接受党的领导，渴望着党的领导（关于煤矿工人的工作以后再写）。去年大批的矿工上哈索薪后，差不多把矿山完全停顿，当时还剩下二三百人，借着在鹤岗附近农村中卖工夫以及修理鹤岗轻便铁路过活。矿工的工资本来是八毛或一元光景一天，但是欠薪是在一年以上。长期的不发工资，就是发也是些不值钱的煤票，一元煤票值哈洋两毛。他们卖不出工夫的，就在公司吃饭，四毛钱一天，还是只有小米子饭，矿工的生活是艰苦到十二万分。五团退出矿山后，将公司武装和队伍全部带去，工人也都离散，往后，矿山街上空无人烟。陶团投降日本帝国主义以后，日本帝国主义为了欺骗群众，和缓群众斗争的情绪，计划着开工，只候莲江口一带七里地的铁路修好，大的火车头可以直达矿山，

---

① 在黑龙江省萝北县，黑龙江边。

就先开小工。一方面，把去年冻时修的铁路重新修理，同时二漕开工，粮食等都已运到矿山去了，后来，五团（见以后）过矿山，又将矿山吃抢一空，开工又不得不告迟。我去的时候，已经有二三百人装去年的屯煤了，是一定不久就要开工的。（煤矿的问题下面详谈）

第二个街基是鹤立岗镇，四外比较是有很多的农村，例如黄沙屯、夏家屯、二堡、五家离镇都不过十多里地，都是鹤立岗较大的农村，名义上是属于汤原县管理，实际上完全是分离的。街上户口约五六百户，大的商家也多，炭矿开工时，[是]非常热闹的一个镇集，但是最近完全是一个死阜。在五团未退出鹤岗时，各个买卖铺多开门，退出后，陶团来后，因为五团的军用票充斥和失掉信用，商铺都不开门，农民手中的军用红大洋，早先是值五毛哈洋一元，弄得一个钱不值。商品是十分的昂贵，盐、火油、洋火都是苏联的物品，农民真是叫苦连天。在乡村，都是以物易物的交易，镇上本来有烧锅二家，现在都已亡了，炭矿工人住在鹤岗街上的也很多很多。自五团军用票作废以后，矿山说是要开，以后，各商家开门的也较多了，物价也跌了，但是仍旧是比普通的地方，例如汤原县街，要贵三分之一，煤油和盐跌[涨]到两毛多钱一斤。烟赌是鹤岗的特色，也不仅是鹤镇，我所走到的，从鹤立岗一直到哈尔滨，几乎几个屯子，只要稍大一点的，都有烟馆和会局，就是十一二岁的小孩子和妇女，没有不押会的，路上所遇到的人，总有十之七八谈会局的。各处农民都在种大烟，大胆的都已把烟籽种下，胆小的正害怕官厅的命令禁止，但是总是想种，甚至岔林河县街里都已种上大烟。

莲江口是恰在佳木斯的对岸，离佳木斯八里地，是鹤岗煤输出的重要地点。码头工人是非常多，他们投入红枪会或胡匪去的很多，他们的斗争情绪是非常高（见后），团结力不很大，但现在是完全失业了。莲江口堆积的煤仍旧是很多，是够二、三年的销卖。矿山工人住在莲江口的也很多，他们不断的包围着公司的会计处要钱，公司没有办法，发给他们粮食，或给他们的煤叫他们自己运煤到佳木斯出卖。但是工人自己拿煤去卖，是非常算不来，因为脚钱花得很多，结果是非常吃亏。此外，还有矿山的电机部以及轻便铁路的大厂和车头房，在那里，工人也走了不少，穷困很厉害，但是比较普通的矿工和码头工人是好得多。最近有这样的消息，要把大厂电机部等，一概移到矿山，并且日本帝国主义预备以一部分降队，特别来保护矿山。我走的时候，陶团的炮连分子[了]一个炮和七连（四五十人）以及屠旅、程团、朱连已在矿山驻防。莲江口本来比较还算繁华的，有二百多户，去年大水后一齐搬走，现在街上除了住家的外，什么卖货铺也没有了，最近有五、六×的警察。莲江口往北约二三十里地内，都是遭到水灾的，现在附近莲花泡一带，都住着灾民，一点吃的也没有，大户都已经搬走，留下的是空的土围墙。

莲江口离鹤立岗六十里，鹤镇离矿山六十里，中间一共是十一个站，站房例如七号、八号、九号等等。都是荒无人烟，几个比较大一些站，有保护队守护着，火车头一共是六个（四个大的，两个小的）。

屯子以黄沙屯为最大，大约有一百户，屯里大多是中农、富农，贫农比较少，雇农可是很多。这一屯子比较 [来说] 遭兵灾和匪灾来得少，所以粮食还丰足，夏家屯住的大部分是地主老夏家的地户，老夏家和二堡的孙家油坊，都是有名的大粮户，特别老夏家，更是汤原三大粮户之一（老夏家、老耿家、老姚家）。汤原群众对于这三家都恨入骨髓，农民谈起来就是怎样的夺他们的武装，打倒他们。老夏家有二三千垧地，有八十多支枪，二架手提式，但是，因为老夏家没有政治手腕，给胡子绑票，死了重要的人，所以比较衰落。其他如刘老冈、黄老冈等处，都是遭着匪灾或水灾，家无存粮非常困苦。

韩国农民住在鹤岗约有五十多户，鹤多 [立] 河十多户，八号、六、七号去年都没有得，都搬江南了（原因后详）。新稻地（七号）二十多户，收成比较好，因为党的领导强，所以这一屯子秋收斗争最剧烈，群众比较好，上江南去的少。该屯五间房十余户收成比较好（大部分搬走了），他们因为受统治阶级的挑拨，民族感情以及民族间的隔阂，尤其是种的稻米关系，所以受胡匪和军队的蹂躏比较利害。

3、格节河①区有两个金矿，一个是亮子河金矿，离区委所在地有六十五里，在青山里；一个是格节河金矿，离区委所在地约二十多里。亮子河金矿有工人七百余，最近因为头绪不好，出金不多，比较衰落，现在还有五百多人；格节河金矿，本来到过二千多人，因为它是一个老沟，头绪更不好，现在只二百多人，以后再如此下去或者炭矿一开工，金沟工人都向炭矿 [去]，或许这沟要亡也说不定。金沟公司是属于官厅管理，每个公司多有经理、稽查员等，并且有保矿队。亮子河金矿有三十多个红枪会保矿，公司也有五、六个武装，格节河金沟本来有三十多个佛教会和一团红枪会（五、六十个 [人]），现在都已解散，现在是三十多个大排，在保护工人工作。是分财东帮和小股子帮两种，财东帮是由财东供给粮食、住

---

① 现名格金河。

处、工具，小股子帮是大家合伙，工作方式，完全是旧式的。沙金，在冬天则在五、六尺［厚］冻土上穿洞，穿到有金子的一层土时，则往横掘，将金沙在地穴下的水洗淘；夏天则非将上一层的土完全去了，掘出金沙，将金沙在地面的先洗淘。夏天的工作比较麻烦，冬天的工作比较省工。所以，冬天许多雇农找不到活干，都到金沙［沟］去过冬。在开化的时候最危险，往往有土陷下将工人压死的事情。金沟的工作是有名的苦工，比炭矿的工作还重，每天差不多有十四、五小时的工作，冬天天未亮就得起来，天黑了还不能完。最重要的是公司和财东的残酷的剥削，一天工作完了的时候，就有稽查来，将所得出来的金子用火漆将包封好，当然他们是时时来检查的。这些金子送到公司里，有些则用匙取去，一匙依你多少而定，取的时间也没有一定。（例如格节河金沟）有的公司抽十分之二，例如黑金河金沟等，剩下来的财东拿去一半，即十分之四，余下来的归工人平分，不过，把头①和先生们虽然不做工作，得分两分。小股子帮、公司取去了则平分，每十五天一［报］场，一结算，头绪好的，可以分得十多元钱一［报］场，头绪不好的，有二、三元钱一［报］场，甚至于白干或赔本的。每天一个工人能得二三厘金的是非常好的。财东帮，资本大一些的，可以有六、七十人一帮，少则二十多人，但现在因为头绪不好，很少有过四十人一帮的。小股子帮，大多都二十多人或十多人一帮，但是最近因为头绪不好，捆了不干的很多。财东往往有是当地大地主的，例如老耿家，在亮子河金沟和格节河金矿等都有他们的资本，他们的工人是更苦，同时，他们都有武器来保护着他们自己的资帮（在亮子河有五个保护他的资帮）。公司不仅在分金的时候得十分之二，而且管理着金沟的市场，对商品施以最厉害的苛捐杂税，名之曰厘金。例如杀一猪在金沟出卖得有四元钱的捐款，再加拉上山的脚钱和商店的高利，所以商品比县城等地常要高出二三倍，特别是太平沟②、梧桐河③、都鲁河④等处金矿沟，因为它离普通市场远，一切都归公司专卖，价［显］之昂贵，真是吓人。小米籽可以到二百多元红洋（合哈洋八元）一担，工人每天没有自己的收入，大多拖欠公司的款项，连吃都吃不到，每天喝小米籽粥做工，然而要走又走不了，因为欠公司的款，然而还又还不清。在亮子河金沟⑤等处，因为头绪

---

① 采金点的管理者，也叫金把头。木帮的管理者也叫木把头。
② 太平沟金沟在今萝北县太平沟村，也是民国期间观都金矿局的所在地。
③ 梧桐河金沟也叫老梧桐河金矿，在黑龙江省鹤北林业局尚志林场（原先进林场）。
④ 都鲁河金沟遗址在今黑龙江省鹤北林业局金矿林场。
⑤ 亮子河金沟在汤原县。

不好，所以每天都是吃包米粥、小米饭、盐豆，吃得坏是工人最感痛苦的一件事，所以党曾经为得吃东西，改良伙食，领导一个小的二十多人的斗争。黑金河金沟①，现在因为头绪好，是吃得好一点，有时吃些白面。金子价格，完全是被一般商人垄断，然而工人对于这个，还不觉得怎样，工人最怕的是金子不出沟。早先汤原宋司令（后详）出了汤原流通券，在黑金河金沟、格节河金沟②，这样工人做出了金子，由公司作价给他流通券，在这一中间，宋司令（本来是黑金河金沟经理）吞得了许多金子。工人斗争情绪非常高涨，特别是流通券跌价的时候，当时党见到了这样情形，立刻就散了传单，传单起了影响，但是可惜当时金沟里只有一些起不了作用的韩国同志（进去了很久，两个多月没有发展），结果这一斗争反而被财东领导去了——当时财东也反对。

格区的中心农村，是公化屯、二道冈等处，每处都有一百多户，中农居多，最大的粮户是杨团总（详后），他是保卫团的领袖，所以最反动的保卫团早已集中在格节河一带，豪绅地主的统治，比较厉害，比较有组织。这里的豪绅、地主、大粮户和汤区的、太平川一带的以及太平川的老耿家，是日本帝国主义最亲爱的臣仆。

韩国农民住在格节河的，有十多户，只有两户是比较收成好的。

4、汤区有一个黑金河金沟，去年因为头绪不好，只有三、四百工人，最近因为头绪好，工人突然增加到一千二百人，各个金沟的工人都向那儿去，不仅是金沟工人，别的工人和雇农往那儿去的也很多，以后，人数必然还要增加。保矿队早先是红枪会，现在红枪会改变成为保卫队，有三、四十个武装，有一架轻机关，形势比较险要，有炮队，比较难攻。因为宋司令是金沟经理。同时，汤原红枪会是［在］那面开始，所以有许多工人都做了红枪会的长官、团长。

在黑金河与汤旺河沟里，有许多木营和队房。但是，因为年来情形如此，所以伐木工人是减退了。木营的组织和金沟财东帮差不多，也有财东来预备粮食、住房、工具，粮食往往有预备到一两年的。工钱的计算办法，以木材的多少立方寸计算，因为山里的规则是外人到了木营等处吃饭，并不计较，所以胡匪在山里是以木营为家，现在，在黑金河金沟大概有几百伐木工人，因为他们的住所不集中，所以不容易统计。其他如拜伦河沟里，大小古洞河沟里，岔林河沟里，大小罗罗密以及七星子、八胡里

---

① 黑金河金沟在汤原县。
② 格节河金沟在汤原县。

沟里，特别是小江子沿岸的沟里，伐木工人是非常之多，队房多系私人单独的多。

汤区有街基三个，第一是源［汤］原县街，分南街和北街。南街靠着江沿，有二百多户，有码头工人四十多名，但是封江以后，码头工人四散，直到开江又集合，每人约能得四、五十元一月。北街是县街，有七、八百户，市面较热闹，大商家也较多，有油房一家，烧锅二家，现在还开着。县街是统治汤原中心城市，所以，城内驻军甚多。封江时候，商家任意提高物价，农民生活是非常痛苦。宋司令因为下层士兵索饷的关系，在汤原出了几十万的金融流通券，强迫使用。一元流通券值红帖一千二百×，商民而以此流通券收买大豆，虽然大豆价格是提高到十三、四元钱一石，但是物价也提高。一样物品两样作价，金融流通券和哈洋的价格，完全不同，农民到使用这许多流通券［时］，简直没有办法。第二个街基是珠［竹］帘，对江是去［周］小子的要道，约有二百多户。第三个是汤旺河，是一个粮站，这许多地点，多有码头工人。

在汤原县，最大的中心农村，是太平川和西北沟，每屯都有二百多户，特别是太平川富农是占着最大多数。老耿家是全汤原县最大的粮户，而且政治上占着非常重要的位置（后详）。他们有一个小铺烧锅，六百多垧地，家里有三百多支武器，四挺手提式，二架轻机关，十个小钢炮，子弹十余万发，他是汤原的魔王，每个贫农都恨他们入骨。其次是老姚家，住在西北沟附近，在汤原的政治上也占着非常重要的位置，汤原韩人［种］的稻田地差不多都是他们的。水灾民大部分是在海子南，华大岗[1]也有一部分。

在汤区，韩国人大约六十多家，黑金河二十多家，板结河十多家，西北沟和西门外十多家，华大岗十多家。收获多还不差，特别是华大岗，因为地土肥沃，所以收成甚好。华大岗、五佛郎等处土地都是很好，而且都是新开的熟地。在五佛郎的稻地，因为去年兵匪灾，原来的韩国人都逃到三姓去受民会的保护去了。本中原区又搬到五佛郎去很多，该地离三姓约三十多里地，最近梧桐河东[2]的韩国水灾民，在农民协会想办法之下，搬到汤原去的很多，约有三十来户。

汤原区比起鹤立岗来，是人烟稠密，吃粮需要较多，粮户以及私人领有枪照的武装，大小有四、五百支。在下江江口是农民比较集中的地点，

---

① 华大岗，也有叫洼丹岗的，在汤原香兰。
② 即现在的梧桐河农场。

在汤原，粮户家的雇农是比较多。有十多个雇农的大粮户家是很多，老耿家一家有四十多个。雇农，有长工或短工的分别，长工一年若在早先二百多元，本年只有一半还不到，工资也有以黄土［豆］计算的。短工每天约三毛多钱一天，到了冬天，甚至于每年在粮户家工作，只给饭吃，不给工钱，工作是非常苦，虽然是在很长的夏天，也［来］起早（天未亮就起）赶黑，吃的东西是非常坏，和东家吃的大部分不是一样，所以群众的斗争情绪是非常高。青年雇农也很多，大多都是猪倌、牛倌、马倌（管牲口）和半拉子（半工，虽然是半工，实际上至少做到成年工人四分之三的工作），都是青年工。一年是做十一个月，工钱一年不过三百五十元，粮户管吃，别的是一概不管，雇农在田里回家，还须做些别点事，如打水等等。工钱分三期给，没有到时候领用工钱的话，也得起五、六分或九分的利息。韩国人有时也雇零工，在过去，在农民协会规定之下，每天工钱五毛，待遇很好，所以有许多中国人愿意到韩国人家里买［卖］工夫。农民租地，大的地租，是普通都是二五半［二石半］黄豆一垧地，一切花费归地主，牛具归地户，有时地主也有供给牛具的。不过，地租之外，还得加上牛具钱，农民往往自己另租牛具，比较来得便易。地户不一定是有家眷的，往往六、七个青年农民（跑腿子的）可以合在一起租地种，这一类的农民虽然不是雇农，但是也有些农村工人性质，而且是非常多稻田的地，普通都是二石半稻子一垧地。有时是四石的。同样，跑腿子的也可以租得稻地。地主往往在春天乐得填补一些粮食，到了冬天，有一石还三石粮的；有的是五分、六分利息的；有的春天给一石小米籽，秋天还一石米的，也有比较好的大田地地主愿意，□粮的是比较少，地主的稻地非常愿意租［给］韩国人，因为他们种地，可以把地种得好，中国人没有这样的技能。汤原一带稻地是非常多，甚至于有荒着没有种的。新翻过的地，种起来比较容易，因为不用耗［薅］草，省工夫，旧地每人可以种一垧地，新地有可以种二垧以上的，出产反而多，一垧地可以打十来石稻子，好的可以打二十来担。今年在汤原鹤立岗一带作［价］钱是非常好，一石可值十五、六元钱，白米贱的时候，也是三元多钱一斗，昂［贵］的时候，六元钱一斗，一石稻子可以推三斗到四斗的白米。大田地（旱地）的出产没有那么多，所以，实际上说来，中国的贫农是比韩国的贫农来得苦，中国农民也有种稻地的，都是和韩国农民一样去种稻地，是一种发财的投机事业。的确，韩国农民的生产是比中国农民好多了，但是韩国农民是不会积蓄，有钱就花，但是家里有二、三百元存款的也是非常多，甚至有到一千元存款的。种稻地是不花多大工夫，都是非常清闲，何况他们有时自己很少动手，都是雇人做工，正因为如此，租种稻地正好像是一种投机事业，所以韩国农民投机动摇，小资产阶级性是非常厉害。"哪都可以种二垧地"，这是韩国农民时常说的话。在汤原县中心县委所管辖的地点——安远、河东、鹤区、汤区、格区，农民协会都形成了统治机关的形式（后详）。二房东（韩国农民反对二房东的斗争是非常利害的）是没有，这是过去汤原党（派争时代）长期领导农民斗争的结果，把二房东都赶走，有的也不做二房东了。租地是农民协会去租，租下了由农民分配土地给农民，所以，汤原过去党过去自夸在韩国农民中差不多已经建立苏维埃。乡村里的高利贷是非常厉害，五、六分的利率，是很平常事，然而粮户有不愿意出借的。——以上各种，不仅汤原如此，下江一带情形，是差不多相同。

5、通区，最大的中心城市是岔林河街，靠着江边，约有三、四千户。本来是比较繁华的城市，但是，去年日本帝国主义和焦旅①作战时，将最繁华街（约三、四里长）烧得只余房架。其次的街基是祥顺屯、三站、罗罗河、三街、四站，只是罗罗河较热闹，三站等地被火烧毁的，也是非常的多，许多小街、许多农村围绕着。此外，中心农村有二个：西北河、二道河子。西北河，水灾民有些，因为兵灾或匪患，通河受损失很大，特别是焦旅的蹂躏，各处空房没有人住的是很多。田里还有许多没有割的，农民现在才开始回家割地。但是农民的牲畜都已被匪拉去，今年种地是成问题，必然有许多地要荒芜。焦旅投降以后，就统治着通河、木兰，现在已经遣散，同时有一、二百多人拉出去当胡子去。在大古洞沟里，报子[字]郭司令受着国民党的领导，大古洞、小古洞现在只剩下五十多家韩国人，所有中国人都搬走了，韩国人也搬走了四十多家，我们的群众都还没有搬，要候着[税]关——农协的指示，为了中国人工作关系和胡匪的骚扰，党决定动员韩国人搬到西北河、二站、二道河子一带，但是胡匪不让搬，要搬的话，非得将粮食留下不可。因为假如韩国人搬去的话，胡匪便没有地方去吃饭。在大、小古洞沟，大小帮的胡匪是非常多，现在大概都已搬了，在小古洞的韩国人有八户都种大田地。在大古洞的有两个公司，土地非常肥沃，本年差不多打了一千多石稻子，现在还有几百石稻，二、三百胡匪吃一年，还是没有关系。现在稻子也运不出去，运出去也买[卖]不出钱来，稻子的价目在三姓是三元多，几年来公司剥削的钱，实

---

① 东北军旅长焦景彬及其部队的简称。

在是不少。现在每个农民欠公司的款项，少的是有二百多元，多的有到一千多元的。都是连环保着，现在公司里也没有人，只留几个看门的在，所以要搬便须一起搬，以后公司无从追究这许多账。群众是非常乐意如此。立三路线时期，群众也如汤原一样完全归农民协会统治，立三路线失败以后，就由日本帝国主义的走狗姜把头等领农民自治会管理，去年我去以后，发展通河党的工作情形之下，把自治会打倒了，发展了农民协会，反动的，因为形势不好，都搬走了。现在反动的，只剩二、三家在那里了，大、小古洞形势是非常险要，离三姓不过五、六十里，正对三姓三场石浅滩，是松花江著名的江险。同时，大古洞一带土地伏〔使〕用的自然的战壕，用兵是非常重要的地点，所以日本帝国主义是非常注意这个地点，所以打算派于军和韩国走狗长驻在那里。但是胡匪是这样多，还没有能实现这个计划。

6、鸭蛋河，这是沿着黑龙江岸，对岸就是苏联的米高斯高〔克〕等城，黑龙江是非常狭，对岸苏联的建筑，都了如指掌。正因为靠近苏联，所以一般群众受苏联的影响是非常深。鸭蛋河所管辖内有都鲁河金沟，梧桐河金沟、太平沟金沟。都沟有工人五、六百人，梧沟有工人二、三百人，因为梧沟是新开的沟，头绪很好。太平沟出金很多，不只一处，出金的小沟很多，不过太平沟是有一个总的公司，早先工人很多，到过好几万人。因为吃粮没有，公司剥削太厉害，现在只剩下二、三千工人。正因为如此，太平沟现在所有的金沟，都是旧沟，没有力开新沟。但是这几个金沟，头绪多还不坏，只是因为吃粮和公司的剥削太重，不能兴旺起来，工人的生活是痛苦到十二万分，从太平沟往西五百里地没有人烟，出五百多里才有乌云县。

城市是肇兴镇和萝北县城。萝北县城约有四、五百户，太平沟一带的失业工人都集中在那里，受江东的影响是非常深，赞成党的也很多，我们派去了一个同志，不几天就发展了好几个群众，可惜因为党的同志是韩国人，群众因为不信仰韩国人，工作没有多大的开展。萝北县四外军事地势是非常好，肇兴镇是进攻苏联非常重要的地点，一面沿着江岸可以到萝北，一面有大道到绥滨县，所以五团（刘冰）用来做根据地，将大批的粮食运到肇兴镇，并且在城外掘了三条非常坚固的战壕，以这一城为后方根据地来进扰富锦和鹤岗。城市户口约六、七百户，重要的中心农村是鸭蛋河，有二百多户，分为南段和北段。在冬天结冻后，是交通的枢纽。但是到了夏天，因为肇兴镇到鸭蛋河中间有十余里的"漂浮〔垡〕填〔甸〕

子"——水深数丈，草极繁茂，需要踏着多年草根，方可以通过。鸭蛋河到梧桐河东又是大的森林、泡子、洼地，同时，鸭蛋河到萝北县城又需绕得很远，所以鸭蛋河到了夏天有少许的兵力，任何队伍也不容易攻进去。鸭蛋河贫农很多，大粮户因为兵匪时来，搬走了很多，那里有韩国农民四十多户，早先虽有反帝会、农协等，但是完全在反革命分子领导之下。这许多团体都成为反革命反对党的团体。半年来因为领导几次斗争的结果，群众完全围绕到党的周围，成为我们的群众了。××正对着苏联的米高斯克城有十余户，曲大爷是鸭蛋河一带甚至鹤立岗最有名的。他儿子在苏联读书，同时苏联方面是非常相信他，所以每逢政治、经济有变化，苏联不让普通人过去做买卖时，苏联允许他过去做买卖。但是他将物品运过来时，他卖二、三倍的价钱来剥削群众，一般农民是并不乐意他。但是他对人很好，任何人在上卡走过去，就可以到他家里去吃，他家每天都有二十多个客，甚至胡匪、小偷也可以去吃、住，所以兵士或胡匪、小偷在路见着曲大爷的东西是不劫的。同时他和官僚军阀也有很深的联络，所以我们称之为"变相的买办"。像曲大爷这类什么朋友都有的人，在山沟里和山沟口是非常多，这都是有山里风味的。

因为鸭蛋河附近种烟的是非常多，再加以今年的水灾和轮运不通，粮食是非常缺乏，人民大多是吃豆饼过活，甚至豆饼都没有吃的。小米子贵到四、五十元红洋一斗，所以群众逃走的很多。乌云以西灾情更惨，时有人逃来，因为受苏联物品的供给，盐、布足、洋火、煤油等，还不十分昂贵。

7、梧桐河［东］①，［当］梧桐河、浦鸭河、都鲁河入江的地点，地势是非常低，就是不发大水的时候，那里也四方八面都是洼地，来去不易。去年大水时，受水灾是最凄惨，现在那里的人都逃走一空，稀有人家。古城河、浦鸭河一带，虽然是还有人家，但是壮年、青年大多可以说全部去当胡匪去了，留在家里的，只有妇人和老弱，吃的没有，连苣米心都煮着一起吃。粮食也不容易运进，因为在路上就可以被胡匪劫去。人民是淡食终年，差不多没有盐，而鱼和野味、野菜的出产是非常丰富，一人一天至少可以捉三、四百条鱼，所以到夏天，粮食还可以勉强过。人民点灯都用鱼油。在往年，那里本来就是胡匪之家，胡匪的秧子房（藏票处）很多都在里面。一方面又种大烟，一方面那里稻田公司很多，不仅是稻田、大田也有公司（将粮食运进去），所以土地是非常集中。这许多公司有的是外

---

① 现在梧桐河农场场部所在地。

国资本家的投资，例如肇兴镇有美国资本，有的是官僚或银行私人资本的，例如永业公司是属于广信公司的，对农民的剥削是非常厉害。那里以永安公司收获很好，——都是中国人地户，约二十多家——内有十多件武器，保护公司的队伍。在梧桐河东的稻田公司有四十多户韩国人，有党的组织，公司约有四十多支很好的武器，马二十多匹，火犁二个，土围墙汤原一带最有名坚固的。今年因为大水灾，公司内粮食不多，但是钱是有的。本来里面有四十多个保护公司的队伍，现在走了很多，只剩下十多个人，里面有经理一人，公司外有十来户中国人。公司方面知道党的影响，是在韩国人中很深，所以非常联络中国人，时时杀猪，请中国人来，挑拨民族的感情。中国人虽然和公司很好，但是你不解决他们粮食问题，斗争条件也是有的，但是离韩国群众是很远的。因为那里周围六、七十里地内没有人烟和屯子，所以同志们的工作差不多可以说是没有，好的同志都调走了。在过去立三路线时代，以及韩国派争党的时代，曾经领导过日常斗争，和公司作过些残酷的斗争，反对二房东斗争，也是非常剧烈。所以，那里的韩国群众可以说是汤原一带我们最好的群众，直到现在还是信仰和依赖着党的领导，就是汤原好的同志和干部，大部分也出自那里。去年的水灾是那么大，所有的韩国人都集中到数十丈方圆的［高商埠］，并且还筑了五尺多高的堤来御水，水是这样涨，转眼堤岸就要破，就要被没顶。当时日本帝国主义为了欺骗群众，用船去营救，但是群众虽已经到十二万分的危险，还拒绝日本帝国主义的营救，不愿意上日本帝国主义营救的船只，所以［反］日帝斗争的领导，可以说是党的工作最有力的领导。在梧桐河东没有别的统治机关，机关就是公司。在去年那样广泛的水灾，农民已经无物可食，仅仅藉着农妇每天到田里去，藉着两只手剥剥剩下来的稻子过活，公司要维持地主生存起见，还要收一石米的租，当时农民们的忿恨，是高涨到十二［万］分。所以党在群众里鼓动组织夺枪的斗争委员会，来进行夺取武装的工作，来创造河东的苏维埃。游击队在河东失了武装后（后详），青年的农民都不能在那里立足，不得不调开到别处去，剩下的只是老、弱、残疾、妇女。公司对韩国群众的进攻更厉害，派出侦探经常的监视着，不许三、四人在一起谈话，同时又运动永业公司等，不卖粮食给他们，他们在那面得不到一点粮食，每天吃着［五和］粥。经过群众的决定，（群众自愿）将群众自己的大烟都交给农协，农协的负责者每天的工作差不多都是怎样将大烟换得粮食，换得了怎样分配，同时向公司斗争又没有力量，而且公司也没有粮食，后来又经过义勇队和胡匪的蹂蹦，他们更不能生活了。公司一方面和日本帝国主义勾结，一方面又和伪团勾结。五团姜经理做营长，同时又和胡匪勾结，公司的经理做了胡匪的头子兄弟，公司成为秧子房。同时，公司更利用"韩国人是日本走狗"的反宣传，来指出使胡匪黑河溜［绺］子一百多人，内有于军哗变的多人。因为他们曾吃富锦的韩国走狗荼毒，所以恨韩国人入骨，拷打来屠杀。（因为该帮有"达［鞑子］"十余人，"鞑子"的首领与他们有交情，同时因为都是少数民族，有些同情，所以反对屠杀，没有屠杀得成）。到最后，农协决定了他们搬家，又因为交通站的原因，决定仍留十多家在那里。群众自动的将大烟送给留住的各家，分别搬到安邦河和鹤立岗去了。后来又因为粮食缺乏的原因，又搬走了些，现在只剩下七家在那里。公司看见有搬家的，进攻也比较和缓些，现在这六、七家大概可以留在那里，因为公司的条件要种大烟，所以他们正预备种大烟。

8、安邦河的南面，有七星砬子山脉，是非常大，胡匪时常出没在这山里，在宝清和安邦河一带［被］打败了的反日军和红枪会、胡匪都潜伏在这山里。

离安邦河西南五十多里地，有双阳山煤矿，出的是无烟煤，质料最好。鹤岗的煤赶不上它，所以佳木斯一带都欢喜用此地的煤。煤的藏量也是非常丰富，但是还用旧式的开采方法，开江时因为交通不便，所以不动工，到封江时开采，用牛马运输。早先封江时有五、六百，甚至一千多工人，去年因为水灾和兵灾的关系，工人只有五十多名。最近是没有了。公司有十多个武装，双阳山不仅有煤，而且有银、铁早先是用旧法开采，去年是不开采了。其次富锦那面，还有一个煤矿，情形不详。属于安区的有三个城市，一个富锦，是下江重镇，是进攻苏联的前方根据地，有六、七万人口，有火磨，去年受水灾损失。富锦是于军的统治，有几个日本人在那里做［顾］问之类，丁超也有［在］那里投降了。但是富锦是不断的受张监督、五团等反日军的骚扰。中俄战争时①，苏联曾占过富锦，并将火磨的粮分了。至今下江的群众还深留着这个印象。集贤镇有六、七万，有二家火磨，连油房等，有六十余工人，桦川县街同样有五百多户，受水灾也很深。集贤镇一带过去胡匪、反日军等很多，现在已没有了，完全是大粮户的统治。这是日本帝国主义最乐意的大粮户，自己立有衙门，日军每两个星期则去巡视一次。安邦河一带，人烟是比较江北稠密多了，特别是大粮户很多，但是去年年成很好，连小麦也收得很好，但是群众的斗争情

---

①　指的是 1929 年中国为收回苏联在中国东北铁路的特权而发生的中苏军事冲突，即中东路事件。

绪绝不如安邦河许多同志所说的落后。高利贷、农产品的价格低落，各种纸币的充塞，搬走的水灾民也很多。韩国群众有六十多户，收成很好，他们的生活，是居下江之冠。最近，河东已搬去了三十多户。

9、三姓，这是下江一带最好的农场，七胡里、八胡里、阴山子一带，人烟是比较稠密，今年的收成也特别好，大粮户和公司是非常多，那里雇农很多，高利贷也厉害，统治是大排和于军。那里的大排有二十多人，下江一带以那里的大排为最厉害，在最先曾经受过反日军王［东］队等蹂躏，而现在大帮的是没有了，但是江南胡匪小邦三、四十人或十多人一帮的，比江北的更多了。虽然大排是厉害，也没有多大用处。土龙山、孟家岗一带，一共有四个金沟，据说有一个金沟（孟家岗？）连商店居民等，一个沟里有七千多人，这样看来，这一金沟至少有四千多工人。最近，日本帝国主义在孟家岗又发现了一个非常大的煤矿，决定最短期间……（原件不明白），三姓是一个矿产区和农产区，所以日本帝国主义非常重视他［它］，但是去年受两次水灾，精华完全丧失了。

在八胡里一带有韩国人八十多户，但是完全在封建势力和走狗统治之下。立三路线时代，在那里我们工作很好，并且以这个韩国屯子（约四个）公开的组织来反日，失败以后，我们党的组织完全瓦解，直到现在才把工作恢复起来。但是封建势力和走狗对我们进攻仍旧是很厉害，中国雇农、贫农对我们的影响是："共产是好，但是党有些不好的，干得不对。"韩国农民是非常富裕，有的有打得二百多担稻子一家的，少的也有二、三十担一家，不过稻子作价是非常低，但是那里的物价还不很高，因为近佳木斯和三姓。

日本帝国主义为了要进攻下江和革命势力，为了要培植他下江的统治，计划着大规模的帝国集体农庄，预备在孟家岗、七里河、梧桐河、黄花岗开始，因为三姓韩国民会与佳木斯韩国民会内部的冲突，关于孟家岗农场管理问题、土地问题冲突是很大。同时地主对日本帝国主义无条件没收土地的矛盾，以及掘壕，得花两年工夫，所以孟家岗的所谓帝国集体农庄还没有开始。虽然日本帝国主义已经动员了日本人和韩国人去孟家岗，但是又受着胡匪的袭击。他们不能在那里安身，走了很多。他们的帝国集体农庄的办法，是日人和韩人在这农场种五年不要交租，同时日本帝国主义还给以粮食、种子、农器家具，五年以后，地即归种地人完粮纳税。所以帝国集体农庄的宣传，确实动摇了一些我们在江北领导下的群众。当然，党以后得动员中韩群众来反对日本帝国主义这一暴行——强占土地。

同时日本帝国主义又提出了这样一个问题来欺骗劳苦的群众，说以后最大的粮户不得过一（百）坰地，一百坰地以上的粮户，把他多的没收，分配给贫农。他用这样反革命的欺骗来进攻我们土地革命的口号。

10、总之，下江因为矿山很多，雇农也多，中国群众工人意识是比较浓厚，所以加强下江的矿工和雇农工作的领导，是非常必要的。

统计下江韩国农民，不下六、七百户，同时因为经济条件不同，所以韩国群众工作是比较次要。当然是不应当忽视，党的基础不移到大多数民众去，工作是不容易开展的。现在江北的韩国农民是在我们统治之下，然而实际上是无力统治。江南则日本帝国主义在韩国群众中的势力比较浓厚，所以江北、江南韩国人方形成对立的形势。

下江因为地面的辽阔，经济、政治、地理情形各个不同，但是革命形势是一般高涨，政治情形是非常复杂。

群众斗争条件是非常丰富，发动游击战争是非常有利的地点，同时在保护苏联意义上更有严重的意义。

Ⅲ、政治形势之一般

a、马占山失败时，他的部下焦旅和五团退到汤原和鹤立岗一带，五团因为吴团长战死，所以马占山又另委刘冰[①]为团长。去年五、六月间，日本帝国主义进攻鹤立岗，焦旅就西退通河，刘冰退肇兴镇、鸭蛋河一带。焦旅败退时奸淫掳掠，无所不为，至今，一般群众仍遗留着惨痛的印象。焦旅退通河后，通河农民也受非常大的蹂躏，后来焦旅曾经一度向东进攻，企图到鸭蛋河一带去，但是那时地方保卫团起来，红枪会也起来，特别推杨团总的领导，阻止焦旅东下，所以焦旅没有能渡过格节河一带，仍退回了通河，投降了日本帝国主义。刘冰退肇兴镇一带后，因为地势关系，日本帝国主义未能进攻。当时日本帝国主义就侵占了鹤立岗炭矿一带，在那时候，鹤岗炭矿工人为了要求发薪问题，又罢工了一次，这一次罢工，带着浓厚的政治意义。汤原方面呢？在杨团总的领导之下，投降了日本帝国主义，所以日本帝国主义在汤原一带没有蹂躏。日本帝国主义统治鹤岗，日军势力是非常微弱，不敢出鹤岗街一步。记得曾经有一次，离鹤岗郊外三里地，一个人空手就缴了四个日军的械和打死了三个日军。所以，日军只是在鹤岗屠杀群众。在大水的时候，日军因为势力孤单，而四处反日军势力进攻非常厉害，所以就退出了鹤岗，五团就进占了鹤岗。在汤原，因为红枪会打胡子得了几次成绩，红枪会就逐渐盛极一时（红枪会

---

① 刘冰，也叫刘斌。

是黑金河金沟经理宋竹梅和几十个山东□的工人组织，而逐渐扩大的），保卫团的势力就逐渐削弱，红枪会于是统治了汤原一带，同时又和保卫团等又高举起了反日的旗帜。事实上也不得不高举反日旗帜，因为红枪会扩大的因素，第一是群众反日的情绪，第二是群众生活没有出路。红枪会内部的成分，大多都是金沟工人，五团因为下级士兵反日的情绪非常高，同时士兵因在肇兴镇受苏联的影响非常大，而且刘冰因为家庭曾受到日本［帝国］主义荼毒，同时也［在］马占山旗帜之下，也举起了顽强抗日旗帜。当时五团有士兵一千多人，有轻机关二十多架，轻迫击八门，重迫击一门，野战炮二门，士兵的服装都非常整齐，子弹也非常充足，枪一律是三八式的步枪，同时他们也有红枪会原始武装队伍一百多人，名为黄枪会，里面的成分，大多都是莲江口一带的码头工人和附近的农民。同时，汤原的红枪会曾经进攻佳木斯日军一次，因为路上耽误了，到佳木斯已经天明，同时受了于军的欺骗，红枪会去了六百多人，战死了三百多人。红枪会回到汤原时，群众对他们迷信的信仰稍［消］失，宋司令又组织黄沙会来欺骗群众（因为于军的长官和他们约好，红枪会进攻时，他们叛变）。

在那时我们的游击队集合的党内和群众的武装起来，以及双十节鹤立岗示威的成功，群众对于游击队是以最大的热忱盼望着游击队的扩大，群众自动的在墙上写字找游击队，红枪会会员自动的到韩国五子河游击队的所在地点要求加入，穷帮［棒］子沟的贫农盼望着游击队的重临，认为是人间的救星。所以豪绅地主等的进攻，以杨团总为领导的保卫团进攻我们的游击队（后详）。

在五团，刘冰用第五路救国军总司令的名义，扩大他的民族统一战线的策略。在乌云一带的七团（徐团，马占山部下，有一千多人，武装不全，很多都是红枪），也归他管辖，杨团总也由他放了一个团长，宋司令也是他下面的一个旅长，同时又收了很多反日军或红枪会和胡匪。在鹤立岗也收了很多的胡匪，编为第十三团，例如永久（三姓，日本收民间的枪时，大粮户拉出来的，一百多人，六十多支武装，灾民成分很多，抽大烟的也很多）、永好（于军叛变出来的，一百多人，盒枪很多，游击队的枪，是被他们夺得去）、名山（二十多人）、中阳（四十多人）、好友（一百七十多人）、黑山（五十多人）、占山（十多人）、北大山义勇军（本为萝北七团的，是在七团一个排长领导许多个弟兄哗变出来。哗变时一共出来一百多人，曾攻进梧桐河金沟，起而反对五团，多来投降，成为一营，共一百八十多人，反日情绪很高）、草上飞（古城冈一带的，六十多人）……

都是。同时宋司令也收了很多的降队，例如［得］金（胡匪一百多人）、杨团（由莲江口贫农缴了保卫团械组织而成，共二百多人，是胡匪性质的）、潘团等等。当时刘冰第五路救国军总司令部下有一万多人，宋司令部下也有三千多人。后来又因为宋司令和杨团［总］为争汤原地盘的关系，宋司令指使黄枪会将杨团总刺死了。保卫团在格节河一带的，归五团管理，宋司令虽然是归五团管辖，实际上和五团矛盾是非常之大。宋司令因为黄枪会和黄沙会都失去了信仰，又组织了佛教会。组织法与前二者不同，缴一元入会费，口号是"各人保各人的家"，组织了四、五百人。宋司令下面共分十一个团，每团不过二、三百人。

他们一方面是扩大民族统一战线，但对下级士兵的压迫是非常厉害，他们不发饷，到后来虽然是发饷，但是发的是强迫使用，实际上是一钱不值的军团红洋。士兵吃的也是非常的苦，每天只是小米籽和苞米粥。士兵逃跑的很多，为了禁止士兵的逃跑，士兵无论是白天或晚上，都是不给枪，就是站岗也不给枪。站岗时，班长监视着士兵，排长监视着班长，但是逃跑的仍然是很多，甚至有带着机关枪逃跑的。因为鹤立岗一带我们的政治影响很大，特别是五团的基本队伍，反日情绪也是很高，所以他们提出二年以后（二年以后共产）的口号。在我们双十节鹤立岗示威的时候，当我们同志向士兵群众公开演说时，他们的官长走来对士兵谈列宁、马克思主义和二年以后共产的欺骗口号。他们禁止士兵拾我们的传单，我们一个送宣传品的交通员被捕后，他们一方面宣传韩国人是日本帝国主义走狗，一方面用一个中国人冒充韩国人来街上游行，自认为韩国的日本走狗，来挑拨民族感情。他们获得了我们的宣传品，把"打倒五团反动长官"的口号涂了发给，和二十六路军告士兵书一起作一个反动解释，士兵群众呢？因为知道这一个被捕的是共产党，每天二十多人来慰问，亲自烧茶水给他喝，结果因为下级士兵的关系，他们不得不把这个被捕的同志释放。为了防止我们的宣传，又严厉禁止韩国人投入军队。同时为了欺骗群众，又派了很多人来抓我们，企图我们和他们联合。他们的秘书长阳武曾以给韩国反日会的名义之下，给了我们一封信，说他是一九二六年参加社［会］运动，到莫斯科去开过某种会，以后到南方去，这次到东北来是为了负担某种使命的，遇着了刘冰，多是很好，所以要我们和他一谈。信后又寄上了国际歌。我看了这一封信，疑心是一个失掉关系的同志，或负担国际工作的，但是我派了一个同志去和他谈话，他又非常不恳切，而且是和刘冰合谋的样子，所以，我们在反对军官路线，反对上层联络条件之下，断绝了他。到后来从旁的方面才知道是比较赤色一点的。他们时常贴标语，提出了"打倒土豪劣绅"、"没收豪绅地主一切武装、武装民众"等口号，但是实际上呢？完全把豪绅地主武装起来，他们对群众苛捐杂税，强迫劳役，征车派马，贫农和中农受到非常大的荼毒。他们垄断了对苏联的贸易，群众是愤恨五团到十二万分，特别是在鸭蛋河一带，他们把大批粮食，运到肇兴镇，在肇兴镇四周掘上坚固的战壕。但是他们对日本帝国主义则今日不战、明日不战，专用"左"的口号来欺骗群众。士兵群众反日的情绪是非常高涨，都已看出五团是假的反日，到了最后，他们大有再不作战就会维护不了他的统治之形势。所以最后战争是开始了。

在宋司令方面特别是不发饷，使群众、红枪会愤恨到十二万分。宋司令发了汤原的金融流通券十多万，强迫使用，在金沟中用流通券吸收现金，但是饷仍然不发。有一次，由红枪会的下层群众的发动，红枪会二、三百人包围了司令部，要求发饷，同时将宋司令的手提式夺出，宋司令幸而不在，在则被刺了。第二天宋司令就召集了这一部分人谈话，用最可耻的猫哭老鼠的方式将群众情绪欺骗下去了，不战争已经是不成了。

战争是开始了，在五团进攻富锦之后，五团将大炮调到莲江口，炮击佳木斯。不断的炮击，几乎将佳木斯毁灭，于是日本帝国主义就在穴中出来开始向鹤立岗进攻。前线是陶团长做总指挥，一方面将降队（胡匪队）调最前线，所以他们都不敢战，一方面不是领导战争，而是怕士兵逃亡，实际上士兵在前线上是非常勇敢，长官紧逼着士兵后退，战争是失败了，五团退出了矿山和鹤岗，集中到鸭蛋河。陶团长在士兵中演讲着要到关里去打红军。日本帝国主义占鹤立岗时，无业的工人被屠杀了一百多人，同时在鹤岗用最无耻的方法来离间中韩民族的感情，在鹤岗秋收斗争以后，中国群众对韩国群众观察是很好，中韩民族的感情是非常好。但是到了这时候，党没有抓紧这一时期工作，公开宣传、公开号召，韩国同志正在恐怖之下生存着。——我正病在汤原，所以中韩感情又开始恶劣起来，所以我说民族情感也必然在斗争过程中产生。这是我认为非常正确的。日本占领鹤岗不久，就和于军一起退却，——因为江南军事紧张，日军调队伍进攻宝清，鹤立岗的统治是由保卫团和大排队维持着。降队已经脱离了五团，在鹤岗的四周……

宋司令在这样情形之下，经过了汤原商会的关系，亲自到佳木斯去投降。这是已经快到过年的时候，他的队伍就在屯子里要粮、要面，一般的贫户都受到荼毒。但是老耿家是非常顽强，所以降队派了队伍与老耿家商量，然而每次都给老耿家枪死［毙］了。降队死了数十人，枪是被老耿家取去，于是耿家反联合起格节河太平沟一带的粮户和保卫团，成立起大排红枪会。老耿家又收了一批降队，有些宋司令的降队是被缴械了，黄枪会、黄沙会、佛教会等都解散了许多，贫户有洋炮的，也得强迫出人参加大排。贫户是愤恨老耿家到极点。同时，老耿家和大排又断绝了金沟的道路，不许粮食入金沟，来威吓金沟中的红枪会，金沟的工人是在饥饿中呻吟，最后金沟中的红枪会是都解散了，红枪会的势力是仅存在板结河①以西。板结河的杨团受我们的宣传，特别是其中一连决定哗变组织，后来是没有成功（后详）。宋司令开来后，虽然已经投降，但是自己队伍是差不多没有了，他想改编一下，但是红枪会反对投降，三百多人自动的拉到江□。后来听说在柳树河子受到日军很大的打击，死伤殆尽，有一部分退到黑金河金沟，后来改编为保卫队。宋司令就此完毕，现在在佳木斯过他的逍遥生活。当然，老耿家这次事件是受日本帝国主义主使，因为日本帝国主义感到汤原的红枪会和五团的革命情绪是非常高涨，大排以及豪绅地主的统治是他最得意的统治，豪绅地主是他最忠实的走狗。同时又表现着统治阶级内部的矛盾，因为宋司令是金沟经理，外来的资本家，老耿家是本地的地主，争取头等走狗的矛盾。老耿家的白色恐怖是非常厉害，对红枪会的屠杀是空前的。同时，老耿家声称着红枪会问题解决了，要肃清共产党，并且说共产党是最厉害的东西。满洲国的县长带着日本顾问一起来了，并且声称着日本占领满洲因为的是进攻苏联。

陶团长退鸭蛋河后，就以"再打佳木斯"的口号欺骗士兵群众，将群众领一千多名的士兵离开了刘冰，［重］到鹤岗来，和刘冰脱离了，带了二架轻迫击、三架轻机关。到了鹤岗，就自己亲到佳木斯去投降。兵士多住在鹤立岗，在民间吃喝，所以特别以韩国屯子的稻米为最倒霉。六连、七连及迫击炮连，本来是五团的基本队伍，成分也好，反日情绪也高，一共有三百多人，红枪会一百多人，其余差不多都是降队。我们在这些队伍中政治影响很大，我们的传单也散得很多，所以他们对我们的进攻防止也是非常厉害。陶团长回来后，立刻就把刘冰派来的曾参谋暗杀了，公开投降。特别是日本要来点名时，士兵群众中谣传着要缴械，所以士兵群众的动摇是非常厉害。日本帝国主义来点名时，每个士兵都上着顶门子弹，但是投降日本帝国主义以后，军用票是作废了，饷可是不发。特别是天气暖和了，所以许多的队伍都哗变出来了，大小的哗变不下数十次。点名时有

---

① 在汤原永发乡，非现在的半截河。

一千五百多名，现在只剩下三百名基本队伍了。然而仍旧是动摇得很，哗变出去，大多都是向下走，所以鹤立岗以东以后必然的更形纷乱。

王勇的队伍因为在江南投降没有妥，因为日本帝国主义要收枪。收枪的办法是有枪有马的给二十五元，有马的给五元，有枪的给二十元后遣散。所以又从七星砬子经过安邦河、古城［岗］到鸭蛋河，将鸭蛋河一带，吃得一空，最后，陶团投降时，王勇也过去投降，日本帝国主义将王勇枪毙了。现在有说王勇的一百多人在莲江，日帝点名时缴械了，其余又转到江南去了，有说日帝已经收了，调桦川驻防。王勇队一定有我们失去关系的同志，因为王勇队伍在鸭蛋河时，曾向我们同志宣传，要组织苏维埃与红军，并且谈到许多政治路线、立三路线、国际路线等问题。可惜这韩国同志没有能抓紧刘冰方面，据传说是这样：刘冰部下有一些宣传员是学生，他们是确实倾向我们，鹤立岗失败后，他们又攻富锦，已近富锦城下，但是刘冰给徐团七团长前线总指挥权限太大了，他们内部起冲突，结果刘冰跑了，这一些宣传员阳武等也跑江东——苏联去了，所以刘冰的势力等于瓦解。十二团一［来］三江溜［绺］子也哗变了出来，占据鸭蛋河一带。在起初，鸭蛋河中国群众都逃入大粮户的空的土围墙去了，十二团来后，都住在韩国人家里，把韩国人吃得没有办法，最后他们将老母珠炮——土炮打土围墙，中国群众以为有大炮，都开门了。他们本来打算往西走，但是黑河溜［绺］子（一百多人）内孙天溜［绺］子三十多人和我们有关系，非常赞成我们，我们和他宣传到红军游击队时，他决定到梧桐河东去候游击队去了。后来我们派人去接头，还没有回信，接头的大概是听了孙天和黑河合溜［绺］子，所以自己去鸭蛋河了。（系一个东铁工人领导，成分非常好，多是伐木工人和码头工人）在永业公司那面阻止黑河是与河东公司有关系，企图统治梧桐河东，在夏天种大烟，所以没有能够南来。现在十二团中有我们一个非常得力的同志在那里做医官。同时，党又派了几个同志去，这个队伍是有希望的。五团刘冰的基本队伍，第一营、第二营的三百多人，因为刘冰和他们的团长都跑了，他们选了第一营长来做团长，第二营长充第一营长，现在第二营长还是没有。同时和第七团不和，所以也哗变出来，带有十多架轻机关，及三八式步枪，子弹非常足。哗变出来以后，他们也没有一定方向去处，不过太平沟金沟经理给他们一封介绍信，介绍到海伦第二旅去投降。长官欺骗士兵说是回关里，实际上他们是投降也罢，不投降也罢，没有去处，到外边来走走再说的态度。经过矿山时，将矿山吃得一空，以后矿山不能很快开工，他们沿着山边走到西北沟。党听了这一消息，立刻派大批同志去西北沟，同时动员了西北沟的群众做宣传工作，提出反对投降的口号和反对投降的哗变。

士兵群众是这样好，差不多他们都想回关里，都赞成共产党，每个［人］都说只有这条出路。可是他们不愿意哗变。长官的演说是非常颓丧，没有出路的颓丧工作的结果，接工头的一个同志关系，是通河已发展的同志派去做士兵工作的，后来失掉关系，这个同志政治和组织的训练是非常薄弱，这个同志在里面可以领导二百多人，下级士兵也非常信仰他，差不多是该团的领袖，长官们也不反对他，可是他们没有能把这党的组织建立起来，仅有百多个同情者而已。新发展了一个同志和一个韩国群众，预备领二、三人开小差（后因为抓了农民的小鸡，受长官打了，没有［列］开出来），还有一个群众用胡匪的方式宣传，有四、五十人预备拖出来，并携一机关枪出来当胡子，在西北沟时，屠旅（后详）勾引他们投降，结果他们没投降，不过托屠旅买了些黄布，预备路上走路时便利，免得满洲国军队打。当我们公开宣传时，长官是知道的，特别是长官听到了鹤立岗炮队的哗变问题，所以在西北沟各处重要地点架上机关枪，但是也不禁止我们的宣传。他们最主要的是哗变，哗变了，他们的队伍要散了，但是这样他们的队伍从肇兴镇到西北沟时也哗变出去了一百多人。我们有十多个群众的八连，已早哗变出去了，是否去找党，现在还不知道。在这一方面，最主要的是我们过去肇兴镇没有派人去，事实上也去不了，肇兴镇是无论中国人或韩国人不许往来，非要有关系方可。我们后来派了一个同志单独去做工作，他去了也参加某团，拉出来了七个人，失去三个，结果他将武器带起来，来找上机关了。但是他被陶团所捕，因为他是七团哗变出来的士兵。（后详）被捕以后见着了，他又失踪了，不知是被捕或跑了。武器我们是没有拿着。五团在西北沟将黄布换上了，换时，士兵和下级军官都是流泪，我们派了人跟着他们走，他们走到拜伦河又押下了。拜伦河正对着三姓，三姓于军方面给他们送粮食，他们不愿意投降，想往上走，但是又走不通，想和红色拉［砬］国民党的青年救国军司令领导下的一帮胡匪以及郭司令的队伍一起打三姓，又觉得是空谈。屠旅又派人将王团长找去，要他投降，我来的时候，还没结果，但是如果要投降的话，他们的队伍是要散的，因为下级士兵是不愿意投降的。在他们从西北沟到拜伦河的路途中，拉出去的非常多，有一排拉出去了，并带去了一架机关枪，我们新发展的一个同志拉出去七个人，是否找上了党，还不知道。但是一定是可以找得到的。现在他们只是凭着情感，将拉出去的人找回，回去了也不处罚。长官说："不要出去，我们大家来想办法啊！"我回来时遇着了那个同志，决定：第一，派大批人进去扩大我们的宣传和组织。第二，调游击队老王去那个队伍——但是是否执行，是一个问题。因为游击队是远在鸭蛋河附近，调他，因为比较领导力强。第三，领导不投降斗争，来争取我们的领导。第四，大概至少可以领导二百多人，领导出来了，不要往江南走，因为江南组织比较弱，回西北沟去。第五，经过一个时期的组织，打出工农反日义勇军或红军游击队旗帜。第六，绝对不和国民党一起攻三姓。第七，到绥滨以后，立刻讨论后来的积极布置。第八，党委用最大的力量来使关系不要失了，我们路上走时，木兰一带谣言下面来了反日军，不知他们是向上来呢？还是仍在汤原附近。

陶团的红枪会，码头工人虽多，也哗变了，因为日本帝国主义不要他们，他们有五十多支武装，受我们的影响，哗变的时候，我们因为人和工作的关系，没有抓紧他。他们要投降，日本帝国主义不要他们，他们没有出路，他们要跟着王团走，王团也不要，远离过西北沟，我们的同志（中国富农）没有抓紧他，走了后，我们又派他追踪，他没有去，第二次派人，已经追不上了，现在不知道到哪儿去了。有说和郭司令队伍合在一起向江南去了，或许是向上走，我们在木兰时，听说有一百多红枪会到了东兴镇，或许是他们，也说不定。

日本帝国主义因为陶团的哗变过多，同时为了进攻肇兴镇和江北防务起见，又从扶余、大赉调来屠团，程旅来汤原约一千多人，有迫击炮二架，轻机关四架，子弹非常多，枪是杂牌不齐，缺乏马队。这队伍是扶余一带的保卫团，本来是征集的，但是大粮户是雇人代理，所以雇农成分多。他们到汤原公开说是进攻苏联的。他们来时，发了四个月饷，同时来汤原后，在街上住的，商会送来白面、肉吃，和陶团相形之下，陶团士兵非常气愤。现在鹤岗炭矿及汤原一带，都是他们二者合驻防，但是在汤原各区许多长官们都得向老耿家勾结，程团士兵情绪，也并不低，程团、陶团的士兵相见着，就是说反动长官的不好，和怎样反日。程团曾经配合着日军和于军进攻肇兴镇保团，但是都受了创伤，失败了，退回了汤原一带。我来的时候，听说徐团来投降，究竟现在情形是不知道，因为汤原中心县委管辖地点，纵六百多里，横三百多里，消息是不易传达，所以一时还得不到正确的消息。

日本帝国主义占领了汤原以后，经济上的进攻是将炭矿恢复，金沟管理，企图将汤原变为整个日帝经济的统治，同时来和缓群众的斗争情绪。

在政治上，特别是来扶助豪绅地主的统治，来建立整个统治的系统，如县长以及公安局的成立等，并宣传王道，进攻苏联。学校是早开学了，来更实施他的奴隶教育等问题，特别是每垧地给五元救济金的欺骗，然而群众并不受他的欺骗，特别是对革命形势的进攻，他一方面要举行清乡，一方面要利用土豪劣绅统治阶级例如老夏家和孙成功。鹤岗劣绅被捕江南去以后，（因和过佳木斯去的韩人有纠纷而告他）日帝放了他，并且不要他们赔债［偿］损失七千块，反而请他客，告诉他，"江北共产党很凶，你过去注意他们，捕他们送来，我来杀他们，那你们就有大功了。"例如陶团炮队哗变问题，通缉我们的问题。同时，在政治上又利用帝国集体农场的宣传来分化我们的群众。在汤原、鹤立岗，我们的政治影响是很大，正因为是工人多的原因，现在差不多农村的矿山兵营里，大部分的人都知道共产党、革命游击队等名词。特别是游击队，现在差不多三、四个人集合一起谈论，便要谈到共产党的问题。在早先多数共产党是韩国人，现在都知道中国人很多，并且有南方红军来的人做领导，所以统治阶级都是非常害怕。

在通河一直到木兰，自焦旅投降后，便是焦旅统治，同时加上保卫团。在去年有一帮胡匪，枪是非常少，只有二百多支枪，七百多人，是从江南过来的，专门吃大户。西北河一带去年收成是比较好，听说吃大户的来了，于是立刻［成立］保卫团，团长姓周，有二架重机关，所以才成立一团。重机关是这样来的，早先旋儿风他们那时的重机关坏了，藏在大古洞山沟里，他以为韩国人都是同志，所以对韩国人是公开的。周团成立时，韩国人里面的反动分子差把头就把二架献上，他们那处修好了，于是开到三姓投降而成为周团。这一帮胡匪，因为周团成立，也没敢过来，就解散了。一部分投［降］分子在里面，焦旅后来和西北河保卫团冲突很厉害，几乎作战，最近焦旅旅长病故，郭司令就领导了二百多人哗变到大古洞一带当胡子，焦旅也遣散了，现在是屠旅在通河、木兰一带驻防。

大古洞、小古洞、拜伦一带沟里，胡匪是非常多，有好几十帮，其中郭司令是最大。最近郭司令的队伍向江南五道岗一带去了。在红色拉［砬］（拜伦河沟里）有国民党的青年救国军总司令部，领袖是耿子［芳］，领导一批吉林的学生，耿是北大的学生，他们专是联络胡匪，他们的基本队伍是北洋好，有一百多人。他们曾经计划进攻三姓一次，内部已经联络好了哗变，但是他们兵临三姓城下，三姓城门内部也开了，但是他们自己动摇起来，没有进攻。最近，他们又想利用王团来计划进攻三姓。正因为大小古洞一带地势非常险要，和鹤立岗往东一样，同是下江江北，胡匪之家。曾经有这样的事实：江南于军哗变了二十多个，来找我们的游击队，没有找到，他们非常颓丧，后来编到郭司令队伍里去了。许多胡匪专劫来往的汽车，所以来往的受害不浅。日帝本拟在大古洞一带成立帝国集体农场，曾经派了于军来大古洞，结果于军也哗变了。方［当］我们调查通河韩国反动分子有很多武装时，恰当于军在那里，游击队所以没有能够去，于军哗变后，反动分子又都逃走了。

C①、三姓是于军二十五旅的防地，在小江沿岸一带，时常是反日军的领域，在团山子一带，一向是孙英玉和张恒的防地，现在英玉（我们的方正游击队）向勃利开去了，张恒个人是被捕入狱，不过团山子一带，还是张恒队伍的防地。

在勃利县一带是陈钟山和李杜反日军的地点，李杜到苏联去了，陈钟山还继续着抗日。日帝为了进攻勃利和梨树镇、柳树河子、土龙岗一带，受了非常大的损伤，特别是红枪会的。

d、在安邦河境，现在是日本帝国主义和豪绅地主的统治了。早先是属于反日军的和六团和尹团的。六团的枪，大半是这样的，去年松花江海军方面曾经有一次哗变，在富锦将日本军官杀死以后，军舰即开到三江口停泊，日帝没有敢去，军舰哗变的向五团接洽，五团过［边］去了，于是他们将炮机下了，投了六团。军舰因为他们觉得中国以后还得收回满军舰，沉了可惜，所以没有将水门开了将军舰沉下，结果这军舰被日帝偷偷地运回。尹团曾联合过红枪会进攻佳木斯，并且夺获日帝六门野战炮，尹团投降时将这六门炮（子弹也很多）在山沟里藏了。在尹团中，我们曾经派了四、五个同志进去做工作，但是一点效果也没有，仅仅是获得了长官的信仰，而得到四、五支枪。尹团投降时，他们哗变了出来，但是出来以后，他们又和工农队和［合］在一起，结果被缴械退出了。尹团投降，党没有知道，知道了，找他们又找不到，结果造成了这样的错误，六团也投降了。

在宝清是经过日本帝国主义进攻后，丁超投降了，丁超现在投降在富锦一带，目前张县长是顽强的反日队伍，不断的进攻富锦，最近日帝是受到很大的损伤。

佳木斯虽然是日军重要的根据地，然而半年来是受到了很多次进攻，日军也时常受到创伤，虽然它有些胜利，但是日军在下江势力的增长，最

---

① C 前无 b。

主要的还是反动长官的投降政策，但是革命形势仍是高涨的。

Ⅳ、党的工作和一般组织状况

a、汤原的党，过去完全是在派争份子盘踞之下，执行最可耻的右倾机会主义的路线，甚至可以说不是一个共产党。在省委正确领导之下，由省委特派员（××）召集了第四次全汤原县的代表大会，代表大会完全接受北方会议和省委扩大会议正确的路线，在代表会议领导之下，布置了汤原游击队的发动和双十节示威，两个都有相当的成绩。我到汤原时，正值第五团在扩大他的民族统一战线的策略运用的时候。在政治上，我于是加重提出"汤原落后论"的不正确性。汤原革命的形势是一般的高涨和继续的高涨，阶级力量的对比是有利于工农胜利，是永远属于工农的问题。在拥护苏联苏维埃红军条件之下，而提出了创造"汤、萝、绥三县苏维埃"的中心口号。我当时非常着［重］游击队的运动和工人运动，我提出全汤原县首要的工作是游击队与工人。游击队应当积极配合着群众运动，重新活动起来，彻底的转变工人工作，向炭矿和金沟冲锋，来改造党的基础，巩固党的组织。但是汤原党中，连哈尔滨派去的（工人）一共只有五个中国同志，（后来还开除两个）群众，连游击队只有十个光景，在工作上是感到十二万分的困难，所以又提出了在"广暴"纪念节以前，要发展一倍党员，特别要向中国群众冲锋，将党的基础转到大多数民族的问题，特别是反对汤原党过去的关门主义。在冲锋条件之下，来发动一切的工作中的灾民工作，士兵工作。在农民问题上特别是反对富农路线，坚决提出中韩农民群众秋收斗争中的抗租运动，在党内斗争，特别是提高同志们积极性和反对派别斗争和派争时期遗留下来的古典的形式主义，特别是要打攻［击］党和反对党的转变的分子。

b、游击队和士兵工作问题

1、方正游击队的问题——在右倾机会主义的省委时，"九·一八"事变以后，哈尔滨十八旅丁超部下在老王（王永江）和老杨以及十多个同志领导之下，（老王是参加过罗章龙右派的特委军委，他是一个煤矿工人和铁道工人，他的政治水平是非常低，参加右派是受了唐凤［维］的欺骗，莫明其妙的参加的。老杨是一个十多年没有当过排长以后的革命士兵，战争是参加了数十次，中俄战争时，被苏联俘虏，不久就参加党，脑子里深刻着苏联的印象，阶级仇恨很大，不识字，在早先根本就不知道罗章龙右派只一个问题，这一个关系是在老王承认错误后交到北特）哗变五百多人，已经将官长监禁，枪已从［裤］中取出，适值大雨，同时北特反对哗变，说："现在哗变是立三路线方式的。哗变出来以后，国民党虽然没有反投日帝，但是对于革命进攻是丝毫不放松的，哗变出去后，必遭到四面的袭击而要失败。"所以根本就没有派人去领导，他们呢，是在那里等着领导者，所以结果没有出去得成。老王就自由行动，跑到苏联去了，后来在苏联受到打击，又被驱逐过来，和省委接上去，而且承认他的组织关系了，队伍中因为士兵情绪非常高涨，虽然没有出去，他来长官也不敢压迫。日帝进攻哈尔滨时，丁超出卖哈尔滨，败退时，老杨就领导了机关连哗变了，三十多人在江北一带游击。老王自和省委组织发生关系后，就做士兵工作，日帝进攻哈尔滨后不久，他就和旋儿风一起拿了一把斧子，在马家沟一带，夺了四个警察的武器，在哈尔滨近郊靠山屯一带集合了三十多人，拖［拉］到江北去了，到江北后，恰恰碰着老杨的三十多人，又给旋儿风领着合在一起，老王到哈来找省委关系，找着了。省委没有注意能去领导这一队伍，老王把关系交给省委后，就在省委指示之下做青工运动，组织了一些铁工厂工人，后来省委又派他到警备队，去做士兵工作，介绍了六、七个同志，领导了一些日常斗争，斗争后，他和一个姓张的同志，不得不离开警备队。后来又派到李海青部下去做工作，后来，他又领导了十多人哗变出来游击。张同志战死，他们又和旋儿风遇见，合在一起。正当着日本帝国主义进攻江北，败兵非常多，他们的队伍，打得很有名，败兵多投入他们的队伍，那时到了一千多人。因为他们不敢用红军的名义，就打出革命铁血军的旗帜，派人来找省委，没有找着。他们和红枪会、天照应、邓团等一起攻下安达站，特别是他们的队伍打得好勇敢，所以他们是专打前线，日帝是非常害怕他们，在安达的日帝是受到了他们的重创，但是天照应、邓团在后面出卖，他们不得不败退下来，剩下三百多人，辗转拉到大、小古洞，大、小罗罗密一带游击。他们打下安达后，又派人来哈和省委接头，结果去了一个人说军事问题现在不归省委管理，归国际军事委员会直接管理，后来这人也没有去。二个接头的同志等了几天，被捕了一个，逃回去一个。他们弄得莫明其妙，他们到大、小古洞去的时候，老王又来找省委，没有找到，反而被捕，不过后来被释放了。他们到大、小罗罗密一带游击，日本帝国主义派了军舰去打他们，还有三百多日军，被他们三十多个小队打退了，并且夺得了野战炮二架，可惜没有撞针，现在还藏在大罗罗密山沟，同时他们又从李柱处骗得重迫击炮一门，并且抢到了三百多颗子弹，他们的重机关坏了，又夺得三架轻机关，在大、小罗密、大、小古洞一带分粮，烧了很多大粮户的房子，所以群众是非常信仰他。托洛茨基派和国民党曾经勾引他们过，都被他们枪毙了。最后，他们和打起社会主义军旗帜的英玉队（七十多人）合在一起，因为英玉是一个学生，说得漂亮，同志的政治水平低，就把他介绍成为同志，并且举他为大队长，英玉骗老王和旋儿风来找省委，二人到哈后没有找着，队伍在那里受日军和于军的夹攻，英玉强迫着投降了。二人回去，已经是来不及了，他们到三姓来驻防，日帝因为觉得这队伍的群众倾向我们，所以又把他们调出三姓到团山子一带驻防。后来又经过汤县委关系来找省委，找到了，但是又因为走狗（立三路线时汤县书记、小李，在［沿岸］日宪兵队内的侦探），把他抓去，因为没有证据，被释放回去了，又和省委断绝了关系。在那时候，汤县就派了老贾（Ｙ书记）过去，领导他们哗变了，过江北来。（他们在早先就想向汤原一带到珠［竹］帘因为没有炮弹，所以没有过去）本来立刻可以哗变的，但是同志们想把炮带过江，所以决定封江。在他们队伍里，有三百多人是我们非常好的群众，特别是机关连和卫队连，是我们的基本群众，一色马队，马夫×、子弹，都非常充足，都是青年，是他们组织的模范队。同志们因为不愿当长官，虽然选举了他，还是推给别人。他们没有党的组织，士兵委员会就代替了党的组织，他们没有秘密，所以结果到江北去创造苏维埃党的决定，变成了群众的口语，成为公开的秘密。旋儿风和老王太盲动，所以老贾决定调开了，他们叫老杨负书记责任，将支部形成起。老贾最大的缺点，是在那里忽视了敌人的进攻。我去了不到几天，老贾就回来了，同时封江在即，也没有能力派人去，但是封江迟封了十多天，同时旋儿风又回到团山子去，（调开时，老王过江北来了，旋不愿来江北，到红枪会去做工作，预备拉一些一起上江北来）英玉藉口旋儿风押卖大粮户的黄豆，将旋儿风枪毙了。旋儿风死了以后，四十多个群众起来反抗英玉，都被捕了，后来慢慢的释放。重迫击炮是送三姓去了，轻机关是缴到团部，对群众是施以严重的白色恐怖，对同志施以严重的监视，许多同志叛变了，起先一共二十多个，许多同志和群众都恐惧和消极，甚至自动离开队伍。我们还在江北群众组织侦探队、交通队、破坏队，以及各种欢迎的事项，同时缜密着计划他们来后分粮，以及到鸭蛋河附近建立苏区根据区的迷梦。封江以后，事实上这一工作完全失败，群众都说机关欺骗，虽然经过详细的解释了，但是派争分子仍藉着这个问题来鼓动群众，来进攻党。事实上，队伍里几个同志已经不能立足，所以我派同志去告诉他们，叫他们不要离开群众，领导些少数的哗变过来，来江北充实游击队，可是不要离开群众，有了群众，因为敌人自己队伍动摇的，他是不敢追击。决定了哗变二十人或五十人到江北来，但是恰当着日军调英玉围攻勃利，同志们［贪着］在战争时可以哗变得多些，没有立刻领导，但是开到勃利也没有打，老杨立不住脚了，独自回到江北。日帝之所以调英玉围攻勃利，最主要的是离江北远一些。团山子有张恒团驻防，那里也有我们十多个群众，现在可惜没有关系。在英玉团现在几个同志，仍是很积极的，群众情绪仍旧很好，假如能派一个好的同志去住在附近或入队内，这队伍仍是我们的。同时陈钟山部下据说有我们二十多个同志，同时梨树镇那边又有我们关系，同时勃利县在地势上是非常易得，县内粮户也多，粮食不缺乏，地势也重要，可以威胁松花江和东线，所以我希望省委能详细讨论一下这一问题。

V、汤原游击队问题

汤原游击队并不是经过群众斗争而产生的。在四代会议以后，在省委特派员领导之下收集了些党内的武装（立三路线时遗留下来的），和群众的武装（群众自动捐出来的），和洋炮，同时，临时公开的宣传了一些群众和韩国人家的中国雇农自动的愿意参加的，在板结河子一带集合了三十多人，内有中国群众十余人，韩国群众数人，其余的是党团同志（大部分是党指定参加游击队的），分为三小队。大队长是参加汤原县委中一个唯一的中国同志，政治委员是韩国同志，现在开除了。开始在西北沟一带游击，作夺枪运动，大约一共夺得三个武装（两个是我们反日会员家内的，两个反帝会员不在家，家里不肯交出，所以去夺的），最后一次夺枪，因为调查不清，所以被粮户打了一阵，幸而没有伤人，但是我们的游击队，可把许多未散的传单①同时因为许多韩国同志，都是未曾经过战争，没有一点经验，甚至恐怖，误打自己的人也有。这一次失败以后，游击队内部派争的倾向非常浓厚，中国群众也觉得游击队应当绑些票，来扩大我们的武装和经济。韩国同志则忽视了游击队群众自身利益，甚至到中农家里去吃饭，也不给钱，所以游击队里中韩群众的感情非常恶劣。当时保卫团为了进攻革命形势，所以调了红枪会和保卫团来进攻我们，我们正押在西北沟的后山，占的地势是非常好，我们占据三个很险的山，假如我们很勇敢的进攻，我们一定可以缴他们的械。他们是来了四十多个，然而第一和第二小队，因为恐惧，溜之大吉。第三队是老王领导，（他是过来接头的，后来又向江南去了），因为中国群众很多，结果顽强的抵抗，将保卫团击退，并且打伤了他们一人。在这一溜之大吉的时候，很多中国群众（胡匪

---

① 语句不通顺。

成分的）都携枪潜逃了，同时，同志间也把枪遗失了数支（溜时是把武器丢了跑）。最后逃到黑金河一带，在政治指导员指导之下，把枪藏在山里，韩国同志都回黑金河韩国屯子睡觉、吃饭、喝酒。在汤原，游击队已经不能立足了。枪只剩下十五、六支，决定往鹤立岗去，路上遇着名山溜[绺]子，他们放三下朋友枪，我们的同志又都溜之乎也。他们的朋友枪，没有得到回答，于是开始打起来了，只剩下几个中国群众来应付，到后来他们把武器留在格节河韩国屯子，游击队空手赴鹤立岗，游击队是等于瓦解了。我到汤原时，他们已经在鹤立岗间住十多天了，县委去改组了，游击队内部组织成立一个指导部，同时空喊着在"广暴"以前要发展三百人和一百同志。我去了以后，当先决定的是要恢复游击队和立刻配合着群众斗争，重新活动起来。游击队要成为汤原革命运动的组织者和领导者。要动员全汤原县的群众起来热烈的拥护游击队，并将这一运动深入到中国群众里去。在这样决定之下，我集合了他们，在山里开了支部会议和群众会议，群众是非常热烈，特别是中国群众（五人）感到非常大的兴奋，于是决定了到古城岗一带游击，帮助和组织夺枪工作。既使不能得到武装，宣传也是有利的。到那方面去，特别是那方面统治势力脆弱的原因，我们游击队的力量小，到那面去是比较妥当，他们因为鹤立岗过去不了，又复折回，七号，立刻发动群众开欢迎会，少先队站岗，儿童团唱歌，妇女补衣，群众自动募了许多捐、干粮、衣服给他们，特别是老太太自动杀了鸡请他们。后来因为听到梧桐河金沟只有十几支武器，没有土围墙，同时工人生活是在地狱中的情形，游击队决定先赴梧桐河金沟（离鹤岗二百多里），然后至古城岗。群众是热烈的盼望他们胜利的成功，拥护游击队的运动，是做得还可以。群众自动的募了许多鞋袜衣服，特别是汤原区募得多。老太太半夜起来做干粮，妇女和[给]胡匪补子弹袋时，私自偷了子弹来拥护游击队，群众自动起来探道、侦探来拥护游击队，各处支部标语传单都写得很多，所以在中国群众中的影响是很深，有很多贫农、雇农、工人要求加入游击队，谣言着我们的游击队已经发展到七百多人，并且执行了分粮分米分地的斗争，直到现在还是这样。在募捐运动中，有一件是非常可笑，而且是值得参加的。安邦河正因为拥护游击队运动，在支部之下，召集了群众大会，在大会上，同志首先认捐巨数稻子，然后让群众认捐。因为同志认的捐是那样大的巨数，所以逼得群众也不好意思少认捐（这是支部会议中的计划），结果，群众还强迫拿出，群众因慑于这些同志的虎威，不得不拿出多的稻子，所以结果引起群众非常大的怨恨。但是同志呢？反而自己不愿意拿出来了，党知道此事，一方面打击支部，叫同志非将自己所捐的拿出不可，并将账目公开，同时向群众解释过去的错误，事实上也不能归还群众，因为钱都花了，有的群众捐到一家十多元钱的，钱是拿出买了两支武器送游击队，实际上呢？我们县委规定的口号，都是"把粮供给游击队"、"捐一吊钱给游击队"等这样实际的口号。

游击队白天〔押〕晚上起到梧桐河去，经过我们开了他们的会议，情绪非常好，但是中韩的情感是非常恶。他们在路上是非常的不注意敌人，经过川房子的时候，遭到保卫团的袭击。同志们听了枪声，都溜之大吉，结果，让群众去抵抗，击败了敌人，结果我们死了一个非常好的中国群众和伤了一个韩国同志（后来这人送到苏联医院）。同志们逃的时候，中国群众将枪对着书记说："我们逃不得，逃了要受到大的损失，你逃，我就打你。"所以没有敢逃，还没有受到很大的损失，损〔失〕了一支武装，到梧桐河金沟时，敌人已经知道了，事先就预备了，没有敢打，就往鸭蛋河开。在路上开了追悼会，结果引起中韩极大的纠纷，中国群众的主张："这样干是不成的，我们可以绑票，以后，叫豪绅地主缴枪，为什么我们不能对豪绅地主这样做呢？武装扩大了，人数多了，我们就打土围墙，分粮分米分地，我们是为了这个加入的，照你们这样做，一百年也做不起来。"韩国同志坚决反对绑票，在鸭蛋河打到了梧桐河东，群众仍旧是开了欢迎会，热烈的欢迎他们，因为水灾后，生活的痛苦，见了游击队来帮助夺枪，妇女们甚至有兴奋到流泪的。

这样在饥寒交迫中的群众（很多都用麻布袋做衣），公司还要收租，群众斗争情绪是非常高，自动的要求夺取武装，我就根据着我临走时省委对我的意见："群众斗争一发动，往往是武装的斗争"，坚决在梧桐河东夺取武装的工作。那里中国人很多，所以这一工作应当以韩国群众为基础，同时提出创造河东苏维埃的口号。虽然这一苏维埃创造因为河东没有粮食，我们的苏维埃内部仍旧是没粮食，我们发动饥饿的游击战争，又游击队领导了灾民吃大户，分粮分土地，所以我们夺得了小偷的一个盒子，小偷，群众是非常怨恨他们，因为他们比胡匪的行为还厉害，恰恰听到游击队已经在河东，我们就不再计划夺枪，将盒子送去，并派y巡视员老王去领导这一工作，游击队帮助他们有计划的周密的帮助河东的夺枪的斗争委员会夺取公司的武装。

计划是非常周密，但是老王去了迟迟不执行，并且同意了游击队将武装插起来，游击队全数到森林去，暂时隐蔽，免得敌人的注意，同时将武器装在一个麻袋内，埋在屋内，埋得还是不好的，决定候一个和公司比较熟的人再执行。但是胡匪是来了，我们埋藏的武器、传单、旗帜、募捐品，一切的一切都被胡匪拿去，什么都没有了。游击队员听到了这个消息，特别是中国队员哭泣，胡匪拷打韩国群众，群众受到了严重的拷打，y王和游击队长都溜之乎也，结果群众是非常恨他们。后来队长（中国同志）去自认了枪是他们的，胡匪才不拷打，胡匪以为枪是日帝给的，游击队队员空手回到鹤岗，y王还自己去打野鸡玩，不向党报告，企图推却他在政治上的责任。他们回来了，我又召集了他们的支部会议和县委会，游击队责任参加严格的打击他们和处罚他们，同时分配他们工作，立刻计划来恢复游击队。两个中国群众实际上是很好的，他们说他是胡匪行当，游击队解散了，他们也许要暴动［露］党的秘密，一致通过暗杀他，经过我严重的反对才作罢。本来在汤原党在过去是统治着江北的韩国群众，党是半公开的，所以革命是时髦的、漂亮的、投机的，游击队是群众更时髦的。所以这许多同志都为漂亮而来，指派而来，所以在群众欢迎大会上是最漂亮的战争，"溜之大吉"是他们的特色。

在通河还有五个武装，可以立刻派人去取。同时我看到这许多问题，特别提出了游击队也得以中国群众为基础，吸收广大的勇敢的中国群众参加游击队，特别是游击队几个中国群众经过这一事变没有丝毛［毫］的灰心，就介绍了几个同志。通河的五个武装拿回来时，还在路上遗失了一个，有二个不能用，小的没有子弹，后来又在中国同志家得一个武器，一共六个，事实上也不能活动，所以我叫他们暂时将许多同志分配去做士兵工作。五团是很有利于我们的，同时将这许多武器组织小队，去夺取小偷的武装，特别派大王（方正游击队）到北大山义勇军中去公开领导，但去的韩国同志又动摇，以致大王受到严重的拷打，几乎枪毙。后来他逃出来了。我恰在汤原病着，我特别告诉县军委，要计划派人到五团去，并且要派得力的人到五团去，然而他们都没能执行。虽然进去了几个同志和群众（中国），但是都没有经过训练及不了解的。我恰在病中，日帝向鹤岗进攻，我虽然指示他们游击队武装少，也得公开起来夺取武装，吸收败兵，破坏铁道来妨害日帝的进攻，要公开宣传争取群众，在士兵中我们的群众少则哗变，多则要争取士兵委员会的公开存在，夺取领导。但是韩国同志很多都在发抖，党团闹着最大的纠纷，游击队虽编训好了，但游击队的同志在和县委打架、恐怖，并且县委又将游击队得力的群众信仰选举的队长大王调到汤原去领导所谓哗变，结果，在这一次战争，在反日民族革命战争的任务之下，我们什么也没有做，我们什么也没有得。

任到汤原去领导哗变，完全是根据了汤原区委的报告（的确，韩国同志夸大的报告很多，以后我们须注意），但是报告完全是夸大的。又太平川的红枪会，我们的同志是在那里做连长和排长，但是连长同志是已经反动了，他们没查出，排长本身没有力［量］，下层群众基础一些［点］也没有，哗变是不可能。珠［竹］帘方面，的确我们同志（苏联回来的工人）曾经领导了十多个人在汤原县街哗变，因为不知道路，又复开回，这位同志被撤职了，下级二个韩国同志和三个中国同志，但是受着严重的监视，在群众没有信仰，哗变是不可能的，这样又白花去了许多时间。

我于是和大王一起回鹤岗（病好了），首先开游击队支部会议，严格的打击了几个韩国同志，特别是政治委员的派争和反对党的倾向，重新组织，重新决定活动的方针。在活动的方针上，我是犯了些错误的。我同意了他们（全体都是这样党中韩都是一致）"因为人少武器少，敌人集中火力来进攻，我们游击队环境好时，用游击队名义，不好时，用溜［绺］子名义，而且这样可以和胡匪办外交，同时我们的组织法里，是游击队的组织法，同时环境不好时，我们外面加上胡匪组织法，四梁八柱，但是内部还是我们的组织法，同时也可以绑土豪劣绅的票，来叫他们上枪上钱"，我还帮助了他们错误的意见，直到现在，还是这样，特别是征调（站在乐意的观点上）了许多中国同志和群众到游击队去，和开除几个动摇的、恐惧的、投机的、派争观念浓厚的分子出游击队。游击队的人数虽然少，然而基础完全是在中国群众和同志身上了。干部亦如此。大队长是经过群众一致选举的大王，虽然游击队的同志们因为都是新加入的中国同志，政治训练弱，但是多是勇敢忠实和积极，丝毫不动［摇］消极，丝毫不失望、悲观。后来虽然是经过了许多艰难困苦和失败，但是仍旧如是，他们对事业，是有非常伟大的决心。

一方面派人向安邦河和梧桐河去收集武器，［计取二个撸子和二个苇立弹（后来又被韩国同志丢失一个）和一个苇立沙］，一方面分成数队，小的冒险队企图路劫来夺取武装，武装是收集了，但是仍旧是很少，六个小的，每个只有一颗子弹，五个大的只有三个好的，二个坏了，事实上还是不能动作，动作起来很容易失去武装。事实上韩国一些反动群众，开始在反对游击运动，不给游击队饭吃等等的举动，所以我们立刻计划在阴历年关来配合着雇农的要求，来夺取老夏家的武装。我们经过关系打入老夏家的雇农里去，配合着我们的游击队，来发动雇农，事实已经有相当的把握，然而不幸的很，陶团重来鹤岗，老夏家住了一百多士兵，夺枪的计划没有能够实现。

在我回到鹤岗时，五团已经败走，我们在五团里虽然打入了许多新的中国同志，事实上他们没有受到组织上和政治上的训练，同时都是新打入的关系，工作没有深入，在战争时，没有起很大的作用。五团败退后，县委也置之不理，我到鹤岗后，立刻派人到鸭蛋河去，根据着少则哗变、多则争取士兵委员会公开的存在的原则，布置士兵工作。但是人到鸭蛋河时，陶团已来鹤岗，我们有十多个反日会会员和二个同志的八连，在肇兴镇不能去，他们已哗变，当王团出来的时候，现在大概他们是胡匪队，不知道找到党了没有？

陶团来到鹤岗时，有些是住在韩国屯子，我们动员支部作公开宣传，可惜支部不健全，同志们消极怠工，不能做出很多的成绩来。因为士兵同志较多，我们那时关系很多，计a、七连有两个同志，可以领导七个群众。b、迫击炮连四个同志，十九个群众，全体仅三十四人，可以全部哗变。c、六连韩国同志两个，中国同志一个，群众二个。d、二连有三个同志和一个韩国同志，可以领导十多个兵士。e、三连有七个同志，可以领导四十多个群众。f、四连我们又打入了两个同志。

同时，因为士兵时常到韩国屯子去要米，差不多每天都有二、三次，我们动员韩国群众做宣传工作，在政治上是得了非常大的效果。我们的宣传品也深入到士兵群众。我们初步的关系很多，例如红枪会等。但是我们平时最感困难的是韩国同志与士兵接头，一方面不方便，一方面士兵不信仰，但是又没有得力的中国干部，因为他们当时都是初加入，政治观念和组织观念都不深。游击队里虽然有些，但是又不能调出，所以我就利用一个韩国同志和一个中国同志一起去做，这样是有许多便利，我那时决定加紧抓紧士兵工作来扩大游击队，但是因为各部队里支部没有能开会，空喊了哗变，忽视了士兵日常斗争，结果，没有丝毫的成绩。

六连的工作是这样，我们在很早以前，就派两个韩国同志进去了，四个多月没有工作，我去了以后，立刻严格的打击了他们的关门主义，不久，他们就联络了三、四个士兵，决定要哗变，当时县委就立刻要哗变，经我坚决的反对，动员同志来教育群众，结果发展了十多个群众和一个中国同志。但是在战争退却时，本来可以领导哗变四、五十人，但是在内韩国群众叛变，结果，没有哗变得成功，开小差走了好几个同志和群众。到鹤岗时，我们在士兵群众中的信仰已经失去，群众认为我们是空谈，群众自己计划着，要拉出去当胡匪，然而我们同志又不能在其中起作用，结果，因为他们环境有利，我们决定派游击队去夺取武装。什么都预备好了，同志做线索，但是要执行的那天晚上，韩国同志煽动中国同志不干，因为恐惧和家庭关系的原因，夺取武装是没有能执行。虽然游击队队员是那样勇敢，他们只能气得流泪。后来因为陶团投降，韩国同志不能在里面立足，都出来了，中国同志决定自己开小差到游击队来，但是关系弄得不好，开小差出来，没有找到党，自己到梧桐河金沟去了，现在在那里面当保卫队。

七连，后来两个中国同志叛变了，可是因为整连的哗变，失去了关系，二连后来开到汤原去了，因为没有人去领导，他们有两个同志决定自己领导哗变（陶团投降以后）。但是在头一天晚上，队伍里有两个想当胡匪去的，强迫的哗变，一起拉出去二十多个，拉出去就到江南，本来我们可以夺取领导过来的，因为到了江南，就被大排缴械，结果群众四散，只剩三个同志空手回来，一个同志没有出来，他是一个七年的煤矿工人。

三连当开到汤原（陶团投降以后），我们的同志领导了二十多个哗变出去了，在韩国屯子找党，没有找着，因为政治水平非常低，同时又没有党的领导，现在还是打起了胡匪旗帜，现在到鸭蛋河一带去了，在那里大概可以找到党。

在三连剩下四个同志，我来时，临时决定了领导二十多名的哗变。这一哗变，大概是非常可靠，有成功的希望。现在也许哗变了，哗变了，一定和游击队合起来。黑山队如果找到党，也一定可以和游击队合在一起，因为他们受我们的政治影响很大，群众也很好。三连中也许还剩下一个同志，因为他坚决的要扩大自己的工作，并且哗变时能带一架轻机关枪给游击队。

游击队六连工作失败以后，就到汤原区去，因为西北沟的群众，是要求夺取大排的武装（四十多支武装）。到了汤原以后，在××（去巡视的）听了汤原区的夸大报告，说珠［竹］帘红枪会已经有十二个同志和十多个群众要求哗变，［则］求游击队帮助，虽然我在游击队去汤原时，再三告诉不要去珠［竹］帘，但是强迫队去了，结果是没有这一回事。其中韩国同志叛变了，四个中国同志，还多是动摇的，结果回到西北沟，环境已变，大排团和降队冲突，四外放哨，没有夺成，回到鹤立岗，已经过晚，炮队的哗变失去了机会。现在［西］北沟的大排的武器还是能夺，因为游击队去鸭蛋河了，不能来帮助，所以群众自动也预备了三个武装，准备夺取。西北沟的群众，是要求着要夺枪，我走的时候，还是在计划着预备很快的执行。

游击队回鹤岗以后，就决定了哗变，但是因为领导的同志动摇，没有能执行。但是最主要的原因，我们没有能很好的去领导支部，没有集体领导的原因。炮队没有领导起来，游击队又往上起计划夺取一些少数的武装，但是因为许多的关系，没有能执行。同时事实上游击队已不能隐藏在韩国屯子，统治阶级是怎样进攻韩国屯子，而韩国群众是那样动摇，所以游击队就公开形成队伍去押在中国农村，中国群众是那样热烈的拥护和欢迎。游击队是非常勇敢，虽然武器是那样坏，然而打败了三次大排，每次都是五、六十人，所以现在在汤原一带。特别是大化屯一带，我们游击队是打得很有名，大排望风而逃，农民群众都说："我们一生没有见过这样的队伍。"群众要求加入游击队的很多，特别是许多失业工人和雇农、贫农，可惜没有武器，假如有武器，一礼拜至少可以扩大五、六十人，成分还是很好的。的确汤原一带失业工人和雇农是很多，工人意识在乡村中是非常浓厚，同时受到苏联的影响，分粮分米吃大户，抗捐抗税不还债，平分土地建立苏维埃，已经是在群众熟读而且很迫切的自动的要求着。我们的游击队影响很大，群众自动要求加入，并且谣传我们有六、七百人了，汤原地理、政治、经济以及我们党主观的力量，便［更］是便利于游击队发展的。在汤原发展我们的游击队，仍是党的主要任务，假如我们游击队在汤原能发展到五、六十的队伍和武器，那也打得开了，而且可以使风起云涌的群众都围绕在我们周围。炮队的工作没有领导起来，我们又决定再抓紧他们，开他们的支部会议和群众会议，经过几天的努力，特别是领袖的同志在下级同志和群众之下推动，都表示得非常坚决。工作是很有把握的，但是因为炮队的哗变，非常不便，炮弹很多，马又不够，同时内部的组织不健全，所以决定了游击队仍是来帮助。但是派了一个同志去送信，信没有送到，游击队在规定的时间进到了，游击队是已经进了炮队的院子，但是院内路不熟，没有能够执行。第二天他们更兴奋，决定又执行，但是走露了消息（大概是一位韩国群众告密），游击队将进院时，院内已准备而开枪了，虽然是这样情形，游击队仍然没有受到任何损失，仍旧没有一点消极和失望的观念，游击队的领导同志是汤原最好的同志。第二天，炮队内被捕了一个同志，同时因为抓我的原因，在韩国屯子捕去两个韩国同志，韩国屯子是充满了白色恐怖和内部的动摇。三个同志送到佳木斯，二个韩国同志立即释放而叛变了，一个中国同志是被枪毙了，枪毙时高呼口号。现在，还有许多同志和群众在炮队里面，不过没有很能负责的中国同志去发生关系，事实上，韩国同志已经不能去发生关系了，现在统治阶级为了怕哗变，已经把炮队的炮分为两起（矿山一起，鹤岗一起）。

杨团是莲江口一带的胡匪，团长是莲江口商会的会长，他一共有二百多人，他是宋司令的降队，当宋司令的红枪会被耿家解散的时候，正因为他是降队，所以他和老耿家战，战倒［斗］是很厉害，他们没有出路，他们感到自己没落的命运。他们反对投降，但是他们又没有办法，特别是其中的一连，团的中心和基本，战斗力是非常强，这一连本来是莲江口的水灾民（贫民的成分），缴得了大排的武装而成立的，所以他们非常反对大排。他们故意的捕了一个韩国人来询明红军和游击队，哈市被捕的是我们的同志，就大大的宣传了，后来我们又派了一个中国同志去宣传，连长和莲江口都要求加入（他们成分是铁道工人），我们允许了，决定哗变。营长听到了这个消息，也要求要我们去领导，甚至团长，但是他们都不是诚意的，他们不过被老耿家打得没有出路的原因。我们决定连长单独哗变，到鹤岗去和炮队配合，决定了某日晚上发动，实际上是没有发动，韩国同志报信说是已经发动了，哗变了，于是我们在动员群众开群众大会欢迎，群众有自动提出捐一只牛的，群众情绪是非常高潮［涨］，但是结果是没有来到，所以引起群众非常大的失望，甚至不信仰党，说党欺骗人，特别是反革命派别从中造谣。该连的没有哗变，一、因为领导的同志贪哗变得多，企图将营长抓住。二、团长因为知道只一连要哗变，实际上是离开，团长已经没有统治能力，所以提出一起到鹤岗去的口号。连长觉得格节河一带大排厉害，所以想和大队伍一起走过格节河，他们因此没有动。到了鹤岗时，该连下层起了分化，我们在下层没有工作，后来没有能哗变出来。后来杨团投降了。

炮队事件失败后，游击队决定往鸭蛋河去，特别是配合着当地的灾民、太平沟金沟的失业工人斗争，发展游击运动，同时配合十二团的士兵工作。如黑山能找着我们，三连哗变成功，游击队发展是很有希望。同时王团的工作，也是使得我们非常注意的，我来时游击队还没有回。

现在游击队队长是××，政治委员是××，现在有十六人（七个中国人，九个韩国人），在队伍里的是七个中国同志，三个韩国工人，都非常好，忠实积极，六个韩国同志因为没有武装，暂时不参加队伍，只担任交通联络等工作。成分，中国人方面，工人二，雇农一，士兵三，胡匪一。韩国人方面，大多都是农民中知识分子（青年居多），同志十五个，群众一个。

Ⅶ、工人运动问题

1、松花江下游工人，是在质量上和数量上占着非常重要的位置，和在政治上经济上有伟大的力量。在数量上，例如煤矿、金沟、火磨、油房、码头、采木工人、运输工人、手工业工人，在以前经常的至少在十万以上。现今或许至多只有五分之一。在质量上，他们大多是集中在鹤立岗和八胡里一带，他们的斗争是非常高涨，在政治斗争中和政治［经济］斗争中都表现着他们的伟大力量，（如鹤立岗的炭矿）在反日斗争特别是表现着他们英勇抗日的精神（如反日队伍中都有工人甚至工人的领袖，例如［黑山］溜［绺］子、孙天溜［绺］子以及汤原一带的红枪会）。可惜下江我们的党是那样的微弱，我们在工人运动中，完全是放弃了这许多工人，在他们的斗争中，我们做了尾巴，甚至不知道。

正因为下江经济危机的深入，日本帝国主义野兽般的横暴，空前的水灾，使工人大批失业，没有生路，大批的工人走到乡村去，所以在下江一带农村中，工人意识是非常浓厚，而乡村农业工人在数量上是占着极大多数（如工人合计起来，或许有下江工人三分之一，甚至到二分之一，有许多雇农，以前都是曾经当过煤矿金沟采木码头工人的，特别是金沟工人，因为金沟工人流动性是非常大，所以很多都是做过金沟工人的，雇农的生活，完全与牛马没有两样）。

所以我认为在目前抓紧下江一带的工人工作，组织他们，发动他们的斗争，成立下江一带的总工会，特别是煤矿、金沟、码头以及雇农工会，是目前下江中心的任务。这对于保卫苏联和领导反日民族革命战争，和准备创造苏维埃运动，有极严重的意义。而且下江一带，工人阶级意识是非常浓厚，受苏联的［影响］是很大，假如我们加紧和很好的领导，这工作并不是很困难的。

但是我们过去呢？对工人工作完全是放弃，我去以后，虽然提出了工人工作，但是第一等的工作要组织他们领导他们斗争，向工人冲锋，而加强我们党的基础。但是实际工作中是犯了机会主义的错误，没有一个健全的支部和赤色工会，在斗争中是做了尾巴，空喊了工人工作。

2、鹤立岗工人是下江最主要的工人，他们曾经经过许多次艰苦自发的斗争（一切经济情形详前）。他们去年因为十三个月没有发薪，他们首先由几十个积极工人做领导自发了罢工。他们罢工的方式，正如我们党采取的方式一样，首先贴了传单，他们提出了口号："罢工！要发薪才开工!"、"谁做工谁就是王八蛋""谁做工打死谁",在〔这〕些口号之下,广大的罢工是起来了,同时他们自己组织了纠察队,有一个把头想领着开工,几乎被工人打死,警察想侵入他们的工房捕领袖,都被他们用石头和工具打退了,警察不敢进他们的工房,统治阶级眼看这样的情形,没有办法,后来召集了他们的群众大会,演说欺骗,叫他们提出要求条件,是因为没有党的领导,没有能提出很具体的口号,结果,什么也没有得到而失败了。罢工领袖大部分被开除。在那时,我们的党正是派争分子盘踞着,斗争的消息都没有知道。第二次,日帝头一次占鹤岗和矿山时,工人自动在"□日本子来,也得要发薪,日本子不给钱,我们不干"口号之下,又发动罢工,但是仍旧没有得到胜利,然而我们党呢?领导的分子正在预备着逃亡,斗争仍旧是没有知道。往后方派了几个同志去做工作,结果,很快很易的发展了四个同志和十五个工会会员,这是汤原党正在四代会议的时期,然而对于同志没有很好的教育和训练,快封江时,因为职员回哈,工人在我们同志领导之下包围了职员,拥挤在车站,不放职员回哈,要发清薪水,才放行,结果,第一天职员没有走得了,职员仔细调查了,于是将我们的韩国同志驱逐出矿山,韩国同志出了矿山,好像是我们县委已经尽了领导的责任了,现在领导责任已经完了,可以不闻不问了,结果,又由在内的中国同志领导,一起到哈尔滨来,使工人离开了自己的生产部门。

我去的时候,炭矿中没有多少工人了,剩下来的,只有二百多人,早先是五千多人,而且流动性是非常之大,他们都上农村去做雇农,只有少数在矿山住着。我们呢?只剩下一个工人同志在矿山工作了,而且这个同志表现得非常不好,但是抓紧他训练他,他说,他发展了四个群众,我们要接受这四个工人之先,他跑走了,所以工作又是不能开展。

同时在莲江口方面,修铁道的二、三百人罢工要求发薪是胜利了,我们派了一个同志去,提出了"发一天钱干一天活"的口号,引起了工人很大的信仰,从此以后,差不多三天两天就罢工,只是因为我们没有工作的人,去的人组织观念和力量都非常弱,所以没有能发展。

莲江口炭矿码头工人是差不多经常的天天包围着公司的会计处,但也因为没有党的关系没有能去领导和发展。码头工人的斗争也是非常厉害的,在去年他们曾经有个这样的事实:电机科的职员因为和人打架,在戏院里杀死了一个码头工人,于是码头工人都起来打电机科的工人,码头工人参加的有六百多人,后来因为来了武装的警察,结果,这一斗争反而形成了反对警察的斗争，来夺取警察的武装，结果所长向工人叩了头，斗争才下去。

后来我从下级同志里，提拔了一个工人干部，由他的关系到莲江口去，三十多名工人都要求组织工会，但是他犯了这样的错误的观念："开工以后，我们再组织他吧。"虽然是没有组织起来，但是这三十多工人可以说是我们的，我们只要花些工夫领导他们斗争。他到矿山去，又组织了三十多人的工会，发展了好几个同志，正因为这样，他非常兴奋，他在工房中演说，结果被稽查听到了，把他捕去，同志们在外非常愤恨，特别是在李同志领导之下，动员了四十多个工会会员包围稽查处，统治阶级没有办法，把他释放了，工人们反告那个稽查是胡匪，统治阶级又不得不把那稽查逮捕，又在他家查出一支枪，听说这稽查也许要枪毙。

我们曾经另外组织了二十多人的失业工人会，但是他们为了要找饭吃的原因，都四散了，现在我们的力量：a、矿山三十多工会会员，七个同志。b、五号车站三个会员。c、二号车站通北口一个同志。d、莲江口可以组织三十多个会员。

支部是非常不健全，差不多没有很好开过会，因为刚才开始，实际上可说支部是还没有成立，我走的时候，派了一个得力的同志（老夏，金沟工人，参加县委的，很忠实积极、勇敢，很能负责，坚决、可惜政治上和组织上训练较少）和××、××成立职工部来领导全县工人工作。××也是金沟和煤矿工人，很好的，此［后］工作，大概可以很好的开展的，的确，假如在下江我们能够很好的抓住组织问题和教育干部，煤矿金沟里工人干部是很好，领导他们日常斗争，是很容易将党的基础建筑到广大工人基础上去的，所以我特别主张派一、二个对工人工作比较有经验的去汤原，那末，我们很快就可以组织广大工人的工会。的确是这样，假如我们能派得力的［做］工人工作的同志去，在几个月内发展一、二百炭矿工人同志，一千多个工会会员，只要炭矿开工，是不困难的事。为什么我说要派两个呢？因为一个可以在鹤立岗一带，一个可以在八胡里一带。

炭矿假如开工的话，我们是这样决定：一面派大批的中国同志去，一面派韩国同志去，就是倾向坏一点也可以。不过中国同志和韩国支部要分开，因为是秘密工作的原因。一方面是发展组织领导斗争，一方面是在炭矿支部，我们特别加紧他们的组织训练，炭矿中将成为我们训练干部的学校。

在金沟中，我去了以后，派了大批的韩国同志去，因为以前我们是一个关系没有，但是韩国同志有许多观念，是非常不正确的，他们以为工人情绪并不高涨，公司待工人很好，工人吃白米，经理吃小米籽，甚至他们自己挂了共产党的招牌，穿了毛线衣，吃酒、押会，和工人打架，以致工人说："共产党是这样，丢他妈的混蛋。"（现在这几个同志已经开除，——在金沟中，有时允许公开活动，日帝第二次占鹤岗后，即现在比较差些，但是仍旧有些可能）。有的自己根本不作工，吃中国同志的，有的三月，两个都没有发展的。最近几个月，特别抓紧中国同志，比较比[强]一点领导的结果，工作是开展了，我们可以看：

①亮子河金沟街五个中国同志，十多个工会会员，另外有个同志，自动到于军做工作去了，领导过一次换地头的斗争，结果胜利。

②格节河金沟两个中国同志，工会会员不详，早先有一个中国同志叛变了。

③黑金河金沟，二个中国同志，十六个工会会员，领导过一次改良伙食的斗争，胜利了，但是板场财东不干了。

④都鲁河金沟——八个反帝会员（?）

⑤萝北县城四个失业金沟工人会，现在失去关系。

⑥太平沟工作，现在才开始想法打入人去，八胡里因为三姓区薄弱，工作没有做起来。

其中以黑金河和亮子河为最有希望，黑金河的同志自动拿出钱来垫款，给党买房子做机关，假如能很好的抓紧以训练干部，很好的教育他们，把他们支部组织很好，发展百多个同志和千多个会员，同样的也是很容易的。

在雇农中，我们还只有许多雇农同志和雇农群众，还没有很好的形成雇农工会，也许通河区有一个，十多个人，鸭蛋河有一个（?）手工业工人同样如此。在工人中，以山东人为多，所以在下江山东人革命情绪是比较高涨，我临走时，和他们决定的是：

①县委职工部很快的成立，以××和××担职工运动工作。

②加紧支部训练和组织，要在各矿山、各大户家、农村中有很好的支部。

③努力发展的工会的组织，把工会都好好的具体的组织起来。

④提拔得力的工人干部和训练他们。

⑤全党要向工人冲锋，特别是炭矿和雇农。

⑥要围绕着"五一"召集全汤原县总工会第一次代表会，成立全汤原

县工会总的组织而斗争，这个总工会一定要建立于炭矿工会为基础，可以包括全金沟雇农、手工业、交通、码头、采木工人，如炭矿不开工，则"五一"召集金沟代表会议，成立金沟总工会。

Ⅶ、秋收斗争的胜利和农民运动问题

关于农民一般的政治和经济情形，在前面已经说过，我现在不必细写。我去了以后，当时党完全建筑在韩国农民身上，所以我只能提出了宣传口号："抗捐抗租，不还债"、"分粮抢粮吃大户"的口号，推动韩国同志群众向中国人冲锋。虽也计划着要在中国农村建立秋收斗争委员会，但是实际上是没有得到很大的效果，不过是发展了些同志而已。但我们的口号是深入了群众，群众熟读了我们的口号，甚至中国同志加入的时候说："我就赞成分粮分地啊！"

秋收斗争——我看到鹤岗的经济情形和政治情形，五团统治都有利的，在反对富农路线下，我坚决的提出抗租的问题，但是在起初，县委的同志只主张提出减租的问题，经过［严重］的［商量］和讨论，才通过了发动抗租的斗争，特别是在韩国群众里面，正因为把［握］抗租问题比较坚决，所以抗租运动，得到了部分的胜利，秋收斗争，在鹤岗比较最厉害。

1、鹤立岗——a、七号新稻地是县委所在地点，所以比较领导得好些。这一个农场收成是很好，但是地主是日帝的走狗。群众大多由梧桐河来的，是一些比较好的群众，抗租问题一提出，群众就热烈的通过了，而且群众自动提出反对减租的办法，"古拉克"苏联驱逐过来的富农，在群众威胁之下，没敢提出别的意见。在这里面，妇女和老太太特别表现得最热烈，但是因为红枪会到屯子里来抓胡匪，又打又骂的暴行，同时谣言着地主要请红枪会一起来收租，——地主开始来收租时，自己不敢到屯子里来，要屯子派代表去，我因为觉得代表不应该离开群众，抗租了，没有和地主谈判的必要，所以没有派代表，地主请五团，五团不来——群众开始有些动摇，特别是"古拉克"放出了许多谣言，提议减租，当时立刻推动支部会议，很好，召开群众会议，但是七、八个同志都去谈两个世界对立，两个政权对立，革命形势高涨等问题，结果，许多群众都退出了会议。"古拉克"的影响扩大了，后来讨论就转到实际问题上，红枪会是不是能打我们？决定"我们把稻子藏起来，我们大家不要走，组织宣传队，自卫队等和红枪会斗争，我们还是抗租"。第二天红枪会来了，许多中国农民也来了，大部分的红枪会是很好，一小部分不好，中国农民帮着韩国群众阻止了，——早先中韩感情不好，这一次表现民族感情也得从斗争得来，红枪会是很同情抗租，走了。第二次地主又派大排来，大排是非常不好，但是群众斗争情绪很高，大排要打人，群众都冲上去，特别是妇女、儿童、老太太，甚至要夺枪，大排吓得没有敢动，围街，把路上两个韩国人抓去了。群众仍旧是要抗租，那时，区委出卖这一运动，在斗争委员会提出了给四石稻的减租问题，斗争委员［会］要执行，给群众解散了，斗争委员会重新组织，党也解散了，区委重新改组，拉出了这许多"古拉克"和这许多机会主义分子以后，群众斗争情绪更高涨，我们就发动群众到街上去示威，博得中国群众热烈的同情，包围了公安局，公安局不得不把走路被捕的二个韩国人释放。地主也就在这条件之下允许了不交租。斗争是完全胜利。参加抗租者，一共二百多人，"古拉克"自始至终是处在反对地位，后来他们都撤走了，他们都搬到佳木斯了，同志们有动摇而搬到佳木斯的，都被地主强迫要租了，自始至终，没有交租，现在这一块地，地主卖给韩国走狗，企图［以］韩国走狗来进攻这许多革命的群众。

b、在八号，地主自己来要租，群众没有交，结果，地主请了些矿山失业工人来打稻子地，群众向失业工人宣传抗租的意义，失业工人自动不愿意要工钱，罢工走了。地主终于屈服了。在鹤立岗，地主管理（家？）自己来收租和高利贷的几次春季借款，群众坚决不给，又一次来接洽，北大山义勇军押着他们，同情抗租，告诉地主不许收租，后来地主也没有敢收租。这几处因为水灾的原因，群众对抗租问题比较热烈，但是后来地主勾结胡匪来打群众，群众恐怖起来，同时因为抗租的原因，地主今年不愿填［垫］粮，但是支部倾向不好，虽然抗租是成功了，群众是恐怖了。正因为春荒斗争没有很好的讨论，发动同帝国农场的幻想没有能打击和揭破他们，所以结果今年群众往江南去的很多，参加斗争群众二百多人。

c、夏家屯，因为区委的右倾机会主义，没有能很好的去领导抗租问题，同时群众中"古拉克"较多，他们只通过减租。地主是老夏家，老夏家来收租，一斗二斗的来量，同时用风扬，所以引起了群众的［咒］骂，老夏家就打伤了两家群众，我们立刻发动群众包围老夏家，结果，老夏家恐慌起来哀求，但是我们的区委又去领导群众上街打官司去了（我们主张的是去示威和宣传），群众果然去示威了，没有去打官司，博得红枪会等以及中国农民极大的同情。包围老夏家时，天黑了，回不了家，老夏家地户贫农自动请他们到家和他们讨论抗租问题。因为区委的打官司，结果，这些反动的区委，又推了几个"古拉克"去和老夏家打官司，反而自己承认再给一些，结果是群众不承认，"古拉克"自己赔了本。区委先生们后来是开除，现在是跑到江南去做日本帝国主义忠实的狗。

d、五间房，因为抗租的政治影响是这样大，地主自动提出减租一半的提议来进攻我们。然而五间房的韩国群众是缺乏斗争的决心，自动交了一半租，多搬江南了，〔校屯〕地主虽然来收过几次租，没有收成，也就没来了。大排会听说了，就来说："你们不给租，应给我们枪和马"，群众抗争了几次，也没敢来。

2、鸭蛋河区

a、鸭蛋河的群众团体，因为过去长期在右倾机会主义的县委领导之下，虽然名义上是反帝农协，实际上是反动分子领导着，但是经过几次斗争的胜利，群众完全围绕到我们下面来，把反帝〔动〕分子驱逐到群众团体之外，并且发展了群众团体第一次斗争。第一次是地主（是萝北最有名的土豪劣绅）来收租时，是非常残酷，地主说："世界上没有不交租的道理，多少要交一点，交不出，卖老婆小孩，也得交租。"群众就包围着地主住宅（该屯地主会议，讨论应付抗租的事），恰恰那面的军队来，解散了包围，并打了人。军队解散了包围后，才知道是抗租，军官和士兵同情抗租，士兵们一起都走了，于是群众开始用石头打开了门，一方面被打的人要求医伤，一方面四、五个妇女要求出卖，因为实在交不起租了，非卖老婆不可了。地主在这样情形之下，屈服了，并且道歉和不收租。第二次是韩国群众被地主的车压坏了脚，于是群众又起来包围地主，要求给医药费和病时工钱，结果地主多给而胜利。第三〔次〕是回家中国人和回家韩国人一起种一个地主的地，一起也胜利了，这个政治影响，使鸭蛋河中国群众起来抗租的很多，也大部分胜利了，可是因为当时没有中国同志，没有党去领导和发展组织。

3、汤原区——我到汤原区时，正遇着这个问题，就是事实上有许多地主家里的境况，甚至比地户坏，他的地是非常少的，就藉着这坰〔地〕过活，例如寡妇的地，你不交租，他们就得饿死，我那时感〔个假〕的人道主义立场，离开了阶级斗争的立场，来决定对付地主，就以分食的名义，给他一些，实际上差不多大部分是给了，集中火力反对大地主，因为我这一错误的领导，对大地主的斗争是完全胜利了。当老姚家带了几十个佛教会到黑金河收租时，群众包围了佛教会和地主，同时使他们分离开来，地主没有法子，仅载了些稻种走了，同时在华大岗西门外的地是没有敢去收。但是小地主并不丝毫放松，特别是在我们一个叛徒小地主成分，有地给韩国人种，召集了地主会议，并推动红枪会来到韩国屯子打人，诬为共产党，并伤人，群众租子交了以后，我才知道小地主更加厉害，我们在任何地点，应当站在阶级立场来解决问题，这是我们的经验。所以在汤原一带，对小地主的斗争都失败了，但是对大地主，都胜利了。

4、通河区——通河区的斗争，完全是在和平交涉之下胜利了抗租。河东区虽然拿枪工作失败了，但是地主没敢再收租。安区收成很好，抗租问题转变到时，租已缴出了。

在中国群众中，我们在夏家屯，组织了斗争委员会，在黄沙屯组织了十多个，以及汤原的太平川、华大岗组织了抗租会（每个十多个人），都没有很好的领导起来，特别是在群众要求之下，抗租会很快的转变成为夺枪会，计划着夺枪斗争来分粮分米的运动。特别是对老夏家，所以在广暴会议上，我们决议着要发动他们抗租运动，一方面要抓紧群众的自己要求，能发展夺取武装的运动，但是［在］y 的领导之下，要发动示威运动，特别是以"不能示威的群众，不能夺取武装"的问题，来煽惑党县委——我正病着——所以一会儿要发动示威，一会儿要夺取武装，以致下级同志走投无路。工作是放弃了，后来弄得群众也失望。虽然秋收斗争在中国群众中没有能起很好的领导作用，但是韩国群众秋收斗争的影响，是深入了群众，群众自发的个别的斗争是很多，以致地主们（太平川、格节河一带的）不得不开会决议缴一半租来缓和群众斗争，欺骗群众。

年关斗争，仅仅是空喊了些"到大户人家过年去"等口号，没有能抓紧和发动起来，在梧桐河东，本来发动他们的"到公司过年去"的斗争，但是胡匪进攻很厉害，群众恐怖得很，没有能发动起来。

当过年的时候，我在"和［穷兵］胡匪难斗争"的错误以及右倾观点之下，没有发动韩国屯子的"反对兵士要米的斗争"，仅仅向士兵宣传来扩大政治影响，但是到后来，群众要求着斗争，我们就发动他几次，特别是在七号河和黑金河一带，都来到了胜利，后来士兵来屯要米就少了，这一经验，告诉了我，无论什么，须站在斗争观点才成。

在春荒斗争中，我因为没有这样经验，忽视了韩国群众的农场问题，空喊了春荒斗争，韩国群众是一年要订一次租地的契约，特别去年秋收斗争以后，而且日本帝国主义煽动，可以说主使地主不租地给韩国农民，不填［垫］补粮食，所以农场的缺乏，感到了最大的痛苦。特别在鹤岗一带，正因为租地没有一定的地东，所以春荒斗争发动不起来。抢米抢粮的斗争，因为那面韩国群众那样少，中国群众工作不深入，所以便没有领导起来。我走的时候，正是农场问题已经得到相当解决，我告诉要抓紧中国群众来发动春荒斗争，和抢米抢粮运动，斗争是否能领导起，要看同志们的努力如何。

因为日本帝国主义帝国集体农场的欺骗，我们没有很好的打击他，因为日帝主使中国地主不租地给韩国农民，而我们忽视了农场问题，以致韩国农民感到租地和粮食的恐怖。因为"古洛［拉］克"秘密的组织了反革命组织，秘密的煽动，虽然是知道，没有能及时的加以残酷的打击，因为支部以及同志动摇，支部投降了反革命派别，甚至帮助他们活动，所以韩国同志大部分动摇，而搬到佳木斯去作日本帝国主义的臣僚。鹤岗过去四十多户，实际上只有四户中立的，其余都在秋收斗争中表示和动摇和反对作用，同时在秋收时，就预备搬的路费作生活费，搬走的，大部分是去年收成好，他们搬走时，党只动员了一些群众没收了他们一些粮食。汤原群众也同样影响之下，藉口五佛郎地好（新租的）搬到五佛郎的很多。因为五佛郎在三姓附近，容易和民会妥协，正因为搬家问题，使大部分韩国同志消极失望，悲观不动（做实际工作的，新的没有），甚至秘密的搬到佳木斯，当叛徒的很多，或者有逃亡的，所以汤原的党在韩国同志中是非常之动摇。因为鹤立岗革命形势高涨，和反革命进攻厉害，所以鹤立岗方面，表示得最厉害。

这许多韩国农民搬到江南去后，因为生活程度高，同时受到反革命的领袖和走狗的欺侮，是很厉害的，他们的生活是很苦。他们曾经搬到八胡里盂家岗一带去过，和日本的移民住在一起，但是稻田的壕沟，还得两年才可以成，帝国集体农庄的迷梦是打破了。同时三姓和佳木斯的民会为盂家岗的稻地，争得非常厉害，农场也不能顺利的进行，同时因为当地农民恨日帝侵夺土地，打死了二个日本人，所以他们都不得不搬到佳木斯来。但是春耕期近，欲来哈，无路费，欲租地，无地可租，有很多很想回来。我在临走时，指示了他们，我们仍旧要解决农场，其中如被欺骗的，仍可以回江北来。不过他得在公开群众会议报告自己的错误，好一些的群众，我们是要教育他的，同时，这可以打击党内动摇的现象。

关于灾民斗争，因为离得较远，同时我们中国群众方面力量是非常弱，所以喊是喊了，一次也没有领导起来。

现在农民方面组织情形，大概是这样。但是是非常散漫和零乱。

①安区——七、八个农民群众，韩国群众全是我们的。

②鸭区——十多个农民群众，同上。

③鹤区——浦阳河、黄花岗、夏家屯有农协组织，人数三、四十个。

④格节河——有农民群众三十多个（韩国农民全是我们的）。

⑤汤原区——A、太平川七、八个。B、板结河十多个（同上）。C、西北沟反帝有八十多个，参加农协的有二十多个。D、华大岗十多个。

⑥通河区——二十多个（同上，反动都搬走了）。

⑦三姓区——三十多个韩国农民。

因为没有详细的统计，数目字是不正确的，统计工作在那面是很困难，因为地面是那样广大。

同时为了避免敌人的进攻，和中国人工作起见，我们决定了韩国人散居到中国屯子的办法。

Ⅷ 各区工作以及其他工作

在我去的时候，和县委有关系的，仅是①河东区。②鹤区。③格区。④汤区。我去了以后，一方面集中火力加强这四区的领导，和恢复各区工作，所以现在这四区（河东区最小）内工作比较都有进步，中国同志和中国群众也比较很多，政治影响很大，鸭区因为派去的干部得力，所以工作是表现得特别好。

①鸭区——以前名义上虽然是我们的，实际上是反动分子的领导，党团是微弱可怜，同志一共只有四个（党团合计），右倾到完全不像我们的同志，完全是屈服在反革命分子之下。经过了秋收斗争领导之后，现在韩国同志，党团的同志一共在二十个左右，中国同志，党四、五个，团不知道，同时韩国群众都已集在我们的周围，中国群众也在二十个以上，上卡、萝北、都鲁河金沟都已建立起工作，太平沟等都有相当的办法了。

②安邦河区——在以前完全是派争分子盘踞。其派争以地方分，而且形成公开的两派（京畿道和平壤道），而且党员完全是知识分子，同时恋爱主义是非常浓厚，一个小学教员的同志，可以和四个农民女子发生爱情，结果引起群众非常大的愤恨。群众是全是离开了我们，党根本取消了团，党县委的决议是不应当告诉团员的。改组了安区后，同志有很大的发展，以前是四个，现在党团一共有二十多个韩国同志，可惜成分不好，富农很多，党内中国同志一个，团四个，中国群众十多个。在中国群众中和集贤镇都有相当的办法了，特别是最近一次巡视，打击他们"年成好，中国群众好"的观点以后，现在是比较好些。

③鹤立岗——在鹤立岗发展了二十多个同志，但是调走了很多，现在还有六、七个中国同志，不过现在韩国同志动摇得非常厉害，中国群众约

三十多个，韩国同志炭矿，直属县委管理。

④河东区——因为胡匪和公司不断的进攻，韩国同志在机关指示［下］撤走了，这一区取消了。

⑤格节河区——在区委中，派争是非常厉害，现已受了县委严重的打击，因为这原因，所以中国同志对韩国同志感情是非常不好。现有十多个中国同志和十多个韩国同志，y大概也有六、七个同志。中国群众有二十个或三十个光景。

⑥通河区——在以前是在反动分子统治之下，但是经过了党的艰苦斗争，恢复了农协，推翻了农民自治会的机关。现在反动分子都逃走了，留下只是很少数。现在四十多户韩国人，现有三个中国同志，二十多个韩国同志，y不知道，二十多中国群众，但是韩国的派争倾向，仍是浓厚。

⑦汤原区——是最大和农村集中的区，现在中韩同志，各有二十个左右，y也是很多，十多个中国同志，中国群众约一百六、七十个。

⑧三姓区——是在八胡里一带，立三时代县委是在那里，所以群众是非常恐怖，完全是在日帝走狗和封建势力统治之下，直到现在，还是如此。立三路线以后，完全和党脱离了关系，最近才去恢复了关系。同志们派争倾向和观念是非常不正确，然而这区是非常重要，因为周围有许多矿山。现在有七个党员，都是知识分子，一个中国同志是胡匪成分，y有十多个韩国同志，中国同志也有，有三十多个农民协会的韩国群众。

在城市中，因为现在韩国同志都去不了，中国同志组织观念清楚的也很少，所以大城市中的工作，是没有办法。假如我们能够好好的训练一班干部出来，城市工作是没有问题的。

①佳木斯——因为没有干部去，韩国同志又过去不了，同时佳木斯的白色恐怖严重极了，也不能立足，所以那里的组织拆台了，直到现在不能恢复过来。现在只有极力发展炭矿工人，炭矿工人当然可以恢复和组织那面的党。

②在拥护苏联工作上，我们提出了组织苏联之友，五年计划研究会，讨论会和在苏联边境成立"工农合作社"等问题，但是都没能得到相当的效果。但因为邻近苏联的关系，特别在苏联作过工的人很多，所以佳木斯一般群众对苏联印象非常好。

③在拥护红军工作上，我们简直以拥护游击队代替了，这是非常不妥当的，但是红军的影响，是深深地刻入到了群众的脑袋里。

④宣传工作——我们的传单宣言是散得很多的。传单，我们特别采取

简明的形式和通俗的词句，到后来因为腊纸没有了，不得不用手写，所以数量上是非常减少。在起初，群众都以为传单是韩国人写的，但是最近他们都说"共产党，中国人有的是，而且是中国人领导的，有南方红军来的人"，所以引起了统治阶级非常恐怖。粉笔写的口号和标语，是非常多。

⑤游行示威在"双十节"，在鹤立岗得到初步的成功，但是都是韩国人参加的，中国群众没有几个，后来统治阶级的进攻比较厉害，尤其是韩国群众示威是要受到敌人的袭击，同时中国群众是发动不起来，所以除了秋收斗争时在鹤立岗有二次示威外，别的是没有示威。在纪念节时，仅仅是动员同志到中国屯子作飞行集会，在韩国屯子开纪念大会。

⑥日军与于军的工作。因为佳木斯工作是没有，所以没有法子做，只有一个金沟工人同志，自动的要求到于军去，走的时候我们和他约好了关系，现在还没有回信。

Ⅸ关于群众团体的领导问题

正因为汤原的群众团体，在韩国群众里形成了统治机关的形式，党是半公开的，所以汤原是充满了革命时髦、革命漂亮和投机的色彩，所以群众团体的官僚主义是非常浓厚。特别是××同志去巡视以后，非但没有打击他，反而帮助了他们的发展，扩大了机关，每个同志不得兼职，每个群众团体都有县委和区委的机械的组织。群众团体一共有十个，反帝同盟、反帝青年同盟、农协会、青年农民协会、少先队、儿童团、妇女会、赤卫队、互济会、反日会，每个县委都有三个以上的县委［员］，每个区委都有三个委员。这许多团体，实际上都是那些群众，这许多委员，都离开了实际工作，每天写指示、巡视，所谓坑［炕］头革命，整天乱跑，都是在群众家里吃饭，所以县委和区委所在地点，每天都有十多个人吃饭，向群众收苛捐杂税式的会费，每人一元五，如一家有四人加入，须出四个人的，供给许多委员的挥霍。

在群众中除了开会外，事实上在斗争上没有任何的领导作用，一天群众整天忙着开会，开了农协的小组会议，又得开反帝的、青反的、妇女的，甚至互济会的，一个礼拜要开到四、五次会议。开会时除了照例的开会、点名、选举临时主席、政治报告，所谓机关消息，这是最重要的，高喊着"二个礼拜以内建立苏维埃，一个月以内，建立全汤原的苏维埃"的胡说，结果，反动的群众在开会后，（他们是不能参加会议）说机关骗人，群众团体的斗争机关，完全是官僚的集团。

群众团体的情形，是恶劣到这样，我在县委几次提议改组，结果，都遭到了反对，认为取消青反、农青县委，是取消青年斗争，而没有能执行。直到了党县委第三次执行委员会始行彻底的改造，现在是：

①青反、农青、妇女，自从县委取消，反帝中成立反帝青年部，农协中含有妇女部、青年部，自卫队不必成立总的领导机关，取消了许多官僚。

②群众团体的县委所在地点，撤消区委，以便每个领导分子都能参加到实际工作中去。

③坚决领导群众斗争，发展群众组织，特别向中国工农冲锋。

④反对官僚主义、关门主义、形式主义……，群众每礼拜只开一次会议。

⑤县委经常一个月至少两次巡视群众团体、党团。

⑥改组干部。

我来时，恰恰是改组工作完成的时候，然而在工作上是否转变，现在还是问题。

现在农协县区是在汤原区，反帝互济是在鹤岗。农协有中国群众八十多名，韩国群众六、七十名，反帝是最多数是在西北沟，有八十多名中国群众，然而成分大部分是中农和富农，互济是什么也没有，实际只一个会计而已，妇女，中国妇女有二十多名。

X 关于青年团的领导

在早期对青年团的领导，是非常不够，除相互出席外，没有别的办法。甚至青年团的决议，党县委都不讨论，所以造成广暴决议中相互矛盾的问题（关于示威问题）。特别是在我病的时候，在P以甘平为领导，在y以巡视员为领导，老y的影响，党团县委闹了非常大的纠纷（这一纠纷的造成，当然是y王与甘平的派争问题所影响），甚至影响到下级去。

当时y说P取消了团，P不领导团，P压迫团，党说y企图和P对立，y是先锋主义等等，完全是形成对抗的形势。这一对抗，在工作上是受到非常大的损失。我回鹤岗以后，严格的打击了他们，特别是指出了甘平和老王的派争，和党同志间个人无原则的纠纷，以及y的先锋主义，同时在李列纪念周发动全党来帮助团的工作，和党每次常会上必须讨论检查团的工作。

现在y的工作是有相当的转变了，中国同志约有五十多名光景，成分还好，至少有一半是工人、农民成分。韩国同志则多［为］知识分子，差不多可以说一律是派争倾向，是非常浓厚，特别是最近白色恐怖的严重，一般的都动摇，消极、悲观失望，鹤立岗逃进江南区叛变的同志有十多个。

青年雇农工会是组织了些，以后大概有很好的开展。

在我们建议之下，党团常委同意之下，曾改组了一次县委，常委书记是××，但是据我的意见，××（常委，非常动摇和恐怖）应要撤消，由××担任书记（他比较坚决忠实，成分好），××任宣委，××任组织（不动），y的中国干部因为没有训练，所以比较少些。

特别我要对y的巡视员老×的批评，他一到汤原时，因为汤原生活上痛苦，就开始动摇，藉口党团关系严重，就要回哈到省委解决问题，我去了以后，他的借口，失所凭藉，所以未回哈，在冲锋［季］工作。除了机械的发展多少人多少人外，事实上在群众斗争上没有任何的领导。派他到河东去领导工作，游击队失去了武装，他还回避不见县委方面的人，作报告，企图脱卸他的政治上的责任，在y的领导上，领导到y的先锋主义和进攻党的形势，以个人间派争关系来挑拨党团县委的感情，例如对××说："现在党团县委的情形是非常坏，你非常好，我一定回省委报告你的情形"，小资产阶级的丑态，到处表现，恋爱主义的标榜的，以致引起群众非常大的愤恨，所以y县委到后来不承认他的领导，不承认他的巡视员。这一决议，是没有丝毫错误的。我觉得以后对外县派人必须郑重考虑，像这样的同志派去巡视，非但工作上受损失，而且对省委的威信是非常有关系的。

Ⅺ组织问题、党内斗争、干部问题及其他

当我初到汤原时，县委是非常弱，一切派争分子都在向党进攻，所以我首先打击了些进攻党的分子，例如印刷处等的问题，后来一切的工作，比较顺利的进行。我病的时候，差不多一个多月，没有很好的去领导他们，在工作上是受了非常大的损失，最主要的党团纠纷问题和甘平同志派争观念领导之下的对县委路线怀疑的问题，县委是否执行北方会议路线问题，使县委对自己的工作没有信心。甘平同志怀疑路线的核心是河东提出建立苏维埃口号的问题，他觉得提出建立苏维埃的问题是不妥当的（甘平同志是认为北方会议是正确的，他问题绝对国际提出的，问题是不同的），他认为①河东苏维埃没有单独建立的可能，河东苏维埃的建立，需要全汤原县的暴动。②河东没有工人，所以不能建立苏维埃。③苏维埃一经建立起来，必须永久存在，河东或许不能永久存在。④没有红军，不能建立苏维埃。⑤少数民族不建立苏维埃。所以我坚决的打击了他的河东苏维埃问题，同时例证了北方会议的路线和县委的路线是同样。虽然我们不免有许多错误及缺点，但是工作上是有进步的，例如各地组织的发展和秋收斗争的胜利，这个，使县委［握］定了自己的路线，大约是经过了一个多月，特别是表现在同志们消极怠工（县常委整天下棋），所以决定召集第三次执行委员会来彻底改造县委的工作。第三次执行委员会里，改造了县委，立刻检查了过去的错误：①实际工作中的机会主义。②不是面向企业和［支］业，为每个［条］文而斗争，没有北方会议工作的精神。③没有集体领导和个人负责。④没有抓紧工人工作，建立和加强中心产业支部，发动工人斗争来建立党的基础。⑤忽视党内斗争。⑥对于反革命派别没有能残酷的打击。⑦空喊了组织红军和苏维埃。⑧忽视日常斗争的领导。

在改造县委时，撤消了××（常委——革命悲观落后论者，"河东苏维埃"的建立，立三路线以前，立三路线以后，都可建立），××（派争倾向非常浓厚，小资产阶级的个性浓厚，永远不承认自己的错误，自己将自己的错误，大化为小，小化为无，对政治动摇，在县委派争倾向闹得乌烟瘴气，在下级同志中任意批评领导者和县委同志，甚至反对县委的决议，派他去巡视十天，为了恋爱，县委调他，他一再不回……等），同时将县委的执委人数改为七人，提拔了鸭特支书记，领导斗争积极分子和中国工人干部入县委，提拔时非常注意成分，现在县执委中，工人二［人］，农民二［人］、小商一［人］、知识分子二［人］。但是汤原的工人干部很多，假如我现在计算的话，经过一个短时期的训练，可以参加工人至少有五个，雇农一人，士兵一个，都是中国人，韩国同志不算，这是仅仅是根据我们见到的，我没有见到的，还不算。

我临走时，正当韩国同志非常动摇的时候，所以我告诉他们，因为革命形势的高涨，反革命的白色恐怖是必然的更加厉害，现鹤立岗表示最严重，绝不是偶然的，因为鹤立岗的去年秋收斗争表现得最厉害，所以反革命势力的进攻必然的更加厉害。结果，这一个韩国同志的动摇，必然波及全汤原县，所以县委需要集中火力来克服这一困难，集中火力来健全中国农村和炭坑支部。同时为了党由［原］来公开转到秘密起见，可以在支部中将积极分子和倾向不正确的分子分离，将积极分子另成一小组，推动他们的工作，把他们团结到党的左右来，同时，工作起来，必须绝对保守秘密，不正确的，消极失望及悲观的，则严格的打击他们，并按时期的分配他们的工作，每个同志，都要分配他所能做的工作，鹤岗的问题能解决，则其他区就不难解决了。表现得轻一些的区域，则召集活动会，把活动分子围绕在党的左右，汤原的党是到了历史上最严重的时期，过去是派争的、时髦的、投机的、右倾的、形式的，四代全会以后，开始了量的变化，要变为斗争的积极的布尔什维克的，所以矛盾是非常多，而现在则开始由量的变化，到了质的变化，变化到新的布尔什维克的党，但是需要布尔什维克新的努力。

我走的时候，县委以及我自己的自我批评，①在政治上领导的错误，如第三次执行委员会检查出来的县委错误一样。②在工作上太零乱和复杂，工作太软弱，对士兵工作没有经验。③在态度上小资产阶级的情感非常浓厚。

我在那面，特别反对富农路线、关门主义、形式主义、腐朽的自由主义以及派争问题，但是韩国同志派争的倾向，仍是非常浓厚。例如安邦河以地方观念来分派，三姓区的派别是建筑在情感，鹤立岗校屯支部的投降反革命派别，格节河区委中的派别，汤原区农协县委和区委冲突，通河区甘平和区委的冲突的问题。

后 记

　　为了能够编写出这本年谱长编，我请国家图书馆中国记忆项目中心的朋友帮助查阅了大量资料。冯仲云的子女冯忆罗、冯松光、冯丽雯对本年谱长编的编写给予很多指导，提供了大量资料，并认真审阅了全部书稿，提出了很多宝贵的意见，付出了很多辛劳。黑龙江省党史研究室原副主任赵俊清老师为我解答了许多疑难问题。抗联后代王晓兵、于光通读了书稿，提出了意见，刘颖提供了资料。抗联史研究专家李云桥、佟常存和抗联史研究者侯昕等也提供了部分资料，特在此表示衷心的感谢！

　　感谢责任编辑认真负责的校改。

　　虽历时十年，但因本人水平有限，本年谱长编肯定还有不少遗漏或差错，恳请专家学者和广大读者批评指正。

史义军

2018 年 12 月